# NICHT TRÄUMEN –
# EINFACH LOSFAHREN!

**Adi Kemmer**
Herausgeber

**In Südeuropa, liebe Leserinnen und Leser,** liegen zahllose Traumziele vieler Reisemobilisten. Das hat zum einen ganz trivial damit zu tun, dass es im Süden in der Regel einfach wärmer ist und die Sonne öfter scheint, zum anderen locken einzigartige Kulturlandschaften, herrliche Strände, köstliches Essen und mediterrane Atmosphäre. Mit diesem Touren-Buch, das Ihnen exakt 30 attraktive Reisereportagen von *promobil* präsentiert, wollen wir Ihre Reiselust anregen, Ihnen tolle Tipps geben und Sie ermuntern, auch mal abseits der ausgetretenen Touristenpfade unterwegs zu sein. Wir beginnen unsere Reise auf der griechischen Halbinsel Chalkidiki, fahren dann nordwärts zur schönen Kvarner Bucht an der oberen Adria, machen einen Abstecher im istrischen Städtchen Rovinj, um dann einen der beiden Schwerpunke dieses Bandes, Italien, ausführlich zu besichtigen. Knapp ein Dutzend reizvoller Ziele stellen wir Ihnen vor, darunter so beliebte Destinationen wie den Gardasee, die Toskana oder Rom. Im zweiten Fokus dieses Buchs steht anschließend Frankreichs Süden, der so unglaublich viele reizende Regionen, Städte und Landschaften zu bieten hat. Höhepunkte sind hier neben der Atlantikküste und ihrem Hinterland das Roussillon, die Côte d'Azur und die Provence. Natürlich ist jede der 30 Touren für sich eine Reise wert, aber vieles lässt sich auch sinnvoll kombinieren. Sie haben ja Ihr „Haus" dabei. Und deshalb stellen wir überall, wo es ein entsprechendes Angebot gibt, auch die Reisemobil-Stellplätze der jeweiligen Region vor. Nicht immer sind dort, wo es besonders schön ist, auch ausreichend Stellplätze vorhanden, aber die Situation verbessert sich von Jahr zu Jahr. Es hat sich längst herumgesprochen, wie gerne Reisemobilisten in den Süden fahren! Machen Sie Ihren Traum wahr, fahren Sie los und erleben Sie Europa von seiner schönsten Seite. Allzeit gute Fahrt wünscht Ihnen

## IN EIGENER SACHE

**❯ DER STELLPLATZ-FÜHRER FÜR IHR HANDY**

Die Stellplatz-App von *promobil* ist ein Riesenerfolg. Mehr als 67 000 iPhone-Besitzer nutzen das Programm! In der Zwischenzeit präsentierte *promobil* die nächste Entwicklungsstufe: Die aktuelle Version *mobillife plus* wurde konsequent auf noch mehr Nutzwert ausgelegt. Sparen Sie sich mit der Offline-Funktion teure Roaming-Gebühren im Ausland, und finden Sie trotzdem bequem den nächsten Stellplatz. Ihre persönliche Bestenliste erstellen Sie mit der Favoriten-Funktion. Ebenso individuell können Sie die Suchkriterien definieren und selbst entscheiden, welche Stellplätze und Servicepartner angezeigt werden sollen. Diese und zahlreiche weitere Funktionen erhalten Sie mit der neuen Version *mobillfe+* für nur 4,99 Euro im App-Store.

**AUSGEWÄHLT:**

**30 MOBILTOUREN**

**485 STELLPLATZ-TIPPS**

# FÜR SIE UNTERWEGS VON GRIECHENLAND BIS NACH SPANIEN

Unsere Autoren und Fotografen haben für Sie Südeuropa im Reisemobil neu entdeckt.

**Joachim Negwer** ist seit mehr als zwei Jahrzehnten einer der wichtigsten Reise-Journalisten in Deutschland. Er war unter anderem Chefredakteur des ADAC-Reisemagazins und schreibt und fotografiert seit langem schon für *promobil*. Für dieses Touren-Buch fotografierte er in Griechenland, Kroatien, am Gardasee, in Grado und in Abano Terme, an der Atlantikküste und in Südfrankreich.

**Udo Bernhart** ist einer der bekanntesten Fotografen im deutschsprachigen Raum und in der ganzen Welt unterwegs. Der Südtiroler hat mehr als 100 Bildbände veröffentlicht und kennt alle Regionen seines Heimatlandes Italien bestens von sehr vielen Reisen. Für dieses Touren-Buch fotografierte er unter anderem im Piemont, am Gardasee, in der Emilia Romagna, in den Marken, in Apulien und auf Sizilien.

**Annette Rübesamen**, Reisejournalistin mit ausgeprägtem Faible für alles Italienische, recherchiert und schreibt regelmäßig über die interessanten touristischen Themen in Italien. Die gebürtige Münchnerin lebt heute mit ihrer Familie in Turin. In dieser Touren-Buch-Ausgabe gibt sie wertvolle Tipps für Reisen in das Piemont, in die Emilia Romagna und in die Marken.

**Thomas Zwicker** ist seit vielen Jahren als Reisejournalist unterwegs und überzeugter Reisemobilist mit einem Faible für Deutschland und Spanien. Er war unter anderem Redakteur für Sport und Reise beim Axel Springer Verlag und stellvertretender Chefredakteur des ADAC-Reisemagazins. In dieser Ausgabe stammen die Reportagen über die Garrotxa und die Costa Brava in Katalonien von ihm.

**Adel Hess**, Reisemobilistin aus Passion, betreut für *promobil* gemeinsam mit Hans-Jürgen Hess die Stellplatz-Datenbank, den Sonderteil Mobillife und die Stellplatz-Atlanten. Tagtäglich aktualisiert sie mit ihrem Team alle Angaben zu den Stellplätzen in Deutschland und ganz Europa, wobei sie auch alle Hinweise aus der Leserschaft von *promobil* aufmerksam verfolgt. Mehr dazu auf promobil.de

**Thomas Cernak** ist seit 1992 freier Jounalist und Fotograf. Er arbeitet seit Jahren für die Reiseteile von *promobil* und CARAVANING, sowie für viele Zeitungen und Zeitschriften. Im Auftrag von *promobil* reiste er 2008 mit der Camp-Challenge in 80 Tagen um die Welt. Für diesen Band war er im Loire-Tal, an der Dordogne, im Burgund, in Südfrankreich und an der Costa Blanca unterwegs.

# IMPRESSUM

**Verlag und Kartografie:**
Hallwag Kümmerly + Frey AG,
CH-3322 Schönbühl-Bern in Kooperation
mit Motor Presse Stuttgart GmbH & Co. KG,
Leuschnerstraße 1, 70174 Stuttgart;
Postfach, 70162 Stuttgart

**Geschäftsführung:** Peter Niederhauser

**Herausgeber:** Adi Kemmer

**Autoren:** Michael Adler, Jürgen Bartosch, Karin Bernhart, Michaela Brennmeister, Thomas Cernak, Adel Hess, Hans-Jürgen Hess, Michael Kibos, Ulrich Kohstall, Anne Mandel, Joachim Negwer, Stefan Nink, Annette Rübesamen, Bernd Schiller, Klaus Simon, Martina Sörensen, Stefan Weidenfeld, Christiane Würtenberger, Thomas Zwicker

**Fotos:** Michael Adler, Jürgen Bartosch, Thomas Cernak, fotolia, istock, Hans-Joachim Hess, Joachim Negwer, Silke Tokarski, Steffen Zink, *promobil*-Archiv

**Art Direction:** Steffen Zink

**Layout/DTP/Produktion:**
Sandra Krzepicki (Ltg.), Eva-Silya Jeske-Munk, Karin Maier, Thomas Paape

**Schlussredaktion:** Erika Kemmer (Ltg.)

**Redaktionsanschrift:**
*promobil*, 70162 Stuttgart,
Telefon 07 11/182-24 61,
Fax 07 11/182-24 69,
E-Mail: buecher@promobil.de

**Leitung des Geschäftsbereichs:** Adi Kemmer

**Herstellung:** Thomas Eisele

**Druck:** Stürtz GmbH, 97080 Würzburg

© by Motor Presse Stuttgart GmbH & Co. KG

Dieser Band und alle in ihm enthaltenen Beiträge und Abbildungen sind urheberrechtlich geschützt. Mit Ausnahme der gesetzlich zugelassenen Fälle ist eine Verwertung ohne Einwilligung des Verlages strafbar. Für unverlangt eingesandte Manuskripte und Fotos übernimmt der Verlag keine Haftung. Für Bild und Text gelten die Honorarsätze des Verlages. Höhere Gewalt entbindet den Verlag von der Lieferungspflicht. Ersatzansprüche können nicht anerkannt werden.

Alle Rechte vorbehalten.

# DIE PERFEKTE WOCHE IN

# CHALKIDIKI

**HIER IST GRIECHENLAND** noch richtig ursprünglich: Auf den drei Fingern der Halbinsel Chalkidiki hat das Leben einen ganz entspannten Rhythmus – besonders in der Nebensaison. Es gibt jede Menge malerischer Buchten, goldfarbener Strände und wilde Natur. Eine Mobil-Tour für Entdecker.

Ruhig ist es hier und ziemlich schön: Nachmittagsruhe im Hafen von Neos Marmaras, dem Hauptort auf dem mittleren Finger, auf Sithonia.

Urlaubszutaten vom Feinsten: Gegrillter Oktopus, ein Strandspaziergang am Destenika Beach auf Sithonia und ein Reisemobil vor dem Berg Athos, der mit seinen 2033 Meter Höhe die Region prägt.

Fotos: Joachim Negwer

Schau mir in die Augen, Kleines: Kätzchen wie dieses nette Exemplar trifft man oft auf Chalkidiki.

Leckeres in der ersten Reihe: Blick auf den Hafen, die Füße im Sand – in einer Taverne in Neos Marmaras.

Eines der 20 imposanten Klöster der Mönchsrepublik auf Athos: Vom Meer aus ein beeindruckender Anblick und bei einer Schifffahrt aus der Ferne zu besichtigen.

Zeit für geruhsame Vergnügungen: Tavli-Spieler bei der ein oder anderen zünftigen Partie.

Wie das hier riecht: Minze, Salbei, Kamille, wilder Thymian, frisches Gras, herbes Pinienharz. Immer wieder steigen uns andere Duftwolken in die Nase. Wir wandern auf einem schmalen Pfad durch die hügelige Landschaft von Sithonia. Mal durch ein Pinienwäldchen, mal an einem Getreidefeld entlang, mal durch einen Olivenhain, der im Sonnenlicht silbrig glänzt. Ab und zu säumen bunte Bienenstöcke den Weg, dann weidet eine Ziegen- oder eine Schafherde auf einer Wiese. Ruhig ist es hier und fast menschenleer.

So ist das auf Chalkidiki. Wir haben uns vorgenommen, dieses leise und ursprüngliche Stück Griechenland mit dem Reisemobil zu erkunden, uns aus den tausend Buchten unsere Traumbucht zu suchen und immer wieder ein Stück weit zu wandern. Denn Chalkidiki hat beides – herrliche Strände und eine Vielzahl ausgeschilderter Wanderwege. Drei Finger zu Fuß – kein schlechtes Motto für die Entde-

## ■ THESSALONIKI – DIE GRÖSSTE IM NORDEN

**Mazedoniens pulsierender Mittelpunkt,** lebendige Hafen- und Studentenstadt, Wirtschaftsgröße und kulturell äußerst vielseitig – das 2300 Jahre alte Thessaloniki zeigt ein farbenprächtiges Gesicht. Mehr als 50 000 Studenten der Aristoteles-Universität versprühen jugendliche Vitalität auf Straßen und Plätzen. Das altehrwürdige Stadtbild mit vielen byzantinischen, osmanischen und ägyptischen Bauwerken steht dazu in einem charmanten Kontrast. Der Hafen ist wichtiger Umschlagplatz für den gesamten Balkan-Handel.

Sehenswert ist das geschäftig-quirlige Marktviertel mit seinen verwinkelten Gässchen, wo Fleisch, frischer Fisch, Blumen und duftende Gewürze fast wie auf einem Basar feilgeboten werden. Und wenn Sie einen Spaziergang durch die Altstadt machen, dann sollten Sie die herrliche Aussicht vom Gingirli-Turm quer über Stadt und Hafen nicht verpassen.

**Griechenlands zweitgrößte Stadt: Thessaloniki ist einen Besuch wert.**

Sandstrand und klares Wasser: An den 500 Kilometer Küstenlinie von Chalkidiki findet man viele schöne Buchten, wie hier Elia Beach auf der Halbinsel Sithonia.

Mit besten Grüßen aus der Speisekammer des Meeres: Oktopus frisch vom Grill.

ckertour. Die Nebensaison ist die beste Zeit dafür. Ende Oktober verfällt die Region in so etwas wie einen Winterschlaf, dann haben viele der Campingplätze geschlossen, und die Tavernen verrammeln ihre Tore. Aber ab Mitte April erwacht alles wieder langsam – und die Natur erlebt ihre schönste Zeit: wild und duftend. Die Halbinsel Chalkidiki ist Teil der nordgrie-

> **Ab Mitte April erwacht die Region langsam aus dem Winterschlaf, und die Natur erlebt ihre schönste Zeit: wild und duftend.**

chischen Provinz Mazedonien. Und sie streckt ihre drei Finger wie den Dreizack des Poseidon in die Ägäis. Kassandra im Westen ist der sanft hügelige Finger, der touristisch am weitesten erschlossen ist – mit einigen lebendigen Städtchen. Sithonia liegt in der Mitte, ist gebirgiger und urwüchsiger. Auf dem östlichen Finger lie-

gen der Berg Athos und die berühmte Mönchsrepublik, die Frauen gar nicht und Männer nur nach komplizierter Anmeldeprozedur betreten dürfen. Zwei Dinge haben aber alle drei Finger Chalkidikis gemeinsam: Es gibt jede Menge Sandstrände mit klarem Wasser. Insgesamt hat die dreizackige Halbinsel mehr als 500 Kilometer Küstenlinie und mit Sicherheit mehr Buchten als Dörfer.

Der bequemste Weg nach Chalkidiki mit dem Reisemobil führt mit der Fähre von Ankona oder Bari nach Igoumenitsa. In der Nebensaison sind die Tickets erstaunlich günstig. Die Fahrt vom Ankunftshafen nach Thessaloniki dauert etwa vier Stunden über Land, und schon ist das spannende Hinterland der Chalkidiki erreicht. Auf dem Weg zu den drei Fingern gibt es viel zu entdecken: Thessaloniki zum Beispiel, die junge, lebendige Studentenstadt, die mit mehr als einer Million

Einwohnern nach Athen die zweitgrößte Stadt Griechenlands ist. Oder die Petralona-Höhle, ein gewaltiges unterirdisches System, das vermutlich schon vor 700 000 Jahren bewohnt war. Oder kleine, verschlafene Dörfer mit dem Kafenion am Marktplatz, in dem der Pope seinen Kaffee trinkt und die alten Männer Tavli spielen.

Das Straßennetz ist sehr gut ausgebaut, kein Problem, mit dem Mobil die drei Finger und auch das Hinterland zu erkunden. Offiziell ausgewiesene Stellplätze gibt es auf Chalkidiki nicht. Wir haben uns die im Internet beschriebenen Plätze vor Ort angesehen – und fanden keinen, den wir Ihnen guten Herzens empfehlen wollen. Das Stehen über Nacht wird zuweilen geduldet am Hafen oder bei Tavernen, »

KOMMEN SIE IN DIE KÜCHE
UND WÄEHLEN SIE SELBST

**Wer freundlich anfragt, darf hier vielleicht nächtigen: im Hafen von Kuofos im Süden des „mittleren Fingers" Sithonia.**

**Es sich gemeinsam gut gehen lassen: Für viele Griechen ist eine gemütliche Ouzeria auch zweites Wohnzimmer, hier in Kallithea.**

**Fast wie in der Karibik: eine beschauliche Bucht in Kalamitsi.**

**Kirche mit Meerblick: Viele solcher Bildstöcke stehen an der Straße.**

## ■ KLEINE FREUDEN

**Sie sind das kleine Glück** bei jedem Mahl: Mezedes, die griechischen Vorspeisen, gibt es in vielen Restaurants in großer Auswahl. Auf den Speisekarten finden Sie meist frischen Oktopus-Salat, gebratene Auberginen, Dolmades (gefüllte Weinblätter), Oliven, Schafskäse in ganz unterschiedlichen Zubereitungen, aromatische Fleischbällchen, frisches Tsatsiki und noch viel mehr. Oder Sie lassen sich ganz einfach vom Wirt zeigen, was er empfiehlt – das geht nur selten schief.

**Ein Teller Buntes: Mezedes gibt's in zahlreichen Varianten.**

wenn man nett fragt. Auf der anderen Seite gibt es viele Campingplätze, die oft an den schönsten Stränden zu finden sind.

**Sithonia,** der Mittelfinger, hat es uns angetan, er ist weniger bebaut als Kassandra und hat vor allem an der Ostseite Strände, die zu den schönsten in ganz Griechenland zählen. Die herrliche Bucht von Kalamitsi zum Beispiel, die sich ein bisschen anfühlt wie Karibik: Mit hellem Sand, glasklarem Wasser und ein paar vorgelagerten Inselchen, zu denen man rüberschwimmen kann. Oder die Buchten bei Vourvourou, der kilometerlange Sandstrand von Sarti – und immer hat man den heiligen Berg Athos im Blick, der sich auf der Halbinsel gegenüber von null auf gewaltige 2033 Meter aufbaut.

Neos Marmaras an der Westküste ist mit rund 3500 Einwohnern der größte Ort der Halbinsel Sithonia – im Hochsommer muss hier die Hölle los sein. Jetzt, in der Nebensaison, ist auch die Metropole ein nettes, schläfriges Nest. Im Hafen schau-

keln die Fischerboote, in den Kneipen stehen die Tische schon einladend am Wasser. Wir nehmen Platz, bestellen Tsatsiki, Oktopus-Salat und einen Fisch vom Grill.

Es ist herrlich, hier zu sitzen und zu überlegen, was man mit dem Rest des Nachmittags anstellen soll. Fahren wir hoch in das nette Bergdorf Parthenonas? Es liegt fünf kurvige Kilometer entfernt. Dort könnten wir das Reisemobil auf dem Parkplatz vor dem Ort stehen lassen und zu Fuß ein Stück weit wandern und schließlich in der Taverne von Paul einen Kaffee trinken. Oder fahren wir lieber ein Stück auf der alten Küstenstraße und suchen weiter nach unserer Traumbucht? Das kleine Sträßchen führt direkt am Meer entlang nach Süden und streift viele kleine Strände. Wie gemacht für die Entdeckungstour mit dem Reisemobil. Am besten, wir machen beides und springen nach der Wanderung ins Meer.

...................................... *Michael Adler*

**CHALKIDIKI KOMPAKT**   bitte umblättern ▶▶▶

**Hat alles, was ein Strand braucht: Lagomadras Beach bei Neos Marmaras.**

# Eine Reise auf Poseidons Dreizack

Von alten Tempeln und Himmelstoren, quirligen Sommerfrische-Zielen und malerischen Buchten, von entspanntem Luxus für zwischendurch, einem Dorf der Jungfrauen und von Ausblicken mit viel Meerwert.

**1 THESSALONIKI** ist die zweitgrößte Stadt Griechenlands nach Athen (siehe Kasten S. 8) mit 1,2 Millionen Einwohnern. Sie bildet als Hauptstadt Zentralmazedoniens ein kulturelles und wirtschaftliches Zentrum. Seit Jahrhunderten kreuzen in der Hafenstadt wichtige Verkehrswege in nord-südlicher Richtung und gen Bosporus und Adria.

**2 KALLITHEA** verdankt seinen Namen „schöner Blick" den Ausblicken über den weiten Strand und einen großen Teil der Halbinsel Sithonia. Im touristischen Hauptort der Kassandra-Halbinsel zieht es im Sommer viele Besucher in die Tavernen, Läden und Cafés. Sehenswert ist die kultische Tempelruine des Ammon Zeus aus dem 4. Jh. v. Chr.

**3 NEOS MARMARAS** ist der größte Ort der Halbinsel Sithonia – und in den Sommermonaten äußerst beliebt, trubelig und voll. Die bezaubernden Strände der Umgebung wie Alexandra Beach oder Kalogrias lohnen sich allerdings ebenso wie eine Fahrt über die alte Küstenstraße mit ihren unzähligen idyllischen Buchten.

**4 PORTO CARRAS** Wirklich schön sieht der Komplex im 70er-Jahre-Beton-Chic nicht aus, interessant ist er aber aus zwei Gründen: Zu dem Hotelkomplex gehören ein 18-Loch-Golfplatz und ein großer Yachthafen. Und gegenüber liegt das Weingut Porto Carass, das zu den besten Griechenlands zählt. In der Saison kann man dort auch einkaufen.

**5 PARTHENONAS** Im „Dorf der Jungfrauen", auf abgelegener Höhe bei Neos Marmaras, darf zum Glück alles so bleiben, wie es mal war. In den 70er Jahren beinahe aufgegeben, wurde das Dörfchen stilecht restauriert und entwickelte sich zum pittoresken Sommerziel. Von der Taverne aus blickt man grandios weit bis nach Skiathos.

**6 OURANOUPOLI** Die Stadt mit rund 1000 Einwohnern gilt als „Himmelsstadt", als Tor zur Mönchsrepublik Athos. Der Hafen ist die wichtigste Versorgungsstraße für die Klöster, von hier starten auch Ausflugsschiffe zu Besichtigungen. Wahrzeichen der Stadt ist der mächtige Wehrturm, den Mönche 1344 erbauen ließen.

**CHALKIDIKI KOMPAKT**

# Infos | Tipps | Adressen

## CAMPING

**Stellplätze:** Es gibt keine offiziell ausgewiesenen Stellplätze auf Chalkidiki. Es gibt aber auf allen drei Fingern Chalkidikis sehr viele Campingplätze, die meist direkt am Meer liegen, oft an den schönsten Buchten. Viele von ihnen sind sehr schlicht ausgestattet – und entsprechend günstig.

### Camping Armenistis

Weitgehend naturbelasssenes, ebenes Gelände an der Ostküste von Sithonia mit Blick auf den Berg Athos. Pinienbestand, Restaurant, Café, Bar, Sommerkino, Spiel- und Sportplätze sowie Veranstaltungen. Gefällige Sanitäranlagen, Füllstation für Taucherflaschen.

Standort: 63072 Sárti, GPS 40°09'08"N, 23°54'47"O, Telefon 0030/23750/91487, www.armenistis.com.gr

### Camping Ouranoupoli

Nur wenige Kilometer von der Mönchsrepublik entfernter einfacher Platz auf Athos, zwischen Küstenstraße und Meer gelegen. Zum Ortskern (Startpunkt der Ausflugsschiffe zu den Mönchsklostern) sind es 1,5 km. Mit Restaurant und Supermarkt, Slip-Anlage und kleiner Hafenanlage. Bootsvermietung wird ebenfalls angeboten.

Standort: 63075 Ouranoupoli, GPS 40°20'20"N, 23°58'14"O, Telefon 0030/23770/71396, www.camping-ouranoupoli.gr

### Camping Isa

Strandnahes Wiesengelände mit altem Baumbestand bei Tristinika an der Westküste von Sithonia. Gepflegte Sanitäranlagen, Restaurant, Supermarkt und Strandbar. Guter Startpunkt für Wanderungen ins Umland und archäologische Besichtigungstouren.

Standort: 63072 Tristinika, GPS 39°59'50"N, 23°53'02"O, Telefon 0030/23750/51235, www.camping-isa.gr

**Camping Isa: Schöner Platz an der Westküste Sithonias.**

### Camping Areti

Familiärer, gepflegter Campingplatz auf Sithonia, etwa 12 km von Neos Marmaras entfernt, inmitten von Oliven- und Eukalyptushainen. Zwei bis zu 10 m breite und 100 m lange Sandstrände mit vorgelagerten Inselchen. Reisemobil-Servicepoint am Platz vorhanden. Geöffnet vom 1. Mai bis 31. Oktober.

Standort: 63081 Neos Marmaras, GPS 40°01'27"N, 23°48'58"O, Telefon 0030/23750/71430, www.camping-areti.gr

**Camping Areti: Glasklares Wasser und duftende Wäldchen.**

## SEHENSWERTES

**Petralona-Höhle:** Hinter einem Felssturz am Berg Katsika entdeckte 1959 ein Bewohner Petralonas per Zufall diese beeindruckende Tropfsteinhöhle. Später fand man u. a. sogar einen rund 200 000 Jahre alten Schädel, andere Spuren belegen gar eine weit frühere Besiedelung. Ein Museum neben dem Eingang stellt heute einige Funde aus und bietet Führungen durch das weitverzweigte Höhlensystem an.

Höhlenmuseum, 63080 Petralona, Sommer 9–18, Winter bis 16 Uhr, Telefon 0030/210/3646793, www.petralona-cave.gr (engl.)

**Ormos Panagias: Hier starten Schiffe zu den Athos-Klöstern.**

**Ausflugsschiffe nach Athos:** Die Athos-Klöster lassen sich am besten besichtigen bei einer Schifffahrt, die rund um Athos führt. Von Ormos Panagias oder Ouranoupoli starten täglich mehrstündige bis halbtägige Bootstouren. Mit Glück sieht man unterwegs dabei sogar einen Delfin. Ein deutsches Reisebüro organisiert Fahrten ab Ormos Panagias.

Reisebüro Friedrich, 63078 Ormos Panagias, Telefon 0030/23750/31480, www.friedrich-travel.com

**Tempel des Ammon Zeus:** Die Kultstätte aus dem 4. Jh. v. Chr. diente der Verehrung des ursprünglich ägyptischen Gottes Ammon Zeus, dem obersten Herrscher der griechischen Götterwelt. Das etwa 10 mal 21 Meter große Fundament vermittelt wenig von der einstigen Bedeutung des einzigen ägyptischen Tempels Europas. Besonders schön ist die Lage: direkt am Strand unterhalb des Dorfes Kallithea.

## INFORMATION

**Die griechische Zentrale für Fremdenverkehr** gibt einen guten Überblick zu Land und Sehenswürdigkeiten sowie aktuellen Events. Nur auf Englisch.

60311 Frankfurt, Neue Mainzer Straße 22, Telefon 069/2578270, E-Mail: info@gzf-eot.de www.visitgreece.gr

## ■ ATHOS – DIE INSEL DER MÖNCHE

**Auf der Halbinsel Athos,** dem östlichen Finger Chalkidikis, liegt die Mönchsrepubilk mit dem heiligen Berg Athos an der Spitze. Er steigt vom Meer auf 2033 Meter Höhe, an seinen Hängen siedeln heute mehr als 2000 Mönche in Eremitagen und mächtigen Klöstern. Die orthodoxe Mönchsrepublik genießt einen weitgehend autonomen Status, die 20 Großklöster gehören zum Unesco-Welterbe. Der Besuch ist ausnahmslos Männern vorbehalten, allerdings nur nach langwieriger und komplizierter Anmeldeprozedur. Von Ouranopoli aus kann man in einer halbstündigen Wandertour zur Grenze der Mönchsrepublik gehen. Bei einer Schiffsfahrt rund um Athos kann man Berg und Klöster am besten besichtigen (Informationen siehe oben).

**Prächtiger Blick vom Südzipfel Sithonias auf den heiligen Berg Athos.**

# Navigator Europe 1:800 000 – Der zuverlässige Wegweiser in ganz Europa

## Atlas produziert aus georeferenzierten und digitalen Daten, GPS-tauglich.

Web-Navigator 2.1 Europa mit mehr als 1'500 relevanten Internet-Adressen in 47 Ländern zum Planen und Reservieren für Ihre Reise (Hotels, Autovermietung, Fähren, Bahn, Bus, Airlines, Tourismus-Organisationen, usw.), Routen- und Reiseplaner, E-Dispoguide – direkt via Mobile abrufbar!

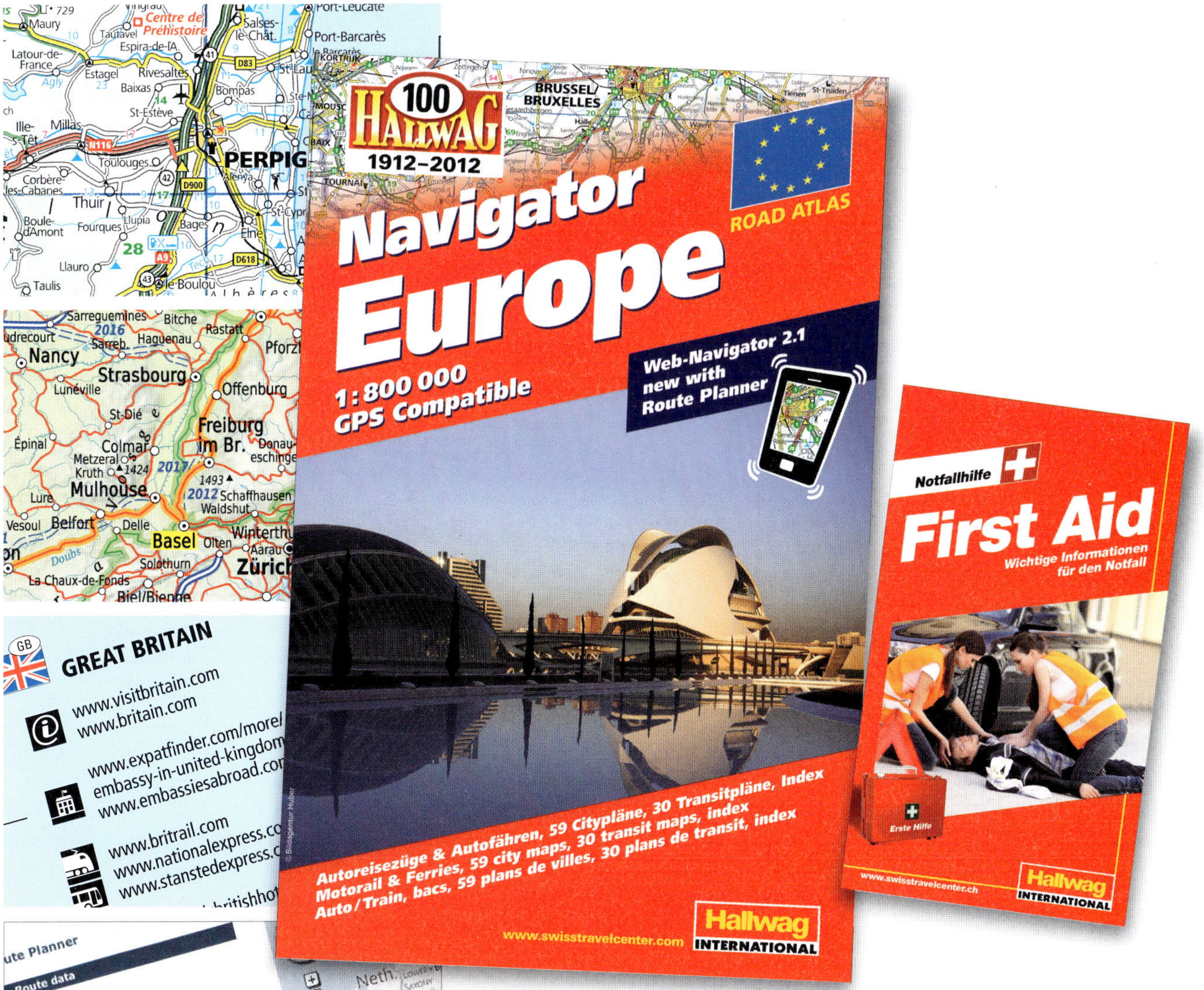

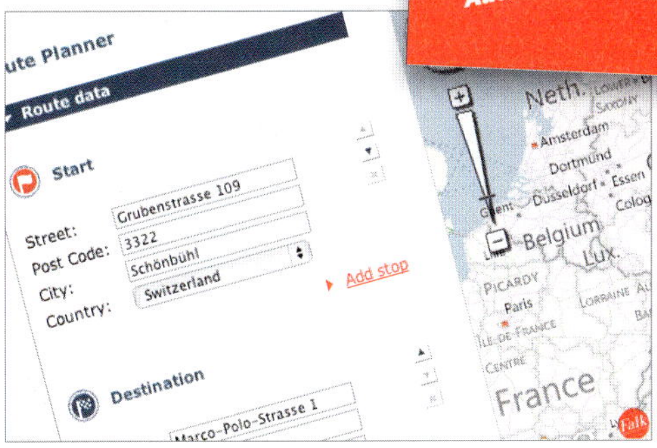

512 Seiten Reiseinformationen, Distanzentabelle, 12-sprachige Legenden, Übersichtskarten 1:4,5 Mio., Straßenkarten 1:800 000 mit Sehenswürdigkeiten, Planungskarten 1:5 Mio. mit Autoreisezügen und Autofähren, 59 Stadtpläne mit Durchgangsstraßen, 30 Transitpläne, Ortsverzeichnis. Gratisbroschüre „Notfallhilfe"

Die Bucht von Baska, ganz im Südosten von Krk: Tags am Strand (links) und abends beim Kneipenbummel am Hafen. Auf dem Weg nach Losinj: Diese drei Inseln sind gut zu erreichen, nur ein Mal braucht man die Fähre: von Krk nach Cres in 30 Minuten.

## DIE PERFEKTE WOCHE IN DER

# KVARNER BUCHT

**WENN DER GROSSE URLAUBSRUMMEL** vorbei ist, wird es wieder ruhig auf den Inseln in der Kvarner Bucht. Das Wasser ist glasklar und noch warm genug zum Baden, die Städtchen sind belebt, aber nicht überfüllt: Das ist die beste Zeit für einen Urlaub auf den Inseln Krk, Cres und Losinj.

Fotos: Joachim Negwer

Hafen von Baska: Die Fischerboote schaukeln in den Wellen, an der Promenade reiht sich ein Restaurant ans nächste.

D er Start war schon mal gar nicht schlecht – eine wunderbare Woche auf Krk mit viel Ruhe, herrlichen Stränden und einer guten Empfehlung: Baska liegt im äußersten Südosten – schöne Bucht und ein tolles Städtchen. Allerdings: die Postkarten lassen für den Hochsommer das Schlimmste befürchten – aber jetzt, in der Nebensaison, sind die Strände wieder leer und das Adria-Wasser ist im September noch großartig zum Schwimmen.

Der Campingplatz Zablace liegt am westlichen Ende der Bucht, eingerahmt von kahlen, hellen Bergrücken. Er ist riesig und schlicht ausgestattet – hat wirklich nur das Nötigste. Aber für uns Reisemobilisten ist das ja kein Fehler. Ver- und Entsorgung sind gewährleistet und die Lage ist genial. Das Camp breitet sich am ruhigen Ende der Bucht aus, rummelige Hafenkneipen und Diskos sind weit entfernt. Und trotzdem ist die Stadt in zehn Minuten zu Fuß zu erreichen. Ein kilometerlanger Kiesstrand, das Wasser glasklar – wie wir es in Kroatien lieben.

## ■ ALLES FRISCH

**Endgültig vorbei** sind die Zeiten, in denen man hier nur pappige Cevapcici und schlechten Wein bekam. Die Speisekarten in den Hafenkneipen sind sehr vielfältig, es gibt natürlich frischen Fisch in allen Variationen: Zubatac (Zahnbrasse), Orbata (Goldbrasse) und List (Seezunge) sind die gängigsten Sorten, die Fischer Tag für Tag vor den Inseln aus der Adria holen. Sie werden meist gegrillt, mit Knoblauch-Petersilie-Öl übergossen, dazu werden Kartoffeln und Mangold oder Salat serviert. Probieren sollten Sie auch gefüllte Tintenfische und das Risotto mit verschiedenen Muschelarten.

**Einfach und gut:** Frische Tintenfische vom Grill mit Knoblauch-Petersilien-Öl.

Von den vielen Fleischgerichten wollen wir hier nur Peka erwähnen, ein deftiger Lammeintopf mit Kartoffeln und Gemüse – unbedingt einen Versuch wert. Und Cevapcici können ja auch ein Gedicht sein – wenn sie frisch vom Grill kommen.

Auswahl für Fischliebhaber: Doraden, Hummer, Oktopus – auf den Inseln gibt es alles reichlich und frisch.

Das Wasser glasklar, der Strand betoniert: Strandleben beim Campingplatz Kovacine auf der Insel Cres.

Im Hafen von Krk: Dieser freundliche Herr bietet Schiffsausflüge auf die vorgelagerten Inselchen.

Hinten blitzt der Zwiebelturm der Quirinskirche durch: Der Bummel durch die engen Gassen des Städtchens Krk hält ein paar kleine Attraktionen bereit.

Die Show auf dem Campingplatz sind drei befreundete Paare aus Turin, alle im besten Rentenalter und alle mit der Gelassenheit erfolgreicher Geschäftsleute gesegnet, die mit ihren schicken Reisemobilen eine Wagenburg gebaut haben. Sie haben für jeden ein nettes Wort und sorgen mit ihrer Fröhlichkeit immer für freundliche Gesichter. Wenn zum Beispiel eine Klamottenverkäuferin über den Platz kommt, dann machen die italienischen Freunde daraus eine große Modenschau: Ricardos Frau Maria probiert alles an – Ricardo filmt, sie posiert auf der roten Vespa, (die natürlich längst aus der großen Heckgarage geholt ist). Und sein Freund Silvio fotografiert mit der neuen Digi-Spiegelreflexkamera. Er wirft sich dabei auf den Boden ruft: „Ja, Bella – zeig' mir dein Kleid!" Es ist ganz großes Kino.

**Den Tag über** machen die sechs Freunde, was alle hier tun: Nach dem Frühstück gehen sie an den Strand, ein bisschen schwimmen, lesen, dösen. Um die Mittagszeit gibt es Melone und Prosciutto oder

> Das Inselinnere von Cres wird bestimmt von weiten Trockenmauer-Wällen, von Oliven-Hainen, die silbrig in der Sonne glänzen, von Kiefernwäldern, von immergrüner Macchia.

Tomaten mit Mozarella. Den Basilikum-Topf haben sie übrigens als erstes ausgeladen und auf den Tisch mitten in der Wagenburg gestellt, direkt nach der Ankunft und nur Sekunden nachdem sie ihre gewaltigen Satellitenschüsseln ausgerichtet hatten. Nachmittags machen alle zusammen meist einen Ausflug mit den Vespas ins Städtchen, zum „Konzum", ein paar Kleinigkeiten einkaufen oder sie trinken in einem Café außerhalb einen Espresso.

Und abends – da haben Ricardo und seine Freunde in Baska die große Wahl: An der Promenade und im Hafen ist ein gutes Fischrestaurant neben dem anderen – Brassen, Doraden, Muscheln, Calamares mit Shrimps gefüllt, gegrillt oder frittiert, Oktopus vom Grill – alles da und alles im-

mer frisch. Dazu ein Glas kühlen, trockenen Weißwein und den Blick auf die Bucht und die Berge. Es ist, man kann es nicht anders sagen, ein Traum.

**Das geniale** an der Insel Krk ist: Sie ist über die Brücke (Krcki most) leicht zu erreichen. Insgesamt ist sie etwas mehr als einen Kilometer lang, 60 Meter hoch und schwingt sich in zwei Stahlbetonbögen vom Festland über das Wasser. Krk ist übrigens mit 410 Quadratkilometern die größte Adria-Insel, hat 16 000 Einwohner und im Hochsommer ein Vielfaches an Urlaubern. An den rund 200 Kilometern Küste verstecken sich einige wunderschöne Buchten. Stellplätze gibt es hier leider nicht, zumindest keine offiziell ausge- »

Gute Aussichten auf Fischerboote und ein paar Palmen: Blick
auf den Hafen von Mali Losinj.

Die Brücke von Osor: Sie verbindet die Insel
Cres mit der schönen Nachbarin Losinj.

Draußen sitzen und das Abendessen
genießen: im Hafen des Städtchens Cres.

## ■ DIE INSEL RAB

**Sand und mehr:** Sie ist die vierte im
Bunde der Inseln in der Kvarner Bucht,
sie liegt südlich von Krk. Rab hat die
Form eines Hummers, ist 94 Quadratkilometer groß und zählt nur 9500 Einwohner. Und Rab hat etwas, das es in Kroatien äußerst selten gibt: Herrliche Sandstrände im Norden bei Lopar. Die Fährver-
bindung von Jablanac (auf dem Festland)
nach Misnjak dauert nur knapp eine halbe Stunde und wird auch im September
14 Mal täglich bedient. Von der Insel Krk
fährt die neue Fähre von Valbiska nach
Lopar auf Rab in eineinhalb Stunden, bis
Ende September vier Mal am Tag. Unbedingt einen Besuch wert ist die Inselhauptstadt Rab. Sie ist von einem großen
Waldpark eingesäumt und wird geprägt
durch die vier Glockentürme an der Gron-
ja, der Kirchengasse.

**Vier Glockentürme im Zentrum:**
**Blick auf die Inselhauptstadt Rab.**

wiesenen, doch Campingplätze
schon, zum Teil auch sehr günstige. Und die Nachbarn Cres und
Losinj sind nah. Die drei Inseln bieten sich sogar für eine kleine Insel-
runde mit dem Reisemobil an. Von Krk
nach Cres fährt die Fähre nur eine halbe
Stunde lang und mehr als zehn Mal am
Tag. Und von Cres nach Losinj führt wiederum eine Brücke, die nichts kostet. In
sofern ist das eine feine Sache: Viel Insel-
erlebnis zum kleinen Preis, sozusagen.

**Auf Cres** ist die Inselstraße schon zu drei
Vierteln fertig. Neu, breit und wunderbar
zu fahren – wären da nicht noch ein paar
alte Stücke, die hoppeln, als müsste Cres
den Preis für die übelste Piste des Jahrhunderts gewinnen.

Das Inselinnere von Cres ist bestimmt
von weiten Trockenmauer-Wällen, die das
Land durchziehen, von Olivenhainen, die
in der Sonne silbrig glänzen, von Eichen
und Kieferwäldern, von immergrüner
Macchia. Und immer wieder tut sich der
Blick auf in weite Buchten, und das Meer
schimmert im schönsten Tiefblau. Im Süden von Cres liegt das Städtchen Osor,
dort, wo Cres und die lange, schmale Insel
Losinj fast zusammenstoßen. Osor war
früher mal bedeutend, als die Schiffe, die
vom antiken Aquilaia kamen, hier vom

Land aus durch die Meerenge gezogen
werden mussten. Heute ist es eine kurze,
vielleicht 30 Meter lange, leicht rostige
Stahlbrücke, die beide Inseln verbindet.
Sie ist immer noch schwenkbar, falls mal
ein Schiff durch will.

Mali Losinj, ganz im Süden der Insel
Losinj ist (obwohl Mali „klein" bedeutet)
mit knapp 9000 Einwohnern die größte
Stadt der Insel und auch die schönste im
gesamten Kvarner Golf. Im Hafen liegen
nicht nur Fischerboote, sondern auch jede
Menge stolzer Segel- und Motorjachten,
die hier meist am späten Nachmittag
einlaufen. Am Kai stehen eine Reihe wunderbarer Palmen – ein Zeichen für das
dauermilde Klima auf der Insel.

Die bunten Häuser, die kleinen Läden
in den schmalen Gassen der Altstadt,
die vielen Cafés und Restaurants – all das
zaubert augenblicklich Urlaubsstimmung
auf die Gesichter der Menschen hier. Es
liegt eine große Gelassenheit über der
Stadt. Noch ein paar Tage – und die Er-
holung ist perfekt.

.................................................*Michael Adler*

**KVARNER KOMPAKT**  bitte umblättern ❯❯❯

# Kleine Rundreise mit sechs Richtigen

Drei Inseln, sechs Hafenstädtchen, eines schöner als das andere: Von Palmen, einer Engstelle mit günstigem Stellplatz, einem „Arboretum" und einem Eiscafé, das Sie nicht verpassen sollten.

**1 KRK** ist ein nettes Städtchen. Festungsmauern, die auf eine große Vergangenheit hindeuten, ein Hafen, ein paar schöne Cafés und Restaurants – nett irgendwie und doch so überschaubar, dass man nach einer Stunde den Eindruck hat, das Wichtigste gesehen zu haben und nichts zu verpassen.

**2 BASKA** Die Bucht ist groß und sichelförmig, die Stadt im Südosten der Insel Krk ist rundum gemütlich und von Kopf bis Fuß auf Urlauber eingestellt. Tagsüber am weiten Kiesstrand baden und abends durch die idyllischen Altstadt-Gassen bummeln – der perfekte Urlaubstag.

**3 CRES UND UMGEBUNG** Die Altstadt von Cres, Hauptort der gleichnamigen Insel, kuschelt sich in die durch hohe Felsflanken vor den starken Bora-Winden geschützte Südbucht. Dahinter breitet sich der riesige Yachthafen der Stadt aus. Von hier aus starten die Ausflugsschiffe zur Inselrundfahrt.

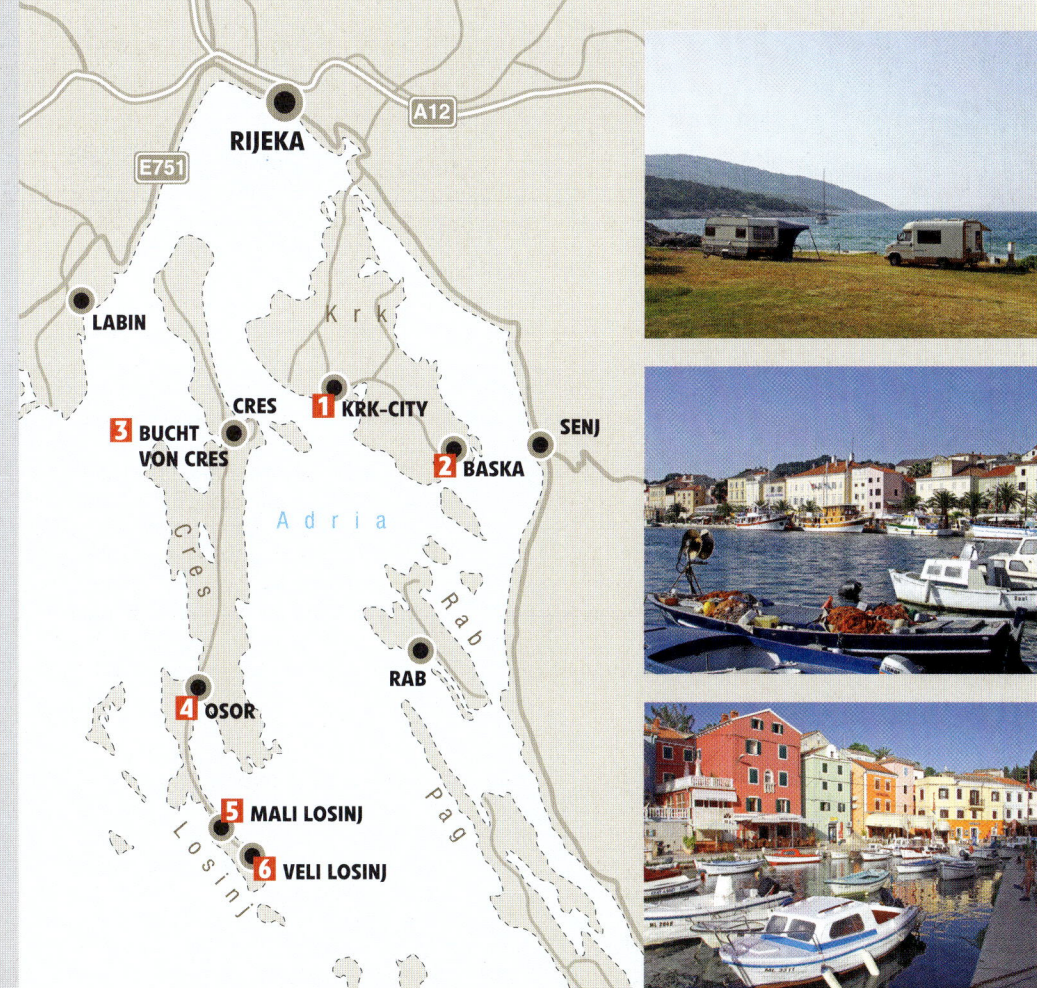

**4 OSOR** Dort wo die Inseln Cres und Losinj fast zusammenstoßen, liegt das kleine Städtchen Osor. Früher lebten hier 30 000 Menschen, Osor war reich und wichtig, weil viele Schiffe hier durch mussten. Heute verbindet eine Brücke beide Inseln. Hauptattraktion ist das günstige Camp, das für 10 Euro pro Tag Stellplätze anbietet.

**5 MALI LOSINJ** Schönster Ort der Inseln in der Kvarner Bucht. Herrlicher Hafen, Restaurants am Wasser, Boutiquen, Eissalons und Caféhäuser. Nur wenige Gehminuten vom Hafen entfernt findet man ruhige Buchten und Kiesstrände. Nicht verpassen sollten Sie das sensationelle Eis im Eiscafé Fortuna, direkt an der Promenade.

**6 VELI LOSINJ** Das kleinere der beiden Städtchen liegt zu Füßen des historischen Waldparks „Arboretum", der 200 Baumarten zeigt. Sehenswert – außer dem malerischen Hafen – ist auch die Antoniuskirche. Sie birgt die kostbarste Sakralsammlung der Kvarner Inseln, die auf Stiftungen wohlhabender Losinjer Kapitäne und Kaufleute zurückgeht.

RIJEKA
A12
E751
LABIN
Krk
CRES
**1** KRK-CITY
SENJ
**3** BUCHT VON CRES
**2** BASKA
Adria
Cres
Rab
RAB
**4** OSOR
Pag
**5** MALI LOSINJ
Losinj
**6** VELI LOSINJ

**KVARNER KOMPAKT**

# Infos | Tipps | Adressen

### CAMPING

**Insel Krk, Baska, Autokamp Zablace:** Großer Campingplatz am westlichen Ende der Bucht von Baska, einfache Sanitärausstattung, einige Plätze direkt vorne am Meer, toller Kiesstrand.

Standort: HR-51523 Baska, im Ort beschildert, GPS 44°57'56"N/14°44'53"O, Telefon 0038551/856909, www.hotelibaska.hr

**Insel Krk, Baska, Camp Mali**

Kleiner Campingplatz direkt neben dem großen Autocamp Zablace, einfache Sanitärausstattung, fast schon familiäre Atmosphäre. Man nutzt den selben schönen Kiesstrand. In der Nebensaison günstige Pauschalpreise (15 Euro pro Mobil und Nacht).

Standort: HR-51523 Baska, Emila Geistlicha bb, GPS 44°57'56"N/14°44'53"O, Telefon 0038551/864164, www.kamp-mali.hr

Die günstige Alternative in Baska auf der Insel Krk: Camp Mali.

**Insel Cres, Camping Kovacine**

Gut ausgestattetes Camp mit 1500 Plätzen unter Kiefern und Olivenbäumen. Liegt auf einer Halbinsel, etwa zwei Kilometer nördlich des Fischerstädtchens Cres, 800 Meter Fels- und Kiesstrand, Restaurant, Laden, Bootsliegeplätze, Tauchschule.

Standort: HR-51557 Cres, im Ort beschildert, GPS 44°57'46"N/14°23'49"O, Telefon 0038551/573150, www.camp-kovacine.com

**Schattige Plätze unter Kiefern: Camping Poljana auf Losinj.**

**Insel Losinj, Camping Poljana**

Toll gelegener Platz an der engsten Stelle der Insel, vier Kilometer nördlich der schönen Stadt Mali Losinj. Meer auf beiden Seiten, etwa 800 Meter Felsstrand mit schmalen, betonierten Liegeflächen. In Terrassen angelegt, zum Teil schöne, schattige Stellplätze. Gute Sanitärausstattung.

Standort: HR-51550 Mali Losinj, Privlaka bb, GPS 44°33'20"N/14°26'30"O, Telefon 0038551/231726, www.poljana.hr

### STELLPLÄTZE

**51523 BAŠKA/KRK**
Stellplatz Kamp Mali

Gebührenpflichtiger Stellplatz für 30 Mobile. Naturbelassener Untergrund, kein Schatten, nachts beleuchtet. 150 m bis zum Strand. Restaurants und Supermärkte in der Nähe. Ganzjährig nutzbar. 10–20 Euro pro Nacht und Mobil inklusive 2 Personen, Strom und Hund in der Vor- und Nachsaison. Im Juli und August höhere Gebühren.

Standort: Emila Geistlicha, GPS 44°57'58"N/14°44'49"O, Telefon 00385/51/864164, Mobil 00385/98798931, www.kamp-mali.hr

**51500 KRK**
Camperarea-Parking

Gebührenpflichtiger Stellplatz für 6 Mobile auf einem Privatgelände oberhalb der Altstadt. Markiertes und beleuchtetes Areal auf Schotter. Restaurants und Supermärkte ab 200 m. Ganzjährig. 20 Euro pro Nacht und Mobil.

Standort: Narodnog preporoda 51, GPS 45°01'47"N/14°34'34"O, Telefon 00385/98/218218, E-Mail sreckokrajacic@t.ht.hr

**51511 MALINSKA/KRK**
Mini Camp Draga

Gebührenpflichtiger Stellplatz für 7 Mobile an einem Anwesen mit Ferienwohnungen. Untergrund aus Schotter und Wiese. Mehrere Restaurants in der Nähe, 150 m bis zum Strand. Saison: April–September. 6 Euro pro Nacht und Mobil. Person ab 12 Jahre: 6,50 Euro. Strom: 4 Euro. Hund: 2 Euro.

Standort: Palih boraca 4, GPS 45°07'14"N/14°31'29"O, Mirjana Barjaktaric, Telefon 00385/51/859905, E-Mail campdraga@net.hr

**53291 NOVALJA/PAG**
Auto-Camp Škovrdara

Gebührenpflichtiger Stellplatz für 30 Mobile. Auf Terrassen angelegte Stellflächen mit Meerblick. Steiniger Untergrund, durch alte Bäume beschattet. Einsame Lage ohne Einkaufsmöglichkeit und Restaurant. Kein Strom. Saison Mai–Oktober. 9,80–13,30 Euro pro Nacht und Mobil inklusive 2 Personen, zzgl. Tourismusabgabe. Hund: 2 Euro.

Standort: Škopljanska 25, GPS 44°37'28"N/14°47'56"O, Telefon 00385/51/296970, www.camp-skovrdara.com

### INFORMATIONEN

**Geld:** Kuna gibt es problemlos mit EC-Karte an den Geldautomaten. Faustformel zur Umrechnung: 7 Kuna entsprechen 1 Euro.
**Telefon:** Ländervorwahl 00385, dann die Null der jeweiligen Vorwahl weglassen.
**Auskunft:** Allgemeine Informationen über Kroatien bekommt man bei der Kroatischen Zentrale für Tourismus. Die Internetseite ist sehr informativ.
60311 Frankfurt, Kaiserstraße 23, Telefon 069/2385350, www.kroatien.hr

### ■ AUSFLUGSZIEL RIJEKA

**Rijeka ist die Hauptstadt** der Region Kvarner, hat mehr als 140 000 Einwohner und blickt auf eine bewegte Vergangenheit zurück: Ab 1466 befand sich die Stadt im Besitz der Habsburger. 1719 wurde sie zum Freihafen erklärt, später entstand die erste Verkehrsstraße, die Wien mit der Adria verband. Zwischendurch war die Stadt reich und mächtig, verkam dann zur Provinzstadt unter italienischer Herrschaft. Heute ist Rijeka eine lebendige Großstadt von Welt. Sehenswert sind der bunte Markt im Hafenviertel und der breite Korzo mit zahlreichen Geschäften, gemütlichen Straßencafés und schön renovierten Bürgerhäusern.

**Blick über Rijeka: Die Metropole der Region Kvarner ist immer einen Besuch wert.**

# Neue Regionalkarten Deutschland

Straßenkarten im Maßstab 1:275 000
mit touristischen Informationen und Ortsindex.

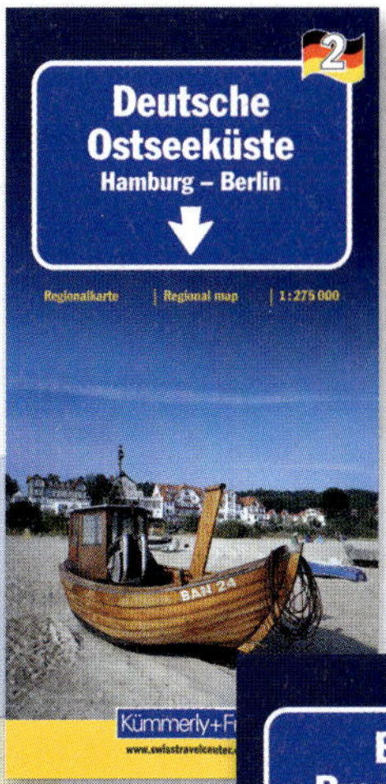

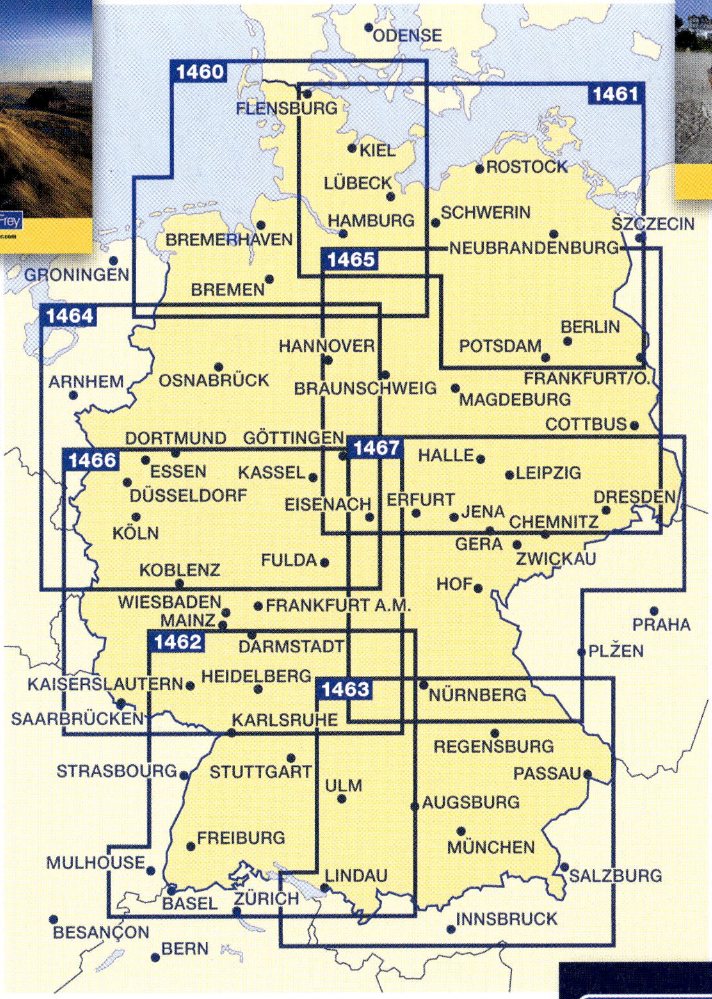

**1** Deutsche Nordseeküste Bremen – Hamburg
**2** Deutsche Ostseeküste Hamburg – Berlin
**3** Nordrhein-Westfalen Köln – Ruhrgebiet
**4** Berlin – Brandenburg Sachsen-Anhalt
**5** Hessen – Rheinland-Pfalz Saarland – Frankfurt a.M.
**6** Bayern Nord Sachsen – Thüringen
**7** Baden-Württemberg Stuttgart – Schwarzwald
**8** Bayern Süd München – Oberbayern

Kümmerly+Frey
www.swisstravelcenter.com

# DAS BESONDERE ZIEL

KROATIEN

# ROVINJ

**FAST WIE IN ITALIEN:** An der Westküste der kroatischen Halbinsel Istrien lockt das Städtchen Rovinj mit typisch mediterranem Flair – eine Region voller Gastfreundschaft und Genuss.

Eine sanfte Brise trägt den Duft der Kiefern mit sich, die Morgensonne malt flüchtige Kringel aus Lichtreflexen auf die ersten Badenden. Mild ist das Wasser, weich und angenehm warm. Und so klar, dass man sogar das ein oder andere Meeresgetier auf den bizarren Felsen dort unten erspähen kann.

Bevor es an der Zeit für einen kühnen Sprung in die Fluten ist, sitzt man noch ein bisschen still da und schaut auf diese bezaubernde Stadt auf der Halbinsel dort drüben, die von dem leuchtenden Blau des Meeres umfangen wird. Die schöne Adria hat es gut gemeint mit Rovinj, der kleinen Hafenstadt auf der Halbinsel Istrien im Nordwesten Kroatiens.

Ein Blick auf die Karte macht klar: Rovinj liegt nicht nur der Morgensonne zugewandt, sondern winkt auch noch quer über die Adria zu den Italienern hinüber.

Einst gehörte die Stadt zu Venedig und die ganze Provinz Istrien zu Italien. Aus wechselvollen Zeiten hat die Gemeinde sich das Beste bewahrt: ein romanisch-gotisches Stadtbild mit einem reizvollen Stilmix aus Barock, Renaissance und Neoklassizismus, kopfsteingepflasterte Gassen, geruhsame Häfen mit vor sich hin dümpelnden Yachten und Fischerbooten – und diese ganz spezielle, freundliche Lässigkeit, wie sie eben nur die sonnen- und wasserverwöhnte Mittelmeer-Region hervorzaubert. Zu den Bewohnern von Rovinj gehören noch heute einige „echte" Italiener, und die meisten Bewohner sprechen mehrere Sprachen und begegnen Gästen mit multikultureller Offenheit.

**Über all dem bunten Treiben** wacht hoch auf dem Hügel die Kathedrale Sveta Eufemija, deren Turm Erinnerungen an venezianische Sakralbauten weckt. Ihr äu-

**DER BESONDERE TIPP**

**Der perfekte Sundowner**

Das Valentino ist der vielleicht romantischste Ort dieser Region: eine Champagner- & Cocktail-Bar, mitten in die Felsen gehauen, mit einem großartigen Ausblick auf Adria und Sonnenuntergang – coole Drinks und entspannte Atmosphäre inklusive. **www.valentino-rovinj.com**

**Mediterraner Charme: Die Altstadt lädt zum Bummel über uraltes Kopfsteinpflaster ein.**

Von der Sonne verwöhnt: Hafen von Rovinj. Am Abend werden leckere Meeresfrüchte serviert.

Wahrzeichen und „guter Geist" der Stadt: die Kathedrale aus dem 18. Jahrhundert.

Klasse gelegen: Bisweilen gehört der Meerblick in dieser Region zur Grundausstattung.

ßerst prachtvoller Innenraum und der Altar sind unbedingt einen Besuch wert.

**Kulinarischen Genuss** versprechen (und halten) die vielen Fischrestaurants am Hafen. Auf den Tisch kommt, was das Meer frisch zu bieten hat, veredelt mit feinem Olivenöl und würzigen Kräutern. Dank der kreativen Spitzenköche wird daraus ein echter Leckerbissen.

Und für einen stimmungsvollen Blick auf den Sonnenuntergang bietet Rovinj einen idealen Ort: die Felsenbar Valentino direkt am Meer. Wer hier nicht zum Romantiker wird, wird es nirgendwo.

..................................................*Martina Sörensen*

## ▶ KONTAKT & INFO

Ausführliche Auskunft erteilt die Kroatische Zentrale für Tourismus, Iblerov trg 10/IV, 10000 Zagreb, Telefon 00385/14699333, www.croatia.hr (auch in deutscher Sprache)

Fotos: Joachim Negwer

## STELLPLATZ-TIPPS

### 22221 VIŽINADA
Seljački Turizam Jadruhi
....................................................

Gebührenfreier Stellplatz für 5 Mobile am Gast- und Bauernhof, in einem ruhigen, kleinen Dorf abseits der Hauptstraße. Einkehr obligatorisch. Stellflächen auf Rasen und Schotter. Warme Küche bis 22 Uhr. Ganzjährig.

Standort: OT Jadruhi, Jadruhi 11, GPS 45°18'04"N/13°45'04"O, Telefon 00385/52446184, Mobil 00385/981853604, www.jadruhi.com

### 52424 MOTOVUN
Camper Stop Motovun
....................................................

Gebührenpflichtiger Stellplatz für 12 Mobile auf einem separaten Areal nahe am Hotel Kaštel. Angelegtes Gelände auf Kies, durch Bäume parzelliert, nachts beleuchtet. Hallenbad im Hotel gratis, Wellness-Behandlungen gegen Gebühr, 10 % Rabatt im Restaurant. 10 Euro pro Nacht und Mobil. Person: 2 Euro. Kurtaxe: 1,25 Euro/Person. Strom (10 Anschlüsse): 1 Euro. Wasser, Entsorgung, Dusche: je 1 Euro. Hund: 1,50 Euro. Ganzjährig.

Standort: Rižanske skupštine 1a, GPS 45°20'04"N/13°49'30"O, Telefon 00385/52681607, www.motovun-camping.com

### 52445 BADERNA
Stellplatz Farm Pino
....................................................

Gebührenpflichtiger Stellplatz für 20 Mobile am Weingut. Geschotterter, ebener Untergrund, kein Schatten. Führung durch den Weinkeller mit Olivenöl- und Weinprobe. 10 Euro pro Nacht und Mobil, 4 Euro pro Person. Strom und Wasser: 3 Euro. Ganzjährig.

Standort: Katun 1, GPS 45°13'12"N/13°43'44"O, Telefon 00385/52462341, www.farmpino.hr

Baderna: Auf der Farm Pino finden am Weingut rund 20 Mobile Platz.

**Sommerflair:** Wie wär's mit einem
Abendessen in einem der netten Restaurants
im historischen Zentrum von Grado?

Es gibt noch viel zu entdecken: Die östliche Adria-Küste Italiens und das Hinterland sind ideal für eine Tour mit dem Reisemobil.

# DIE PERFEKTE WOCHE IN

# GRADO & UDINE

**ABENDS IN GRADO** lohnt ein Bummel auf der Promenade der schönen Lagunenstadt als Belohnung für einen ereignisreichen Tag. Im Umland locken weltberühmte Weißweine und geschichtsträchtige Städte wie etwa Udine – der kulturelle Mittelpunkt des Friaul.

Mit Genuss und Leidenschaft: Die Ristoranti del Castrum in Grado veredeln bodenständige Küche.

**La cucina tipica gradese**

**Die typische Küche von Grado**

Die Lagune ist ein ideales Revier für Hummer, Seezungen, Brassen, Mies-, Messer- und Jakobsmuscheln. Das alles gedeiht hier prächtig und kommt auch auf die Tische der Restaurants.

**W**enn es Abend wird in Grado, wenn die Sonne langsam golden scheint, dann wird die Altstadt zur Kulisse für ein wunderbares Schauspiel, das den ganzen Sommer über, Tag für Tag, neu aufgeführt wird. Das Stück heißt „passeggiata" – flaniere und genieße die Stunde. Paare schlendern durch die engen Gassen, Kinder spielen auf der Straße, und viele der Urlauber haben sich zu einem Aperitif an die verlockenden Tische der Restaurants gesetzt. Es duftet nach gegrilltem Fleisch, nach Boreto, der würzigen Fischsuppe, und nach frisch gebackenem Brot. Grado ist eines der schönsten Fischerstädtchen an der italienischen Adria – und die Altstadt hat an diesen lauen Abenden einen ganz besonderen Zauber. Noch ist es ruhig in Grado, die Ruhe

vor dem Sturm – eigentlich eine ideale Zeit, um hier Urlaub zu machen: Die Sonne ist schon kräftig genug, dass es tagsüber schon mal 25 Grad warm wird und man auch abends meist draußen sitzen kann. Und das Wasser der Adria ist um diese Jahreszeit auch schon wärmer als die Nordsee im Hochsommer. Am flachen Strand freuen sich die Kinder seit eh und je über das warme Sand-Wasser-Gemisch in bester Burgen-

**Meer-Erinnerungen: Souvenirs sind, wie überall, auch in Grado reine Geschmackssache.**

bauqualität. Die Stadt liegt auf einer bananenförmigen Insel. Vorne die offene Adria, im Osten das Mündungsdelta des Isonzo, und Triest, die Großstadt mit mehr als 200 000 Einwohnern, liegt 40 Autokilometer entfernt. Ein aufgeschütteter, fünf Kilometer langer Damm führt vom Festland auf die Insel.

**Und auf der Innenseite** der Banane liegt das, was Grado einzigartig macht: Die Lagune, eine 125 Quadratkilometer große Wasserfläche, die durchsetzt ist mit Inseln und Sandbänken. Ein ideales Revier für Hummer, Seezungen, Aale, Brassen, Mies-, Messer- und Jakobsmuscheln, Tintenfische – das alles gedeiht hier prächtig

Wie es euch gefällt: Strandvergnügen mit oder ohne bunten Schirm am Hauptstrand von Grado.

Schatten inklusive: entspannter Komfort im Camping Tenuta Primero am Adria-Strand bei Grado.

Einladend: Unter den Arkaden der Piazza Matteotti in Udine schmeckt der Kaffee gleich doppelt so gut.

Piazza della Libertà im Zentrum der historischen Altstadt von Udine: Der Palazzo del Comune, Loggia del Lionello genannt, besitzt eine reizvolle offene Bogenhalle.

## ■ GENUSSLAGEN – DIE WEINE DES FRIAUL

**Frische Säure,** goldgelbe Farbe und viel Frucht – die Weißweine des Friaul genießen einen hervorragenden Ruf. Auf den trockenen, kiesigen Böden gelangen die Trauben zu vollmundiger Reife. Gemeinsam mit den milden Wintern und heißen, trockenen Sommern ergibt das perfekte Voraussetzungen für Weingenuss. Viele der friaulischen Weine tragen das Gütesiegel DOC oder DOCG, was für hohe Qualitätsstandards und garantierte Herkunft bürgt, einige der Weine erlangen mit drei Gläsern im Gambero Rosso die höchste Auszeichnung für italienische Weine. Im Collio-

Weingebiet werden Wein und Region wunderbar mit traditionellen Kelter- und Anbauverfahren verbunden, die Weinberge erstrecken sich auf über 1600 Hektar im nördlichen Teil der Provinz Gorizia. Besonders empfehlenswert ist die autochthone (einheimische) Rebsorte Pinot, zu genießen etwa in Cormons, dem Hauptort des Collio.

**Aus Tradition gut: Weingut Villa Vitas in Strassoldo an der Straße nach Grado.**

und bringt den Fischern schon seit Urzeiten den Lebensunterhalt. Bei Ebbe ist das Wasser an den meisten Stellen nur um die 40 Zentimeter tief, bei Flut selten mehr als einen Meter. Die Lagune hat nur etwa ein Viertel der Fläche ihrer venezianischen Schwester und ist nicht ganz so spektakulär, aber gerade dafür umso liebenswerter.

Auf den Inselchen in der Lagune stehen oft Schilfhütten, die hier Casoni genannt werden, manche windschief, manche aber liebevoll gepflegt. Das sind kleine Königreiche für die Herrscher des Meeres, die von Generation zu Generation weitervererbt werden. Bei Lagunen-Touren hat man die Möglichkeit, auch einen Blick in diese Casoni zu werfen.

**Im Hinterland von Grado** wächst der berühmte friaulische Wein, der beste in den Hügeln des Collio, unweit der slowenischen Grenze. Pinot Grigio, Pinot Bianco, Sauvignon Blanc, Tocai Friulano – meist schlicht und trocken ausgebaut. Viele Weingüter bieten Proben an und **»**

Buntes für daheim: Die Puppen aus Maisstroh sind beliebte Mitbringsel.

Das Gespür für die Lagune und das Meer: Im beschaulichen Hafen von Grado starten auch die Schiffe zur Lagunenrundfahrt.

Die gute alte Zeit: Geräteschuppen auf einem Weingut im Hinterland.

Unbedingt einen Spaziergang wert: die malerische Altstadt von Grado.

## ■ GUTE TÖPFE

**So schmeckt Fisch** am besten – frisch aus dem Meer. In Grado ist aus den Meeresschätzen der Fischeintopf „Il Boreto" entstanden, nach über 30 Rezepturen hergestellt und dennoch typisch im Geschmack. Ursprünglich wurde Il Boreto aus Fischresten hergestellt, und so empfiehlt es sich, das Restaurant gut auszuwählen. Die „Ristoranti del Castrum" etwa haben sich ganz der traditionellen Gradeser Küche verschrieben und Il Boreto zu einer echten Delikatesse geadelt. www.iristorantidelcastrum.it

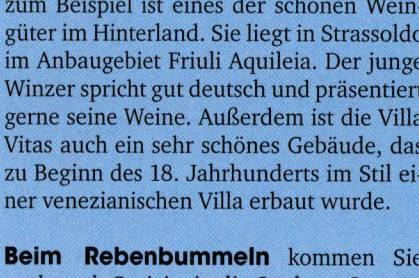

**Frische Vielfalt: reichhaltiges Angebot auf dem Fischmarkt.**

verkaufen direkt – die Schilder am Straßenrand weisen darauf hin. Die Villa Vitas zum Beispiel ist eines der schönen Weingüter im Hinterland. Sie liegt in Strassoldo im Anbaugebiet Friuli Aquileia. Der junge Winzer spricht gut deutsch und präsentiert gerne seine Weine. Außerdem ist die Villa Vitas auch ein sehr schönes Gebäude, das zu Beginn des 18. Jahrhunderts im Stil einer venezianischen Villa erbaut wurde.

**Beim Rebenbummeln** kommen Sie auch nach Gorizia, in die Stadt am Isonzo, wo man im Zentrum mit einem Bein in Italien und mit dem anderen in Slowenien, in Nova Gorica, spazieren gehen kann – das vereinte Europa macht es möglich. Seit 2007 gibt es keine Grenzkontrollen mehr zwischen Italien und Slowenien, und der Euro ist längst auch in Nova Gorica das offizielle Zahlungsmittel.

Wenn Sie weiter Richtung Norden fahren, liegt Udine am Weg. Machen Sie bloß nicht den Fehler, diese Stadt einfach links liegen lassen. Das wäre schade, denn

Udine ist ein Juwel: mit einer bezaubernden Altstadt und einigen der schönsten Plätze in ganz Norditalien.

Zentrum ist die venezianisch geprägte Piazza della Libertà, die beherrscht wird von der Loggia del Lionello – heute Palazzo Comunale genannt. Sie stammt aus der Mitte des 15. Jahrhunderts und wurde nach dem Vorbild des Dogenpalasts in Venedig gebaut. Nehmen Sie sich ein bisschen Zeit, und bleiben Sie in der offenen Bogenhalle. Gegenüber steht der Uhrturm aus dem Jahr 1527.

Schlendern Sie durch die arkadengesäumte Via Mercato Vecchio zur Piazza Matteotti, die umstanden ist von farbig bemalten Bürgerhäusern. Lassen Sie später den Tag ausklingen in der Spezeria Pei Santi, „der Apotheke für Gesunde" in der Via Poscolle 13. Und genießen Sie das junge Leben in dieser schönen alten Stadt bei einem Kaffee oder einem Glas Wein.

...................................................*Michael Adler*

FRIAUL KOMPAKT    bitte umblättern ⟩⟩⟩

Segel setzen: Eine Bootsfahrt in der Lagune – gibt es etwas Erholsameres?

# Hingucker: sechs Städte mit großer Geschichte

Von einer prachtvollen Piazza direkt am Meer und einer geteilten Stadt, von interessanten Spuren vergangener Zeiten, riesigen Ozeandampfern, prima Aussichten und sehr sonnigen Stränden.

**1 UDINE** Im Süden die Adria, im Norden die Alpen – Udine ist der geografische und kulturelle Mittelpunkt des Friaul. Zahlreiche Museen locken Kunstfreunde, ebenso die Tiepolo-Fresken im Dom. Über der Stadt thront das Castello aus dem 12. Jahrhundert, die Aussicht vom Schlossberg ist unbedingt empfehlenswert. www.comune.udine.it

**2 AQUILEIA** Die kleine Ortschaft am Fluss Natissa war eine der größten Städte des Römischen Reiches. Auf dem Freigelände und in zwei Museen kann man die Spuren der Römerzeit besichtigen. Sehenswert ist auch das Fußbodenmosaik der Basilika, deren Ursprünge aus dem 4. Jahrhundert stammen. www.aquileia.net

**3 GRADO** Die Hauptattraktion der Stadt am äußersten Ende des Golfs von Venedig ist sicherlich die 12 000 Hektar große Lagune von Grado. Die Strände sind allesamt nach Süden ausgerichtet, Sonnenhungrige kommen also ganz auf ihre Kosten. Meerwasser und Strände werden jedes Jahr für ihre gute Qualität ausgezeichnet. www.grado.it

**4 GORIZIA** Eine Grenzstadt im Wortsinn – durch Gorizia verläuft seit 1947 die Staatsgrenze zu Slowenien. Erst der EU-Beitritt Sloweniens ermöglichte eine freie Passage ins slowenische Nova Gorica. Zu den Kunstschätzen gehört ein mächtiges Castello aus dem 11. Jahrhundert am Fuß der Julischen Alpen. www.comune.gorizia.it

**5 MONFALCONE** Zwischen Triest und Grado liegt die Hafen- und Industriestadt Monfalcone, bekannt als „Stadt der Werften", an den Ausläufern des Karstgebirges. Einige der größten Kreuzfahrtschiffe der Welt wurden hier gebaut, wie zum Beispiel die Queen Elisabeth der britischen Reederei Cunard Line. www.comune.monfalcone.go.it

**6 TRIEST** Die Hauptstadt der Region Friaul-Julisch Venetien ist ein bedeutender Seehafen. Mittelpunkt der Stadt bildet die von Prachtbauten umgebene Piazza dell'Unità d'Italia, deren offene Seite direkt ans Meer grenzt. Traditionell sind in Triest viele Kaffeehäuser ansässig, das Caffè Tommaseo ist das älteste Italiens. www.triesteturismo.net

## FRIAUL KOMPAKT

# Infos | Tipps | Adressen

## CAMPING

**Campingplatz Tenuta Primero:**
4-Sterne-Campingplatz in Grado an der Lagune mit großer Marina (Motor- und Segelboote können gechartert werden). Etwa 800 Plätze inkl. separater Stellplätze für Reisemobile. Zwei Restaurants, Pool und Bar am Platz. Breiter Sandstrand, diverse Wassersportmöglichkeiten und Animation für Kinder.
34073 Grado, Via Monfalcone, GPS 45°42'19"N/13°27'51"O, Telefon 0039/0431896900, www.tenuta-primero.com

**Direkt am Strand: Camping Tenuta Primero bei Grado.**

## RESTAURANTS

**Tavernetta all'Androna:** Hier wird die bodenständige Gradeser Küche raffiniert verfeinert – Familie Tarlao kredenzt Gutes aus dem Meer wie Limonen-Gambas, gegrillten Thunfisch in Wasabisauce und köstliches Boreto. Im Sommer unbedingt reservieren.
34073 Grado, Calle Porta Piccola 6, Telefon 0039/043180950, www.androna.it

**Ristorante Agli Artisti:** In charmantem Ambiente, nur ein paar Schritte von der Kathedrale in der Altstadt von Grado gelegen, werden Gäste seit mehr als 30 Jahren vorzüglich bekocht. Ausgesuchte und gekonnt auf jedes Gericht abgestimmte Weine unterstreichen den Genuss. Tipp: Venusmuscheln alla Marinara.
34073 Grado, Campiello Porta Grande 2, Tel. 0039/043183081, www.agliartistigrado.com

**Uriges Ambiente und gute Küche: Ristorante all'Androna.**

**Trattoria de Toni:** Wunderbares Meeresfrüchte-Risotto, exzellentes Tintenfisch-Boreto, ein Koch mit Liebe zum friaulischen Wein und eine schöne Piazza vor dem Lokal – das de Toni gehört zu den beliebtesten Gourmet-Restaurants der Stadt. Der Preis ist zwar hoch, die Qualität dafür aber erstklassig.
30373 Grado, Piazza Duca d'Aosta 37, Telefon 0039/043180104, www.trattoriadetoni.it

## SEHENSWERTES

**Lagunentour:** Absolut empfehlenswert ist eine Bootsfahrt in der Lagune. Angeboten werden viele Varianten: Tagesausflüge nach Triest oder Venedig, Rundfahrten zwischen den Inseln der Lagune mitsamt den Casoni, den Fischerhütten. Am besten per Ausflugsschiff Nuova Cristina oder Wassertaxi ab Grado.
Ausflugsschiff Nuova Cristina: www.motorshipcristina.it
Wassertaxi: www.lagunataxi.it

**Land in Sicht: schöne Ausblicke bei einer Lagunentour.**

## INFORMATION

**Auskunft:** Auf der deutschsprachigen Website des Fremdenverkehrsamtes Friaul-Julisch Venetien finden Sie alle wichtigen Infos – und können sich schon vor der Reise Videos der Region anschauen.
33033 Codroipo, Piazza Manin 10, Telefon 0039/0432815111, www.turismofvg.it

## STELLPLÄTZE

### 33051 AQUILEIA
Area Sosta per Camper

Gebührenpflichtiger Stellplatz für 40 Mobile. Angelegtes ebenes Areal auf Rasengittersteinen in einem Wohngebiet. WC-Häuschen und Müllentsorgung am Platz. Ristorante Corallo ist 50 m entfernt, weitere Restaurants im Ort. Ganzjährig nutzbar. Bodeneinlass. 8 Euro pro Mobil und 24 Stunden inkl. Ver- und Entsorgung. Achtung: Der Parkscheinautomat nimmt auch Geldscheine, gibt aber kein Rückgeld.
Standort: Via Antonio Grandi, GPS 45°45'55"N/13°22'09"O, Comune d'Aquileia, Telefon 0039/0431/916911, www.comune.aquileia.ud.it

**Aquileia: Die Mobile stehen in 2 Reihen neben Wohnhäusern.**

### 33080 BARCIS
Area Sosta per Camper sul Lago

Gebührenpflichtiger Stellplatz für 20 Mobile. Eingerichteter Platz direkt am Seeufer. Groß-

## ■ IM SCHUTZ DES FLUSSDELTAS

**Der Fluss Isonzo** entspringt in Slowenien im Nationalpark Triglav, heißt dort Soca und mündet 140 Kilometer weiter südlich bei Monfalcone in den Golf von Triest. Im Isonzo-Delta wird der türkisblaue Strom auf den letzten 15 Kilometern vom 2400 Hektar großen Naturschutzgebiet „Isola della Cona" gesäumt. Über 300 Vogelarten leben hier übers Jahr verteilt, zahlreiche Wasservögel nutzen die Isola als Rastplatz während ihres Durchzugs. Im Jahr 1991 wurden in den Flussniederungen Camargue-Pferde angesiedelt. Mit ihrer Hilfe werden weite Grasflächen erhalten, die wiederum vielen Vogelarten notwendige Brutgebiete bescheren. Im Besucher- und Forschungszentrum werden geführte Wanderungen und Ausritte angeboten. www.isoladellacona.it

**Nicht nur für Vögel gut: entspannen am Ufer des Isonzo.**

zügige Parzellen auf topfebenem Rasenpflaster. Picknick- und Grillplatz, WC vorhanden. Der kleine Ort ist in 5 Gehminuten zu erreichen. Ganzjährig nutzbar. Bodeneinlass. 10 Euro pro Nacht und Mobil inklusive Strom, Ver- und Entsorgung. Ver- und Entsorgung für Durchreisende: 3 Euro. Parkscheinautomat.

Standort: Via Vittorio Veneto, GPS 46°11'26"N/12°33'54"O, Pro Loco, Telefon 0039/0427/76014, www.barcis.fvg.it

### 33010 COLLOREDO DI MONTE ALBANO
Agriturismo Gabry

Gebührenpflichtiger Stellplatz für 10 Mobile auf einer Wiese oder auf dem Parkplatz am Gutshof. Im Hofrestaurant werden von Donnerstag bis Sonntag die Produkte aus eigenem Anbau angeboten. Ganzjährig nutzbar. 10 Euro pro Nacht und Mobil.

Standort: OT Caporiacco, Via San Daniele 30, GPS 46°08'45"N/13°05'01"O, Gabriella Barbiani, Telefon 0039/0432/889057, www.agriturismogabry.it

### 34170 GORIZIA
Area Attrezzata Camper

**Gorizia: Der Stellplatz bietet große Parzellen für Reisemobile.**

Gebührenfreier Stellplatz für 7 Mobile. Groß parzellierte Plätze auf einem Großparkplatz für Pkw und Reisemobile im Stadtzentrum. Ebener, asphaltierter Untergrund, nachts beleuchtet. Maximaler Aufenthalt: 48 Std. Ganzjährig nutzbar. Bodeneinlass.

Standort: Viale Virgilio, GPS 45°56'44"N/13°36'58"O, Telefon 0039/0481/383111, www.comune.gorizia.it

### 34072 GRADISCA D'ISONZO
Area di Sosta Camper

**Gradisca d'Isonzo: der zentral gelegene, asphaltierte Stellplatz.**

Gebührenfreier Stellplatz für 3 Mobile. Gekennzeichnetes Areal auf einem Parkplatz im Ortszentrum, eben und asphaltiert. Supermarkt direkt nebenan, Pizzeria/Bar 200 m entfernt. Maximaler Aufenthalt: 48 Std. Ganzjährig nutzbar. Bodeneinlass.

Standort: Viale Trieste 121-123, GPS 45°53'09"N/13°29'43"O, Comune di Gradisca d'Isonzo, Telefon 0039/0481/961383, www.gradisca.totemonline.com

### 34073 GRADO
Area Camper comunale

Gebührenpflichtiger Stellplatz für 62 Mobile. Asphaltierter, beleuchteter und für Reisemobile parzellierter Parkplatz zwischen Grado und Grado Pineta. Ruhige, grüne Lage. Mehrere Restaurants im Ort. Ganzjährig nutzbar. Bodeneinlass. 12 Euro pro Nacht und Mobil inklusive Strom, Ver- und Entsorgung. Parkscheinautomat.

Standort: Viale Italia 73, GPS 45°40'55"N/13°24'42"O, Comune di Grado, Telefon 0039/0431/898111, www.comune.grado.go.it

### 33010 LUSEVERA
Albergo Ai Ciclamini

Gebührenfreier Stellplatz für 6 Mobile an einer Ausflugsgaststätte in Einzellage am Passo di Tanamea. Einkehr obligatorisch. Leicht

abschüssiger Parkplatz aus Rasengittersteinen oder Schotterrasen. Maximaler Aufenthalt: 3 Tage. Saison: Dezember–Oktober.

Standort: OT Passo di Tanamea, Pian dei Ciclamini, GPS 46°18'17"N/13°19'20"O, Telefon 0039/0432/787084, www.aiciclamini.com

Area Attrezzata Terminal Grotte

Gebührenfreier Stellplatz für 5 Mobile. Angelegter Reisemobilplatz am Eingang der Grotta Nuova di Villanova. Untergrund leicht abschüssig, junger Baumbestand. Trattoria im Besucherzentrum, montags Ruhetag. Ganzjährig. Bodeneinlass.

Standort: OT Villanova del Grotte, Villanova delle Grotte 3, GPS 46°15'21"N/13°16'59"O, Bar Trattoria Terminal Grotte, Telefon 0039/0432/787020, www.grottedivillanova.it

**Lusevera: der angelegte Platz an der Grotta di Villanova.**

### 33038 SAN DANIELE DEL FRIULI
Area attrezzata per camper

**San Daniele del Friuli: schöner Stellplatz am Sportplatz.**

Gebührenfreier Stellplatz für 30 Mobile. Ausgewiesenes und angelegtes Gelände am Sportplatz Falcone e Borsellino. Der Untergrund ist eben und mit Rasengit-

tersteinen befestigt, beleuchtet. Sehr ruhige Lage am Ortsrand, aber trotzdem nicht weit vom historischen Ortskern entfernt. Maximaler Aufenthalt: 3 Tage. Ganzjährig nutzbar.

Standort: Via Udine, GPS 46°09'23"N/13°00'49"O, Comune di San Daniele del Friuli, Telefon 0039/0432/946511, www.comune.sandanieledelfruili.ud.it

### 33017 TARCENTO
Area Plein-Air Torre

**Tarcento: der Stellplatz über dem Ufer des rauschenden Torre.**

Gebührenfreier Stellplatz für 10 Mobile. Markierter Platz hoch über dem Ufer des Flusses Torre. Ebener, teilweise befestigter Untergrund, nur wenig Schatten durch hohe Bäume. Geringe Entfernung ins Zentrum. Maximaler Aufenthalt: 3 Tage. Ganzjährig nutzbar. Bodeneinlass.

Standort: Via Sottocolle Verzan, GPS 46°12'52"N/13°13'30"O, Comune di Tarcento, Telefon 0039/0432/780630, www.comune.tarcento.ud.it

### 34100 TRIESTE
Area Comunale

Gebührenfreier Stellplatz für 50 Mobile. Markiertes Areal für Reisemobile unterhalb der Schnellstraße SS 202 in der Nähe des Neuen Hafens im Süden der Stadt. Bushaltestelle zum Zentrum 250 m. Maximaler Aufenthalt: 72 Std. Ganzjährig nutzbar.

Standort: Area Comunale, Via Karl Ludwig von Bruck, GPS 45°38'15"N/13°46'15"O, Telefon 0039/040/6754456, www.triesteturismo.net

# DIE PERFEKTE WOCHE IN

# ABANO TERME

**GENIESSEN UND GENESEN:** Eine frühsommerliche Kur- und Kulturreise durch die Euganeischen Hügel nach Padua und Abano Terme – mit einer heißen Fangopackung in Montegrotto und Nachruhe im eigenen Reisemobil.

Fotos: Michaela Brennmeister

Castello mit Rosenkranz: ein Blick in die Burg des Städtchens Este. Direkt daneben gibt es einen Reisemobil-tauglichen Parkplatz.

Gute Kombination: Am Rand der Hügelkette bei Padua gedeihen feine Weißweine.

Kleine Städtchen mit Zeichen großer Vergangenheit: hier der Dom in Montagnana.

Camping mit eigener Kur-Abteilung: Stellplätze am Sporting Center in Montegrotto.

Kleine Beilagen-Mischung: Gebratenes Gemüse und krosse Kartoffeln gehören oft dazu.

Frühlingsnachmittag in Padua: Die Stadt hat mehr als 200 000 Einwohner und einen Botanischen Garten, der zum Weltkulturerbe zählt. Auch die Altstadt ist in jedem Fall einen Bummel wert.

Das Thermalbad der anderen Art: Schwimmbecken im Camping „Sporting Center" in Montegrotto.

Mittendrin in Padua: die schöne Markthalle an der Piazza delle Erbe im Stadtzentrum.

„Bene", sagt Dottore Rocco Scappatura, „siebenmal Fango mit 45 Grad, 15 Minuten lang, und drei heiße Bäder, 36 Grad, zehn Minuten." Das sei „phantastico", gesund, erholsam und helfe vor allem gegen Gelenkschmerzen und allerlei sonstige Zipperlein. Der Dottore schraffiert die Flächen der Figur in seinem Verschreibungsblock, die morgen mit Fango bedeckt werden sollen: vorne die Schul-

ben beginnt um vier Uhr. Naim greift beherzt einen der schweren Eimer, die der Fangomann von außen anreicht, und kippt den dampfenden Inhalt auf eine Plastikfolie. Über allem liegt der faulige Dampf von Schwefel. „Verordnung bittää!" sagt er forsch. Überall wo der Doktor seine Schraffierung gemacht hat, knallt er einen Batzen heiße Heilerde hin. Dann schmiert er den Rücken mit Fango ein, die Arme und die Hüften. Au – so heiß sind 45 Grad! Das

mondänsten Kurort Norditaliens. Auf der Via d'Abano, der langen Fußgängerzone des Kurstädtchens, bummeln gut gekleidete Senioren, in den Geschäften werden Designer-Klamotten verkauft, Feinkost-Artikel oder Kunst. Der Altersdurchschnitt liegt deutlich über 50, so viel ist sicher. Und sicher ist auch, dass diese Heilerde hilft. 400 000 Patienten pro Jahr können nicht irren. Mag sein, dass sich die schicken Hotels inzwischen zu wahren Wellness-Tempeln verwandelt haben, dass sie wohlriechende Wohlfühloasen geworden sind, in denen diese unglaublich beruhigende Entspannungsmusik läuft.

> Nach der Fangopackung sitzt man dann noch zehn oder fünfzehn Minuten in einer Wanne mit heißem Thermalwasser und freut sich über die Wohltaten des Kurwesens.

tern, Hände, Hüften, Knie, die Füße und hinten der gesamte Rücken und die Arme.

Die Visite beim Badearzt ist immer noch Pflicht, Dottore Scappatura kommt täglich auf den Campingplatz Sporting Center in Montegrotto Terme. Sein Deutsch ist etwa so gut wie unser Italienisch – wir verständigen uns mit Händen und Füßen: No Problema Herz? No Medicin? Tutto prima? Er misst den Blutdruck 110 : 70 – ahh, Atletico! Na also, geht doch! Er empfiehlt, ganz früh zum Fango zu kommen.

Am nächsten Morgen: 4 Uhr 40 klingelt der Wecker – die Hölle. Fango um fünf Uhr – „und Sie sind nicht die ersten", sagt Naim, der Fangomeister, das gesunde Le-

Fango brennt auf dem Rücken. Naim schiebt die graue Masse zurecht. „15 Minuten schlafen", sagt er, stellt einen Wecker und verschwindet.

Ein paar Minuten später beginnt der heiße Schlamm zu wirken – wohlige Wärme breitet sich im Rücken und in der Schulter aus. Nach einer Viertelstunde ist der Zauber um, Naim nimmt einen dicken, weißen Schlauch und spritzt die Schlammreste weg, inzwischen ist die Wanne daneben vollgelaufen mit heißem Thermalwasser. Hier sitzt man dann noch zehn oder fünfzehn Minuten und freut sich über die Wohltaten des Kurwesens.

Abano Terme und Montegrotto sind fast zusammengewachsen und bilden den

**Hier auf dem Campingplatz** ist es ganz anders: Alles ist schlicht, alles ist weiß gekachelt, alles ist schon ein bisschen verbraucht. Zu hören ist nur das andauernde Kratzen des Mannes, der da draußen mit seiner Schaufel das Fango in die Eimer schippt. Die Thermen sprudeln in den Hügeln aus vielen Quellen. Außer »

# Unterwegs zu den kleinen Schätzen im Landesinneren

Von prächtigen Renaissance-Villen. Von einer Stadt, in der studentisches Leben und große Vergangenheit nah beieinander liegen. Von kunstvollen Gärten und von einer Burg, in der Rosen blühen.

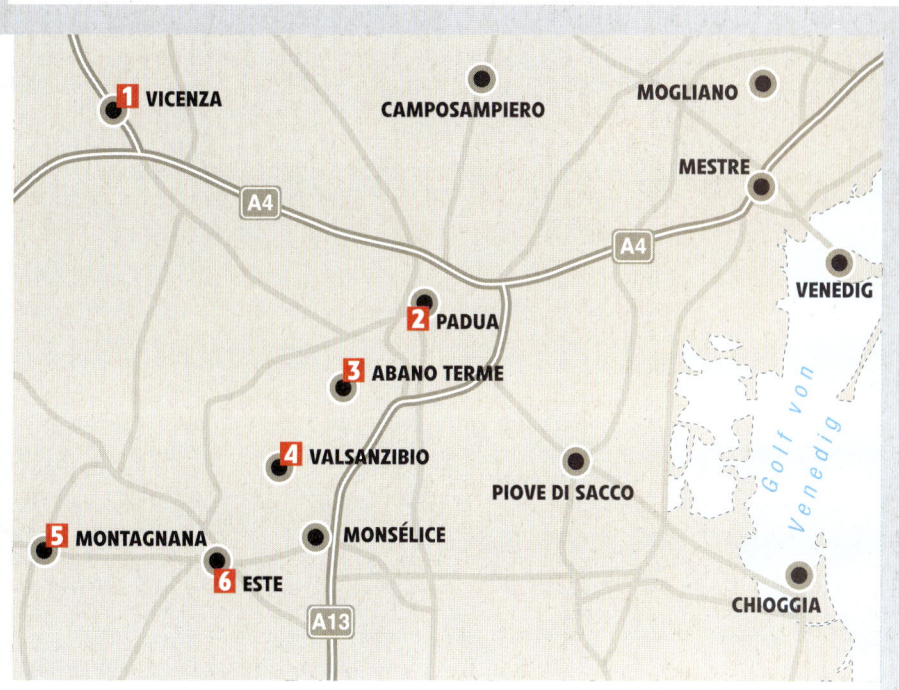

**1 VICENZA** Die Altstadt wird durch zahlreiche Palazzi und Patriziervillen aus dem 16. Jahrhundert geprägt, viele davon gebaut vom Meister der Hochrenaissance, Andrea Palladino. Einen guten Überblick bekommt man beim Aufstieg zur Marienwallfahrtskirche auf dem Monte Berico. Und anschließend geht´s zum Shopping auf den Corso Palladio.

**2 PADUA** Im traditionsreichen Wallfahrtsort Padua trifft studentische Lebenslust auf Kulturhistorie. Die Basilika des Heiligen Antonius lädt zu andächtigem Staunen, die Scrovegni-Kapelle ist mit Fresken aus dem 13. Jahrhundert geschmückt. Ein paar Straßen weiter tummelt sich auf den Plätzen der Altstadt internationales Studentenvolk.

**3 ABANO TERME** Ein lohnender Streifzug durch die Stadt führt zum Alten Dom, der Wallfahrtskirche Monteortone und dem Nonnenkloster auf dem Hügel San Daniele, die der „Muttergottes der Gesundheit" gewidmet sind. Die älteste Thermalquelle Abanos, der Montirone, wurde umfangreich restauriert und wird von einer Statue der Hygieia geziert.

**4 VALSANZIBIO** Auf einer Fläche von 15 Hektar erstreckt sich der weltberühmte Renaissancegarten südwestlich von Padua. 16 Brunnen, Teiche, Wasserspiele und 70 Marmorstatuen fügen sich kunstvoll in die Landschaft ein. Die Gärten sind täglich zu besichtigen, Eintritt 8,50 Euro. Im Internet unter www.valsanzibiogiardino.com

**5 MONTAGNANA** Das mittelalterliche Städtchen wird von einer zwei Kilometer langen Stadtmauer mit 24 Türmen umschlossen. Herz der Stadt ist die Piazza Vittorio Emanuele, umgeben von Laubengängen und altehrwürdigen Hausfronten. Eine lokale Leckerei ist der Dolce di Montagnana, eine mindestens zwölf Monate gereifte Schinkenspezialität.

**6 ESTE** Das Atestino, eines der größten Nationalmuseen, beherbergt kostbare Funde aus der Römerzeit. Zahlreiche Villen prägen das Stadtbild, wie die Villa Kunkler, in der einst die englischen Dichter Byron und Shelley weilten. Die imposante Burg der Herrscherfamilie Este wartet mit einem bezaubernden Stadtpark innerhalb ihrer Mauern auf.

den beiden bekannten Kurorten gibt es mindestens zwei weitere: Doch Battaglia Terme und Galzignano Terme sind heute verschlafene Dörfer, in denen es auch Thermalhotels gibt, in denen sich aber das Leben – und schon gar das Kurleben – ein paar Nummern langsamer bewegt. Das war nicht immer so. In der Vergangenheit kamen die Reichen gerne hierher, und viele bauten sich prächtige Villen in die Berge. In Valsanzibio zum Beispiel liegt die Villa Barbarigo aus dem 17. Jahrhundert, die sich der Bischof von Padua hat bauen lassen. Doch nicht das Gebäude ist in diesem Fall die Attraktion, sondern der wunderschöne Park mit vielen Brunnen und einem Labyrinth.

**Interessante Frage:** Ist Padua nun der Vorort von Abano oder umgekehrt? So viel ist sicher: Abano schließt sich direkt an die südlichen Ausläufer von Padua an. Wer durch Padua streift, der merkt gleich – in der Altstadt atmet jedes Haus Geschichte.

Die Gassen sind eng, die Laubengänge bieten Schatten seit vielen hundert Jahren. Wer weiß, vielleicht ist hier vor 400 Jahren schon Galileo Galilei spazieren gegangen – er unterrichtete an der Universität von Padua. Berühmtheit genoss damals schon das „Teatro Anatomico", ein steil ansteigender Hörsaal, in dem unten ein Seziertisch stand. Saal samt Tisch dürfen heute noch besichtigt werden bei einer Führung durch die alte Universität.

Ein paar Stunden Zeit lassen sollten Kur- und Kulturreisende sich am Prato della Valle, einem mit einem Kanal gefassten Oval mit großen Wiesenflächen, mit Brunnen und Brücken und einem Wald aus historischen Steinstatuen. Im Südosten prägt die Kirche San Giustina den Platz, die größte Renaissance-Kirche Venetiens aus

Montagnana: An jedem dritten Sonntag im Monat (außer im Juli und August) ist Antiquitätenmarkt.

Ein bisschen wie früher: proppenvoller, kunterbunter Feinkostladen in Montagnana.

dem 16. Jahrhundert. Auf den Wiesen musizieren sich manchmal Bongotrommler in Trance, oder Capoeira-Tänzer proben ihren Kampftanz, Kinder planschen im Brunnen, Liebespaare träumen vor sich hin. In den letzten Sonnenstunden des Tages herrscht eine zauberhafte Atmosphäre.

Jeden Samstag verwandelt sich der Platz in einen großen Markt und an jedem dritten Sonntag im Monat in einen noch größeren Antiquitäten-Bazar. – Der frühe Fangostart hat etwas Gutes. Man kann sich danach noch mal zwei Stunden ins Reisemobil-Bett kuscheln, gemütlich frühstücken und ist trotzdem schon um halb neun Uhr abfahrtbereit zum Ausflug.

Nachmittags lockt dann mitunter das Thermal-Schwimmbad des Campingplatzes, das ist ein riesiges Freibad und der Beweis dafür, dass Thermalbaden nicht immer eine ganz ernste Angelegenheit sein muss. In diesem Fall gibt es abgesteckte Sportbahnen, bunte Rutschen und einen riesigen Whirlpool mit Wasserpilz und Blubberliege – was hier medizinisch korrekt Hydro-Massage genannt wird. Alles ein bisschen altmodisch, aber mit einem unwiderstehlichen italienischen Charme.

......................................... *Michaela Brennmeister*

# Infos | Tipps | Adressen

## RESTAURANTS

**Trattoria Mario e Mercedes, Padua.** Sehr gute regionale Küche, etwas außerhalb, etwa 10 Minuten zu Fuß vom Zentrum, aber der Weg lohnt sich: Spezialität ist gegrilltes Fleisch auf dem offenen Feuer. Probieren Sie auch die gemischten Vorspeisen. Gute Weinauswahl. Reservierung empfohlen, die schönsten Plätze auf der Terrasse sind schnell besetzt. Mittlere Preisklasse, Mittwoch Ruhetag.

Via San Giovanni da Verdara, 35137 Padua, Telefon 0039/049/8719731

**Ristorante Europa, Abano Terme**. Direkt in der Fußgängerzone von Abano, schöne Terrasse, gute landestypische Küche, interessante Vorspeisen, gute Fischauswahl, mittlere Preisklasse.

Larco Marconi 7, Abano Terme, Telefon 00 9/049/8668475

**La Montanina, Teolo:** Das beste an diesem Restaurant ist die Lage: in dem Bergörtchen, mitten in den Euganeischen Hügeln, Terrasse mit großartigem Ausblick. Schlichte Karte, ländliche Gerichte, selbst gemachte Pasta.

Via Montanina 5, Teolo, Telefon 0039/049/992503

**Al Calderone, Montegrotto**. Das Restaurant gehört zum Campingplatz Sporting Center. Einfache italienische Küche, gute Pizzen vom Holzofen, zehn Prozent Rabatt für Camping-Gäste. Täglich geöffnet, bis 4 Uhr morgens (Adresse: siehe unten).

## INFORMATION

**Allgemeine Auskünfte** über Venetien und die Region Padua bekommt man beim Italienischen Fremdenverkehrsamt Enit.

Barckhausstraße 10, 60325 Frankfurt, Telefon 069/237434, www.enit-italia.de

## STELLPLÄTZE

**Montagnana: Die Altstadt beginnt gleich hinter der Mauer.**

### 35044 MONTAGNANA
Stadion an der Ringstraße

Gebührenfreier Stellplatz für 20 Mobile außerhalb der Stadtmauer. Großparkplatz nördlich dem Zentrum und unweit der Porta Vicenza. Ebener Schotteruntergrund, kein Schatten. Vor und nach Sportveranstaltungen ruhig. Guter Ausgangspunkt für Stadtbesichtigungen. Ganzjährig nutzbar. Bodeneinlass.

Standort: Via Circonvallazione, GPS 45°14'10"N/11°27'59"O, Comune di Montagnana, Telefon 0039/0429/81320, www.comune.montagnana.pd.it

### 35036 MONTEGROTTO TERME
Sporting Center

**Montegrotto: das Sporting Center an der Therme.**

Gebührenpflichtiger Stellplatz für 185 Mobile. Campingplatzähnliche Anlage mit parzellierten Stellplätzen und geteerten Wegen, teilweise schattig. Ebener, befestigter Wiesenuntergrund. Restaurant mit Self-Service und Snack-Bar am Platz. Saison: März bis Anfang November. 12,50 bis 16,50 Euro pro Nacht und Mobil, je nach Saison uns Platzgröße.

Person ab 11 Jahre: 7–8,80 Euro. Kind: 4–4,80 Euro. Hund: 3 Euro. Strom, V+E inklusive.

Standort: Via Roma 123–125, GPS 45°20'30"N/11°47'51"O, Telefon 0039/049/793400, www.sportingcenter.it

### 35100 PADOVA
Parking Piazza Isaac Rabin

Gebührenpflichtiger Stellplatz für 30 Mobile, auf einem Teil des Pkw- und Busparkplatzes gekennzeichnet. Stadtnahe Lage, direkt gegenüber des berühmten Stadtplatzes Prato della Valle. WC am Platz. Ganzjährig nutzbar außer beim Jahrmarkt zu Pfingsten. 20 Euro pro Mobil/24 Std. Parkscheinautomat.

Standort: Via Cinquantottesimo Fanteria, GPS 45°23'48"N/11°52'37"O, Comune di Padova, Telefon 0039/049/8205111, www.padovanet.it

### 36100 VICENZA
Stadtbus-Parkplatz

Gebührenpflichtiger Stellplatz für 30 Mobile. Ebener, geteerter Untergrund. Eingezäuntes, von Straßen umgebenes Gelände. Beleuchtet, kein Schatten. Lärm durch Straßenverkehr. Ganzjährig. 10 Euro pro Mobil und 24 Stunden inklusive V+E sowie Shuttle-Bus ins Zentrum für 5 Personen. Bezahlung am Kassenhäuschen oder Automat. V+E für Durchreisende: 1,50 Euro.

Standort: Via Bassano, GPS 45°32'36"N/11°33'32"O, Ufficio Turismo, Telefon 0039/0444/222169, www.comune.vicenza.it

Parkplatz an der Viale Cricoli

Gebührenpflichtiger Stellplatz für 10 Mobile auf dem Parkplatz am Viale Cricoli. Markierte Plätze in Längsrichtung. Ebener, asphaltierter Untergrund. Wenig Schatten. Ganzjährig nutzbar. 8,40 Euro pro Mobil und 24 Std. inklusive Ver- und Entsorgung sowie Shuttlebus für bis zu 5 Personen ins Zentrum der Stadt.

Standort: Viale Cricoli, GPS 45°33'51"N/11°32'54"O, Ufficio Turismo, Telefon 0039/0444/222169, www.comune.vicenza.it

## ■ DIE HEILWIRKUNG DES FANGO

**Menschen mit Rückenschmerzen** schwören seit Jahrhunderten auf die lindernde Heilwirkung des heißen Schlammbades. Im Abano-Fango findet sich ein hoher Anteil von Algen, die aus der vulkanischen Phase der Erdentwicklung stammen. Er enthält viel Aluminiumsilikat und erhält dadurch seine typische Farbe. Die Wärme der Fangopackung dringt tief in die Muskulatur ein und sorgt für Tiefenentspannung. Und was entspannt ist, wird besser durchblutet. So können die heilsamen Inhaltsstoffe wie Jod oder Kieselsäure eindringen und den Zellstoffwechsel ankurbeln. Das fördert die Entgiftung und Regeneration der Gewebe. Tradi-

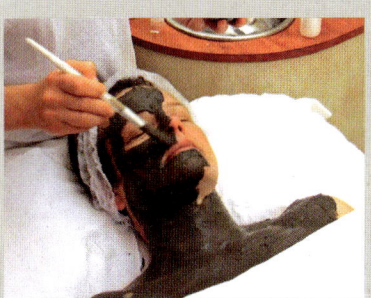

tionell hat sich die heiße Packung bei chronischen Rücken- und Nackenschmerzen, Ischiasleiden und rheumatischen Beschwerden bewährt.

**Fango zur Entspannung der Haut – gibt's auch als Gesichtsmaske.**

# 5 GUTE GRÜNDE FÜR DEN

# GARDASEE

**WENN IN DEUTSCHLAND** noch Schnee liegt, kann man hier schon den Frühling riechen. Im Norden ist der Gardasee von den Alpen geprägt, Richtung Süden wird es Stück für Stück mediterran. Und mit einmal ist sie da, die italienische Leichtigkeit – unter den Palmen, im Café am See, beim Bummeln.

Text: Joachim Negwer, Fotos: Udo Bernhart, Joachim Negwer

## 1 BETÖRENDER BLÜTENZAUBER

Das Foto mit den Pfirsichblüten unten rechts entstand Mitte März, da blüht es am Gardasee schon überall: In den Cafés am Wasser liegt mittags manchmal sogar schon ein zarter Hauch von Sommer in der Luft. Es ist nicht nur die Obstblüte, die Reisende genießen können. Alles wird üppig grün und bunt: Im Süden der Region wachsen Agaven, Zypressen, Palmen, Oleander, Opuntien. Die Ostküste wird Riviera degli Olivi genannt, denn an den Ausläufern des Monte-Baldo-Massivs liegen viele Olivenhaine. Und nicht nur das: Der Berg ist ein einzigartiger Alpengarten.

Viele Pflanzen, die auf seinem Kalkrücken gedeihen, sind endemisch, wilde Pfingstrosen und Baldo-Anemonen etwa kommen nur dort vor. Von Malcesine aus führt eine Seilbahn auf den Baldo – oben hat man eine spektakuläre Aussicht.

**DER BESONDERE TIPP** **Einen Weltgarten** hat der österreichische Naturwissenschaftler Arthur Hruska von 1910 bis 1971 in Gardone Riviera angelegt. Ein kunstvolles Anwesen, das seit 1988 im Besitz des Multimediakünstlers André Heller ist, und besucht werden kann. **www.hellergarden.com**

**Was für Blüten der Frühling doch treibt: impressionistische Motive am und rund um den Gardasee.**

## ② MALERISCHE ORTE, SCHÖNE STÄDTCHEN

Am besten, Sie parken das Reisemobil gleich außerhalb, denn in den meisten Städtchen am Gardasee geht es gemütlich eng zu. Zum Beispiel in Malcesine an der Gardesana orientale, der Straße am Ostufer: Es liegt sehr charmant zwischen See und dem Monte Baldo eingeklemmt. Sein Charme lebt von der Bergkulisse, dem kleinen Hafen mit artig malerischer Häuserfront und den mittelalterlichen Gassen voller kleiner Läden und Galerien.

Besonderes Kennzeichen: die alte Scaligerburg, das Castello Scaligero, das erhöht auf einem Felsvorsprung direkt am Ufer liegt. Drinnen gibt es ein kleines Goethemuseum, weil der Dichter hier 1786 Burgskizzen anfertigte, was ihn kurz dem

Verdacht aussetzte, ein Spion zu sein – fast wäre er deshalb verhaftet worden. Draußen, vom fünfeckigen Turm aus, der sich 70 Meter über den See erhebt, bietet sich Besuchern ein herrlicher Blick über die Dächer des Ortes und das Wasser. Tipp: Besonders schön nähert man sich Malcesine vom Wasser aus – mit dem Schiff.

Malerische Orte wie Malcesine gibt es viele rund um den Gardasee: Sirmione etwa, das einzigartig auf einer schmalen Halbinsel im Süden des Sees liegt. Torri del Benaco und Garda im Osten oder das elegante Gardone Riviera an der westlichen Uferstraße Gardesana occidentale, die im nördlichen Abschnitt teilweise spektakulär in den Felsen gehauen wurde.

**Malcesine, zweimal so schön: lauschiger Hafen vor Bergkulisse und Altstadt-Gassengewirr.**

**DER BESONDERE TIPP**

**Nordic Fitness Sports Park**
in Arco. 15 unterschiedlich schwierige Strecken in den Bergen und am See sind fürs Walking ausgeschildert, insgesamt 100 Kilometer Wege.
**www.gardatrentino.it**

## 3 SURFEN, SEGELN UND MEHR

Sie kommt meist gegen 12 Uhr mittags, bleibt bis zum Abend und ist der Liebling aller Gardasee-Surfer. Die Ora, ein kräftiger Südwind, hat Torbole am Nordufer des Gardasees zum international bekannten Treffpunkt für Surfer und Segler gemacht. Der nördliche Teil des Gardasees bietet aber nicht nur Wassersportlern fast unbegrenzte Möglichkeiten: Arco, unweit von Torbole gelegen, ist das Kletterzentrum, für Mountainbiker und Wanderer gibt es viele ausgewiesene Strecken. Man kann auch Gleitschirm fliegen, Kanu fahren, sich beim Canyoning in Schluchten abseilen. Ein Stück weiter Richtung Süden sind die Kitesurfer am Start: Sie dürfen im Norden wegen der vielen Surfer und Segler nicht über den See pfeifen, kurz hinter Brenzone beginnt ihr Revier. Für den nördlichen Teil des Gardasees, der zum Trentino gehört, gibt es einen eigenen Internetauftritt. Unter www.gardatrentino.it finden Sie eine deutschsprachige Seite und unter anderem eine neue Broschüre für Aktivurlauber mit vielen Tipps und Adressen – zum Bestellen und Herunterladen.

**Zum Saisonende wird stark reduziert: Die „nuovi arrivi" – die neuen Teile – brauchen Platz.**

## 4 BUMMELN, EINKAUFEN UND GENIESSEN

**Kunst oder Weinlager? Beides – in Kellereien wie der von Anselmi.**

Wenn bei uns noch Schnee liegt, gibt es am Gardasee die Frühlingsmode schon im Schlussverkauf: „Saldi!" heißt das Zauberwort für alle, die auf der Suche nach schicker, bezahlbarer Mode aus Italien sind. Oft sind die Sachen um die Hälfte günstiger, weil die nächste Kollektion schon in den Läden ist. Kleine, edle Boutiquen gibt es in den meisten Orten und etwas außerhalb auch viele Outlets, die Designermode zu günstigen Preisen anbieten. Sie werden den Gardasee für seine Einkaufsmöglichkeiten lieben – auch wenn Sie Spezialitäten mit nach Hause nehmen möchten. Am Ostufer etwa wachsen Oliven, die in Ölmühlen rund um den See zu sehr feinen Ölen gepresst werden. Einige Betriebe kann man besichtigen. 10 bis 20 Euro kostet der Liter Olivenöl.

Rund um den Gardasee wird auch guter Wein angebaut, den Sie in Enotheken oder direkt auf dem jeweiligen Gut probieren können. Unter www.gardasee.de gibt's eine Menge Einkaufstipps samt Adressen.

**Zu den Spezialitäten zählen würzige Käsesorten, wie hier der Monte Veronese.**

Ein paar Kilometer vom See entfernt liegt in nordöstlicher Richtung die Stadt Rovereto, die seit ein paar Jahren eine Weltklasse-Sehenswürdigkeit hat: ein außen wie innen spannendes Museum der Gegenwart – das vom Schweizer Stararchitekten Mario Botta entworfene Museo di Arte Moderna e Contemporanea di Trento e Rovereto (MART).

Neben den Beständen – vor allem italienische Künstler, aber auch Pop Art von Warhol und Lichtenstein – erwarten Besucher interessante Wechselausstellungen. Auch der Bau selbst ist imposant: Um einen Innenhof mit riesiger Glaskuppel zieht sich ein Bau aus Vicenza-Stein. Weitere Infos unter www.mart.trento.it.

Foto: Veduta di Rovereto, Fotolia

## 5 DIE GANZ GROSSE KUNST

Modernes Haus mit moderner Kunst: das MART (oben). Das Städtchen Rovereto (links), etwas abseits vom See im Landesinneren gelegen, ist venezianisch geprägt.

## GARDASEE KOMPAKT

# Infos | Tipps | Adressen

### RESTAURANT-TIPPS

**La Terrazza** Vor dem Glaspavillon liegt der Golf von Torbole. Hier speisen Geschäftsleute und Surfer gemeinsam gut. Vor allem die Pasta ist hausgemacht. Torbole, Via Benaco 14, www.allaterrazza.com

**Locanca Agli Angeli** Nettes Restaurant in Gardone Riviera unweit des Hruska-Parks. Typische Mamma-Küche mit Pepp. Gardone Riviera, Piazza Garibaldi 2, www.agliangeli.com

**Trattoria la Fiasca** Urig in einer Altstadtgasse Sirmiones gelegen. Bekannt für leckere Fisch- und Fleischgerichte. Via S. Maria Maggiore 11, Tel. 0039/030/9906111.

Palmen, Berge, Panorama: der Nordteil des Gardasees bei Torbole im Trentino.

### SCHIFFE
Im Sommer verkehren zwischen den wichtigen Orten am See regelmäßig Linienschiffe. Info unter: www.navigazionelaghi.it

### AUSKUNFT
**Im Norden:** Ingarda Trentino, Telefon 0039/0464/554444, www.gardatrentino.it
**Im Südwesten:** www.gardariviera.com
**Im Osten:** www.lagodigarda-e.it
**Im Westen:** www.rivieradeilimoni.it

Einfach mal Bummeln: Szene im Hafen von Castelletto di Brenzone an der Ostküste des Gardasees.

Karte: Hallwag

## STELLPLATZ-TIPPS

### LOMBARDEI

#### 46043 CASTIGLIONE D. STIVIERE
Agriturismo Pozzo Fiorito

**Castiglione: parzellierte Plätze am Bauernhof Pozzo Fiorito.**

Gebührpflichtiger Stellplatz für 7 Mobile. Befestigte großzügige Parzellen zwischen Bäumen. Ganzjährig nutzbar. 15 Euro pro Nacht und Mobil inklusive Strom und Wasser.

Standort: OT Loc. Zecca, Via Levadello 14, GPS 45°21'38"N/10°30'53"O, Telefon 0039/0376/672389, Mobil 0039/339/8185396, www.pozzofiorito.it

#### 46040 MONZAMBANO
Area Attrezzata

Gebührpflichtiger Stellplatz für 24 Mobile. Angelegtes, eingezäuntes Wiesengelände in schöner und ruhiger Lage nahe am Fluss Mincio. Info-Tafeln und Grillplatz mit Picknick-Garnituren vorhanden. Videoüberwacht und beleuchtet. Maximaler Aufenthalt: 48 Std. Ganzjährig nutzbar, vom 16. Oktober bis 31. März nur an Wochenenden und Feiertagen. 10 Euro pro Nacht und Mobil inklusive Strom, V+E. V+E für Durchreisende: 3 Euro.

Standort: Via degli Alpini, GPS 45°23'21"N/10°41'34"O, Camperisti di Monzambano, Mobil 0039/334/1580937, www.camperistidimonzambano.it

#### 25087 SALO
Agriturismo Conti Terzi

Gebührpflichtiger Stellplatz für 3 Mobile. Geschotterter Reisemobilplatz gleich neben dem Wohnhaus. Ebener Untergrund.

Kein Schatten. Vorherige Reservierung erforderlich. Vom Hof bietet sich ein weiter Blick über den Gardasee. Das Stadtzentrum liegt 1 km entfernt. Ganzjährig. 12 Euro pro Nacht und Mobil, 6 Euro pro Person. Kinder: 3 Euro. Dusche, Strom, V+E inklusive.

Standort: Via Panoramica 13, GPS 45°37'01"N/10°32'35"O, Giuliano Terzi, Telefon 0039/0365/25087, www.contiterzi.it

#### 25019 SIRMIONE
Area Sosta Camper Lugana Marina

Gebührpflichtiger Stellplatz für 120 Mobile. Für Reisemobile reserviertes Privatgelände zwischen der Hauptstraße Peschiera–Sirmione und dem See. Großteils ebener, teilweise aufwendig befestigter Untergrund. Sehr ruhige Lage im Grünen, direkt am See. Wenig Schatten, beleuchtet. Ganzjährig. Bodeneinlass. 16–22 Euro pro Nacht und Mobil, je nach Saison. Ver- und Entsorgung inklusive.

**Sirmione: die weitläuige Area Sosta Camper Lugana Marina.**

Standort: OT Lugana Marina, Via Cantarane 18, GPS 45°27'38"N/10°38'01"O, Glauco Patuccelli, Telefon 0039/030/9904192, Mobil 0039/333/5335325, E-Mail sawasde@hotmail.it

#### 46040 SOLFERINO
Piazza del Borgo Vecchio

Gebührenfreier Stellplatz für 3 Mobile. Parkplatz für Pkw und Reisemobile nahe am Ortszentrum. Der Untergrund ist eben und asphaltiert. Ganzjährig nutzbar. Achtung bei der Wasserentnahme: starker Wasserdruck.

Standort: Via Henry Dunant, GPS 45°22'09"N/10°33'54"O, Comune Solferino, Telefon 0039/0376/893010, www.comune.solferino.mn.it

**Solferino: der Stellplatz auf der Piazza del Borgo Vecchio.**

### TRENTINO

#### 38062 ARCO
Area di Sosta P 1

**Arco: der Stellplatz vor dem Bergpanorama der Alpen.**

Gebührpflichtiger Stellplatz für 14 Mobile. Reservierter Bereich auf dem Großparkplatz am Ortseingang, direkt am Ufer des Gebirgsflusses Sarca. Ebener, asphaltierter Untergrund. Ganzjährig nutzbar. 10 Euro pro Mobil und 24 Std.

Standort: Via Paolini Caproni Maini, GPS 45°55'19"N/10°53'24"O, Comune d'Arco, Telefon 0039/0464/583661, www.comune.arco.tn.it

#### 38066 RIVA DEL GARDA
Stellplatz am Hafen

Gebührpflichtiger Stellplatz für 40 Mobile. Reserviertes Gelände in der Nähe des Yachthafens San Nicolo. Der Platz ist eben und mit Rasengittersteinen befestigt. Der Hafen liegt nur 50 m entfernt. Maximaler Aufenthalt: 48 Std. Ganzjährig nutzbar. 1 Euro pro

Stunde inklusive Ver- und Entsorgung. Im Winter gebührenfrei.

Standort: Via Brione, GPS 45°52'43"N/10°51'29"O, Comune di Riva del Garda, Telefon 0039/0464/554444, www.gardatrentino.it

**Riva del Garda: der beliebte Stellplatz am Yachthafen.**

#### 38068 ROVERETO
Parkplatz am Stadion Quercia

Gebührenfreier Stellplatz für 12 Mobile. Großparkplatz für Reisemobile und Pkw. Ebener, asphaltierter Untergrund, ausreichend Rangierraum. Relativ ruhige Lage, lediglich bei Sportveranstaltungen kann es zu Engpässen beim Parkraum kommen. Ganzjährig nutzbar. 2 Wasserbrunnen und Bodeneinlass vorhanden.

Standort: Via Palestrina, GPS 45°54'05"N/11°02'11"O, Azienda di Promozione Turistica Rovereto, Telefon 0039/0464/430363, www.visitrovereto.it

**Rovereto: die Einfahrt zum Stellplatz am Stadion Quercia.**

#### 38069 TORBOLE SUL GARDA
Tr@ans.it-parking

Gebührpflichtiger Stellplatz für 120 Mobile. Großer Reisemobilhafen auf einer ebenen Wiese, durch wenige Bäume beschattet. Sanitärcontainer 24 Std. geöffnet. Am 100 m entfernten Strand ver-

**Torbole sul Garda: der Stellplatz ist nur ein 2-Tage-Domizil.**

fügt das Ristorante Villa Cian neben einer Bar auch über eine Panoramaterrasse. Maximaler Aufenthalt: 48 Std. Ganzjährig nutzbar. 30 Euro pro Mobil und 24 Std., 46 Euro für 48 Std. Zeitliche Abstufungen möglich.

Standort: Via Sarca Vecchio 3, GPS 45°52'21"N/10°52'21"O, Telefon 0039/0464/548268, E-Mail torbole@areatransit.it

## VENETIEN

### 37011 BARDOLINO
Park Camper Serenella

Gebührenpflichtiger/gebührenfreier Stellplatz für 10 Mobile. Parkplatz für Pkw und Reisemobile zwischen der Agip-Tankstelle am nördlichen Ortsende und dem Gardasee. Mehrere leicht terrassierte Parkspangen. Leicht abschüssiger Untergrund, videoüberwacht. Wenig Rangierraum, für Dickschiffe nicht geeignet. Ganzjährig. 1,50 Euro pro Stunde und Mobil, maximal 15 Euro pro 24 Std. von März bis Oktober. Von 22–8 Uhr und von November bis Februar gebührenfrei. Bezahlung am Kassenautomaten.

Standort: Via Gardesana dell' Acqua, GPS 45°33'42"N/10°42'54"O, Ufficio Informazioni e d'Accoglienza Turistica, Telefon 0039/045/7210078, www.comune.bardolino.vr.it

### 37020 BRENTINO BELLUNO
Agriturismo Revena

Gebührenpflichtiger Stellplatz für 4 Mobile. Kleines Campinggelän-

de an einem Landgut, inmitten von Wein- und Kiwiplantagen. Untergrund Kies oder Wiese. Frühstück, Mittag- oder Abendessen auf Voranmeldung. Ganzjährig nutzbar. 12 Euro pro Nacht und Mobil, 3 Euro pro Person, inklusive Strom und Dusche. Ver- und Entsorgung: 3 Euro. V+E für Durchreisende: 3 Euro.

Standort: OT Brentino, Loc. Revena 3, GPS 45°37'59"N/10°52'25"O, Leonardo und Mara Castelletti, Telefon 0039/0456/255027, Mobil 0039/335/6172795, www.revena.it

**Brentino: die Stellplätze mit Service am Agriturismo Revena.**

### 37016 GARDA
Parcheggio Centro

Gebührenpflichtiger Stellplatz für 20 Mobile. Gekennzeichnete Plätze auf ebenem, asphaltiertem Untergrund, wenig Schatten. Zentrale Lage zum Ortskern, tagsüber Unruhe durch an- und abfahrende Autos. Toilette am Stellplatz. Ganzjährig nutzbar. Am Wochenende wegen Markt nur eingeschränkt nutzbar. 3 Euro für die erste Stunde pro Mobil bis maximal 13 Euro für 24 Stunden gestaffelt (Kassenhaus).

Standort: Via Colombo, GPS 45°34'30"N/10°42'37"O, Comune di Garda, Telefon 0039/045/6270384, www.comunedigarda.it

### 37018 MALCESINE
Campeggio Lombardi

Gebührenpflichtiger Stellplatz für 20 Mobile. Für Reisemobile reserviertes ebenes Wiesengelände unter Olivenbäumen, 2,5 km nördlich von Malcesine. Mini-

**Malcesine: Campeggio Lombardi, nördlich von Malcesine gelegen.**

Market und Bar befriedigen alle Ansprüche an einen komfortablen Stellplatz. Der Aufenthalt ist auf 2 Übernachtungen begrenzt. Saison: Ostern bis Oktober. 17 Euro pro Nacht und Mobil inklusive Ver- und Entsorgung. Strom: 1,50 Euro. Dusche: 2 Euro. Hund: 2 Euro.

Standort: OT San Carlo, Località San Carlo, GPS 45°47'05"N/10°49'21"O, Bernardo Lombardi, Telefon 0039/045/7400849, www.campinglombardi.com

### 37019 PESCHIERA DEL GARDA
Parcheggio Bell'Italia P4

Gebührenpflichtiger Stellplatz für 15 Mobile. Ausgewiesener Übernachtungsplatz direkt neben einer Straße, in geringer Distanz zum Zentrum. Ebener, asphaltierter Untergrund. Kein Schatten, beleuchtet. Maximaler Aufenthalt: 24 Std. Ganzjährig nutzbar. 15 Euro pro Nacht/Mobil.

Standort: Via Bell'Italia, GPS 45°26'30"N/10°40'44"O, Comune di Peschiera del Garda, Telefon 0039/045/ 6400600, www.peschieradelgarda.org

**Peschiera: der asphaltierte Stellplatz am Parcheggio Bell'Italia.**

# 5 GUTE GRÜNDE FÜR DAS

# PIEMONT

**STAUNEN UND GENIESSEN:** Im Piemont, das sich mit seinen auf- und abwogenden Weinbergen zu Füßen mächtiger Viertausender ausbreitet, kommen Kunstfreunde, Wanderer und Weinliebhaber bei einer Tour mit dem Reisemobil gleichermaßen auf ihre Kosten. Und auch die Hauptstadt Turin lohnt einen Abstecher.

Text: Annette Rübesamen, Fotos: Udo Bernhart

## IN DIESEM WEIN LIEGT WAHRHEIT

**B**arolo und Barbaresco, aber auch Barbera und Dolcetto, Gavi und Moscato: Das Piemont zählt zu den besten Weinanbaugebieten der Welt. Fast nur Qualitätsweine werden hier gekeltert, allen voran der aus der Nebbiolotraube gewonnene Spitzenwein Barolo, ein anspruchsvoller und tanninreicher Roter, den schon die Savoyerfürsten zu schätzen wussten und der nur im südöstlichen Piemont, in elf Winzergemeinden rund um das 900-Seelen-Dorf Barolo, gekeltert werden darf. Aber auch Geheimtipps wie der kirschrote, leichte Grignolino, oder die unkomplizierten Nebbioloverschnitte Ghemme oder Gattinara lohnen ein Gläschen.

Auch der Roero Arneis, ein fruchtiger, trockener Weißwein, den es nur in dieser Region gibt, ist bei Weinliebhabern in aller Welt sehr begehrt. Bei den meisten Winzern kann man direkt kaufen – und zuvor natürlich erst einmal probieren.

**DER BESONDERE TIPP**

**Regionale Vinotheken**
Keine Zeit, sich durch alle Weinkeller zu kosten? Zum Glück gibt es die „Enoteche Regionali", zehn öffentliche Vinotheken in den wichtigsten Weinbaugebieten, die eine repräsentative Auswahl anbieten – für Degustation und Verkauf. Infos unter **www.piemonteitalia.eu**

In der „Blase", die über den Weinbergen des Gutes Ceretto in Alba zu schweben scheint, trinkt man Wein – und Landschaft.

## ② LANGHE UND MONFERRATO

D"as Meer der tausend Hügel" wird Monferrato und Langhe genannt. Hier im südöstlichen Piemont, zwischen dem Po im Norden und den Gebirgsketten des Appenins im Süden, schlägt das Herz der Region. Nichts als Hügelkuppen und Täler und wieder Hügel, bunt getupft mit Weinbergen und Wiesen, Äckern und Haselnussbüschen. Auf den Hügelspitzen sitzen historische Dörfer wie Castagnole delle Lanze, eng herumgebaut um meist barocke Pfarrkirchen, deren rötliche, unverputzte Backsteinfassaden so typisch sind für das Piemont. Fast jedes Dorf hat sein „Belvedere", einen oft mit schattenspendenden Platanen umstandenen Aussichtsplatz, von dem der Blick in die Ferne, über die bis zur steil aufragenden Kette der Westalpen besonders prächtig ist.

Das Monferrato ist ein Ort der Entspannung und des stillen Durchatmens, eine Landschaft, in der man schon deshalb entschleunigt, weil die Sträßchen, die die Wellentäler im Hügelmeer auf und abklettern, so schmal und kurvig sind, dass man es besser nicht eilig hat. Doch auch wer das typisch italienische (klein-) städtische Leben sucht, wird im Monferrato fündig.

In Casale Monferrato etwa, einem munteren Barockstädtchen mit einer eindrucksvollen Basilika, in Acqui Terme mit seinen römischen Ausgrabungen und seinem bekannten Thermalbad oder in Asti mit seinen hübschen Einkaufsstraßen.

Soweit der Blick reicht: Fabelhafte Aussichtspunkte gibt es im Monferrato in fast jedem Dorf.

Eine Stadt macht blau: Turin im farbigen Gewand beim Kunstevent Luci d´Artista.

DER BESONDERE TIPP

In der ehemaligen Fiat-Fabrik Lingotto hat Besitzerfamilie Agnelli aus ihrer Privatsammlung ein Museum bestückt, in dem Ausstellungen zu Design und Architektur stattfinden. www.pinacoteca-agnelli.it.

## 3 TURIN – FIAT JA, ABER ...

Fiat, Fußball und sonst nichts? Von wegen. In den vergangenen zwanzig Jahren hat sich die piemontesische Hauptstadt von einer arbeitsamen Industriemetropole in ein buntes Zentrum zeitgenössischer Kunst verwandelt – das bedeutendste Italiens. Zwischen barocken Patrizierpalästen, feierlichen Platanenalleen und dem bröckelnden Charme der Industrieruinen aus dem 19. Jahrhundert haben Künstler und Galeristen ein perfektes Habitat gefunden.

Highlights sind neben multiethnischen Stadtvierteln wie San Salvario oder Porta Palazzo mit ihren Ateliers, in denen zahlreiche „off"-Kunst-Events stattfinden, Institutionen wie das Savoyerschloss von Rivoli, das heute eine angesehene Sammlung zeitgenössischer Kunst beherbergt.

Mit anspruchsvollen Ausstellungen lockt die Stiftung Sandretto Re Rebaudengo das Publikum in eine ehemalige Fabrikhalle im Vorort San Paolo. Die Lichtinstallationen „Luci d' Artista" stammen aus der Hand internationaler Künstler – und verleihen der Stadt zwischen November und Januar einen besonderen Zauber.

## 4 TRÜFFEL UND KÜCHE

Bis zu 4000 Euro kostet ein Kilo vom weißen Trüffel. Zum Glück reichen schon wenige Gramm.

Für Diättreibende ist das Piemont der falsche Platz; nirgends isst man so gut und üppig wie in dieser Region, in der eine Köchin, die auf sich hält, ihren Pastateig mit 15 Eigelb pro Kilo Mehl knetet. Ob sie daraus dann Tajarin formt, schmale Bandnudeln, oder Agnolotti, mit Braten und Wirsing gefüllte Teigtäschchen, die mit Parmesan serviert werden – der Gast, und sei es in der unscheinbarsten Trattoria, wird auf alle Fälle glücklich. Weitere Highlights der piemontesischen Küche, in der Fisch so gut wie keine Rolle spielt, sind Antipasti wie gefüllte Zucchiniblüten oder gegrillte Paprikaschoten, die mit der Knoblauch-Sardellen-Sauce bestrichen sind, Tatar oder Schmorbraten aus dem Fleisch der „Razza Piemontese", einer besonders wohlschmeckenden Rinderart.

Den weltberühmten weißen Albatrüffel gibt es nur zwischen Spätherbst und Januar. Doch ein Hauch von gehobeltem Tartufo adelt selbst simple Gerichte wie ein Rührei zur kulinarischen Götterspeise.

Der Kellner hobelt den Trüffel über die Pasta – ein Fest für Nase und Gaumen.

# WANDER- UND TREKKINGTOUREN

lich von Cuneo – das Val Maira oder das Val Varaita. Aber auch die Täler westlich des Monte Rosa haben Charme: Hier siedelten sich im Mittelalter die aus dem Wallis kommenden Walser an und prägten mit ihrer Holzarchitektur und altertümlichen deutschen Sprache die Atmosphäre. Das ist auch heute noch so.

**Die leise Seite des Piemont: Wanderer und Bergbauer bei Riva Valdobbia.**

Gran Paradiso, Monviso, Monterosa: Prominente, über 4000 Meter hohe Felsberge umstehen das Piemont und schaffen die perfekte Szenerie für herrliche Trekkingtouren. Der Weitwanderweg GTA etwa führt den ganzen nordwestitalienischen Alpenbogen entlang vom Monte Rosa bis ans ligurische Meer.

Herrlich für ungestörte Touren sind die einsamen, schluchtartigen Bergtäler nörd-

---

## PIEMONT KOMPAKT

# Infos | Tipps | Adressen

### RESTAURANT-TIPPS

Wer wirklich gut essen möchte, ist im Piemont nicht auf teure Restaurants angewiesen. In einfachen Trattorien oder „Agriturismi" gibt es erste Qualität zu erschwinglichen Preisen.

**Agriturismo La Viranda** Kooperative, in der nicht nur Claudio Solito wunderbare Weine keltert, sondern seine Schwester Lorella in der Küche die besten Agnolotti des Astigiano zubereitet. 14050 San Marzano Oliveto, Loc. Corte 69, Tel. 0141/856571, www.laviranda.it

**Osteria del Borgo** Unbedingt probieren: das „Bollito misto", verschiedene Fleischsorten, die auf einem großen Wagen an den Tisch gerollt und mit siebenerlei Saucen serviert werden. 12061 Carrù, Via Garibaldi 19, Tel. 0173/759184, www.osteriaborgo.it

**Trattoria nelle Vigne** Mitten in den Weinbergen serviert Sabrina Farioli wunderbares Vitello Tonnato, geschmortes Kaninchen und Nusskuchen mit Zabaione. 12055 Diano d'Alba, Via Santa Croce 17, Tel. 0173/468503, www.trattorianellevigne.it

**Probieren?** Winzer Marco Dotta im Weingut Cisa Asinari di Marchesi di Gresy.

Karte: Hallwag

### AUSKUNFT

Für allgemeine Infos wendet man sich am besten an das Staatliche Italienische Fremdenverkehrsamt Enit, das mit Auskünften und Prospekten weiterhilft: 60311 Frankfurt, Neue Mainzer Straße 26, Telefon 069/237434, www.enit.de

**Weinhügel im Piemont – ein herrlicher Anblick, wie hier im Roerogebiet Canale.**

## STELLPLATZ-TIPPS

### 15011 ACQUI TERME
Area Sosta per Camper

Gebührenpflichtiger Stellplatz für 35 Mobile. Ausgewiesenes Gelände neben dem Schwimmbad und der Therme, am Ufer des Bormida. Ebener Untergrund aus Rasengittersteinen, von hohen Bäumen umgeben. Ganzjährig nutzbar. WC-Wash-Station mit Bodeneinlass. 6 Euro pro Mobil und 24 Stunden in den ersten 3 Tagen. Ab dem 4. Tag 4 Euro. Strom (4 Anschlüsse),V+E inklusive.

Standort: OT Borgo Bagni, Viale Einaudi, GPS 44°39'54"N/08°28'19"O, Comune di Acqui Terme, Telefon 0039/0144/770274, www.comuneacqui.com

### 12010 ARGENTERA
Parcheggio Camper

Gebührenpflichtiger Stellplatz für 50 Mobile. Parkplatz an der Liftstation zum Monte Enciastraia am Fluss Stura. Naturbelassener, holpriger Untergrund. Kurzer Fußweg ins Ortszentrum. Ganzjährig nutzbar. V+E nur im Sommer. 5 Euro pro Nacht und Mobil inkl. Dusche, V+E. Im Winter ohne V+E und Dusche kostenlos.

Standort: OT Bersezio, Via Nazionale in Bersezio, GPS 44°22'47"N/06°58'07"O, Comune d'Argentera, Telefon 0039/0171/96732, Mobil 0039/348/0507224, www.comune.argenta.fe.it

### 10051 AVIGLIANA
Area Sosta per Camper

Gebührenfreier Stellplatz für 20 Mobile auf einem Parkplatz in der Nähe der Sportplätze, wenige Meter vom Lago Grande entfernt. Ausgewiesenes Areal auf geschottertem Untergrund. Ganzjährig nutzbar. Bodeneinlass. Strom und Wasser gegen Gebühr.

Standort: Via Suppo, GPS 45°04'26"N/07°23'26"O, Città di Avigliana, Telefon 0039/011/9769111, www.comune.avigliana.to.it

### 12011 BORGO SAN DALMAZZO
Piazzale Area Camper

Gebührenfreier Stellplatz für 15 Mobile am südöstlichen Ortsrand, auf einem Parkplatz vor Sportanlagen und neben dem Friedhof ausgewiesen. Ganzjährig nutzbar.

Standort: Strada Comunale del Cimitero di Sassi, GPS 44°19'46"N/07°29'29"O, Comune, Telefon 0039/0171/754111, www.comune.borgosandalmazzo.cn.it

### 13026 CARCOFORO
Area Attrezzata Carcoforo

**Carcoforo: der idyllische Stellplatz im Egna-Tal.**

Gebührenpflichtiger Stellplatz für 80 Mobile auf einer Wiese am Gebirgsfluss Egna am Ortseingang. Teils unebener Untergrund, von hohen Bäumen beschattet, nachts beleuchtet. Grill- und Picknickplätze vorhanden. Saison: Mai–September. Bodeneinlass. 10 Euro pro Nacht und Mobil, 15 Euro pro Wochenende (Freitag bis Sonntag), 40 Euro pro Woche. Strom (16 Anschlüsse): 1,50 Euro.

Standort: Località Tetto Minocco GPS 45°54'21"N/08°03'08"O, Comune di Carcoforo, Telefon 0039/0163/95125, www.comunecarcoforo.it/campeggio.htm

### 15033 CASALE MONFERRATO
Piazzale Azzuri e Veterani

Gebührenfreier Stellplatz für 12 Mobile. Ebener, asphaltierter Parkplatz an der Sporthalle, in ruhiger Lage am südlichen Ortsrand. Supermarkt 200 m, Stadtzentrum 1,5 km. Ganzjährig nutzbar. Bodeneinlass.

Standort: Via Visconti, GPS 45°07'27"N/08°27'42"O, Comune di Casale Monferrato, Telefon 0039/0142/444204, www.comune.casale-monferrato.al.it

### 12060 CASTIGLIONE FALLETTO
Area sosta Camper Cavallari

Gebührenfreier Stellplatz für 5 Mobile. Ausgewiesenes Areal am Ortsrand unterhalb der Festungsanlage. Ebener, geschotterter Untergrund. Panoramablick über die Weinberge des Nebbiolo und Barolo. Ganzjährig nutzbar.

Standort: Strada della Pia, GPS 44°37'19"N/07°58'28"O, Pro Loco, Telefon 0039/0173/62824, www.comune.castiglionefalletto.cn.it

### 10034 CHIVASSO
Parking Piazza Lucio Libertini

Gebührenfreier Stellplatz für 50 Mobile. Großparkplatz für Pkw und Reisemobile. Ebener, asphaltierter Untergrund. Kein Schatten, beleuchtet durch Straßenlaternen. Ganzjährig nutzbar. Wasser: 2 Euro/10 Minuten.

Standort: Via Martiri d'Istria e Dalmazia, GPS 45°11'08"N/07°53'40"O, Pro Loco Chivasso L'Agricola, Telefon 0039/011/9113450, www.comune.chivasso.to.it

### 12030 CRISSOLO
Talstation Monviso

Gebührenpflichtiger Stellplatz für 10 Mobile an der Talstation Monviso. Parkplatz für Pkw mit separatem Areal für Reisemobile am Sessellift in der Ortsmitte. Untergrund Schotter. Zwei Restaurants und Bar in der nahen Umgebung. Ganzjährig nutzbar. 5 Euro pro Nacht und Mobil inkl. V+E.

Standort: Via Provinziale/Via Ruata, GPS 44°41'53"N/07°09'30"O, Tourismusbüro, Telefon 0039/0175/940131, E-Mail iat@comune.crissolo.cn.it, E-Mail comune.crissolo@isiline.it

### 12100 CUNEO
Parcheggio Camper

Gebührenfreier Stellplatz für 20 Mobile. Großparkplatz am Ortsrand vor der Ponte Vecchi. Markierte Bereiche im Pkw-Format. Nicht ganz ebener, asphaltierter Untergrund. Wenig Schatten, beleuchtet durch Straßenlaternen. Relativ ruhige Lage. Ganzjährig nutzbar. V+E in der Via Discesa Bella Vista in der Nähe der Tamoil-Tankstelle.

Standort: Discesa Bellavista/Circonvallazione Nord, GPS 44°23'44"N/07°32'56"O, Ufficio I.A.T., Telefon 0039/0171/693258, www.comune.cuneo.it

### 12075 GARESSIO
Parcheggio Camper

Gebührenfreier Stellplatz für 30 Mobile. Großer ebener Parkplatz von hohen Bäumen umgeben an der Straße zum Colle San Bernardo. Untergrund Asphalt, beleuchtet. Ganzjährig nutzbar.

Standort: Viale Garelli, GPS 44°12'00"N/08°01'31"O, Pro Loco, Telefon 0039/0174/805670, www.garessio.net

### 10015 IVREA
Area Camper Croce Rossa

Gebührenpflichtiger Stellplatz für 10 Mobile. Reservierter und umzäunter Platz nahe der Piazzale della Croce Rossa. Der Untergrund ist eben und asphaltiert, von hohen Bäumen umgeben, nachts beleuchtet. Ganzjährig. 5 Euro pro Nacht und Mobil. V+E: 3 Euro.

Standort: Via Dora Beltea GPS 45°27'48"N/07°52'35"O, Ufficio Turismo, Telefon 0039/0125/410313, E-Mail turismo@comune.ivrea.to.it, www.comune.ivrea.to.it

### 10080 LOCANA
Area Attrezzata Nusiglie

Gebührenfreier Stellplatz für 15 Mobile an einem Freizeitplatz im

Wald, am Ufer des Orco. Naturbelassener Untergrund. Picknick-Garnituren, Spielplatz, ein kleiner Teich sowie Kiosk mit Bar und WC am Platz. Saison: Mai–Oktober.

Standort: Via Nusiglie,
GPS 45°24'46"N/07°27'48"O,
Comune di Locana,
Telefon 0039/0124/813000,
www.comune.locana.to.it

## 12084 MONDOVI
Hauptmarktplatz

Gebührenfreier Stellplatz für 50 Mobile. Großparkplatz für Reisemobile und Pkw. Ebener, asphaltierter Untergrund. Kein Schatten, beleuchtet durch Straßenlaternen. Zentrale, im hinteren Bereich meist auch ruhige Lage. Allerdings viel Betrieb am Samstag, wenn auf dem vorderen Platzteil der Wochenmarkt abgehalten wird. Ganzjährig nutzbar.

Standort: Piazza della Repubblica,
GPS 44°23'23"N/07°49'09"O,
Ufficio Turistico,
Telefon 0039/0174/40389,
www.comune.mondovi.cn.it

## 12065 MONFORTE D'ALBA
Weingut Cascina Gagliassi

Gebührenfreier Stellplatz für 5 Mobile. Weinkauf ist erwünscht. Parkplatz für Pkw und Reisemobile neben dem charmanten Gutshaus. Ebener, befestigter Untergrund, sehr ruhige Lage inmitten der Weinberge. Wenig Schatten. Ristorante La Collina in der Nähe. Ganzjährig nutzbar.

Standort: Località Sant'Anna 84,
GPS 44°34'21"N/07°59'42"O,
Familie della Torre,
Telefon 0039/0173/787147,
www.gagliassi.com

## 12010 PIETRAPORZIO
Area Attrezzata Pontebernardo

Gebührenpflichtiger Stellplatz für 25 Mobile. Angelegtes Areal mit geschotterten Standflächen zwischen Rasenstreifen, direkt an der Nationalstraße. Beleuchtung, Grillplatz vorhanden. Das kleine Ortszentrum ist 100 m entfernt.

Ganzjährig nutzbar. Bodeneinlass. 5 Euro pro Nacht und Mobil.

Standort: OT Pontebernardo,
Via Nazionale,
GPS 44°20'55"N/07°01'07"O,
Comune di Pietraporzio,
Telefon 0039/0171/96631,
www.comune.pietraporzio.cn.it

## 13814 POLLONE
Area Camper Burcina

**Pollone: Die Stellplätze werden durch ein Sanitärhaus ergänzt.**

Gebührenpflichtiger Stellplatz für 23 Mobile am Ortsrand beim Eingang zum Parco della Burcina. Abgeschranktes Gelände unterhalb eines Parkplatzes auf Rasengittersteinen, beleuchtet, leicht schräg, kein Schatten. Sanitärgebäude am Platz. Maximaler Aufenthalt: 48 Std. Ganzjährig nutzbar. Bodeneinlass außerhalb der Schranken. 10 Euro pro Nacht und Mobil inklusive Strom (16 A) und Wasser. Parkscheinautomat. Dusche: 2 Euro.

Standort: Via Felice Piacenza,
GPS 45°35'09"N/08°00'21"O,
Comune di Pollone,
Telefon 0039/015/61191,
www.comune.pollone.bi.it

## 10085 PONT CANAVESE
Area Attrezzata Ponte Sciteria

**Pont Canavese: der angelegte und umzäunte Stellplatz im Ort.**

Gebührenfreier Stellplatz für 12 Mobile auf einem umzäunten Gelände zwischen den Flüssen

Soana und Orco. Untergrund aus Rasengittersteinen. Ganzjährig.

Standort: Via Roma,
GPS 45°25'17"N/07°36'02"O,
Ufficio Turistico,
Telefon 0039/0124/85484,
www.comune.pontcanavese.to.it

## 12053 RIVA VALDOBBIA
Area Lo Chalet

Gebührenpflichtiger Stellplatz für 48 Mobile auf dem Gelände eines Restaurants mit Sportanlagen. Ruhige Lage am Ufer des Flusses Sesia und am Fuß des Monte Rosso. Naturbelassener, fester Untergrund mit geschotterter Zufahrt, nachts beleuchtet. Saison: Juni–September. 10–13 Euro pro Mobil und 24 Std. Strom, Ver- und Entsorgung: 3 Euro.

Standort: OT Gabbio,
Località Sesietta,
GPS 45°50'05"N/07°57'17"O,
Telefon 0039/0163/91022,
Mobil 0039/348/4141215

## 10123 TURIN/TORINO
Parkplatz am Friedhof

Gebührenfreier Stellplatz für 20 Mobile. Großparkplatz mit ebenem, asphaltiertem Untergrund. Relativ laute Lage an einer rund um die Uhr stark befahrenen vierspurigen Hauptstraße. Etwas Schatten durch Bäume, beleuchtet. Mülltonnen vorhanden. Ganzjährig.

Standort: OT Sassi, Strada Comunale del Cimitero di Sassi,
GPS 45°04'50"N/07°43'48"O,
Ufficio Informazioni e di Accoglienza Turistica,
Telefon 0039/011/535181,
www.turismotorino.org

## 10060 USSEAUX
Area Camper Hotel Lago Laux

Gebührenpflichtiger Stellplatz für 25 Mobile. Angelegte und terrassierte Wiese neben dem Hotel, in idyllischer Lage an einem Weiher. Überdachter Grillplatz und Spielplatz. Gelegentlich finden am See Open-Air-Veranstaltungen statt. Saison: Juni bis Oktober. Bodeneinlass. 10 Euro pro Nacht und

Mobil inklusive Ver- und Entsorgung. Strom: 2 Euro.

Standort: Via al Lago 7,
GPS 45°02'28"N/07°01'20"O,
Telefon 0039/0121/83944,
www.hotellaux.it

## 13019 VARALLO
Parcheggio Camper

Gebührenfreier Stellplatz für 8 Mobile. Reservierter Bereich unter Bäumen am Rand eines Pkw-Parkplatzes. Ebener, gepflasterter Untergrund, nachts beleuchtet. Maximaler Aufenthalt: 48 Std. Ganzjährig nutzbar. Euro-Relais-Anlage mit Bodeneinlass.

Standort: Via Sant'Antonio,
GPS 45°49'05"N/08°14'56"O,
Comune di Varallo,
Telefon 0039/0163/562711,
www.comunevarallo.com

## 10050 VILLAR FOCCHIARDO
Area Camper

Gebührenpflichtiger Stellplatz für 50 Mobile. Separater, ruhiger und etwas abgeschiedener Reisemobilplatz in grüner Umgebung. Untergrund Wiese, etwas abschüssig. 400 m bis zum Ort. Ganzjährig nutzbar. Im Winter ohne Wasser. 5 Euro pro Nacht und Mobil, 8 Euro für jedes Wochenende von April bis Oktober inklusive V+E. Im Winter gebührenfrei.

Standort: Via Fratta,
GPS 45°06'50"N/07°13'28"O,
Camper Club, www.
camperclubvillarfocchiardo.net

## 12010 VINADIO
Area Sosta Camper Fortezza

Gebührenpflichtiger Stellplatz für 50 Mobile. Separater Platz zwischen dem Campingplatz und der Festungsanlage. Ebenes Wiesengelände unter hohen Bäumen. Ganzjährig. 10 Euro pro Nacht und Mobil inkl. Dusche, V+E.

Standort: Via Roma,
GPS 44°18'24"N/07°10'27"O,
Comune di Vinadio,
Telefon 0039/0171/959143,
Mobil 0039/333/2356398,
www.comune.vinadio.cn.it

# 5 GUTE GRÜNDE FÜR DIE

# EMILIA ROMAG

**WOLLEN WIR NUN SCHLEMMEN,** die erfreulich flache Landschaft mit dem Fahrrad erobern oder einfach nur entspannt am Strand in der Sonne liegen? Die Emilia-Romagna kann es einem ganz schön schwer machen – und dabei sind in dieser Auflistung noch nicht einmal die Kunstschätze und Naturparks berücksichtigt.

Text: Annette Rübesamen

 ## RAVENNA UND DIE GROSSE KUNST

Ob Kunstkenner oder völliger Amateur, der Faszination von Ravennas 1500 Jahre alten, perfekt erhaltenen Mosaiken kann sich niemand entziehen. Wie byzantinische Künstler hier im 5. und 6. Jahrhundert ihre frühchristlichen Kirchen mit Millionen bunter Glassteinchen, Gold und Perlmutt ausgeschmückt haben, lässt uns heute noch sprachlos staunen. Die vielleicht schönsten Kompositionen: die Darstellung des Kaiserpaars Theodora und Justinian im monumentalen Kirchenkomplex S. Vitale und die herrlich üppige, mit Blumen übersäte Weidewiese in der außerhalb gelegenen Basilika S. Apollinare in Classe, die den Heiligen Apollinaris mit zwölf Schafen (den Aposteln) zeigt.

Wer es dagegen eher mit der Poesie hat, stattet dem großen Dante Alighieri einen Besuch ab. Italiens größter Dichter, der 1321 im Exil in Ravenna starb, liegt in der Kirche S. Francesco begraben.

**DER BESONDERE TIPP** **Vormittags Mosaiken gucken** und nachmittags selbst eines anfertigen? Das geht, wenn man den fünftägigen Mosaiken-Kurzkurs der Kunstschule Sisam besucht. Die Kurse dauern 25 Stunden und kosten 250 €. Termine und Infos gibt es bei Sisam, 48012 Bagnacavallo, Via Reda La Rotonda 1, Telefon 331-8572611, **www.sisamravenna.it**

Schwindelerregend schön: die byzantinischen Basiliken S. Vitale (l.) und S. Apollinare in Classe mit ihren Mosaiken.

## 2 STRÄNDE, ABER BITTE MIT SERVICE

Mehr als 100 Kilometer Sandstrand, 800 Bademeister, 1426 Badeanstalten und 252 800 Liegestühle: An den Stränden der Emilia Romagna findet jeder sein Plätzchen. Zwischen Juni und September verwandelt sich die Küste zwischen den Lidi di Comacchio im Norden und Cattolica im Süden in ein endloses Badeparadies, in dem Ferientage unter garantierter Sommersonne im entspannten Rhythmus des Wellenschlags dahinrollen.

Im Bagno – einer uritalienischen Einrichtung, die mit Liegestuhlverleih nur unzureichend übersetzt ist – bezieht der Gast morgens seinen reservierten Liegestuhl und genießt den Service: Bar und Restaurant, Kinderspielplatz und immer öfter auch Fitness-Geräte, morgendliche Yogastunden und abendlichen Discobetrieb. Wifi, Handy-Aufladestationen und Mobil-Duschen zur Erfrischung direkt am Liegestuhl gehören neuerdings auch dazu.

Der flach abfallende Sandstrand macht die Küste für Familien mit Kindern ideal. Nur die Entscheidung über den richtigen Ferienort könnte noch Schwierigkeiten bereiten: Nach Rimini, wo zum 15-Kilometer-Strand auch eine schöne historische Altstadt gehört? Ins mondänere Riccione mit seinen Alleen und berühmten Discos? An die Lidi von Ravenna, die von duftenden Pinienwäldern begrenzt sind? Oder doch in das ruhige Misano Adriatico? Am besten alle mal ausprobieren!

Helden der Ferien: 800 Bademeister sorgen in der Romagna für sicheres Strandvergnügen.

**DER BESONDERE TIPP**

**Aal gedeiht in den** Gewässern des Po-Deltas sehr gut und er schmeckt: Ob frittiert, im Risotto oder mit Wirsing geschmort, Signora Giulia von der Trattoria „Da Vasco e Giulia" bereitet den Fisch hervorragend zu. Comacchio, Via Muratori 21.

## ③ NATUR ERLEBEN IM PO-DELTA

Aufschwingen und losradeln: Am eindrucksvollsten erschließen sich die Schönheiten des Po-Deltas vom Fahrradsattel aus. Denn wo sich Italiens größter Fluss in die Adria ergießt, teilt er sich fächerartig in sechs Wasserarme auf. Zwischen diesen Flussarmen dehnt sich das Mündungsdelta des Po aus, ein Stück Natur, das aus Wasser gebaut zu sein scheint.

Schlängelnde Flussarme und schnurgerade Kanäle, offene Lagunen und geschlossene Lagunenteiche prägen die Landschaft, in der Radfahrer ideale Bedingungen antreffen – viel Natur, wenig Verkehr, kleine Straßen und viel zu sehen. An den Lagunen von Comacchio, in der Aale gezüchtet werden, kann man Flamingokolonien und elegante weiße Reiher beobachten und anschließend, im gleichnamige Städtchen mit seinen Kanälen, Brücken und bunten Fischerhäusern, venezianisch anmutende Stimmungen genießen.

Still und schattig ist es im Wald Gran Bosco della Mesola, wo sich die Radwege zwischen Steineichen, Eschen und Silberpappeln hindurchschlängeln.

## ④ BALSAMICO, PARMESAN & SCHINKEN

Am besten auf dem Dachboden: Hitze fördert den Reifeprozess des Aceto Balsamico Tradizionale di Modena.

**Erst mal abtropfen: Die frischen Parmesanlaibe ruhen in Formen aus Pappelholz.**

Der edelste Tropfen der Emilia Romagna ist kein Wein, sondern ein Essig: Mindestens 12 Jahre muss der Aceto Balsamico Tradizionale di Modena in unterschiedlich großen Holzfässern reifen, bevor er sein Etikett tragen darf. Besonders gut schmecken ein paar Tropfen der hocharomatischen Flüssigkeit auf einem Bröckchen Parmesan. Auch der berühmte Hartkäse stammt aus der Emilia, wo er noch heute von Hand hergestellt wird. 16 Liter Kuhmilch ergeben ein Kilo Parmigiano Reggiano, der mindestens 12 Monate reifen muss, bevor er in den Handel kommt und über Tortellini gerieben ebenso köstlich schmeckt wie am Stück.

Den Ruf der Emilia Romagna als Schlaraffenland haben aber auch der Parmaschinken und sein Verwandter mitbegründet, der noch edlere Culatello. Sie verdanken ihr besonderes Aroma der würzigen Appeninluft, und den Nebelschwaden der Poebene, in denen sie über Monate hinweg langsam heranreifen.

Hier lässt sich's aushalten; das wussten schon die Herren von Este, die Ferrara ab dem 14. Jahrhundert regierten und die Stadt mit einem Wassergraben-Schloss (kleines Bild) und Renaissancepalästen wie dem Palazzo dei Diamanti zu einer prächtigen Schönheit aufputzten. Heute gehört Ferrara zu den Städten mit der höchsten Lebensqualität.

Sie ist die Hauptstadt der Provinz Emilia Romagna, Wirtschafts- und Kulturzentrum der Region und von betörender Jugendlichkeit wegen der vielen Studenten, die an der im 14. Jahrhundert gegründeten Universität studieren. In der Altstadt mit ihren Kopfsteinsträßchen und den schönen Lauben sind nur Fahrräder unterwegs. Und auf der neun Kilometer langen Stadtmauer joggen und spazieren die Einheimischen in den frühen Abendstunden mit Blick auf die von Kanälen durchsetzte Tiefebene des Podeltas.

Fahrradstadt Ferrara: Ideale Sache – Reisemobil stehen lassen und die Stadt mit dem Rad erkunden.

## EMILIA KOMPAKT

# Infos | Tipps | Adressen

**ANREISE** Die Emilia Romagna ist bestens ans Autobahnnetz angebunden und gut zu erreichen, über die Hauptrouten: durch Österreich über den Brenner und via Verona; durch die Schweiz über den Gotthardtunnel, Chiasso und via Mailand.

**SEHENSWERTES**
**Museo di Don Camillo e Peppone** Die filmischen Abenteuer des kommunistischen Bürgermeisters

und des katholischen Priesters eroberten in den 60er Jahren auch Deutschland. Das Museum zeigt die schönsten Versatzstücke – zum Beispiel Peppones rotes Motorrad – aus den Filmen, die hier in Brescello gedreht wurden. 42041 Brescello, Via de Amicis 2, Telefon 0522/962185.

**Galleria Ferrari** Wrooom! Die schönsten Modelle von Formel 1 bis Granturismo sind im Ferrari-

Headquarter in Maranello zu bewundern. Via Dino Ferrari, 410534 Maranello, Telefon 0536/949713, www.ferrari.com

**RESTAURANT-TIPPS**
**L'oca giuliva, Ferrara** Elegantes Restaurant mit netter Terrasse in der Innenstadt mit toller Ferrareser Küche. Gute, selbstgemachte Pasta, ordentliche Weinkarte. Via Boccacanale di San Stefano 38/40, Telefon 053220/7628.

**Sol y mar, Riccione** Feines Restaurant, direkt am Strand von Riccione mit gehobener Fischküche und vegetarischen Speisen. Lungomare Viale D'Annunzio 190, www.ristorantesolymar.it

**AUSKUNFT** APT Servizi Srl (Fremdenverkehrsamt der Region Emilia-Romagna), Piazzale Federico Fellini, 3, 47900 Rimini, Telefon 00390541/43011, www.urlaubemiliaromagna.de

Karte: Hallwag

Don Camillo weist hier den Weg: Das Museum im Drehort Brescello.

## STELLPLATZ-TIPPS

### 44010 ANITA
Prato Pozzo Agriturismo

Gebührenpflichtiger Stellplatz für 12 Mobile. Für Reisemobile befestigter Schotterplatz. Ganzjährig nutzbar. 5 Euro pro Nacht und Erwachsener, Kinder 3 Euro. Strom: 2,60 Euro. Bei Verzehr einer Mahlzeit kostenlos.

Standort: Via Martinella Rotta 34a, GPS 44°33'01"N/12°07'59"O, Daniela und Stefano Ravaglia, Telefon 0039/0532/801058, www.pratopozzo.com

### 44011 ARGENTA
Stellplatz an den Tennisanlagen

Gebührenfreier Stellplatz für 10 Mobile. Relativ kleines, aber schön angelegtes Gelände neben einem Kleinspielfeld. Leicht abschüssiger Untergrund, teils asphaltiert, teils auch geteert. Schatten durch vereinzelte Bäume. Mülleimer vorhanden. Ruhige Lage. Max. Aufenthalt: 24 Std. Ganzjährig nutzbar. Bodeneinlass.

Standort: Via Giuseppe Galassi, GPS 44°36'43"N/11°50'24"O, Comune di Argenta, Telefon 0039/0532/330111, www.comune.argenta.fe.it

### 47021 BAGNO DI ROMAGNA
Area di Sosta Camper

Gebührenfreier Stellplatz für 20 Mobile. Großparkplatz für Pkw und Reisemobile. Asphaltierter, leicht abschüssiger Untergrund. Ganzjährig nutzbar.

Standort: OT San Piero in Bagno, Via Cesare Battisti, GPS 43°51'30"N/11°58'38"O, Ufficio Turismo, Telefon 0039/0543/911946, www.bagnodiromagnaturismo.it

Mini Area di Sosta di Ridracoli

Gebührenpflichtiger Stellplatz für 13 Mobile. Markiertes Gelände vor dem Hotel Il Palazzo. Grill-, Spiel- und Tennisplatz sind mit auf dem Gelände. Saison: März–Oktober. 12 Euro pro Nacht und Mobil inkl. Dusche, Strom, V+E.

Standort: OT Ridracoli, Via Ridracoli, GPS 43°53'03"N/11°50'05"O, Ufficio Turismo, Telefon 0039/0543/911946, www.bagnodiromagnaturismo.it

### 47814 BELLARIA-IGEA M.
Area Camper Rio Pircio

Gebührenpflichtiger Stellplatz für 60 Mobile. Weitgehend naturbelassenes Gelände für Reisemobile, durch die Küstenstraße vom Strand getrennt. Ebener Wiesenuntergrund, kaum Schatten, beleuchtet. Ganzjährig nutzbar. 17 Euro pro Nacht und Mobil im August, 13 Euro im Juli, 12 Euro im Juni und September, sonst 10 Euro, inklusive V+E. Strom: 2 Euro. Dusche: 1 Euro. V+E für Durchreisende: 5 Euro.

Standort: OT Igea Marina, Via Benivieni 4, GPS 44°07'37"N/12°29'19"O, Sergio Berardis, Telefon 0039/339/1871689, E-Mail a.berardi5@virgilio.it

L'Adriatico Parking

Gebührenpflichtiger Stellplatz für 60 Mobile. Untergrund Wiese, nachts beleuchtet. Saison: März bis Oktober. 16 Euro pro Nacht und Mobil im Juli und August, 13 Euro im Juni und September, sonst 10 Euro inklusive V+E. Strom: 2 Euro. Dusche: 80 Cent. V+E für Durchreisende: 3 Euro.

Standort: OT Igea Marina, Via Benivieni 12, GPS 44°07'36"N/12°29'17"O, Telefon 0039/0541/330214, Mobil 0039/339/4325498, E-Mail ladriatico@virgilio.it

Parking delle Robinie

**Igea Marina: die Parzellen auf dem Parking delle Robinie.**

Gebührenpflichtiger Stellplatz für 106 Mobile. Reisemobilplatz, nur durch die Uferstraße vom Strand getrennt. Wiesen-Untergrund, durch Hecken in Zweierparzellen unterteilt. Ganzjährig. Bodeneinlass. 15,50 Euro pro Nacht und Mobil im Juli und August, 13,50 Euro im Juni und September, 11,50 Euro im April und Mai, sonst 10 Euro inkl. V+E. Strom: 2,50 Euro. Duschmünze: 1 Euro. V+E für Durchreisende: 5 Euro.

Standort: OT Igea Marina, Viale Alfredo Pinzon 258, GPS 44°07'41"N/12°29'20"O, Telefon 0039/0541/332301, www.parkingdellerobinie.com

### 47032 BERTINORO
Parking Campo Sportivo

**Bertinoro: der Parkplatz Campo Sportivo in Fratta Terme.**

Gebührenfreier Stellplatz für 25 Mobile. Leicht abschüssiger, asphaltierter Untergrund. Kein Schatten, beleuchtet. Mülleimer vorhanden. Ganzjährig nutzbar.

Standort: OT Fratta Terme, Via Superga, GPS 44°08'15"N/12°06'12"O, Ufficio Turismo, Telefon 0039/0543/469213, www.comune.bertinoro.fo.it

### 40021 BORGO TOSSIGNANO
Area Camper

Gebührenfreier Stellplatz für 5 Mobile. Gekennzeichneter Parkplatz unterhalb eines Kleinspielfeldes am Ortsausgang. Ebener, geschotterter Untergrund, nachts beleuchtet. Ganzjährig nutzbar.

Standort: OT Tossignano, Via Campiuno, GPS 44°16'16"N/11°36'10"O, Telefon 0039/0542/91111, www.comune.borgotossignano.bo.it

Parkplatz an der Kirche

Gebührenfreier Stellplatz für 10 Mobile. Ebener, asphaltierter Untergrund, teilweise schattig. Beleuchtet. Leichte Lärmbelästigung durch Autoverkehr auf der nahen Hauptstraße möglich. Ganzjährig nutzbar.

Standort: Via Marconi, GPS 44°16'38"N/11°35'20"O, Comune di Borgo Tossignano, Telefon 0039/0542/91111, www.comune.borgotossignano.bo.it

### 48013 BRISIGHELLA
Parcheggio Autobus

Gebührenfreier Stellplatz für 10 Mobile. Parkplatz für Pkw, Busse und Reisemobile auf zwei Ebenen. Oberer Bereich mit ebenem, befestigtem Untergrund, ruhige Lage. Teilweise schattig. Mülleimer vorhanden. Unterer Bereich mit ebenem und asphaltiertem Untergrund. Ganzjährig.

Standort: Via F.lli Cardinali Cicognani, GPS 44°13'14"N/11°45'54"O, Pro Loco, Telefon 0039/0546/81166, www.brisighella.org

Piazza Donati Sangue

**Brisighella: der Stellplatz zwischen Altstadt und Therme.**

Gebührenfreier Stellplatz für 20 Mobile. Für Reisemobile beschildertes Areal zwischen Altstadt und Therme. Betonierter Untergrund, beleuchtet. Sehr ruhige Lage in grüner Umgebung. Ganzjährig nutzbar. Strom (12 Anschlüsse): 1 Euro/Std.

Standort: Via Giuseppe Billi, GPS 44°13'18"N/11°46'45"O, Telefon 0039/0546/81166, www.brisighella.org

## 41012 CARPI
Parkplatz am Schwimmbad

Gebührenfreier Stellplatz für 30 Mobile. Parkplatz für Pkw, Busse und Reisemobile gekennzeichnet. Asphaltierter, teilweise ebener, teilweise auch leicht abschüssiger Untergrund. Wenig Schatten durch junge Bäume. Mülleimer vorhanden. Ganzjährig nutzbar. Bodeneinlass.

Standort: Piazzale delle Piscine, GPS 44°47'05"N/10°52'01"O, Ufficio I.A.T., Telefon 0039/059/649255, www.carpidiem.it/turismo

## 48010 CASALBORSETTI
Area Sosta Mare & Parco

**Casalborsetti: die sehr beliebte Area Sosta Mare & Parco.**

Gebührenpflichtiger Stellplatz für 236 Mobile. Reserviertes und parzelliertes Gelände in einem Pinienwald etwa 100 m vom Sandstrand entfernt. Ebener, mit Gras bewachsener Untergrund, umringt von hohen Bäumen. Im mittleren Bereich ohne Schatten. Mülleimer, Spielplatz, Picknickbänke, Grillstellen, Bocciabahn. Maximaler Aufenthalt: 48 Std. Ganzjährig nutzbar. Bodeneinlass. 8 bis 10 Euro pro Nacht und Mobil, im Winter gebührenfrei. V+E inkl. Strom (65 Anschlüsse): 3 Euro. V+E für Durchreisende: 4 Euro.

Standort: Via Stefano Ortolani, GPS 44°33'00"N/12°16'48"O, Pro Loco, Telefon 0039/0544/444912, www.casalborsetti.it

## 40020 CASALFIUMANESE
Area Sosta per Camper

Gebührenfreier Stellplatz für 20 Mobile. Separates Areal in einer Sackgasse am Ende des Gewerbegebiets. Ebener, asphaltierter Untergrund. Grüne Lage am Ufer des Flusses Santerno. Ganzjährig nutzbar.

Standort: Via Giuseppe di Vittorio, GPS 44°17'35"N/11°38'04"O, Comune di Casalfiumanese, Telefon 0039/0542/666122, www.comunedicasalfiumanese.it

Parkplatz an der Stadtmauer

Gebührenfreier Stellplatz für 25 Mobile auf dem Parkplatz an der Stadtmauer. Asphaltierter, leicht abschüssiger Untergrund. Etwas Schatten, beleuchtet. Mülleimer vorhanden. Ganzjährig.

Standort: Via Andrea Costa, GPS 44°17'51"N/11°37'00"O, Comune di Casalfiumanese, Telefon 0039/0542/666122, www.comunedicasalfiumanese.it

## 48010 CASOLA VALSENIO
Parkplatz Via Primo Maggio

Gebührenfreier Stellplatz für 10 Mobile. Parkplatz für Pkw und Reisemobile nahe dem Kloster Valsenio, außerhalb des Ortes. Ebener, asphaltierter Untergrund, nachts beleuchtet, Mülleimer am Platz vorhanden. Ganzjährig nutzbar. Bodeneinlass.

Standort: Via Primo Maggio, GPS 44°14'28"N/11°38'41"O, Comune di Casola Valsenio, Telefon 0039/0546/976511, www.comune.casolavalsenio.ra.it

Parkplatz am Schwimmbad

Gebührenfreier Stellplatz für 5 Mobile. Übernachtungsplatz in grüner Umgebung. 500 m zum Zentrum. Ganzjährig nutzbar.

Standort: Via Antonio Gramsci, GPS 44°13'36"N/11°37'51"O, Comune di Casola Valsenio, Telefon 0039/0546/976511, www.comune.casolavalsenio.ra.it

## 48014 CASTEL BOLOGNESE
Parkplatz Palazzetto dello Sport

Gebührenfreier Stellplatz für 20 Mobile. Parkplatz für Pkw mit gekennzeichneten Parkbuchten für Reisemobile. Ebener, asphaltierter Untergrund, wenig Schatten. Beleuchtung und Mülleimer vorhanden. Ganzjährig nutzbar. Bodeneinlass.

Standort: Via Andrea Donati, GPS 44°18'57"N/11°47'34"O, Pro Loco, Telefon 0039/0546/655818, www.comune.castelbolognese.ra.it

## 40022 CASTEL DEL RIO
Area Attrezzata Ponte Alidosi

**Castel del Rio: Idyllisch ist die Lage des Platzes am Fluss.**

Gebührenfreier Stellplatz für 20 Mobile. Parkplatz für Pkw und Reisemobile in landschaftlich reizvoller Lage am Fluss Santerno und im Grünen. Großteils ebener und befestigter Untergrund. Ganzjährig nutzbar.

Standort: Via Ponte Alidosi 450, GPS 44°12'51"N/11°30'23"O, Comune di Castel del Rio, Telefon 0039/0542/95906, www.casteldelrio.provincia.bologna.it

Area Sosta per Camper

Gebührenfreier Stellplatz für 10 Mobile auf einer Grünfläche am Ortsrand. Restaurant 300 m. Ganzjährig nutzbar.

Standort: Viale Giovanni XXIII, GPS 44°12'59"N/11°30'14"O, Comune di Castel del Rio, Telefon 0039/0542/95906, www.casteldelrio.provincia.bologna.it

## 40030 CASTEL DI CASIO
Parking Lungolago

Gebührenfreier/gebührenpflichtiger Stellplatz für 10 Mobile am Ostufer des Lago di Suviana. Parkplatz für Pkw und Reisemobile. Sehr ruhige Lage direkt am See. Ebener asphaltierter Untergrund, teils auch Naturboden unter hohen Bäumen. Ganzjährig nutzbar. Gebühr von Juni bis August 8–18 Uhr laut Angaben am Parkscheinautomat.

Standort: OT Suviana, GPS 44°07'13"N/11°02'47"O, Telefon 0039/0534/44133, www.comune.casteldicasio.bo.it

## 47042 CESENATICO
Camping Cesenatico

Gebührenpflichtiger Stellplatz für 16 Mobile. Separate Übernachtungsplätze vor dem Campinggelände. Ebener Untergrund auf Rasengittersteinen. Maximaler Aufenthalt: 1 Nacht. Ganzjährig nutzbar. 8 Euro pro Nacht und Mobil.

Standort: Viale Giuseppe Mazzini 182, GPS 44°12'54"N/12°22'44"O, Telefon 0039/0547/81344, www.campingcesenatico.com

## 47012 CIVITELLA DI ROM.
Piazzale Enrico Berlinguer

Gebührenfreier Stellplatz für 20 Mobile. Großparkplatz für Pkw und Reisemobile nahe dem Sportplatz. Ebener, asphaltierter Untergrund. Beleuchtet, Mülleimer vorhanden. Bitte beachten: Gelegentlich wird das gesamte Gelände für Veranstaltungen gesperrt. Ganzjährig nutzbar.

Standort: OT Cusercoli, GPS 44°02'23"N/11°59'53"O, Comune di Civitella di Romagna, Telefon 0039/0543/984311, www.comune.civitella-di-romagna.fc.it

## 44021 CODIGORO
Area Sosta Camper

**Codigoro: die großzügig angelegte Area Sosta Camper.**

**STELLPLATZ-TIPPS**

Gebührenpflichtiger Stellplatz für 55 Mobile. Angelegter Reisemobilhafen in Einzellage. Ebener gepflasterter Untergrund, kein Schatten, beleuchtet. Ganzjährig nutzbar. Bodeneinlass. 4 Euro pro Nacht und Mobil. Wasser: 3 Euro. Entsorgung: 3 Euro. Strom (48 Anschlüsse): 3 Euro.

Standort: Località per Pomposa Sud, GPS 44°50'01"N/12°10'06"O, Pomposa Hostel, Telefon 0039/0533/719080, www.comune.codigoro.fe.it

### 44022 COMACCHIO
Parcheggio Camper

**Comacchio: der markierte Parkplatz nahe dem Zentrum.**

Gebührenfreier Stellplatz für 6 Mobile. Markierte Plätze auf dem Busparkplatz neben dem Coop-Supermercato, direkt hinter dem Deich des Lago di Comacchio. Untergrund Asphalt. 100 m bis zum Zentrum. Ganzjährig nutzbar.

Standort: Via dello Squero, GPS 44°41'27"N/12°11'06"O, I.A.T. di Comacchio, Telefon 0039/0533/314154, www.turismocomacchio.it

### 44100 FERRARA
Parcheggio Ex Mof

Gebührenfreier Stellplatz für 40 Mobile. Parzelliertes Areal auf einem Großparkplatz. Ebener, teils asphaltiert, teils mit Rasengittersteinen befestigt. Wenig Schatten, beleuchtet, videoüberwacht. Max. Aufenthalt: 72 Stunden. Ganzjährig nutzbar. Wasser: 2 Euro. WC-Entsorgung: 1 Euro.

Standort: Via Darsena, GPS 44°50'07"N/11°36'38"O, Ufficio Turismo, Telefon 0039/0532/299303, www.comune.fe.it

### 41034 FINALE EMILIA
Area Attrezzata per Camper

Gebührenfreier Stellplatz für 10 Mobile am Rande eines Gewerbegebiets, an einen Bach und Grünflächen angrenzend. Schräge Aufstellung auf asphaltiertem Untergrund, durch eine Baumreihe beschattet, nachts beleuchtet. Ganzjährig nutzbar.

Standort: Via Aurelio A. Miari, GPS 44°49'21"N/11°18'09"O, Comune di Finale Emilia, Telefon 0039/0535/788333, www.comune.finale-emilia.mo.it

### 40025 FONTANELICE
Parcheggio Conca Verde

Gebührenfreier Stellplatz für 15 Mobile. Angelegter, sehr gepflegter Parkplatz für Pkw und Reisemobile. Ebener, asphaltierter, teilweise auch mit Rasengittersteinen befestigter Untergrund. Kein Schatten. Ganzjährig nutzbar.

Standort: Corso Europa, GPS 44°15'34"N/11°33'38"O, Comune di Fontanelice, Telefon 0039/0542/92566, www.comune.fontanelice.bo.it

### 47010 GALEATA
Parcheggio Campo Sportivo

Gebührenfreier Stellplatz für 20 Mobile. Parkplatz für Pkw und Mobile, ohne weitere Ausschilderung. Asphaltierter, teils ebener, teils leicht abschüssiger Untergrund. Nachts beleuchtet, wenig Schatten. Mülleimer vorhanden. Ganzjährig nutzbar.

Standort: Via G. Castellucci, GPS 43°59'41"N/11°54'31"O, Comune di Galeata, Telefon 0039/0543/975416, www.comune.galeata.fo.it

### 44020 GORO
Porto di Gorino

Gebührenpflichtiger Stellplatz für 150 Mobile. Ebener, für Reisemobile ausgewiesener, asphaltierter, schattenloser Parkplatz im Fischereihafen, direkt am Nationalpark Podelta. Spielplatz, WC-Anlage.

Ganzjährig nutzbar. Bodeneinlass. 5 Euro pro Nacht und Mobil. Wasser: 1 Euro. Entsorgung: 1 Euro. Wenige Stromanschlüsse auf Anfrage.

Standort: OT Gorino, Via al Mare, GPS 44°49'08"N/12°21'01"O, Hafenwärter, Telefon 0039/0533/999854. Tourist-Info, Telefon 0039/0533/792910, www.comune.goro.fe.it

**Goro: der große Stellplatz im Hafengelände von Gorino.**

### 44023 LAGOSANTO
Parking Tombe

Gebührenfreier Stellplatz für 10 Mobile. Parkplatz für Pkw, Lkw und Reisemobile am Ortsrand. Ebener, geschotterter Untergrund, kein Schatten. Ganzjährig nutzbar.

Standort: Via Valle Oppio 5, GPS 44°46'02"N/12°07'58"O, Comune di Lagosanto, Telefon 0039/0533/909511, www.comune.lagosanto.fe.it

### 41050 MARANELLO
Area Attrezzata Torre Maina

Gebührenpflichtiger Stellplatz für 10 Mobile. Angelegtes, ausgewiesenes und nachts beleuchtetes Areal auf Schotter, direkt am Ufer des Tiepido. Picknick- und Spielplatz vorhanden. Maximaler Aufenthalt: 72 Std. Ganzjährig nutzbar. 5 Euro pro Nacht und Mobil.

Standort: OT Torre Maina, Via Fondo Val Tiepido 77, GPS 44°30'00"N/10°52'25"O, Bar Trattoria Zanichelli, Telefon 0039/0536/941851, www.areacampermaranello.it

### 44026 MESOLA
Oasi Park 2

Gebührenpflichtiger Stellplatz für 200 Mobile. Angelegter Reisemobilhafen in Einzellage. Fester Wiesenuntergrund mit Baumbestand. Sanitär-Haus mit Duschen und Behinderten-WC. Beleuchtet und bewacht. Ganzjährig. Bodeneinlass. 8 bis 15 Euro pro Nacht und Mobil. Strom: 2 Euro.

Standort: OT Bosco Mesola, Via Cristina 84, GPS 44°52'35"N/12°13'47"O, Telefon 0039/0533/794386, Mobil 0039/335/1804524, www.oasipark.it

Area di Camper

Gebührenfreier Stellplatz für 5 Mobile auf der Area di Camper. Für Reisemobile gekennzeichnetes Areal auf einem Parkplatz am Sportplatz am Ortsrand. Ebener, asphaltierter Untergrund, beleuchtet. Ganzjährig nutzbar.

Standort: Via Biverare, GPS 44°55'24"N/12°14'04"O, Comune di Mesola, Telefon 0039/0533/993719, www.comune.mesola.fe.it

### 47015 MODIGLIANA
Parkplatz am Centro Sportivo

**Modigliana: viel Platz – wenn keine Veranstaltungen sind.**

Gebührenfreier Stellplatz für 10 Mobile. Großparkplatz für Pkw und Reisemobile. Ebener, asphaltierter Untergrund. Wenig Schatten. Beleuchtung und Mülleimer vorhanden. Stark frequentiert bei Sportveranstaltungen. Ganzjährig.

Standort: Piazzale Enzo Ferrari, GPS 44°09'37"N/11°47'27"O, Comune di Modigliana, Telefon 0039/0546/949541, www.comune.modigliana.fc.it

### 47834 MONTEFIORE CONCA
Area I Cappuccini

Gebührenpflichtiger Stellplatz für 24 Mobile. Angelegtes und parzelliertes Areal auf Wiese mit gepflasterter Zufahrt. Sehr ruhige Lage am Waldrand. Ganzjährig nutzbar. 15 Euro pro Mobil und 24 Std., 20 Euro für 48 Std. Parkscheinautomat.

Standort: OT I Cappuccini,
Via Europa,
GPS 43°53'10"N/12°36'43"O,
Comune di Montefiore Conca,
Telefon 003/0541/980035, www.comune.montefiore-conca.rn.it

## 47863 NOVAFELTRIA
Area Sosta
....................................

Gebührenfreier Stellplatz für 8 Mobile am Ortsrand. Parkplatz mir ebenem, geschottertem Untergrund. Kein Schatten. Ganzjährig nutzbar. Bodeneinlass.

Standort: OT Perticara,
Via Circonvallazione,
GPS 43°54'11"N/12°14'38"O,
Comune di Novafeltria,
Telefon 0039/0541/845611,
www.comune.novafeltria.rn.it

## 47010 PORTICO E SAN BENEDETTO
Parkplatz am Ortseingang
....................................

Gebührenfreier Stellplatz für 10 Mobile. Terrassierter Parkplatz für Pkw und Reisemobile mit mehreren Ebenen. Großteils ebener, teilweise asphaltierter oder befestigter Untergrund, nachts beleuchtet. Ganzjährig nutzbar.

Standort: OT Portico di Romagna,
Via Tosco Romagnola,
GPS 44°01'32"N/11°46'59"O,
Telefon 0039/0543/967047,
www.comune.portico-e-san-benedetto.fc.it

## 48010 PORTO CORSINI
Area Parcheggio Camper
....................................

Gebührenpflichtiger Stellplatz für 200 Mobile in der Nähe der Mole San Filippo. Für Reisemobile reserviertes Gelände etwa 200 m vom Strand entfernt. Ebener, mit Gras bewachsener Untergrund. Grillstelle, Mülleimer, Spülbecken. Saison: April bis September. Bodeneinlass. 8 Euro pro Mobil und 24 Stunden ab 8 Uhr, von Juni bis August 10 Euro. Bei Ankunft nach

15 Uhr halbe Tagesgebühr. Ver- und Entsorgung: 4 Euro.

Standort: Via Guizzetti/
Via Terzo Sirotti,
GPS 44°29'46"N/12°16'46"O,
Pro Loco,
Telefon 0039/0544/447399

## 44022 PORTOMAGGIORE
Parkplatz am Friedhof
....................................

Gebührenfreier Stellplatz für 10 Mobile. Parkplatz für Pkw und Reisemobile. Ebener, asphaltierter Untergrund. Kein Schatten, teilweise beleuchtet. Ganzjährig nutzbar. Bodeneinlass.

Standort: Via Giuseppe Mazzini,
GPS 44°41'45"N/11°48'56"O,
Comune di Portomaggiore,
Telefon 0039/0532/323011,
www.comune.portomaggiore.fe.it

## 47010 PREDAPPIO
Parcheggio ex Foro Boario
....................................

Gebührenfreier Stellplatz für 20 Mobile. Parkplatz für Pkw und Reisemobile. Fast eben, mit Rasengittersteinen befestigt. Kaum Schatten. Parkbänke, Beleuchtung, Mülleimer und Toilettenanlage am Platz. Ganzjährig nutzbar.

Standort: Piazzale Isonzo,
GPS 44°06'32"N/11°58'56"O,
Comune di Predappio,
Telefon 0039/0543/921738,
E-Mail urp@comune.predappio.fc.it,
www.comune.predappio.fc.it

## 48100 RAVENNA
Parking Parco di Teodorico
....................................

Gebührenfreier Stellplatz für 20 Mobile. Großparkplatz für Pkw, Busse und Reisemobile. Ruhige Lage. Ganzjährig nutzbar.

Standort: Via Chiavica Romea,
GPS 44°25'51"N/12°12'35"O,
Ufficio Turismo,
Telefon 0039/0544/35755,
www.turismo.ra.it

Parking Basilica Sant'Apollinare
....................................

Gebührenfreier Stellplatz für 40 Mobile. Großparkplatz mit gekennzeichnetem Areal für Reisemobile. Ebe-

ner, mit Rasengittersteinen befestigter Untergrund. Wenig Schatten, beleuchtet. Sehr langen Mobilen ist das Parken auf den Bus-Parkplätzen erlaubt. WC-Anlage am platz vorhanden. Ganzjährig nutzbar. Bodeneinlass.

Standort: OT Classe, Via Ortona,
GPS 44°22'42"N/12°14'08"O,
Ufficio Turismo Classe,
Telefon 0039/0544/473661,
www.turismo.ravenna.it

Freizeitpark Mirabilandia
....................................

Gebührenpflichtiger Stellplatz für 50 Mobile. Markierte Fläche am Rand des Großparkplatzes. Ebener, befestigter Untergrund. Kein Schatten. Maximaler Aufenthalt: 48 Std. Saison: April bis Oktober. Bodeneinlass. 10 Euro pro Mobil und 48 Std. inklusive V+E.

Standort: OT Mirabilandia,
Via Standiana,
GPS 44°20'00"N/12°16'13"O,
Mirabilandia,
Telefon 0039/0544/561111,
www.mirabilandia.it

## 47037 RIMINI
Parcheggio Attrezzato
....................................

Gebührenpflichtiger Stellplatz für 150 Mobile. Zum Teil asphaltierter, überwiegend jedoch lehmiger Untergrund, eben. Vor allem im hinteren Teil ruhig. Mülleimer vorhanden. Ganzjährig nutzbar. Bodeneinlass. 10 Euro pro Mobil für 24 Stunden, 6 Euro für 6 Stunden (Automat). V+E: 4 Euro.

Standort: Via Roma 86,
GPS 44°03'37"N/12°34'34"O,
Ufficio I.A.T.,
Telefon 0039/0541/56902,
www.riminiturismo.it

## 47835 SALUDECIO
Fattoria Eby
....................................

Gebührenpflichtiger Stellplatz für 10 Mobile. Bewirtschafteter Ferienhof und Restaurant in Einzellage. Untergrund aus Wiese. Ganzjährig nutzbar. 16 Euro pro Nacht und Mobil inklusive Dusche, Ver- und Entsorgung. Für Restaurantgäste keine Stellplatzgebühr.

Standort: Via Tassinara 81,
GPS 43°53'58"N/12°43'44"O,
Oscar Tonti,
Telefon 0039/0541/987847,
www.fattoriaeby.it

## 47865 SAN LEO
Parkplatz am Tennisplatz
....................................

Gebührenfreier Stellplatz für 25 Mobile. Separates Areal hinter den Tennisanlagen, in absolut ruhiger und grüner Lage. Ebener, geschotterter Untergrund, von Bäumen eingerahmt. Ganzjährig nutzbar. Bodeneinlass.

Standort: Via Michele Rosa,
GPS 43°53'56"N/12°20'35"O,
Comune di San Leo,
Telefon 0039/0541/916211,
www.comune.san-leo.rn.it

## 47018 SANTA SOFIA
Piazzale Carlo Marx
....................................

Gebührenfreier Stellplatz für 20 Mobile. Großparkplatz für Pkw und Reisemobile. Ebener, asphaltierter Untergrund. Wenig Schatten, beleuchtet. Relativ ruhige Lage, etwa 1 km vom historischen Stadtzentrum entfernt. Mülleimer vorhanden. Bar, Freibad in der Nähe des Platzes. Ganzjährig. Bodeneinlass.

Standort: Via Dante Alighieri,
GPS 43°56'30"N/11°54'32"O,
Comune di Santa Sofia,
Telefon 0039/0543/974511,
www.comune.santa-sofia.fc.it

## 47866 SANT'AGATA FELTRIA
Parcheggio Camper
....................................

Gebührenfreier Stellplatz für 70 Mobile. Ausgewiesenes Gelände in zentraler Lage. Geschotterter und ebener Untergrund, in mehrere Bereiche unterteilt. Kein Schatten. Ganzjährig. Bodeneinlass. Gebührenpflichtig nur beim Trüffelfest im Oktober und beim Weihnachtsmarkt.

Standort: Via Casotti Tosi,
GPS 43°51'48"N/12°12'19"O,
Comune di Sant'Agata Feltria,
Telefon 0039/0541/929613,
www.comune.santagatafeltria.rn.it

## ❶ TOLLE STÄDTE WIE URBINO ODER JESI

**Oben: der Palazzo del Popolo in Ascoli Piceno.
Unten: das Örtchen Arcevia am Fluss Misa.**

Wo ist Italien am italienischsten? Natürlich in den Städten der Marken. Ob Urbino, Ascoli Piceno, Macerata oder Jesi – nirgendwo sonst auf dem Stiefel hat sich der ganz besondere Charme Italiens so unverfälscht erhalten wie in den mittelitalienischen Kleinstädten mit ihren kopfsteingepflasterten Gassen und sonnigen Plätzen, prächtigen Renaissance-Bauten und ebenso bunten wie üppigen Obstmärkten.

Am eindrucksvollsten: die in den grünen Hügeln gelegene Renaissancestadt Urbino, deren Pracht dem im 15. Jh. regierenden (und von Piero della Francesca so großartig gemalten) Herzog Federico von Moltefeltro zu verdanken ist. Wer durch die gepflasterten Gassen Urbinos wandert,

fühlt sich um Jahrhunderte zurückversetzt – wären da nicht Hunderte von Studenten, die an der 500 Jahre alten Universität von Urbino Jura, Pharmazie oder Sprachen studieren und die altehrwürdigen Mauern der Stadt mit Leben und Lachen erfüllen.

Wunderschön ist auch das im äußersten Süden der Marken gelegene Ascoli Piceno mit seiner hinreißend eleganten Piazza, die vom Dom S. Francesco und dem im 13. Jh. erbauten Palazzo del Popolo gesäumt wird. Hier findet jedes Jahr im August die „Giostra della Quintana" statt, ein historisches Reitturnier. Reizvoll sind übrigens auch fast alle andere Städtchen der Region. Ein Tipp? Offida im Süden, das zu den schönsten Orten Italiens gezählt wird.

# 5 GUTE GRÜNDE FÜR DIE
# MARKEN

**BREITE STRÄNDE** und verschwiegene Buchten an der Adria, Nostalgie in Renaissance-Städtchen und ein von Menschen kaum berührter Naturpark mit hochalpiner Szenerie. Haben wir etwas vergessen? Ach ja, die Pasta. Vielleicht die beste Italiens.

Text: Annette Rübesamen, Fotos: Udo Bernhart

## **2** ALTERNATIVES BADEGLÜCK

Der große Wow-Effekt: Die senkrecht abfallenden, weißen Kreideklippen am Monte Conero sind nicht nur eine Art Wahrzeichen der Marken, sie bilden auch die Bühne für das alternative Badeglück. Denn sie enden in idyllischen kleinen Buchten, die nichts mit den kilometerlangen breiten Sandstränden zu tun haben, die man sonst mit der Adria verbindet.

Die schönsten Strände am Monte Conero sind das winzige Portonovo, die Bucht von Sirolo – dessen Altstadt aussichtsreich hoch über dem Meer liegt – und Numana, dessen Strand sich weit nach Süden hinzieht. Die winzigen Geheimtipp-Buchten jedoch erreicht man nur mit dem Boot – etwa von Portonovo aus.

Doch auch wer das klassische Adria-Badevergnügen mit breiten Sandstränden und bunten Sonnenschirmen sucht, findet in den Marken sein Glück. Im lebhaften Gabbice Mare etwa, in Senigallia mit seinen 13 km Strand oder unter den 7000 Palmen von San Benedetto del Tronto.

Foto: FeelStudio/Fotolia

**DER BESONDERE TIPP** **Schöner baden:** Vom romantisch ummauerten, hoch über dem Meer gelegenen Städtchen Fiorenzula di Focara (bei Pesaro) führt der „Sentiero dell' Amore" durch grüne Natur hinunter ans Wasser, wo Urlauber eine sehr hübsche, kleine Bucht erwartet. **www.parcosanbartolo.it**

**Weiße Klippen, grüne Macchia, blaues Meer: Frisch und einladend präsentieren sich die Strände am Monte Conero.**

**DER BESONDERE TIPP** **Marco Casolanetti** keltert ausgezeichnete Rotweine, und seine Frau kocht das passende Essen dazu – im Agriturismo „Oasi degli Angeli". Unbedingt vorbestellen! **www.kurni.it**

## 3 BERÜHMTE WEINE & GEHEIMTIPPS

Weiß, weiß, weiß sind alle meine Reben? Das war einmal. Lange Jahre kannte man die Marken in der Tat vor allem für ihre Weißweine, allen voran für den berühmten Verdicchio, eine traditionsreiche Rebsorte, die zu den bekanntesten Weißweinen ganz Italiens zählt. Der Verdicchio dei Castelli di Jesi ist ein DOC-Wein, der um Ancona und Macerata herum angebaut wird und perfekt zu den leichten Fischgerichten der Küste passt. Man trinkt ihn jung. Interessante Geheimtipps sind die Weißweine Offida Pecorino und Falerio.

Immer öfter machen die Marken jetzt auch mit ihren Rotweinen von sich reden. Vor allem die Rebsorten Montepulciano und Sangiovese werden angebaut. Aus den Trauben der Montepulciano-Rebe und einem kleinen Anteil an Sangiovese wird etwa der Rosso Conero gekeltert, ein kräftiger und gehaltvoller Roter mit dunklen Obstnoten, von dem man sich ruhig ein paar Flaschen mitnehmen kann: Er wird mit den Jahren immer besser!

## 4 DIE SIBILLINISCHE BERGE

Gerade 30 km Luftlinie von den wogenden Palmen in San Benedetto di Tronto tut sich auf einmal eine hochalpin anmutende Gebirgsszenerie auf: majestätische Felsgipfel von beinahe schon dolomitischer Dramatik, sanft abfallende Bergwiesen, weite Ebenen und hoch in der Luft bewegungslos verharrende Steinadler.

Die zum Appenin gehörenden Sibillinischen Berge liegen im Westen der Marken an der Grenze zu Umbrien, sind ein unvergessliches Naturerlebnis und stehen im Kontrast zur sanften, mediterranen Küstenlandschaft der Region. 50 ihrer Gipfel sind höher als 2000 Meter. Der mit 2.476 Metern höchste trägt den Namen Monte Vettore und schenkt den Wanderern einen herrlichen Weitblick bis aufs Mittelmeer.

Noch eindrucksvoller ist die riesige und völlig baumlose Hochebene Piano Grande, die sich im späten Frühjahr, wenn der Klatschmohn blüht, in ein rotes Flammenmeer verwandelt. Auch wilde Orchideen, Edelweiß und Alpenveilchen gedeihen in der von Menschen kaum berührten Gebirgseinsamkeit, in der sich dafür seltene Schmetterlingsarten, Wildkatzen, Wölfe und sogar Bären wohlfühlen. Wer richtig wandern will, begibt sich am besten auf den gut markierten Fernwanderweg, der in neun Etappen am Rand des Gebirges entlangführt.

**Friedlicher Sommertraum: der Lago de Fiastra im Nationalpark Sibillinische Berge.**

**Steile Anstiege, weite Ebenen: Orchideenwiesen sorgen für Abwechslung – nicht nur bei Bikern.**

# 5 PASTA-VARIATIONEN

Pasta in ihrer schönsten Form: Am besten mit reichlich sugo al ragù drauf, Fleischsauce.

An der Küste duftet es nach Brodetto, der typischen Fischsuppe, in der sich dreizehn verschiedene Fischarten zu einem einzigartigen Aroma verbinden. Im Hinterland dagegen dringt der würzige Geruch von auf Holzkohle gegrilltem Fleisch in die Nase, es riecht nach geschmortem Kaninchen mit Fenchel und köstlichen Würsten.

Doch ganz egal ob Fisch oder Fleisch – was die Marchigiani, wie die Bewohner dieser Region genannt werden, vereint, ist ihre ausgeprägte Liebe zur Pasta, die hier in besonders köstlichen Varianten zubereitet wird. Weit über die Grenzen der Marken hinaus bekannt sind zum Beispiel die Vincisgrassi, eine der Lasagne ähnliche Art von überbackenen Nudeln, die mit einer besonders würzigen und reichhaltigen Fleischsauce gefüllt sind und die – im Unterschied zur Lasagne – ganz ohne Tomaten zubereitet werden. Eine andere Spezialität sind die Passatelli, spätzleartige Nudeln, die durch ein Locheisen gedrückt und als Suppeneinlage in heißer Brühe serviert werden. Sie sind vor allem in der Gegend von Urbino zu Hause.

## MARKEN KOMPAKT

# Infos | Tipps | Adressen

**ANREISE** Die Marken liegen an der adriatischen Ostküste Italiens. Die Autobahn A 14, die Bologna mit Apulien verbindet, verläuft parallel zur Küste und ermöglicht eine schnelle und unkomplizierte Anreise.

**SEHENSWERTES**
**Matelica** Seine berühmte Ciauscola-Wurst, der Verdicchio und die Crescia, eine Art Strudel, machen das hübsche Renaissance-Städtchen nicht nur für Kunsthistoriker, sondern auch für Feinschmecker zum lohnenden Ziel.

**Grotten von Frasassi** Erst 1976 wurden die Tropfsteinhöhlen von Frasassi entdeckt, in denen es viel zu sehen gibt: riesige Stalagmiten, natürlich verzierte Stalaktiten, sogar kleine Seen und vieles mehr.

**RESTAURANT-TIPPS**
**Tana Libera Tutti in Jesi** Restaurant mit regionaler Küche und schöner Terrasse. Piazza Pontelli, 60035 Jesi, Tel. 0039/073159237.

**Trattoria del Leone in Urbino** Nettes Restaurant mit Gerichten der Region. Via Cesare

Farbtupfer: Mohnfeld beim Weingut Villa Bucci in Ostra Vetere.

Battisti, 61029 Urbino, Telefon 0039/0722329894, www.latrattoriadelleone.it.

**AUSKUNFT** Italienisches Fremdenverkehrsamt ENIT, Neue Mainzer Straße 26, 60311 Frankfurt/M., Tel. 069/237434, www.enit.de

Die Region Marken unterhält eine eigene Website auf Deutsch: www.diemarken.com.

Karte: Hallwag

**Steilküste mit Sandstränden: die stille Natur des Conero bei Numana.**

## STELLPLATZ-TIPPS

### 61041 ACQUALAGNA
Camper Parco Le Querce

Gebührenpflichtiger Stellplatz für 25 Mobile in Flussnähe. Ebener, geschotterter Untergrund, schattig durch hohe Bäume. Gepflegte Grünanlage, Restaurant, Grill- und Spielplatz. Saison: April–Oktober. 13 Euro pro Nacht und Mobil inkl. V+E. Duschen: 1 Euro. V+E für Durchreisende: 5 Euro.

Standort: OT Furlo, Via Pianacce 1, GPS 43°38'14"N/12°41'59"O, Telefon 0039/0721/700224, www.parcolequerce.it

### 60123 ANCONA
Area Comunale Ancona

Gebührenpflichtiger Stellplatz für 30 Mobile. Separates Areal in ruhiger Lage, am westlichen Ortsrand des OT Posatora. Ebener, geschotterter Untergrund, nachts beleuchtet. Maximaler Aufenthalt: 48 Std. Ganzjährig nutzbar. 12 Euro pro Mobil und 24 Std.

Standort: OT Posatora, Via Sanzio Blasi, GPS 43°36'00"N/13°29'08"O, Comune di Ancona, Telefon 0039/071/2224343, www.comune.ancona.it

### 61042 APECCHIO
Area Sosta Camper

Gebührenfreier Stellplatz für 30 Mobile. Parkplatz für Pkw und Reisemobile. Ebener, gepflasterter Untergrund, teilweise schattig. Relativ ruhige Lage. Papierkörbe, Müllcontainer, Grill und Bänke am Platz. Ganzjährig nutzbar.

Standort: Via Isidoro Pazzaglia, GPS 43°33'35"N/12°25'10"O, Comune d'Apecchio, Telefon 0039/0722/989004, www.comune.apecchio.ps.it

### 63100 ASCOLI PICENO
Parkplatz Via Piceno Aprutina

Gebührenfreier Stellplatz für 20 Mobile etwas außerhalb des Zentrums. Von Bäumen umgebener Parkplatz für Pkw und Rei-

semobile. Ebener, geteerter Untergrund, wenig Schatten, durch Laternen beleuchtet. WC-Anlage vorhanden. Maximaler Aufenthalt: 48 Std. Ganzjährig. Bodeneinlass.

Standort: OT Zona Castagneti, Via Piceno Aprutina, GPS 42°50'49"N/13°36'35"O, Ufficio Turismo, Telefon 0039/0736/298285, www.comune.ascolipiceno.it

**Ascoli Piceno: Auf dem Stellplatz ist es meist recht ruhig.**

Parcheggio Seminario

Gebührenpflichtiger Stellplatz für 25 Mobile. Markiertes Areal im hinteren Bereich des Parkplatzes, an der Altstadt. Eben, asphaltiert, beleuchtet. Ganzjährig. 1,20 Euro pro Stunde und Mobil von 8–20 Uhr, nachts 3 Euro pauschal.

Standort: Viale Alcide de Gasperi, GPS 42°51'09"N/13°34'55"O, Ufficio Turismo, Telefon 0039/0736/298285, www.comune.ascolipiceno.it

### 61040 BORGO PACE
Area Sosta Lamoli

Gebührenfreier Stellplatz für 15 Mobile auf einer Wiese mit lockerem Baumbestand hinter dem kleinen Ort Lamoli. Beleuchtet. Ganzjährig nutzbar. Bodeneinlass.

Standort: OT Lamoli, Via Ripa, GPS 43°37'31"N/12°15'33"O, Ufficio Turismo, Telefon 0039/0722/800138, www.comune.borgo-pace.pu.it

### 61043 CAGLI
Area Attrezzata Monte Petrano

Gebührenpflichtiger Stellplatz für 30 Mobile auf einem Plateau in 1160 m Höhe. Ausgewiesenes Areal auf einer naturbelassenen

Wiese mit geschotterter Ringstraße. Spiel- und Picknickplatz vorhanden. Saison: Mitte Juni–Mitte September. 15 Euro pro Nacht und Mobil inklusive Strom, V+E.

Standort: OT Monte Petrano, Strada Monte Petrano, GPS 43°31'02"N/12°37'03"O, Pro Loco, Telefon 0039/ 0721/787457, www.comune.cagli.ps.it

### 61044 CANTIANO
Parcheggio Alberato

Gebührenfreier Stellplatz für 10 Mobile. Teil eines Parkplatzes in der Nähe des historischen Zentrums. Ebener, asphaltierter Untergrund, zum Teil geschottert. Der Stellplatz liegt unter Bäumen und ist schattig. Ganzjährig nutzbar. Achtung: Donnerstags gesperrt (Markt). Bodeneinlass.

Standort: Via del Mercato, GPS 43°28'25"N/12°37'39"O, Comune di Cantiano, Telefon 0039/0721/789911, www.comune.cantiano.pu.it

### 62012 CIVITANOVA MARCHE
Sosta Camper Civitanova

Gebührenpflichtiger Stellplatz für 45 Mobile. Ebenes, schattenloses Gelände zwischen dem südlichen Ortsrand und dem Industriegebiet. Geschotterter Untergrund, nachts beleuchtet. Saison: April–Oktober. Bodeneinlass. 12 Euro pro Mobil und 24 Std. V+E: 3 Euro.

Standort: Via Martiri di Belfiore 160a, GPS 43°17'44"N/13°43'59"O, Telefon 0039/329/7776692 www.sostacamper-civitanova.com

### 60013 CORINALDO
Piazzale della Liberazione

Gebührenfreier Stellplatz für 13 Mobile. Ausgewiesenes Gelände unterhalb der Altstadt. Ebener und asphaltierter Untergrund. Kein Schatten. Müllentsorgung, Sanitärgebäude mit Toiletten am Stellplatz. Ganzjährig nutzbar. Achtung: Der Platz wird auch als Festplatz genutzt! Bodeneinlass.

Standort: Viale Dante, GPS 43°39'07"N/13°02'50"O, Ufficio Turismo, Telefon 0039/071/679047, www.corinaldo.it

### 60044 FABRIANO
Area Attrezzata per Camper

Gebührenfreier Stellplatz für 15 Mobile. Separates Gelände für Reisemobile nahe der Sportanlagen. Eben und befestigt, ruhige Lage, teilweise schattig. Ganzjährig nutzbar. Bodeneinlass. Strom: 3 Euro/12 Std. V+E: je 2 Euro.

Standort: Via Bruno Buozzi, GPS 43°20'47"N/12°54'58"O, Fabriano Turismo, Telefon 0039/0732/625067, www.fabrianoturismo.it

### 63020 FALERONE
Area Attrezzata ex Stazione

Gebührenfreier Stellplatz für 15 Mobile. Parkplatz für Pkw und Reisemobile neben dem römischen Theater und dem alten Bahnhof. Eben, geschottert, kein Schatten. Ganzjährig nutzbar. Ausnahme: am ersten Sonntag im Monat gesperrt. Bodeneinlass.

Standort: OT Piane di Falerone, Via Palmiro Togliatti, GPS 43°05'57"N/13°30'00"O, Comune di Falerone, Telefon 0039/0734/719813, www.comunefalerone.it

### 61032 FANO
Parking Viale Kennedy

**Fano: die markierten Stellplätze am Parking Viale Kennedy.**

Gebührenfreier Stellplatz für 35 Mobile. Gekennzeichnetes Areal auf einem Großparkplatz im Stadtzentrum. Ebener, asphaltierter Untergrund. Kein Schatten, beleuchtet und ruhig. Max. Aufenthalt: 48 Std. Ganzjährig.

Standort: Viale Kennedy,
GPS 43°50'44"N/13°00'39"O,
Ufficio Turismo,
Telefon 0039/0721/803534,
www.turismofano.com

Area Parco Sassonia
..................................................

Gebührenpflichtiger Stellplatz für 35 Mobile. Für Mobile reserviertes Gelände am Meer. Etwas Schatten. Saison: April bis September. 8 Euro pro Nacht und Mobil.

Standort: Via Ruggero Ruggeri,
GPS 43°50'36"N/13°01'49"O,
Ufficio Turismo,
Telefon 0039/0721/803534,
www.turismofano.com

### 63023 FERMO
Area Camper L'Oasi
..................................................

Gebührenpflichtiger Stellplatz für 50 Mobile auf einem ausgewiesenen Wiesengelände direkt am Strand, beleuchtet und bewacht. Der Pächter wohnt im Reisemobil auf dem Platz. Die Duschen vom Tennisplatz nebenan können genutzt werden. Saison: Juni bis Mitte September. Bodeneinlass und separate WC-Entleerung. 18 Euro pro Nacht und Mobil in der Hauptsaison, 11 bzw. 13 Euro in der Nebensaison inkl. Strom, V+E. Duschen gegen Gebühr.

Standort: OT Lido San Tommaso/
Tre Archi, Via Umberto Marilungo,
GPS 43°13'58"N/13°46'40"O,
Telefon 0039/349/2949350,
www.areacamperloasi.com

Parking Onda Verde
..................................................

Gebührenpflichtiger Stellplatz für 109 Mobile. Separates Gelände in der Ortsmitte an der Küstenstraße. Ebener Untergrund aus Schotter und Wiese, ausreichend Schatten durch Bäume. Strand gegenüber der Küstenstraße. Saison: April–September. Bodeneinlass. 18 Euro pro Nacht und Mobil von 16. Juli bis 21. August, 15 Euro von 1. Juni bis 25. Juli und von 22. August bis 4. September, 10 Euro im April, Mai und Sep-

tember. Strom, V+E, Dusche inkl. V+E für Durchreisende: 5 Euro.

Standort: OT Lido di Fermo,
Via A. Usodimare,
GPS 43°12'11"N/13°47'16"O,
Telefon 0039/329/6218574,
www.ondaverde.info

**Lido di Fermo: Parking Onda Verde im Ortszentrum.**

Area Camper 2004
..................................................

Gebührenpflichtiger Stellplatz für 50 Mobile. Separater Reisemobilplatz in Strandnähe zwischen Straße und Bahnlinie. Ebener, befestigter Wiesenuntergrund, kein Schatten, beleuchtet. Lärmbelästigung durch Eisenbahn möglich. Müllentsorgung. Saison: 15. April bis 15. September. Bodeneinlass. 9 Euro pro Mobil und 24 Stunden, immer ab 8 Uhr, inkl. V+E. Strom (36 Anschlüsse): 2 Euro. V+E für Durchreisende: 5 Euro.

Standort: OT Marina Palmense,
Lungomare Marina Palmense,
GPS 43°09'03"N/13°48'54"O,
Area Camper 2004,
Mobil 0039/339/7046305,
www.areacamper.it

Baia dei Gabbiani
..................................................

Gebührenpflichtiger Stellplatz für 50 Mobile. Angelegtes Areal neben einer Mobilheimsiedlung, durch eine Hecke vom Strand getrennt. Befestigt und eben. Nur kleine Hunde erlaubt. Saison April bis September. 20 Euro pro Nacht und Mobil in der Hauptsaison, 10 bzw. 15 Euro in der Nebensaison inklusive Strom, V+E. Duschen: 50-Cent-Wertmünzen.

Standort: OT Lido San Tommaso/
Casacianca, Viale A. De Gasperi,
GPS 43°13'18"N/13°46'53"O,
Telefon 0039/0734/642302,
www.baiadeigabbiani.net

### 61034 FOSSOMBRONE
Area Sosta
..................................................

Gebührenfreier Stellplatz für 20 Mobile Parkplatz für Pkw und Reisemobile. Ebener, asphaltierter Untergrund, zum Teil schattig. Parkanlage mit Ruhebänken und Spielplatz am Platz. Ganzjährig nutzbar. Bodeneinlass.

Standort: Via Mauro Saraceni,
GPS 43°41'36"N/12°49'06"O,
Ufficio Turistico,
Telefon 0039/0721/716324,
www.comune.fossombrone.ps.it

### 60040 GENGA
Arera Sosta Frasassi
..................................................

Gebührenpflichtiger Stellplatz für 50 Mobile. Reservierter Bereich auf dem Großparkplatz für Pkw und Busse. Ebener, geschotterter Untergrund. Wenig Schatten, beleuchtet. Müll-eimer und Toiletten vorhanden. Ganzjährig nutzbar. Bodeneinlass. 8 Euro pro Mobil von 9–18 Uhr, nachts frei.

Standort: OT Genga Stazione,
Via Guglielmo Marconi,
GPS 43°24'14"N/12°58'34"O,
Telefon 0039/0732/90090,
www.frasassi.com

### 61012 GRADARA
Parcheggio Attrezzato P 1
..................................................

Gebührenpflichtiger Stellplatz für 40 Mobile. Parkplatz unterhalb der Burganlage. Leicht geneigter, asphaltierter Untergrund. Beleuchtet, zum Teil schattig. Papierkörbe, Bänke, Bankomat vorhanden. Ganzjährig nutzbar. Bodeneinlass. 10 Euro pro Mobil von 8–23 Uhr oder 1,50 Euro pro Stunde. Nachts gebührenfrei.

Standort: Piazzale Paolo e
Francesca,
GPS 43°56'28"N/12°46'16"O,
Pro Loco di Gradara,
Telefon 0039/0541/964115,
www.gradara.org

### 60025 LORETO
Area Attrezzata per Camper
..................................................

Gebührenpflichtiger Stellplatz für 70 Mobile. Reserviertes Gelände

nahe dem Zentrum und der Basilica della Santa Casa. Leicht abschüssiger, befestigter Untergrund. Ruhige Lage, Panoramablick aufs Meer. Kein Schatten, beleuchtet. Sanitäranlage und Müllentsorgung. Ganzjährig. Bodeneinlass. 12 Euro pro Nacht und Mobil inklusive V+ E. Strom: 3 Euro. Duschen: 1 Euro.

Standort: Via Cesare Maccari 31,
GPS 43°26'29"N/13°36'42"O,
Pro Loco „Felix Civitas Laurentana",
Telefon 0039/ 071/977748,
www.prolocoloreto.com

### 62100 MACERATA
Parking Stadio Helvia Recina P4
..................................................

Gebührenfreier Stellplatz für 30 Mobile auf dem Parking Stadio Helvia Recina ohne Markierung für Reisemobile. Eben, geteert. Kein Schatten, beleuchtet. Bei Sportveranstaltungen ist mit Engpässen zu rechnen. Ganzjährig.

Standort: Via dei Velini,
GPS 43°18'25"N/13°26'17"O,
Comune di Macerata,
Telefon 0039/0733/2561,
www.comune.macerata.it

### 60024 MATELICA
B&B Country House Salomone
..................................................

Gebührenpflichtiger Stellplatz für 40 Mobile. Für Reisemobile reserviertes Gelände an einem Weingut mit Imkerei. Eben und geschottert. Weinprobe auf Voranmeldung. Organisierte Touren durch das obere Esino-Tal. Ganzjährig nutzbar. 10 Euro pro Nacht und Mobil inklusive Strom, V+E.

Standort: Vocabolo Salomone 437,
GPS 43°17'47"N/13°00'01"O,
Pierluigi Pierantoni,
Mobil 0039/339/2357888,
www.salomone-matelica.it

### 61040 MONDAVIO
Parcheggio Bus e Camper
..................................................

Gebührenfreier Stellplatz für 15 Mobile. Großparkplatz für Busse und Reisemobile unterhalb der Stadtmauer. Eben und geschottert, kein Schatten. Ganzjährig nutzbar. Bodeneinlass.

»

Standort: Via Grilli,
GPS 43°40'29"N/12°58'01"O,
Ufficio Turismo,
Telefon 0039/ 0721/977331,
www.comune.mondavio.pu.it

### 61037 MONDOLFO
Area Sosta Camper Marotta

Gebührenpflichtiger Stellplatz für 80 Mobile. Separates Gelände zwischen Strand und Bahnlinie. Teils unebener, lehmiger Untergrund. Kein Schatten. Saison: Mai bis September. Bodeneinlass. 7–11 Euro pro Nacht und Mobil inkl. V+E. Strom: 2 Euro. V+E für Durchreisende: 3 Euro.

Standort: OT Marotta,
Viale Cristoforo Colombo 157,
GPS 43°45'40"N/13°09'13"O,
Camping Club Pesaro,
Telefon 0039/328/7447875,
www.campingclubpesaro.it

### 60037 MONTE SAN VITO
Agrituristico Il Frutteto d. Monte

Gebührenpflichtiger Stellplatz für 10 Mobile. Angelegtes Areal auf einer Terrasse am Hang, inmitten von Obstplantagen. Bei Regen stehen befestigte Plätze am Gutshaus bereit. 2 Pools und Angelsee. Ganzjährig. Bodeneinlass. 10 Euro pro Nacht und Mobil inkl. Strom, V+E. 3 Euro pro Person.

Standort: OT Santa Lucia,
Via Malviano A 11,
GPS 43°37'18"N/13°15'09"O,
Telefon 0039/071/740136,
www.parcoilfruttetodelmonte.it

### 62010 MONTELUPONE
Area Sosta Via Giovanni XXIII

Gebührenfreier Stellplatz für 10 Mobile. Ruhiger Parkplatz für Pkw und Reisemobile an der Abtei San Firmano. Untergrund aus Rasengittersteinen oder Asphalt, nachts beleuchtet. Ganzjährig. Fiamma-Station mit Bodeneinlass.

Standort: OT San Firmano,
Via Giovanni XXIII,
GPS 43°21'43"N/13°32'55"O,
Telefon 0039/0733/2249,
www.comune.montelupone.mc.it

### 63026 MORESCO
Area Camper

Gebührenfreier Stellplatz für 20 Mobile. Reserviertes Gelände am Ortsrand. Geschottert und eben. Ganzjährig. Bodeneinlass, 3 Stromanschlüsse.

Standort: Strada La Ripa,
GPS 43°05'11"N/13°43'51"O,
Ufficio Informazioni Turistiche,
Telefon 0039/0734/259983,
www.comune.moresco.fm.it

### 60030 MORRO D'ALBA
Area Attrezzata Piazza Tarsetti

**Morro d'Alba: Einfahrt nur mit Zugangsberechtigung möglich.**

Gebührenfreier Stellplatz für 20 Mobile. Separates, terrassenförmig angelegtes Gelände außerhalb des Ortes. Ebener, asphaltierter Untergrund, schattenlos. Mülleimer, Sitzgelegenheit und Spielplatz vorhanden. Zugangsberechtigung im Rathaus oder in der Bar Circo Morrese/Pro Loco täglich von 7 bis 1 Uhr. Ganzjährig nutzbar. Bodeneinlass.

Standort: Via del Mare,
GPS 43°36'08"N/13°12'46"O,
Pro Loco Morro d'Alba,
Telefon 0039/0731/63013,
www.comune.morrodalba.an.it

### 60026 NUMANA
Agriturismo Hornos

Gebührenpflichtiger Stellplatz für 100 Mobile. Separates Gelände, eben und asphaltiert. Kein Schatten. Abfallentsorgung am Platz. Max. Aufenthalt: 72 Std. Saison: Mai bis September. 12 Euro pro Nacht bis 11 Uhr (Kassenautomat).

Standort: OT Marcelli di Numana,
Via Marina II 16,
GPS 43°28'45"N/13°37'34"O,
Telefon 0039/071/7390076,
www.agriturismohornos.it

### 63035 OFFIDA
Parking della Rocca

Gebührenfreier Stellplatz für 25 Mobile. Gelände für Reisemobile und Pkw neben einer Lagerhalle. Geschottert und eben. Kein Schatten. Lärmbelästigung möglich. Ganzjährig. Bodeneinlass.

Standort: Via Tommaso Castelli,
GPS 42°56'13"N/13°41'31"O,
Ufficio Turistico,
Telefon 0039/0736/ 88871,
www.turismoffida.it

### 61045 PERGOLA
Area Attrezzata per Camper

Gebührenfreier Stellplatz für 10 Mobile. Markierter Bereich auf dem Parkplatz eines Einkaufszentrums. Asphaltierter, leicht abschüssiger Untergrund, angrenzend an eine Grünanlage. Zum Teil schattig. Ganzjährig nutzbar. Bodeneinlass.

Standort: Via San Biagio,
GPS 43°34'11"N/12°50'39"O,
Telefon 0039/0721/736469,
www.prolocopergola.it

### 61100 PESARO
Parking Acquedotto

Gebührenfreier Stellplatz für 10 Mobile. Beschildertes Areal auf einem Großparkplatz am Stadtzentrum. Stellplätze im Pkw-Format. Untergrund Asphalt, eben. Abends ist der Platz fast leer. Ganzjährig nutzbar. Bodeneinlass und separate WC-Entsorgung.

Standort: Via dell' Acquedotto,
GPS 43°54'30"N/12°54'04"O,
Comune di Pesaro,
Telefon 0039/0721/387111,
www.comune.pesaro.ps.it

### 61026 PIANDIMELETO
Area Sosta per Camper

Gebührenfreier Stellplatz für 10 Mobile auf einem Parkplatz. Ebener, asphaltierter Untergrund, beleuchtet. Ruhige Lage zwischen Schule, Sportanlagen und Wohnhäusern. Kein Schatten. Geringe Entfernung ins historische Zentrum. Ganzjährig nutzbar.

Standort: Via Giacomo Leopardi,
GPS 43°43'31"N/12°24'48"O,
Comune di Piandimeleto,
Telefon 0039/0722/721528,
www.comune.piandimeleto.pu.it

### 61046 PIOBBICO
Parking Giardini Comunali

**Piobbico: der Stellplatz am Ufer bei den Giardini Comunali.**

Gebührenfreier Stellplatz für 10 Mobile. Parkplatz am Ufer des in den Sommermonaten ausgetrockneten Flusses Candigliano. Geteerter, ebener Untergrund, teilweise schattig. Zentrale Lage zum Ortskern, relativ ruhig. Ganzjährig nutzbar. Bodeneinlass.

Standort: Viale dei Caduti,
GPS 43°35'17"N/12°30'35"O,
Comune di Piobbico,
Telefon 0039/0722/986225,
www.comune.piobbico.pu.it

### 62025 PIORACO
Area Camper

Gebührenfreier Stellplatz für 10 Mobile. Reserviertes Wiesengelände mit ebenem und befestigtem Untergrund am Sportplatz in Ortsrandlage. Nur zum Teil Schatten. Toiletten und Möglichkeit zum Abspülen. Ganzjährig nutzbar. Bodeneinlass.

Standort: Viale della Vittoria,
GPS 43°10'47"N/12°58'26"O,
Comune di Pioraco,
Telefon 0039/0737/42142,
www.comune.pioraco.mc.it

### 62010 POLLENZA
Area Sosta Impianto Sportivo

Gebührenfreier Stellplatz für 30 Mobile. Separater Bereich mit großzügig bemessenem Rangierraum auf dem Parkplatz an der Sportanlage am Ortsrand. Asphaltierter, ebener Untergrund. Kein Schatten, beleuchtet. Schöner Spielplatz nebenan. 300 m bis zur historischen Altstadt. Maximaler Aufenthalt: 48 Std. Ganzjährig. Bodeneinlass.

Standort: Via Santo Spirito, GPS 43°15'53"N/13°20'48"O, Comune di Pollenza, Telefon 0039/0733/548724, www.pollenza.sinp.net

### 62017 PORTO RECANATI
Area Plein-Air

Gebührenpflichtiger Stellplatz für 35 Mobile. Kommunaler, bewachter aber schattenloser Reisemobilplatz direkt am Strand. Befestigter Untergrund, teils Rasen. Müllentsorgung. Überdachter Sitzplatz und WC-Anlage im Eingangsbereich. Maximaler Aufenthalt: 48 Std. Ganzjährig nutzbar. Bodeneinlass. 10 Euro pro Nacht und Mobil. Strom: 2 Euro.

Standort: OT Scossicci, Viale Scarfiotti, GPS 43°27'30"N/13°39'01"O, Ufficio Turismo, Telefon 0039/071/9799084, www.portorecanatiturismo.it

### 62018 POTENZA PICENA
Piazza del Mercato

Gebührenpflichtiger Stellplatz für 20 Mobile. Parkplatz für Pkw und Reisemobile, etwa 200 m vom Meer entfernt. Ebener, asphaltierter Untergrund. Kein Schatten, nachts beleuchtet. Ganzjährig nutzbar. Bodeneinlass. 8 Euro pro Nacht und Mobil.

Standort: OT Porto Potenza Picena, Via Antonelli e Tibaldi, GPS 43°21'43"N/13°41'35"O, Comune di Potenza Picena, Telefon 0039/0733/6791, www.comune.potenza-picena.mc.it

### 62019 RECANATI
Area di Sosta Camper

Gebührenfreier Stellplatz für 40 Mobile. Gekennzeichnetes und eingezäuntes Gelände neben dem Marktplatz. Ebener Schotter- oder Wiesenuntergrund, geschotterte Zufahrt und schattig. Der Platz wird vom Camping-Club Recanati betreut. Achtung: Samstags ist wegen des Wochenmarkts keine An- und Abfahrt zwischen 5 und 15 Uhr möglich. Ganzjährig nutzbar. Eine Spende ist dem Camping-Club willkommen. Strom, Dusche gegen Gebühr.

Standort: Via Campo Boario 4, GPS 43°24'14"N/13°33'03"O, Comune di Recanati, Telefon 0039/071/75871, www.comune.recanati.mc.it, Camping-Club Recanati, Telefon 0039/071/980524

**Recanati: der schattige Stellplatz beim Marktplatz.**

### 63038 RIPATRANSONE
Area Sosta Le Fonti

Gebührenpflichtiger Stellplatz für 30 Mobile. Ausgewiesenes Areal außerhalb der Stadtmauer in ruhiger Waldrandlage. Untergrund eben und geschottert mit Grasbewuchs. Zentrum mit Gastronomie 500 m. Ganzjährig nutzbar. 5 Euro pro Nacht und Mobil inklusive Strom, Ver- und Entsorgung. Schranke mit Parkscheinautomat.

Standort: Via 1 Gera, GPS 42°59'48"N/13°45'50"O, Pro Loco, Telefon 0039/0735/9293, www.comune.ripatransone.ap.it

### 62027 SAN SEVERINO M.
Area Attrezzata Camper

Gebührenfreier Stellplatz für 20 Mobile. Separates Areal in der Nähe der Sportanlagen. Ebener, asphaltierter Untergrund. Kein Schatten, beleuchtet. Relativ ruhige Lage am Ortsrand. Mülltonnen vorhanden. Ganzjährig nutzbar. Bodeneinlass.

Standort: OT Uvaiolo, Via Monte Conero, GPS 43°13'39"N/13°11'15"O, Pro Loco San Severino Marche, Telefon 0039/0733/ 638414, www.prolocossm.sinp.net

**San Severino Marche: der Stellplatz an der Sporthalle.**

### 62028 SARNANO
Parcheggio Bozzoni

Gebührenfreier Stellplatz für 20 Mobile. Großparkplatz am alten Stadion. Terrassiertes, in einzelne Abschnitte gegliedertes Gelände für Pkw und Reisemobile. Geschotterter und ebener Untergrund. Relativ ruhige Lage unterhalb der Altstadt, geringe Entfernung ins Zentrum. Ganzjährig. Bodeneinlasss.

Standort: Via Monti Sibillini, GPS 43°02'06"N/13°17'57"O, Ufficio Turismo, Telefon 0039/0733/657144, www.sarnano.sinp.net

### 60019 SENIGALLIA
Area Camper

Gebührenfreier Stellplatz für 35 Mobile. Ausgewiesenes Gelände mit ebenem, asphaltiertem Untergrund. Teilweise schattig, meist schattenlos. Müllentsorgung möglich. Direkt an der Straße, starke Lärmbelästigung möglich. Max. Aufenthalt: 48 Std. Ganzjährig nutzbar. Bodeneinlass.

Standort: OT Saline, Via Francesco Podesti 234, GPS 43°42'18"N/13°14'14"O, Ufficio I.A.T., Telefon 0039/071/7922725, www.comune.senigallia.an.it

### 62029 TOLENTINO
Parking dell'ex Foro Boario

Gebührenfreier Stellplatz für 20 Mobile. Parkplatz für Pkw und Reisemobile unterhalb der Stadtmauer. Ebener und geschotterter Untergrund. Grünanlage mit Spielplatz, Tischen und Bänken angrenzend. Ganzjährig nutzbar. Bodeneinlass.

Standort: Viale Foro Boario, GPS 43°12'28"N/13°17'16"O, Comune di Tolentino, Telefon 0039/0733/901234, www.comune.tolentino.mc.it

### 61049 URBANIA
Area Sosta Fosso del Maltempo

Gebührenfreier Stellplatz für 20 Mobile. Parkplatz für Pkw und Reisemobile nahe an einem Sportstadion. Ebener, asphaltierter Untergrund, beleuchtet. Stärkerer Autoverkehr während der Veranstaltungen im Stadion. Kein Schatten. Ganzjährig nutzbar. Bodeneinlass.

Standort: Viale Michelangelo, GPS 43°39'55"N/12°31'20"O, Comune di Urbania, Ufficio I.A.T., Telefon 0039/0722/ 319866, www.comune.urbania.ps.it

### 61029 URBINO
Area Sosta Camper

Gebührenfreier Stellplatz für 50 Mobile. Beschildertes Areal auf einem Großparkplatz hinter dem Sportplatz am nordwestlichen Stadtrand. Eben, asphaltiert. Ganzjährig nutzbar. Bodeneinlass.

Standort: Via Pablo Neruda, GPS 43°44'01"N/12°37'39"O, Telefon 0039/0722/3091, www.comune.urbino.ps.it

### 62010 URBISAGLIA
Parcheggio P 4

Gebührenfreier Stellplatz für 80 Mobile. Wiesenparkplatz für Pkw und Reisemobile an der Abbazia di Chiaravalle di Fiastra. Ebener Untergrund, nicht beleuchtet. Ganzjährig. Bodeneinlass.

Standort: OT L'Abbadia di Fiastra, Contrada Abbadia di Fiastra, GPS 43°13'16"N/13°24'27"O, Telefon 0039/0733/202942, www.meridianasrl.it

Das passiert hier öfter: Irgendwo unterwegs muss man dann anhalten. Einfach, weil es so schön ist.

# DIE PERFEKTE WOCHE IN DER

# TOSKANA

**VOM KLEINEN GLÜCK:** Die berühmteste Region Italiens bietet so viel Sehens- und Erlebenswertes, dass magische Urlaubsmomente fast garantiert sind. Eine Mobiltour durch das Land der sanften Hügel und alten Städte.

Fotos: Udo Bernhart, Steffen Zink

(Kunst-)werken mit Steinen: In Pietrasanta, was „Heiliger Stein" heißt, wird traditionell Marmor aus den nahen Steinbrüchen von Carrara verarbeitet.

Das Thermalbecken in Bagno vignoni: Sieht das nicht aus, als müsste man unbedingt hineinspringen?

Und er hält und hält ... : Beliebte Unterstützerpose für das Wahrzeichen von Pisa, der Schiefe Turm.

Pause gefällig? Aber gern! Auch mal „nur so", wie hier in Lucca. Einfach, weil es hier schön ist.

---

**G**estern Nacht hat sie es wieder gehört, dieses Planschen, und dieses Mal ist sie aufgestanden. Ist aus dem Haus und um die Ecke auf die Piazza del Moretto, und dann hinauf in die Via dei Mulini und vorbei an den Souvenirläden, aber an der „Osteria della Madonna", oh, Madonna: Da war es mucksmäuschenstill. Und natürlich war das Becken leer, als Luisa ankam: Sie waren weg. Touristen, dachte sie, bestimmt Touristen. Dabei ist das Baden hier verboten! Das Wasser im Becken hatte sich nun komplett beruhigt und lag im Mondlicht, als könne es, nun ja: kein Wässerchen trüben. Es war drei Uhr in der Nacht und vollkommen still. Bis auf das Knattern einer Vespa, die sich vom Parkplatz hinter den Häusern entfernte. Luisa hörte es und seufzte. Selbst sie wusste, dass Touristen nachts um Drei hier auf dem Land eher selten mit der Vespa unterwegs sind. Und auch nicht laut auf Ita-

Alles Gute kommt von oben:
Erzengel Michael auf dem
Giebel der Kirche San
Michele in Foro.

lienisch miteinander parlieren, während sie Richtung Straße fahren.

Bagno Vignoni ist die schönste Thermalquelle der Toskana, und vielleicht sogar ganz Italiens, und vielleicht sogar der ganzen Welt. Der kleine Ort im Orcia-Tal wurde bekannt, weil irgendwer irgendwann im Mittelalter in einem „Unser Dorf soll schöner werden!"-Handstreich die komplette

Piazza in ein Thermalbassin umgewandelt hat. Weil der Dorfplatz aber auch in toskanischen Weilern zuallererst ein Ort der Begegnung ist, trafen sich die Einwohner von Bagno Vignoni eben im Bassin.

Leider ist das Baden im Dorfplatz aus Denkmalschutzgründen mittlerweile verboten. Woran sich niemand wirklich hält. Selbst Einheimische erliegen der Versuchung, die ein mondbeschienenes Thermalbecken ausübt. Natürlich erliegen sie ihr, hin und wieder.

Es sind ja nicht nur die Meisterwerke in den Uffizien und der Wein von Montepulciano, und auch nicht bloß die Türme von San Gimignano oder die Ricciarelli aus dem Café Nannini in Siena und schon

---

**Dieses Land packt einen, auch wenn man niemals Dante gelesen hat. Das kann am Wind über den Feldern liegen oder ganz einfach nur am Lächeln einer Vespa-Fahrerin.**

Alles Theater: die Piazza Anfiteatro in Lucca wurde auf einem Amphitheater erbaut.

Florentinische Bildhauerkunst: der Neptunbrunnen auf der Piazza della Signori in Florenz.

gar nicht all die Herrschergeschlechter und ihre Burgen allein, die gemeint sind, wenn von der Toskana die Rede ist. Es ist auch all das, was man nicht wirklich festmachen kann. Etwas, das vor der Reise immer nur in vagen Vorstellungen existiert und sich unterwegs auch nicht so richtig greifen lässt – von dem man aber weiß, dass es da ist. Etwas, das mit dem Wind über den Feldern zu tun hat und mit dem Lächeln einer Vespa-Fahrerin.

**Mit dem Anblick** lang gezogener Zypressenreihen und dem Licht, das sich abends zu strecken scheint über den Hügeln zwischen Volterra und Castelfiorentino, auf denen die alten, renovierten Landsitze der Medici hocken. Mit dem Nebel, der morgens wie Watte über dem Land hängt und dem Geräusch der eigenen Schritte in einem Borgo, während der Siesta, wenn alles schläft.

Und möglicherweise ja auch mit dem verbotenen Sprung in ein Thermalbecken, mitten in der Nacht. »

## ■ DER STOLZ VON SIENA

**Egal, wann man nach Siena kommt:** Es wird immer vom Palio die Rede sein. Entweder vom letzten, und wer den gewonnen hat, und wer ihn eigentlich hätte gewinnen sollen oder müssen. Oder eben vom kommenden Palio, schließlich gibt es das berühmte Rennen auf der Piazza del Campo jeden Sommer

zweimal – am 2. Juli und am 16. August. Und das schon seit dem Mittelalter.

Der Palio ist ein Pferderennen zwischen zehn von Sienas 17 Stadtteilen, den Contraden. Die teilnehmenden Viertel werden dabei ebenso ausgelost wie die Pferde, auf denen die Reiter antreten dürfen – wobei natürlich jedes Viertel versucht, den besten Reiter für sich zu gewinnen.

Das Rennen – dreimal um den Platz – dauert dann in der Regel meistens nur etwa 100 Sekunden. Das siegreiche Viertel feiert nach dem Sieg meist mehrere Wochen lang. Stolz ist man noch länger: bis zum nächsten Palio. Mindestens.

**Herzstück und lebhafter Mittelpunkt von Siena: die Piazza del Campo.**

■ **KUNST DES GUTEN WEINS**

Das Neue spiegelt das Alte: futuristische Spiegelwand im Castello di Ama mit Winzer Marco Pallantini.

**Üppiger Brunello, feiner Vino nobile und voller Chianti Classico** – die Winzer der Toskana verstehen sich nicht nur auf edle Weine, sondern auch auf die gebührende Inszenierung ihrer Produkte. Installationen bereichern hochtechnische Gärkeller, Maler gestalten die Weinetiketten zu Kunstwerken. Neben den schönen Gemäuern entstehen Bauten mit aufsehenerregender Architektur wie das Castelli di Ama von Winzer Marco Pallanti oder die Kellerei Petra in Suvereto. So ist eine der besten Anbauregionen der Welt zum Pilgerziel für Architektur- und Weinliebhaber gleichermaßen geworden. Und natürlich wollen alle probieren. Aber gern! Schnuppern, schwenken, kosten – alla salute!

In der Trattoria del Neni in Lucca: Sanfte Sommerabendluft, fröhliches Stimmengemurmel und wunderbare toskanische Küche – so darf der Tag ausklingen.

Der Badeort Viareggio: Vorn das Mittelmeer, hinten die Apuanischen Alpen.

Pinocchiofiguren aus Holz: Mitbringsel mit einer Nasenlänge Vorsprung.

Die Toskana wird ja immer gerne als eine Art Bildungsbürger-Reiseziel gesehen, aber das ist natürlich Blödsinn. Dieses Land packt einen, auch wenn man niemals Dante gelesen hat und sich kein bisschen für die Kunst von Botticelli interessiert – oft genügt es, beim Bummeln durch die Gassen von Bagni di Lucca oder Montepulciano einfach mal die Hand auf eine Mauer zu legen und die Vergangenheit zu erfühlen. Und wer könnte den Hymnen eines Chores widerstehen, bei einer Probe in San Francesco oder San Frediano oder irgendeiner anderen der insgesamt 99 Kirchen von Lucca? Wer früh am Morgen auf der Piazza del Mercato einen Cappuccino genießt, kann erleben, wie sich die Sonne an der mittelalterlichen Mauer entlang arbeitet, bis sie einem das Gesicht wärmt.

**Das Schöne hier ist:** Man kann eigentlich nichts falsch machen bei einer Reise durch die Toskana, weil die Toskana überall die Toskana ist. Man kann sich Volterra ansehen, statt Pisa und sieben Weingüter statt drei Kunstausstellungen. Und wer keine Lust hat, in Florenz vor der Galleria dell' Academia Schlange zu stehen, und sich stattdessen ein kleines Museum im Hinterland anschaut, wird dort genauso viel Toskana vorfinden.

Manchmal entdeckt man auf diese Art Plätze, in denen sich Schönheit und Geschichte der Region wie unter einem Brennglas bündeln. Monteriggioni ist so ein Ort. Er ist von der Superstrada von Florenz nach Siena aus zu sehen, und weil er wie eine Burg aus einem Märchenfilm auf seinem Hügel hockt, fährt man hinaus und

hinauf und vertrödelt die nächsten sechs Stunden in einem winzigen Ort, in dem andere nach zwanzig Minuten alles gesehen haben. Man könnte hier bleiben, denkt man, über Nacht. Auch ein paar Tage. Man fragt sich sogar, wie es wäre, hier zu wohnen, in einem dieser steinalten Steinhäuser, die sich hinter der Stadtmauer ducken, ein paar Monate, oder vielleicht auch ein ganzes Jahr. Diese Gedankenspiele – auch das ist die Toskana, und vielleicht ist sie das mehr als alles andere.

Und wenn sie jetzt hier noch einen Dorfplatz hätten, der ein Thermenbecken ist: Die Welt wäre perfekt. Man dürfte sich nur nicht von Luisa erwischen lassen.

.............................................. ***Stefan Nink***

TOSKANA KOMPAKT        bitte umblättern ⟩⟩⟩

So schön, so typisch Toskana: ländliches Gehöft bei Montepulciano.

# Die Toskana von ihrer besten Seite

Von stillen Piazzi am Abend, einer ganzen Metropole voller Kunst, von einem Manhattan mitten in Italien und Bäumen auf breiten Mauern – und von mittelalterlichen Städten, in denen man sich gern verläuft.

**1 LUCCA** Hier kann man lange zählen: 99 Kirchen und Kapellen gibt es in Lucca – und bestimmt mindestens genauso viele Cafés und Restaurants. Den besten Überblick hat man von der Stadtmauer, auf der man rund um Lucca spazieren kann. Das gelingt auch nicht-schwindelfreien Besuchern: Die Mauer ist so breit, dass Bäume auf ihr wachsen.

**2 FLORENZ** Vielleicht ist das ja die bedeutendste Kunstmetropole der Welt: Wer will, kann Tage – und Wochen! – in den Museen, Palästen und Kirchen verbringen. Für die berühmtesten organisiert man sich die Eintrittskarten am besten schon online zuhause, damit vermeidet man langes Anstehen. Man hat ja besseres zu tun in Florenz, oder?

**3 SAN GIMIGNANO** Meistens haben Städte ja ganz schlimme Beinamen – zu San Gimignano aber passt „Das Manhattan der Toskana" ziemlich gut. Die vielen Türme waren einst Statussymbole der mächtigen Patrizierfamilien. Und weil die sich untereinander gar nicht mochten, wurden viele Türme zu kleinen Privatfestungen ausgebaut.

**4 VOLTERRA** Schon die Anfahrt ist spektakulär: Volterra thront wie eine gewaltige Herrscherfeste über einer toskanischen Bilderbuchlandschaft. Und es gehört zu jenen Städten, in denen man sich gerne mit Absicht verläuft – weil man weiß, dass in jeder uralten Gasse und um jede mittelalterliche Ecke neue Fotomotive auf einen warten.

**5 MONTERIGGIONE** Vielleicht der schönste Ort der Toskana! Jedes Haus und jede Kirche schmiegt sich hinter die alte, turmbewehrte Stadtmauer, und wenn man Monteriggioni durch eines seiner mittelalterlichen Tore betreten hat, mag man nicht mehr weg. Der Ort ist übrigens Kulisse im populären Computerspiel „Assassin's Creed".

**6 SIENA** Abends entfaltet Siena seinen ganzen Charme: Dann haben die Menschen Zeit für einen Plausch, einen Espresso oder ein Glas Wein, und selbst auf der Piazza del Campo wird es so still, dass man die Flügelschläge der Tauben von den Mauern schallen hört. Dieser Platz allein ist übrigens die Reise in die Toskana wert. Bestimmt!

Map labels: VIARÉGGIO, LUCCA **1**, A11, PISTOIA, PRATO, FLORENZ **2**, PISA, PONTEDERA, EMPOLI, A1, LIVORNO, CASTELFIORENTINO, A12, SAN GIMIGNANO **3**, VOLTERRA **4**, MONTERIGGIONE **5**, ROSIGNANO, SIENA **6**

Standort: Via Chiantigiana,
GPS 43°28'21"N/11°17'09"O,
Comune di Castellina,
Telefon 0039/0577/742311,
www.comune.castellina.si.it

### 55012 CASTELNUOVO DI GARFAGNANA
Parcheggio Camper

Gebührenfreier Stellplatz für 20
Mobile. Öffentlicher Parkplatz
ohne Markierung für Reisemobile.
Untergrund aus Schotter und Ra-
sengittersteinen, nachts beleuch-
tet. Ruhige Ortsrandlage neben
dem Sportplatz. Ganzjährig.
Standort: Via Valmaria,
GPS 44°06'52"N/10°24'10"O,
Pro Loco,
Telefon 0039/0583/641007,
www.castelnuovogarfagnana.org

### 57016 CASTIGLIONCELLO
Area di Sosta Il Fortullino

**Castiglioncello: der Blick vom
Stellplatz Il Fortullino.**

Gebührenpflichtiger Stellplatz für
150 Mobile. Auf mehreren Terrassen angelegter Reisemobilplatz
über der steil abfallenden Küste.
Untergrund aus Wiese und Naturboden. Eisenbahnlinie und Straße
trennen den Platz vom Meer, ein
Fußgängertunnel führt direkt zum
Strand. Saison: April bis September. 15 Euro pro Nacht und Mobil
inklusive Strom, V+E. Im Juli
und August 20 Euro. Duschen:
50 Cent. promobil-Leser, die mit
dem Bookazine Italien reisen, erhalten 2 Euro Ermäßigung.
Standort: OT Il Fortullino,
Via Aurelia,
GPS 43°25'49"N/10°23'46"O,
Stefano Andrea Tognotti,
Mobil 0039/338/9631531,
Viola (spricht deutsch)
0039/334/9062993,
www.fortullino.com

### 58043 CASTIGLIONE DELLA PESCAIA
Campeggio Camper Stadio

Gebührenpflichtiger/gebühren-
freier Stellplatz für 50 Mobile.
Parkplatz bei den Sportanlagen
außerhalb der Stadt Richtung Fol-
lonica. Ebener, asphaltierter Untergrund, schattenlos, beleuchtet,
Abfallcontainer vorhanden. Ganzjährig nutzbar. Im Sommer 18
Euro pro Mobil/24 Stunden. Außerhalb der Saison gebührenfrei.
Standort: Viale John
Fitzgerald Kennedy,
GPS 42°46'28"N/10°50'36"O,
Comune di Castiglione d. P.
Telefon 0039/0564/927111,
www.comune.
castiglionedellapescaia.gr.it

### 53023 CASTIGLIONE D'ORCIA
Parking Impianto da Tennis

Gebührenfreier Stellplatz für
10 Mobile auf dem Parkplatz der
Tennisanlage. Ebener, asphaltierter Untergrund, kein Schatten.
Relativ ruhige Lage am Ortsrand.
Bar direkt am Platz, Toilettenbe-
nutzung während der Öffnungs-
zeiten der Bar möglich. Ganzjährig nutzbar. Bodeneinlass.
Standort: Viale Guglielmo Marconi,
GPS 43°00'13"N/11°36'57"O,
Ufficio Turistico,
Telefon 0039/0577/887211,
www.comune.
castiglionedorcia.siena.it

### 57023 CECINA
Area di Sosta L'Acqua Village

Gebührenpflichtiger Stellplatz für
102 Mobile. Ausgewiesenes Ge-
lände auf dem hinteren Teil des
Parkplatzes am Freizeitbad am
Ortsrand. Die Flächen sind eben
und mit Rasengittersteinen befes-
tigt. Saison: März bis Oktober.
8 Euro pro Nacht/Mobil inkl. V+E.
Standort: OT Marina di Cecina,
Via Tevere 25,
GPS 43°18'02"N/10°30'07"O,
Nuovo Futuro Consorzio,
Telefon 0039/0586/681146,
Mobil 0039/348/2864257,
www.comune.cecina.li.it

Parcheggio Camper Cecinella

**Marina di Cecina: Hier kann es
im Sommer recht eng werden.**

Gebührenpflichtiger Stellplatz für
30 Mobile. Parkplatz für Reisemobile in Strandnähe. Ebener und
asphaltierter Untergrund. Beleuchtet, kein Schatten. Saison:
März bis 15. November. Bodeneinlass. 8 Euro pro Nacht und
Mobil inklusive V+E. Bezahlung
am Parkscheinautomat. V+E für
Durchreisende: 6 Euro.
Standort: OT Marina di Cecina,
Via della Cecinella,
GPS 43°17'33"N/10°30'28"O,
Telefon 0039/0586/681146,
www.comune.cecina.li.it

### 50052 CERTALDO
Parkplatz Piazza dei Macelli

Gebührenfreier Stellplatz für
10 Mobile. Ausgewiesener, ge-
schotterter Parkplatz für Pkw und
Reisemobile. Schatten durch hohe
Bäume, Kinderspielplatz samt
Basketballfeld in der Nachbar-
schaft. Ganzjährig. Bodeneinlass.
Standort: Viale Mario Fabrini,
GPS 43°32'29"N/11°02'31"O,
Comune di Certaldo,
Telefon 0039/0571/656721,
www.comune.certaldo.fi.it

### 52010 CHITIGNANO
Area Sosta per Camper

Gebührenfreier Stellplatz für
10 Mobile. Parkplatz mit gekenn-
zeichnetem Bereich für Reisemo-
bile. Fast eben, asphaltiert, kein
Schatten. Ruhige Lage. Ganzjäh-
rig nutzbar. Bodeneinlass.
Standort: Zona Sportiva San
Vincenze, Via Verna,
GPS 43°39'51"N/11°52'58"O,
Comune di Chitignano,
Telefon 0039/0575/596713,
www.comune.chitignano.arezzo.it

### 53012 CHIUSDINO
Parcheggio San Galgano

Gebührenpflichtiger Stellplatz für
10 Mobile. Ausgewiesene Fläche
auf einem terrassierten Großparkplatz. Der Untergrund ist mit Rasengittersteinen belegt, ein paar
Bäume spenden Schatten, nachts
beleuchtet. Ruhige Lage. Ganzjährig nutzbar. Bodeneinlass.
1,50 Euro pro Stunde und Mobil
zwischen 8–20 Uhr. Tagesticket:
10 Euro inklusive Strom, V+E.
Standort: OT cusercoli,
Strada Communale di Casette,
GPS 43°09'10"N/11°09'06"O,
Gemeinde Chiusdino,
Telefon 0039/0577/751055,
www.comune.chiusdino.siena.it

### 53034 COLLE DI VAL D'ELSA
Parcheggio Bacio

Gebührenfreier Stellplatz für etwa
20 Mobile. Parkplatz für Pkw und
Reisemobile unterhalb der Stadt-
mauer. Untergrund Rasengitter-
steine. Die Zufahrt ist etwas eng,
Mülleimer vorhanden. Ganzjährig.
Standort: Via Ferdinando Vinini,
GPS 43°25'19"N/11°07'03"O,
Ufficio Informazioni,
Telefon 0039/0577/922791,
www.comune.collevaldelsa.it

### 54013 FIVIZZANO
Area Camper di Equi Terme

Gebührenpflichtiger Stellplatz für
25 Mobile. Ausgewiesenes Areal
am Ende des Dorfs in ruhiger
Lage. Hohe Bäume umgeben den
geschotterten Platz. Ganzjährig.
Bodeneinlass. 10 Euro pro Mobil
und 24 Stunden inkl. V+E.
Standort: OT Equi Terme,
Via della Stazione,
GPS 44°10'12"N/10°09'00"O,
Centro Servizi,
Telefon 0039/0585/942128,
www.comune.fivizzano.ms.it

### 50139 FLORENZ
Area sociale F.L.O.G.

Gebührenpflichtiger Stellplatz für
10 Mobile. Parkplatz im Sport-
und Kulturzentrum Il Pogetto im

Stadtzentrum. Untergrund geteert, leicht schräg, Zufahrt etwas eng, meist ruhige Lage. Ganzjährig. Bodeneinlass. 12 Euro pro Mobil und 24 Stunden.

Standort: OT Careggi, Via Michele Mercati 24/B, GPS 43°47'41"N/11°14'53"O, Officine Galileo, Telefon 0039/055/477978, www.flog.it

L'Oasi del Camper
........................................

Gebührenpflichtiger Stellplatz für 20 Mobile auf einem privaten und eingezäunten Areal in ruhiger Ortsrandlage. Untergrund aus Schotter, von Bäumen beschattet. Ganzjährig nutzbar. 15 Euro pro Nacht und Mobil inkl. Strom, V+E.

Standort: OT Soffiano, Via di Scandici 241, GPS 43°45'45"N/11°12'30"O, Telefon 0039/055/7131929, www.areadisostafirenze.com

### 58010 FONTEBLANDA
Talamone Wind Beach Parking
........................................

**Fonteblanda: Der Stellplatz ist bei Surfern sehr beliebt.**

Gebührenpflichtiger Stellplatz für 15 Mobile auf dem von Pkw und Reisemobilen genutzten Parkplatz an der Bucht von Talamone. Direkte Uferlage, geschotterter Untergrund, unbeleuchtet. Ganzjährig nutzbar. 15 Euro pro Mobil/ 24 Std. von Juni bis September, sonst gebührenfrei.

Standort: Via Talamonese, GPS 42°33'47"N/11°09'25"O, Pro Loco, Telefon 0039/0564/886102, www.orbetelloturismo.it

### 50026 GREVE IN CHIANTI
Punto Sosta per Camper
........................................

Gebührenfreier Stellplatz für 19 Mobile. Für Reisemobile angeleg-

tes und reserviertes Areal in der Nähe vom Hallen- und Freibad. Ebener, gepflasterter Untergrund mit kreisförmiger Parzellierung. Ganzjährig. Bodeneinlass.

Standort: Via Montebeni, GPS 43°35'25"N/11°18'46"O, Comune di Greve in Chianti, Telefon 0039/055/55451, E-Mail urp@comune. greve-in-chianti.fi.it

### 56030 LAJATICO
Piazza Sandro Pertini
........................................

Gebührenfreier Stellplatz für 5 Mobile am Rand eines Pkw-Parkplatzes unter Bäumen. Ebener, asphaltierter Untergrund. Ganzjährig nutzbar.

Standort: Via delle Fonti, GPS 43°28'30"N/10°43'37"O, Comune di Lajatico, Telefon 0039/0587/643121, www.comune.lajatico.pi.it

### 57100 LIVORNO
Camper Stop Camping Miramare
........................................

Gebührenpflichtiger Stellplatz für 15 Mobile. Übernachtungsplätze gegenüber dem Campinggelände. Max. Aufenthalt: 1 Nacht bis 10 Uhr. Saison: Juni bis September. 30 Euro pro Nacht und Mobil.

Standort: Via del Littorale 220, GPS 43°28'52"N/10°20'00"O, Telefon 0039/0586/580402, www.campingmiramare.it

Parcheggio Stazione Marittima
........................................

Gebührenfreier Stellplatz für 30 Mobile. Übernachtungsplatz im Fährhafen für Fahrgäste nach Korsika und Sardinien. Asphaltierter Untergrund. Ganzjährig.

Standort: Calata Carrara, GPS 43°33'22"N/10°18'11"O, Ufficio Turismo, Telefon 0039/0586/820454, Mobil 0039/329/5927620, www.comune.livorno.it

### 55100 LUCCA
Parking Autocaravan
........................................

Gebührenpflichtiger Stellplatz für 30 Mobile auf dem Parking Auto-

caravan. Großzügig angelegtes, durch Grünstreifen unterteiltes Gelände. Ebener, asphaltierter Untergrund, beleuchtet. Mülleimer vorhanden. Relativ ruhige Lage, Fußweg ins Zentrum: 10 Min. Ganzjährig nutzbar. Bodeneinlass. 10 Euro pro Nacht und Mobil an Wochentagen, 14 Euro pro Nacht am Wochenende inklusive Ver- und Entsorgung. V+E für Durchreisende: 3 Euro. Schrankenanlage mit Parkscheinautomat.

Standort: Via Gaetano Luporini, GPS 43°50'24"N/10°29'18"O, Azienda di Promozione Turistica di Lucca, Telefon 0039/0583/919931, www.luccaturismo.it

**Lucca: Der Parking Autocaravan liegt in der Nähe des Zentrums.**

Area Attrezzata Camper II
........................................

Gebührenpflichtiger Stellplatz für 70 Mobile. Durch eine Hecke eingezäunter Reisemobilhafen am nördlichen Stadtrand, nahe dem Fluss Serchio. Der ebene Untergrund besteht je zur Hälfte aus Rasen und Schotter. Beleuchtet und bewacht. Sanitärhaus mit Duschen und Waschmaschine. Ganzjährig nutzbar. Bodeneinlass. 18 Euro pro Nacht und Mobil inklusive Strom, WLAN, V+E.

Standort: OT Santa Anna, Via del Tiro a Segno, GPS 43°51'00"N/10°29'10"O, Telefon 0039/0583/317385, Mobil 0039/328/3264280, Clemente (spricht deutsch) 0039/328/6687940, www.camperilserchio.it

### 52044 LUCIGNANO
Area Attrezzata per Camper
........................................

Gebührenfreier Stellplatz für 30 Mobile. Markiertes Gelände an

einem ehemaligen Sportplatz unterhalb der Altstadt. Leicht unebenes Wiesengelände mit geschotterter Zufahrtsstraße, kein Schatten. Ganzjährig nutzbar. Bodeneinlass.

Standort: Strada Provinciale 19, GPS 43°16'35"N/11°44'41"O, Azienda di Promozione Turistica, Telefon 0039/0575/630352, www.comune.lucignano.ar.it

### 58100 MARINA DI GROSSETO
Oasi di Maremma
........................................

Gebührenpflichtiger Stellplatz für 50 Mobile. Durch Bäume und Balken parzelliertes Areal auf festem Wiesenuntergrund. Maximaler Aufenthalt: 3 Tage. Saison: Mai–September. 18 Euro pro Mobil/ 24 Std. vom 15. Juli bis 31. August inklusive 4 Personen, V+E. 15 Euro in der Nebensaison. Strom: 2 Euro. Dusche: 1 Euro.

Standort: Via Costiera, GPS 42°43'35"N/10°59'32"O, Mobil 0039/338/9508714, www.oasidimaremma.it

### 50034 MARRADI
Area Sosta per Camper
........................................

Gebührenfreier Stellplatz für 12 Mobile. Separater Reisemobilplatz oberhalb dem Schwimmbad. Gepflasterter Untergrund, beleuchtet. Ganzjährig. Bodeneinlass. Wertkarte für 5 oder 10 Euro für Strom und Wasser.

Standort: Via San Benedetto, GPS 44°04'27"N/11°36'41"O, Comune di Marradi, Telefon 0039/055/8045170, www.comune.marradi.fi.it

### 53024 MONTALCINO
Parcheggio Albergheria
........................................

Gebührenfreier Stellplatz für 40 Mobile. Naturbelassenes Gelände, unebener Untergrund, ruhige Lage. Ganzjährig nutzbar. Bodeneinlass.

Standort: Via Osticcio, GPS 43°03'11"N/11°29'17"O, Ufficio Turistico, Telefon 0039/0577/849331, www.montalcinonet.com »

## STELLPLATZ-TIPPS

### Parcheggio Spuntone

Gebührenfreier Stellplatz für 20 Mobile am am westlichen Ortsrand, am Fuße der Festung. Asphaltierter, stark geneigter Untergrund. Abends ruhig, relativ günstige Lage zum Ortskern. Ganzjährig. V+E auf dem Parkplatz Pineta Osticcio.

Standort: Via Aldo Moro, GPS 43°03'21"N/11°29'17"O, Ufficio Turistico, Telefon 0039/0577/849331, www.montalcinonet.com

### Agriturismo La Crociona

Gebührenfreier Stellplatz für 10 Mobile am Hofgut. Einkauf ist erwünscht. Leicht abschüssiges, geschottertes Areal vor dem Swimmingpool und neben dem Kellereigebäude, wenig Schatten. Ruhige Lage. Ganzjährig.

Standort: OT La Croce, La Croce 15, GPS 43°02'17"N/11°30'13"O, Telefon 0039/0577/847133, www.lacrociona.com

### Agriturismo La Croce

Gebührenfreier Stellplatz für 10 Mobile. Einkehr obligatorisch. Saison: April–Oktober.

Standort: OT La Croce, La Croce 9, GPS 43°02'19"N/11°30'10"O, Paola Benocci Telefon 0039/0577/849463

### 53045 MONTEPULCIANO
Parkplatz Lo Sterro P 5

Gebührenpflichtiger Stellplatz für 50 Mobile. Parkplatz am Rand der Altstadt. Ebener, asphaltierter Untergrund, ruhige Lage. Etwas Schatten. An Markttagen (Do) nur eingeschränkt erreichbar, sonst ganzjährig nutzbar. Bodeneinlass. 18 Euro pro Mobil und 24 Stunden. Geringere Gebühr bei kürzerem Aufenthalt.

Standort: Via delle Lettere, GPS 43°05'48"N/11°47'13"O, Associazione Pro Loco, Telefon 0039/0578/757341, www.prolocomontepulciano.it

### 53035 MONTERIGGIONI
Area del Cipressino

Gebührenfreier Stellplatz für 10 Mobile auf dem Großparkplatz am Fuß der Altstadt. Geschotterter oder naturbelassener, teils auch etwas schräger Untergrund, kein Schatten. Ganzjährig nutzbar.

Standort: Strada di Monteriggioni, GPS 43°23'16"N/11°13'30"O, Ufficio Turistico di Monteriggioni, Telefon 0039/0577/304834, www.monteriggioniturismo.it

### Parcheggio Abbadia d'Isola

Monteriggioni: der Stellplatz im Ortsteil Abbadia d'Isola.

Gebührenfreier Stellplatz für 20 Mobile. Parkplatz für Pkw und Reisemobile am Dorfrand. Ebener, geschotterter Untergrund. Kein Schatten, keine Beleuchtung. Ganzjährig nutzbar.

Standort: OT Abbadia d'Isola, Strada di Strove, GPS 43°23'18"N/11°11'43"O, Ufficio Turistico di Monteriggioni, Telefon 0039/0577/304834, www.monteriggioniturismo.it

### 56040 MONTEVERDI MAR.
Tenuta Sant'Agnese

Gebührenpflichtiger Stellplatz für 20 Mobile an einem Landwirtschaftsbetrieb und Reiterhof. Durch Holzgatter parzellierte Stellflächen auf Schotter mit Grasnabe. Ganzjährig nutzbar. 15 Euro pro Nacht und Mobil. Person: 8 Euro. Strom: 4 Euro.

Standort: Via della Badia 17, GPS 43°09'01"N/10°44'10"O, Standort: Familie Filippeschi, Telefon 0039/0565/784172, Mobil 0039/333/4875065, www.agrisantagnese.it

### 58010 ORBETELLO
Parco Sosta Lanini

Orbetello: der gut parzellierte Stellplatz Parco Sosta Lanini.

Gebührenpflichtiger Stellplatz für 40 Mobile. Eingezäunter und mit Rolltor versehener Reisemobilhafen am Ende der nördlichen Landzunge zum Monte Argentario. Durch Hecken parzelliertes, ebenes Areal. Der Strand Spaggia della Giannella liegt gegenüber der Straße. Ganzjährig nutzbar. 10 Euro pro Nacht und Mobil, 5 Euro pro Person ab 10 Jahren. Alle übrigen Leistungen inklusive.

Standort: OT Sta. Liberata, Strada Provinciale di Giannella 14, GPS 42°26'00"N/11°09'34"O, Telefon 0039/0564/820102, Mobil 0039/360/709528, www.lanini.it

### 56037 PECCIOLI
Parco Preistorico

Gebührenfreier Stellplatz für 30 Mobile. Ausgewiesener Bereich auf dem Parkplatz am Dinosaurierpark. Ganzjährig nutzbar. Bodeneinlass.

Standort: Via dei Cappuccini 70, GPS 43°33'17"N/10°43'04"O, Fratelli Ghironi, Telefon 0039/0587/636030, Mobil 0039/328/1785850, www.parcopreistorico.it

### 53026 PIENZA
Parcheggio Pubblico

Gebührenpflichtiger Stellplatz für 10 Mobile. Öffentlicher Parkplatz, durch Schilder für Reisemobile ausgewiesen, unterhalb der Altstadt. Ebener, asphaltierter Untergrund, etwas Schatten durch kleine Bäume. WC am Platz. Ganzjährig nutzbar. 3 Euro pro Mobil für die 1. Stunde, danach 2 Euro/Stunde. Maximal 21 Euro/24 Std. Gebührenpflichtig von 8–20 Uhr.

Standort: Via Mario Mencattelli, GPS 43°04'42"N/11°40'49"O, Ufficio Turistico, Telefon 0039/0578/749905, www.comunedipienza.it

### 57020 PIOMBINO
Parking Caldanelle

Baratti: der Stellplatz Caldanelle am Archäologischen Park.

Gebührenpflichtiger Stellplatz für 70 Mobile. Für Reisemobile ausgewiesene Plätze auf einem Großparkplatz am Archäologischen Park Baratti und Populonia. Fester, ebener Sandboden, kein Schatten. Ganzjährig nutzbar. Bodeneinlass. 2 Euro pro Mobil und Stunde von 8–20 Uhr, Tagespauschale 17 Euro, nachts gebührenfrei. V+E inklusive. Parkscheinautomat am Platz. V+E für Durchreisende: 6 Euro.

Standort: OT Baratti, SP 23, GPS 43°00'06"N/10°31'41"O, Parchi Val di Cornia, Telefon 0039/0565/226445, www.parchivaldicornia.it

### Area CamperOasi

Gebührenpflichtiger Stellplatz für 93 Mobile nahe dem Sandstrand des Parco Costiero della Sterpaia. Einheitlich parzelliertes Gelände mit Heckenumrandung, Standfläche aus Rasengittersteinen mit Wiesenvorplatz und Serviceeinrichtungen an jedem Platz. Reservierung in der Hauptsaison notwendig. Ganzjährig nutzbar. Bodeneinlass. 36 Euro pro Nacht und Mobil in der Hauptsaison, 26 bzw. 20 Euro in der Nebensaison inklusive Strom, Ver- und Entsorgung. Duschen: 60 Cent/Minute.

Standort: OT Riotorto,
Località Mortelliccio,
GPS 42°57'15"N/10°40'01"O,
Telefon 0039/0565/20187,
Mobil 0039/338/1226780,
www.camperoasi.com

Parking Carbonifera
..............................................

**Riotorto: die schattigen Stell-
plätze am Parking Carbonifera.**

Gebührenpflichtiger Stellplatz für
43 Mobile. Ausgewiesene Parzellen unter Mattendächern auf einem Großparkplatz am Naturpark
Parco Costiero della Sterpaia. Untergrund Schotter und Naturboden. Fußweg zum Strand. Ganzjährig nutzbar. Bodeneinlass. 1,30
Euro pro Mobil und Stunde von
8–20 Uhr, Tagespauschale 10
Euro, nachts gebührenfrei. An
Sonn und Feiertagen 2 Euro/Std,
Tagespauschale 16 Euro. V+E
inkl. Parkscheinautomat am Platz.

Standort: OT Riotorto, Località
Carbonifera,
GPS 42°57'05"N/10°41'02"O,
Parchi Val di Cornia,
Telefon 0039/0565/226445,
www.parchivaldicornia.it

Parking Perelli 3
..............................................

Gebührenpflichtiger Stellplatz für
75 Mobile. Ausgewiesene Parzellen auf einem Großparkplatz am
Naturpark Parco Costiero della
Sterpaia. Untergrund Schotter und
Naturboden, kein Schatten. 23
weitere Stellplätze unter Mattendächern sind auf den beiden nebenan gelegenen Parkplätzen Perelli 1 + 2 ausgewiesen. Fußweg
zum Strand. Ganzjährig nutzbar.
Bodeneinlass. 1,30 Euro pro Mobil und Stunde von 8–20 Uhr, Tagespauschale 10 Euro, nachts gebührenfrei. An Sonn und Feiertagen 2 Euro/Std, Tagespauschale
16 Euro. V+E inklusive.

Standort: OT Riotorto,
Località Perelli,
GPS 42°57'19"N/10°37'45"O,
Parchi Val di Cornia,
Telefon 0039/0565/226445,
www.parchivaldicornia.it

Parking Torre Mozza 2
..............................................

**Torre Mozza: der Stellplatz am
Parco Costiero della Sterpaia.**

Gebührenpflichtiger Stellplatz für
90 Mobile. Ausgewiesene Plätze
auf einem Großparkplatz am Naturpark Parco Costiero della Sterpaia. Teilweise schmale Parzellen
Untergrund Schotter. Fußweg zum
Strand. Ganzjährig. 1,30 Euro pro
Mobil und Stunde von 8–20 Uhr,
Tagespauschale 10 Euro, nachts
gebührenfrei. An Sonn und Feiertagen 2 Euro/Std, Tagespauschale
16 Euro. Parkscheinautomat am
Platz. V+E auf dem Parcheggio
Carbonifera inklusive.

Standort: OT Riotorto,
Località Torre Mozza,
GPS 42°56'49"N/10°41'32"O,
Parchi Val di Cornia,
Telefon 0039/0565/226445,
www.parchivaldicornia.it

Parking Mortelliccio
..............................................

**Riotorto: die bedachten Stell-
plätze am Parking Mortelliccio.**

Gebührenpflichtiger Stellplatz für
14 Mobile. Ausgewiesene Parzellen unter Mattendächern auf einem Großparkplatz am Naturpark
Parco Costiero della Sterpaia.
Untergrund Schotter und Natur-

boden. Fußweg zum Strand.
Ganzjährig nutzbar. 1,30 Euro pro
Mobil und Stunde von 8–20 Uhr,
Tagespauschale 10 Euro, nachts
gebührenfrei. An Sonn und Feiertagen 2 Euro/Std, Tagespauschale
16 Euro. Ver- und Entsorgung auf
dem Parcheggio Carbonifera inklusive. Parkscheinautomat.

Standort: OT Riotorto,
Località Mortelliccio,
GPS 42°57'15"N/10°40'00"O,
Parchi Val di Cornia,
Telefon 0039/0565/226445,
www.parchivaldicornia.it

## 56100 PISA
Parcheggio Bus Turistici
..............................................

Gebührenpflichtiger Stellplatz für
50 Mobile. Großparkplatz für Pkw,
Busse und für Reisemobile ausgewiesen am nördlichen Stadtzentrum. Ebener Untergrund aus
Rasengittersteinen, auch für große Mobile geeignet. Der Platz ist
von 8 bis 20 Uhr bewacht. 15
Gehminuten ins Zentrum. Ganzjährig nutzbar. Bodeneinlass.
12 Euro pro Nacht und Mobil
(18 Stunden ab Ankunft) inklusive
Ver- und Entsorgung. V+ E für
Durchreisende: 3 Euro.

Standort: Via Pietrasantina,
GPS 43°43'43"N/10°23'20"O,
Pisamo Parkservice, Telefon
0039/050/502742. Pisa Turismus,
Telefon 0039/050/929777,
www.comune.pisa.it

Lago le Tamerici
..............................................

Gebührenpflichtiger Stellplatz für
10 Mobile. Übernachtungsplätze
neben dem Campinggelände mit
weiteren 40 Stellplätzen am Ferienbauernhof. Strom, Sanitäranlage vorhanden. Hofladen und
Ristorante Le Tamerici direkt am
Platz. Saison: März bis Oktober.
12 Euro pro Nacht und Mobil von
19–10 Uhr inklusive Dusche, Ver-
und Entsorgung sowie Schwimm-
badbenutzung. Strom: 2 Euro.
Tagesgebühr auf dem Campinggelände: 9 bis 12 Euro pro Mobil,
6 bis 8 Euro pro Person, je nach
Saison. V+ E für Durchreisende:
5,50 Euro.

Standort: OT Coltano,
Via della Sofina 6,
GPS 43°37'51"N/10°21'46"O,
Telefon 0039/050/989007,
www.lagoletamerici.it

## 51100 PISTOIA
Parcheggio Stadio
..............................................

**Pistoia: der Stellplatz am
Großparkplatz beim Stadion.**

Gebührenfreier Stellplatz für
40 Mobile. Großparkplatz für Busse und Reisemobile unweit des
Stadions. Rechteckiges Gelände,
nur durch einen Grünstreifen von
der Hauptstraße getrennt. Lärmbelästigung möglich. Ebener, asphaltierter Untergrund, beleuchtet, etwas Schatten. Bushaltestelle zur Altstadt auf dem Parkplatz.
Maximaler Aufenthalt: 48 Std.
Ganzjährig nutzbar. V+E auf dem
Parkplatz gegenüber in der Via
della Quiete.

Standort: Via Marino Marini/
Via delle Olimpiadi,
GPS 43°56'37"N/10°54'55"O,
Ufficio Turistico,
Telefon 0039/0573/21622,
www.pistoia.turismo.toscana.it

## 53036 POGGIBONSI
Area di Sosta Poggibonsi
..............................................

Gebührenfreier Stellplatz für 10
Mobile. Separates Areal in einer
Waldlichtung an der Landstraße
zum Convento di San Lucchese,
500 m südlich des Ortes. Ebener,
geschotterter Untergrund, nachts
beleuchtet. Restaurants und Lebensmittelläden ab 1 km. Ganzjährig nutzbar. WC-Wash-Station
mit Bodeneinlass. Strom: 1 Eu-
ro/12 Std. Wasser: 10 Cent/10 Ltr.

Standort: Via Fortezza Medicea,
GPS 43°27'43"N/11°08'45"O,
Comune di Poggibonsi,
Telefon 0039/0577/9861,
www.comune.poggibonsi.si.it          »

**DER BESONDERE TIPP** **Die ältere** Generation genießt den Blick vom oberen Ende der Treppe und nimmt dann einen Drink in Babington's Tea Room gleich nebenan, Institution seit 1893. **www.babingtons.net**

## 3 SPANISCHE TREPPE: HERZENSSACHE

Die 138 Stufen der Spanischen Treppe sind für viele eine wahre Himmelsleiter ins Glück. Das historische Monument im Herzen der Stadt ist nämlich weltberühmt als Flirtbörse der besonderen Art, natürlich speziell für die jüngere Generation. Manch sorgsam gegelter Romeo setzt sich hier abends ganz mutig auf die flachen Stiegen zur schönsten Julia, und das Schicksal nimmt seinen Lauf. Angeregt wurde der Bau der 1725 vollendeten Treppe vom Vatikan, man wollte eine würdevolle Verbindung zwischen der Piazza di Spagna und der hochgelegenen Kirche Santa Trinità dei Monti schaffen. Noch heute zelebriert der Papst dort im Dezember das Dogma der unbefleckten Empfängnis.

Um den würdigen Rahmen zu wahren, sind auffälliges Benehmen, picknicken oder Tanzeinlagen auf den Stufen verboten, Rüpel werden kräftig zur Kasse gebeten – was die selbsternannten Romeos der Stadt allerdings nicht daran hindert, ihren Julias weiterhin artig den Hof zu machen. www.piazzadispagna.it

## 4 VATIKAN: AUS GEHOBENER WARTE

Die Vatikanstadt ist einzigartig auf dieser Welt. Autarker Stadtstaat mitten in Rom, mit eigenem Fernsehsender, eigener Radiostation, Bahnhof, eigener Bank, größte Palastanlage der westlichen Hemisphäre. Der päpstliche Bauernhof im 20 Kilometer südöstlich gelegenen Castel Gandolfo liefert alltäglich frische Leckereien für den Kirchenführer und die rund 600 Bewohner seines Miniaturstaats (0,44 Quadratkilometer).

Als Entree für Besucher tut sich der mächtige Platz vor dem Petersdom auf. Die größte Kirche des Abendlands bietet Raum für 60 000 Gläubige. Die Kuppel mit tollem Ausblick, der vatikanische Garten und die Museen samt der berühmten Sixtinischen Kapelle können gegen Entgelt besichtigt werden. Seit einiger Zeit ist der Papst außerdem online: durch eine Kooperation zwischen Youtube, Radio Vatikan und dem Vatikan TV-Zentrum sind täglich die neuesten Botschaften der katholischen Kirche im Internet abrufbar.

Tipp: Wer sich im Pilgerzentrum vor Ort rechtzeitig um (kostenlose) Karten bemüht, darf mittwochs an einer Generalaudienz des Heiligen Vaters teilnehmen, je nach Wetter auf dem Petersplatz oder in einer Audienzhalle.

www.vatican.va, www.youtube.com/vatican.de, www.pilgerzentrum.de

**Große Sicht:** Blick von der Kuppel auf den Petersplatz; im Dom die Pietà von Michelangelo.

**Großer Auftrag:** die 110 Angehörigen der „Schweizer Garde" bewachen den Vatikan.

Standort: OT Riotorto,
Località Mortelliccio,
GPS 42°57'15"N/10°40'01"O,
Telefon 0039/0565/20187,
Mobil 0039/338/1226780,
www.camperoasi.com

Parking Carbonifera

**Riotorto: die schattigen Stell-
plätze am Parking Carbonifera.**

Gebührenpflichtiger Stellplatz für
43 Mobile. Ausgewiesene Parzel-
len unter Mattendächern auf ei-
nem Großparkplatz am Naturpark
Parco Costiero della Sterpaia. Un-
tergrund Schotter und Naturbo-
den. Fußweg zum Strand. Ganz-
jährig nutzbar. Bodeneinlass. 1,30
Euro pro Mobil und Stunde von
8–20 Uhr, Tagespauschale 10
Euro, nachts gebührenfrei. An
Sonn und Feiertagen 2 Euro/Std,
Tagespauschale 16 Euro. V+E
inkl. Parkscheinautomat am Platz.
Standort: OT Riotorto, Località
Carbonifera,
GPS 42°57'05"N/10°41'02"O,
Parchi Val di Cornia,
Telefon 0039/0565/226445,
www.parchivaldicornia.it

Parking Perelli 3

Gebührenpflichtiger Stellplatz für
75 Mobile. Ausgewiesene Parzellen auf einem Großparkplatz am
Naturpark Parco Costiero della
Sterpaia. Untergrund Schotter und
Naturboden, kein Schatten. 23
weitere Stellplätze unter Mattendächern sind auf den beiden nebenan gelegenen Parkplätzen Perelli 1 + 2 ausgewiesen. Fußweg
zum Strand. Ganzjährig nutzbar.
Bodeneinlass. 1,30 Euro pro Mobil und Stunde von 8–20 Uhr, Tagespauschale 10 Euro, nachts gebührenfrei. An Sonn und Feiertagen 2 Euro/Std, Tagespauschale
16 Euro. V+E inklusive.

Standort: OT Riotorto,
Località Perelli,
GPS 42°57'19"N/10°37'45"O,
Parchi Val di Cornia,
Telefon 0039/0565/226445,
www.parchivaldicornia.it

Parking Torre Mozza 2

**Torre Mozza: der Stellplatz am
Parco Costiero della Sterpaia.**

Gebührenpflichtiger Stellplatz für
90 Mobile. Ausgewiesene Plätze
auf einem Großparkplatz am Naturpark Parco Costiero della Sterpaia. Teilweise schmale Parzellen
Untergrund Schotter. Fußweg zum
Strand. Ganzjährig. 1,30 Euro pro
Mobil und Stunde von 8–20 Uhr,
Tagespauschale 10 Euro, nachts
gebührenfrei. An Sonn und Feiertagen 2 Euro/Std, Tagespauschale
16 Euro. Parkscheinautomat am
Platz. V+E auf dem Parcheggio
Carbonifera inklusive.

Standort: OT Riotorto,
Località Torre Mozza,
GPS 42°56'49"N/10°41'32"O,
Parchi Val di Cornia,
Telefon 0039/0565/226445,
www.parchivaldicornia.it

Parking Mortelliccio

**Riotorto: die bedachten Stell-
plätze am Parking Mortelliccio.**

Gebührenpflichtiger Stellplatz für
14 Mobile. Ausgewiesene Parzellen unter Mattendächern auf einem Großparkplatz am Naturpark
Parco Costiero della Sterpaia.
Untergrund Schotter und Natur-

boden. Fußweg zum Strand.
Ganzjährig nutzbar. 1,30 Euro pro
Mobil und Stunde von 8–20 Uhr,
Tagespauschale 10 Euro, nachts
gebührenfrei. An Sonn und Feiertagen 2 Euro/Std, Tagespauschale
16 Euro. Ver- und Entsorgung auf
dem Parcheggio Carbonifera inklusive. Parkscheinautomat.

Standort: OT Riotorto,
Località Mortelliccio,
GPS 42°57'15"N/10°40'00"O,
Parchi Val di Cornia,
Telefon 0039/0565/226445,
www.parchivaldicornia.it

## 56100 PISA
Parcheggio Bus Turistici

Gebührenpflichtiger Stellplatz für
50 Mobile. Großparkplatz für Pkw,
Busse und für Reisemobile ausgewiesen am nördlichen Stadtzentrum. Ebener Untergrund aus
Rasengittersteinen, auch für große Mobile geeignet. Der Platz ist
von 8 bis 20 Uhr bewacht. 15
Gehminuten ins Zentrum. Ganzjährig nutzbar. Bodeneinlass.
12 Euro pro Nacht und Mobil
(18 Stunden ab Ankunft) inklusive
Ver- und Entsorgung. V+ E für
Durchreisende: 3 Euro.

Standort: Via Pietrasantina,
GPS 43°43'43"N/10°23'20"O,
Pisamo Parkservice, Telefon
0039/050/502742. Pisa Turismus,
Telefon 0039/050/929777,
www.comune.pisa.it

Lago le Tamerici

Gebührenpflichtiger Stellplatz für
10 Mobile. Übernachtungsplätze
neben dem Campinggelände mit
weiteren 40 Stellplätzen am Ferienbauernhof. Strom, Sanitäranlage vorhanden. Hofladen und
Ristorante Le Tamerici direkt am
Platz. Saison: März bis Oktober.
12 Euro pro Nacht und Mobil von
19–10 Uhr inklusive Dusche, Ver-
und Entsorgung sowie Schwimm-
badbenutzung. Strom: 2 Euro.
Tagesgebühr auf dem Campinggelände: 9 bis 12 Euro pro Mobil,
6 bis 8 Euro pro Person, je nach
Saison. V+ E für Durchreisende:
5,50 Euro.

Standort: OT Coltano,
Via della Sofina 6,
GPS 43°37'51"N/10°21'46"O,
Telefon 0039/050/989007,
www.lagoletamerici.it

## 51100 PISTOIA
Parcheggio Stadio

**Pistoia: der Stellplatz am
Großparkplatz beim Stadion.**

Gebührenfreier Stellplatz für
40 Mobile. Großparkplatz für Busse und Reisemobile unweit des
Stadions. Rechteckiges Gelände,
nur durch einen Grünstreifen von
der Hauptstraße getrennt. Lärmbelästigung möglich. Ebener, asphaltierter Untergrund, beleuchtet, etwas Schatten. Bushaltestelle zur Altstadt auf dem Parkplatz.
Maximaler Aufenthalt: 48 Std.
Ganzjährig nutzbar. V+E auf dem
Parkplatz gegenüber in der Via
della Quiete.

Standort: Via Marino Marini/
Via delle Olimpiadi,
GPS 43°56'37"N/10°54'55"O,
Ufficio Turistico,
Telefon 0039/0573/21622,
www.pistoia.turismo.toscana.it

## 53036 POGGIBONSI
Area di Sosta Poggibonsi

Gebührenfreier Stellplatz für 10
Mobile. Separates Areal in einer
Waldlichtung an der Landstraße
zum Convento di San Lucchese,
500 m südlich des Ortes. Ebener,
geschotterter Untergrund, nachts
beleuchtet. Restaurants und Lebensmittelläden ab 1 km. Ganzjährig nutzbar. WC-Wash-Station
mit Bodeneinlass. Strom: 1 Eu-
ro/12 Std. Wasser: 10 Cent/10 Ltr.

Standort: Via Fortezza Medicea,
GPS 43°27'43"N/11°08'45"O,
Comune di Poggibonsi,
Telefon 0039/0577/9861,
www.comune.poggibonsi.si.it

»

**DER BESONDERE TIPP** Die ältere Generation genießt den Blick vom oberen Ende der Treppe und nimmt dann einen Drink in Babington's Tea Room gleich nebenan, Institution seit 1893. www.babingtons.net

## 3 SPANISCHE TREPPE: HERZENSSACHE

Die 138 Stufen der Spanischen Treppe sind für viele eine wahre Himmelsleiter ins Glück. Das historische Monument im Herzen der Stadt ist nämlich weltberühmt als Flirtbörse der besonderen Art, natürlich speziell für die jüngere Generation. Manch sorgsam gegelter Romeo setzt sich hier abends ganz mutig auf die flachen Stiegen zur schönsten Julia, und das Schicksal nimmt seinen Lauf. Angeregt wurde der Bau der 1725 vollendeten Treppe vom Vatikan, man wollte eine würdevolle Verbindung zwischen der Piazza di Spagna und der hochgelegenen Kirche Santa Trinità dei Monti schaffen. Noch heute zelebriert der Papst dort im Dezember das Dogma der unbefleckten Empfängnis.

Um den würdigen Rahmen zu wahren, sind auffälliges Benehmen, picknicken oder Tanzeinlagen auf den Stufen verboten, Rüpel werden kräftig zur Kasse gebeten – was die selbsternannten Romeos der Stadt allerdings nicht daran hindert, ihren Julias weiterhin artig den Hof zu machen. www.piazzadispagna.it

## 4 VATIKAN: AUS GEHOBENER WARTE

Die Vatikanstadt ist einzigartig auf dieser Welt. Autarker Stadtstaat mitten in Rom, mit eigenem Fernsehsender, eigener Radiostation, Bahnhof, eigener Bank, größte Palastanlage der westlichen Hemisphäre. Der päpstliche Bauernhof im 20 Kilometer südöstlich gelegenen Castel Gandolfo liefert alltäglich frische Leckereien für den Kirchenführer und die rund 600 Bewohner seines Miniaturstaats (0,44 Quadratkilometer).

Als Entree für Besucher tut sich der mächtige Platz vor dem Petersdom auf. Die größte Kirche des Abendlands bietet Raum für 60 000 Gläubige. Die Kuppel mit tollem Ausblick, der vatikanische Garten und die Museen samt der berühmten Sixtinischen Kapelle können gegen Entgelt besichtigt werden. Seit einiger Zeit ist der Papst außerdem online: durch eine Kooperation zwischen Youtube, Radio Vatikan und dem Vatikan TV-Zentrum sind täglich die neuesten Botschaften der katholischen Kirche im Internet abrufbar.

Tipp: Wer sich im Pilgerzentrum vor Ort rechtzeitig um (kostenlose) Karten bemüht, darf mittwochs an einer Generalaudienz des Heiligen Vaters teilnehmen, je nach Wetter auf dem Petersplatz oder in einer Audienzhalle.

www.vatican.va, www.youtube.com/vatican.de, www.pilgerzentrum.de

**Große Sicht:** Blick von der Kuppel auf den Petersplatz; im Dom die Pietà von Michelangelo.

**Großer Auftrag:** die 110 Angehörigen der „Schweizer Garde" bewachen den Vatikan.

Standort: OT Riotorto,
Località Mortelliccio,
GPS 42°57'15"N/10°40'01"O,
Telefon 0039/0565/20187,
Mobil 0039/338/1226780,
www.camperoasi.com

Parking Carbonifera

**Riotorto: die schattigen Stell-
plätze am Parking Carbonifera.**

Gebührenpflichtiger Stellplatz für
43 Mobile. Ausgewiesene Parzellen unter Mattendächern auf einem Großparkplatz am Naturpark
Parco Costiero della Sterpaia. Untergrund Schotter und Naturboden. Fußweg zum Strand. Ganzjährig nutzbar. Bodeneinlass. 1,30
Euro pro Mobil und Stunde von
8–20 Uhr, Tagespauschale 10
Euro, nachts gebührenfrei. An
Sonn und Feiertagen 2 Euro/Std,
Tagespauschale 16 Euro. V+E
inkl. Parkscheinautomat am Platz.

Standort: OT Riotorto, Località
Carbonifera,
GPS 42°57'05"N/10°41'02"O,
Parchi Val di Cornia,
Telefon 0039/0565/226445,
www.parchivaldicornia.it

Parking Perelli 3

Gebührenpflichtiger Stellplatz für
75 Mobile. Ausgewiesene Parzellen auf einem Großparkplatz am
Naturpark Parco Costiero della
Sterpaia. Untergrund Schotter und
Naturboden, kein Schatten. 23
weitere Stellplätze unter Mattendächern sind auf den beiden nebenan gelegenen Parkplätzen Perelli 1 + 2 ausgewiesen. Fußweg
zum Strand. Ganzjährig nutzbar.
Bodeneinlass. 1,30 Euro pro Mobil und Stunde von 8–20 Uhr, Tagespauschale 10 Euro, nachts gebührenfrei. An Sonn und Feiertagen 2 Euro/Std, Tagespauschale
16 Euro. V+E inklusive.

Standort: OT Riotorto,
Località Perelli,
GPS 42°57'19"N/10°37'45"O,
Parchi Val di Cornia,
Telefon 0039/0565/226445,
www.parchivaldicornia.it

Parking Torre Mozza 2

**Torre Mozza: der Stellplatz am
Parco Costiero della Sterpaia.**

Gebührenpflichtiger Stellplatz für
90 Mobile. Ausgewiesene Plätze
auf einem Großparkplatz am Naturpark Parco Costiero della Sterpaia. Teilweise schmale Parzellen
Untergrund Schotter. Fußweg zum
Strand. Ganzjährig. 1,30 Euro pro
Mobil und Stunde von 8–20 Uhr,
Tagespauschale 10 Euro, nachts
gebührenfrei. An Sonn und Feiertagen 2 Euro/Std, Tagespauschale
16 Euro. Parkscheinautomat am
Platz. V+E auf dem Parcheggio
Carbonifera inklusive.

Standort: OT Riotorto,
Località Torre Mozza,
GPS 42°56'49"N/10°41'32"O,
Parchi Val di Cornia,
Telefon 0039/0565/226445,
www.parchivaldicornia.it

Parking Mortelliccio

**Riotorto: die bedachten Stell-
plätze am Parking Mortelliccio.**

Gebührenpflichtiger Stellplatz für
14 Mobile. Ausgewiesene Parzellen unter Mattendächern auf einem Großparkplatz am Naturpark
Parco Costiero della Sterpaia.
Untergrund Schotter und Natur-

boden. Fußweg zum Strand.
Ganzjährig nutzbar. 1,30 Euro pro
Mobil und Stunde von 8–20 Uhr,
Tagespauschale 10 Euro, nachts
gebührenfrei. An Sonn und Feiertagen 2 Euro/Std, Tagespauschale
16 Euro. Ver- und Entsorgung auf
dem Parcheggio Carbonifera inklusive. Parkscheinautomat.

Standort: OT Riotorto,
Località Mortelliccio,
GPS 42°57'15"N/10°40'00"O,
Parchi Val di Cornia,
Telefon 0039/0565/226445,
www.parchivaldicornia.it

### 56100 PISA
Parcheggio Bus Turistici

Gebührenpflichtiger Stellplatz für
50 Mobile. Großparkplatz für Pkw,
Busse und für Reisemobile ausgewiesen am nördlichen Stadtzentrum. Ebener Untergrund aus
Rasengittersteinen, auch für große Mobile geeignet. Der Platz ist
von 8 bis 20 Uhr bewacht. 15
Gehminuten ins Zentrum. Ganzjährig nutzbar. Bodeneinlass.
12 Euro pro Nacht und Mobil
(18 Stunden ab Ankunft) inklusive
Ver- und Entsorgung. V+ E für
Durchreisende: 3 Euro.

Standort: Via Pietrasantina,
GPS 43°43'43"N/10°23'20"O,
Pisamo Parkservice, Telefon
0039/050/502742. Pisa Turismus,
Telefon 0039/050/929777,
www.comune.pisa.it

Lago le Tamerici

Gebührenpflichtiger Stellplatz für
10 Mobile. Übernachtungsplätze
neben dem Campinggelände mit
weiteren 40 Stellplätzen am Ferienbauernhof. Strom, Sanitäranlage vorhanden. Hofladen und
Ristorante Le Tamerici direkt am
Platz. Saison: März bis Oktober.
12 Euro pro Nacht und Mobil von
19–10 Uhr inklusive Dusche, Ver-
und Entsorgung sowie Schwimm-
badbenutzung. Strom: 2 Euro.
Tagesgebühr auf dem Campinggelände: 9 bis 12 Euro pro Mobil,
6 bis 8 Euro pro Person, je nach
Saison. V+ E für Durchreisende:
5,50 Euro.

Standort: OT Coltano,
Via della Sofina 6,
GPS 43°37'51"N/10°21'46"O,
Telefon 0039/050/989007,
www.lagoletamerici.it

### 51100 PISTOIA
Parcheggio Stadio

**Pistoia: der Stellplatz am
Großparkplatz beim Stadion.**

Gebührenfreier Stellplatz für
40 Mobile. Großparkplatz für Busse und Reisemobile unweit des
Stadions. Rechteckiges Gelände,
nur durch einen Grünstreifen von
der Hauptstraße getrennt. Lärmbelästigung möglich. Ebener, asphaltierter Untergrund, beleuchtet, etwas Schatten. Bushaltestelle zur Altstadt auf dem Parkplatz.
Maximaler Aufenthalt: 48 Std.
Ganzjährig nutzbar. V+E auf dem
Parkplatz gegenüber in der Via
della Quiete.

Standort: Via Marino Marini/
Via delle Olimpiadi,
GPS 43°56'37"N/10°54'55"O,
Ufficio Turistico,
Telefon 0039/0573/21622,
www.pistoia.turismo.toscana.it

### 53036 POGGIBONSI
Area di Sosta Poggibonsi

Gebührenfreier Stellplatz für 10
Mobile. Separates Areal in einer
Waldlichtung an der Landstraße
zum Convento di San Lucchese,
500 m südlich des Ortes. Ebener,
geschotterter Untergrund, nachts
beleuchtet. Restaurants und Lebensmittelläden ab 1 km. Ganzjährig nutzbar. WC-Wash-Station
mit Bodeneinlass. Strom: 1 Eu-
ro/12 Std. Wasser: 10 Cent/10 Ltr.

Standort: Via Fortezza Medicea,
GPS 43°27'43"N/11°08'45"O,
Comune di Poggibonsi,
Telefon 0039/0577/9861,
www.comune.poggibonsi.si.it

»

## ① ANTIKES ROM: LEBENDIGE GESCHICHTE

**Historische Wegweiser: Teile einer Riesenstatue im Palazzo dei Conservatori, darunter das Kolosseum.**

Engelsburg, Pantheon, Kolosseum, Forum Romanum und Co: Rom ist im wahrsten Wortsinn steinreich an Monumenten seiner bewegten Geschichte. Ein Menschenleben scheint kaum ausreichend, um all die Herrlichkeit zu sehen. Wer sein Reisemobil sicher auf einem Stellplatz am Stadtrand (Seite 83) geparkt hat, sollte zunächst eine Busrundfahrt unternehmen, um sich einen Überblick über die wichtigsten Stätten zu verschaffen.

Die offenen Doppeldecker von Linie 110 und Rome open tour etwa sowie der Archeobus steuern auf festgelegten Routen die historischen Höhepunkte an. Gute Stadtführungen und Ausflüge in die Umgebung werden von Roma Culta durchgeführt – auch in deutscher Sprache. Auch eine Bootsfahrt auf dem Tiber kann ganz neue Einblicke in die Ewige Stadt vermitteln. Noch mehr historisches Flair wollen die Kulturbosse im Kolosseum bieten: das gewaltige Amphitheater soll dazu wieder Schauplatz von Gladiatorenkämpfen werden, heute natürlich auf die unblutige Art.

Tipp: Wer sich schon am Computer zu Hause einstimmen will und einen Zugang zu Google Earth besitzt, bitte schön: über die Ebene „Galerie" kann man einen virtuellen Rundgang durchs Rom von 320 n. Chr. machen – spannend, lehrreich und optimal zur Vorbereitung.

www.roma-antiqua.de, www.romaculta.it, www.romeopentour.com

# 5 GUTE GRÜNDE FÜR

# ROM

**MEHR ALS 2000 JAHRE** prallvolle Geschichte haben Italiens Kapitale geprägt, Spuren von Antike, Renaissance, Barock und Moderne sind allgegenwärtig. Dazu kommt die Liebe der Römer zu Lifestyle und Mode und der ausgeprägte Hang, Genuss an die erste Stelle zu setzen.

Text: Christiane Würtenberger, Fotos: Udo Bernhart

## 2 DOLCE VITA: DAS SÜSSE LEBEN

Ein Brettspiel auf offener Straße, die Tasse Caffè in der Bar nebenan – die italienischen Momente des Lebens zählen zweifellos zu den schönsten im ganzen Urlaub. Wobei leibliche Genüsse natürlich die ganz große Rolle spielen: egal ob ein Stück Holzofen-Pizza auf die Hand am Wochenmarkt Campo de' Fiori oder das Vier-Gänge-Menü im historischen Piperno auf dem Monte de' Ceni, es schmeckt meist gut und ist leider oft ziemlich teuer. Wichtig zu wissen: Wer seinen Espresso am Tresen trinkt, kommt in der Regel günstiger weg als am Tisch. Und in einem „Tavola calda" (Selbstbedienung), wie dem Frontoni in Trastevere, isst man anständig und relativ preiswert. Wer Gutes für die Reisemobilküche mitnehmen will, wird in Feinkostläden wie Franchi beste Pasta, Weine und Grappe zu akzeptablen Tarifen finden. Da kommt der Genuss ganz von selbst.

Frontoni, Viale di Trastevere 52, Piperno, www.ristorantepiperno.com, Franchi, Via Cola di Rienzo

**DER BESONDERE TIPP** **Unweit von** Piazza Navona und Pantheon bietet das Kult-Café Sant' Eustachio römische Kaffeehaus-Kultur im Stil der 30er Jahre. Man kann auch feinste Liköre und Schoko-Kaffeebohnen zum Mitnehmen kaufen. **www. santeustachioilcaffe.it**

Schach dem Alltag: für ein Spiel unter Freunden, aktuelle Lektüre und einen Caffè ist in Rom immer Zeit.

**DER BESONDERE TIPP**

**Die ältere** Generation genießt den Blick vom oberen Ende der Treppe und nimmt dann einen Drink in Babington's Tea Room gleich nebenan, Institution seit 1893. **www.babingtons.net**

## ③ SPANISCHE TREPPE: HERZENSSACHE

Die 138 Stufen der Spanischen Treppe sind für viele eine wahre Himmelsleiter ins Glück. Das historische Monument im Herzen der Stadt ist nämlich weltberühmt als Flirtbörse der besonderen Art, natürlich speziell für die jüngere Generation. Manch sorgsam gegelter Romeo setzt sich hier abends ganz mutig auf die flachen Stiegen zur schönsten Julia, und das Schicksal nimmt seinen Lauf. Angeregt wurde der Bau der 1725 vollendeten Treppe vom Vatikan, man wollte eine würdevolle Verbindung zwischen der Piazza di Spagna und der hochgelegenen Kirche Santa Trinità dei Monti schaffen. Noch heute zelebriert der Papst dort im Dezember das Dogma der unbefleckten Empfängnis.

Um den würdigen Rahmen zu wahren, sind auffälliges Benehmen, picknicken oder Tanzeinlagen auf den Stufen verboten, Rüpel werden kräftig zur Kasse gebeten – was die selbsternannten Romeos der Stadt allerdings nicht daran hindert, ihren Julias weiterhin artig den Hof zu machen. www.piazzadispagna.it

## ④ VATIKAN: AUS GEHOBENER WARTE

Die Vatikanstadt ist einzigartig auf dieser Welt. Autarker Stadtstaat mitten in Rom, mit eigenem Fernsehsender, eigener Radiostation, Bahnhof, eigener Bank, größte Palastanlage der westlichen Hemisphäre. Der päpstliche Bauernhof im 20 Kilometer südöstlich gelegenen Castel Gandolfo liefert alltäglich frische Leckereien für den Kirchenführer und die rund 600 Bewohner seines Miniaturstaats (0,44 Quadratkilometer).

Als Entree für Besucher tut sich der mächtige Platz vor dem Petersdom auf. Die größte Kirche des Abendlands bietet Raum für 60 000 Gläubige. Die Kuppel mit tollem Ausblick, der vatikanische Garten und die Museen samt der berühmten Sixtinischen Kapelle können gegen Entgelt besichtigt werden. Seit einiger Zeit ist der Papst außerdem online: durch eine Kooperation zwischen Youtube, Radio Vatikan und dem Vatikan TV-Zentrum sind täglich die neuesten Botschaften der katholischen Kirche im Internet abrufbar.

Tipp: Wer sich im Pilgerzentrum vor Ort rechtzeitig um (kostenlose) Karten bemüht, darf mittwochs an einer Generalaudienz des Heiligen Vaters teilnehmen, je nach Wetter auf dem Petersplatz oder in einer Audienzhalle.

www.vatican.va, www.youtube.com/vatican.de, www.pilgerzentrum.de

**Große Sicht:** Blick von der Kuppel auf den Petersplatz; im Dom die Pietà von Michelangelo.

**Großer Auftrag:** die 110 Angehörigen der „Schweizer Garde" bewachen den Vatikan.

# MODE: CIAO BELLA!

**Armani,** Prada, Gucci und Co findet man problemlos zum Beispiel an der noblen Via Condotti. Junge Designer werden vom Haus Alta Roma gefördert, das zweimal im Jahr eine spektakuläre Messe organisiert. Termine und Infos unter **www.altaroma.it**

Von wegen immer nur Mailand oder Paris: Unter Kennern gilt Rom als wichtiges Zentrum der Haute Couture in Europa. An Modemeilen wie der Via Condotti, die unterhalb der Spanischen Treppe beginnt, leuchten dicht an dicht die Shops der elegantesten Labels – zum Schlussverkauf zweimal im Jahr gibt's sogar oft guten Rabatt. Kontrastprogramm sind Orte wie der Straßenmarkt an der Via Sannio, wo Straßenhändler neben gefälschter Designerware auch hippe Schuhe, Jacken und Taschen in Top-Qualität zu günstigen Preisen anbieten. Da lohnt sich das Stöbern.

Markt Via Sannio, Stadtteil San Giovanni, geöffnet jeden Mo.–Sa. vormittags.

## KAMPANIEN KOMPAKT

**ANREISE** Viele Wege führen nach Rom. Meist wird man aus dem Norden über die Autostrada del Sol (Autobahn A 1) ankommen. Achtung: Mit dem Reisemobil das enge Zentrum unbedingt meiden, einen Stellplatz außerhalb ansteuern und mit öffentlichen Verkehrsmitteln auf Entdeckungstour gehen.

**SEHENSWERTES** Das **Centro Storico,** die Altstadt, ist leicht zu Fuß zu erkunden. Neben Altertümern und Vatikan locken Plätze wie **Piazza Navona,** die zentrale Flaniermeile **Via del Corso,** Märkte wie der **Campo de' Fiori** und Roms traumschöne Brunnen, z.B. **Fontana di Trevi** oder **Fontana della Barcaccia** an der Spanischen Treppe. Schöne Aussicht gewährt der **Pincio** oberhalb der **Piazza del Popolo.**

**AUSKUNFT** Italienische Zentrale für **Tourismus ENIT,** Neue Mainzer Str. 26, 60311 Frankfurt, Telefon 069/237434, enit.ffm@t-online.de. www.enit-italia.de

## STELLPLATZ-TIPPS

### 00177 ROM/ROMA
Area di Sosta LGP

**Rom: Die Area di Sosta LGP ist rund um die Uhr bewacht.**

Gebührenpflichtiger Stellplatz für 150 Mobile. Angelegter Reisemobilplatz auf dem Gelände eines Handelsbetriebes für Reisemobilzubehör mit Werkstatt. Großzügig bemessene Parzellen auf Wiese, kein Schatten. Wohnmobilwaschplatz vorhanden. Bushaltestelle gegenüber, Tickets für Bus und U-Bahn an der Rezeption am Platz. Reservierung möglich. Für die nächtliche Anfahrt befindet sich an der Einfahrt eine Klingel zur Nachtwache. Ganzjährig nutzbar. Bodeneinlass. 15 Euro pro Nacht und Mobil inkl. Strom und Wasser.

Standort: Via Casilina 700, GPS 41°52'31"N/12°33'19"O, Luigi Nastasi, Telefon 0039/06/2427518, www.lgproma.it

### Rimessaggio Prato Smeraldo

Gebührenpflichtiger Stellplatz für 30 Mobile. Reserviertes Areal auf dem Gelände eines Reisemobil-Handelsbetriebs mit Vermietung. Der Untergrund ist mit Rasengittersteinen befestigt. Der Platz ist bewacht und beleuchtet. Bushaltestelle zur U-Bahn liegt vor Ort. Ganzjährig nutzbar. Bodeneinlass. 16 Euro pro Nacht und Mobil inklusive Strom, V+E.

Standort: Via di Tor Pagnotta 242, GPS 41°48'35"N/12°31'38"O, Telefon 0039/06/50512905, E-Mail info@pratosmeraldo.com, www.pratosmeraldo.com

### Piazzale 12 Ottobre 1492

Gebührenpflichtiger Stellplatz für 50 Mobile auf dem bewachten Busparkplatz am Bahnhof und Air Terminal Ostiense. Asphaltierter Untergrund. Minimarkt und Snack-Bar am Platz. U-Bahn Linie B und Bus Linie J zum Stadtzentrum. Reservierung möglich. Ganzjährig nutzbar. 1,50 Euro/Std., mindestens 6 Euro. 27 Euro/24 Std.

Standort: Via Pellegrino Matteucci, GPS 41°52'11"N/12°29'24"O, Telefon 0039/06/5745473, www.parkbus.it

### L'Oasi del Camper

Gebührenpflichtiger Stellplatz für 50 Mobile. Stadtnaher Übernachtungsplatz auf dem Gelände eines Reisemobil- und Wohnwagen-Abstellplatzes. Ebener, geschotterter Untergrund, durch Bäume unterteilt, beleuchtet und bewacht. U-Bahn-Haltestelle 300 m. Ganzjährig nutzbar. Bodeneinlass. 20 Euro pro Nacht und Mobil inklusive 4 Personen, Strom, V+E. V+E für Durchreisende: 10 Euro.

Standort: Via dell'Ippica 1, GPS 41°49'24"N/12°26'12"O, Telefon 0039/06/5293484, www.campertordivalle.it

**Rom: der Stellplatz auf dem Rimessaggio Tor di Valle**

### Gutshof Vivai Montecaminetto

Gebührenpflichtiger Stellplatz für 15 Mobile auf einer Wiese im landwirtschaftlichen Anwesen am Parco di Veio. Ganzjährig nutzbar. 5 Euro pro Nacht und Mobil, 5 Euro pro Person, alles inklusive.

Standort: OT Monte Caminetto, Via Sacrofanese 25h GPS 42°03'34"N/12°28'44"O, Mario Deconi, Telefon 0039/06/33615290, www.agriturismoroma.it

# 5 GUTE GRÜNDE FÜR
# KAMPANIEN

**NATURGEWALT, KULTUR UND GENUSS** gehen in dem süd-
italienischen Landstrich eine einzigartige Wechselbeziehung ein.
Der berühmte Golf von Neapel ist dabei ebenso sehenswert,
wie das weniger bekannte Hinterland. Kampanien – das Land,
das Goethe als „die wundersamste Gegend der Welt" beschrieb.

Text und Fotos: Jürgen Bartosch

## DER VESUV UND DIE BRENNENDEN FELDER

Der Golf von Neapel ist seit je her vom Vulkanismus geprägt. Auch wenn der Vesuv, der die Bucht mit 1281 Meter Höhe überragt, scheinbar schläft, lassen dampfende Spalten und Klüfte erahnen, dass seine Aktivität keineswegs erloschen ist. Spektakulär war die große Katastrophe im Jahr 79 nach Christus (siehe Seite 86), der letzte Ausbruch datiert aus dem Jahr 1944.

Wer den Vesuv im Frühsommer besucht, kann nicht nur seinen eindrucksvollen Krater, sondern auch seinen „gelben Schal" bewundern, ein Ring blühender Ginsterbüsche. Weitere Zeichen des Vulkanismus lassen sich auf den Phlegräischen („brennenden") Feldern entdecken. Antike Thermalbäder an heißen Quellen, mythische Kraterseen, Schwefel-Fumarole und brodelnd Schlamm speiende Pools – gleich neben dem quirligen Alltagsleben – ergeben eine eigenartig unwirkliche Atmosphäre. Nicht umsonst gehört zu einer klassischen Italien-Reise schon immer ein Besuch dieser Gegend.

**DER BESONDERE TIPP**

**Die Solfatara** ist ein Gebiet besonderer vulkanischer Aktivität: Überall blubbernde Schlammgeysire und Spalten, aus denen Schwefeldämpfe zischen. Kurios: Innerhalb dieses Naturparks gibt es einen kleinen Campingplatz, auf dem man sogar eine natürliche Schwefeldampf-Sauna ausprobieren kann. **www.solfatara.it**

Vom Vesuv bieten sich fantastische Blicke – in den Krater und die Bucht von Neapel; rechts: kristallisierter Schwefel.

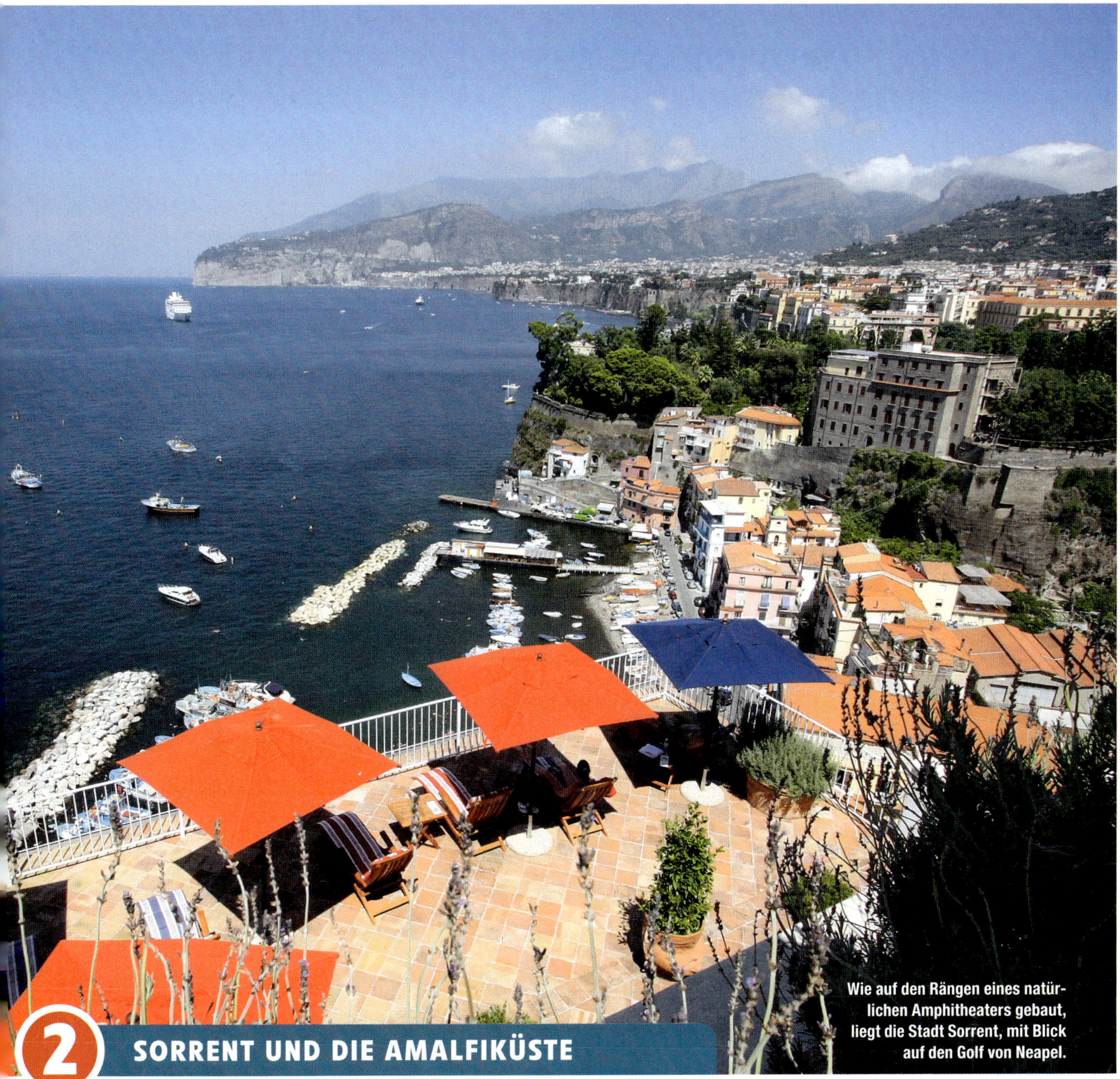

Wie auf den Rängen eines natürlichen Amphitheaters gebaut, liegt die Stadt Sorrent, mit Blick auf den Golf von Neapel.

# 2 SORRENT UND DIE AMALFIKÜSTE

Schon viele haben sie beschrieben und besungen – die Sorrentiner Halbinsel, mit dem Golf von Neapel auf der Nord- und der atemberaubenden Amalfiküste auf der Südseite sowie der vorgelagerten Insel Capri. Diese Landzunge allein ist schon eine Reise nach Kampanien wert: spektakuläre Steilküsten mit aberwitzig an den Fels geklebten Ortschaften wie etwa Positano, und zwischendrin immer wieder eingestreut, teils nur mit dem Boot erreichbare kleine Badebuchten.

Eine Fahrt auf der engen und kurvigen Küstenstraße ist begleitet von einzigartigen Ausblicken, jedoch bleibt es meist beim flüchtigen Eindruck, denn Parkmöglichkeiten sind äußerst rar. Der spektakulärste Abschnitt, die Amalfitana, ist von April bis Oktober ohnehin für Reisemobile gesperrt. Deshalb sollte man auf andere Verkehrsmittel ausweichen. Mit Linienbussen lassen sich praktisch alle Orte erreichen und dann zu Fuß entdecken. Ohnehin locken traumhafte Wanderwege entlang der Steilküste auf Schusters Rappen. Mit einem Motorroller erreicht man auch abgelegene Strandzugänge, oder man nimmt gleich ein Boot und genießt die Seeperspektive, etwa bei einem Ausflug nach Capri und zur blauen Grotte.

Übrigens kommen hier auch Hobbytaucher voll auf ihre Kosten, insbesondere im Naturschutzgebiet von Punta Campanella (www.sorrentodiving.com).

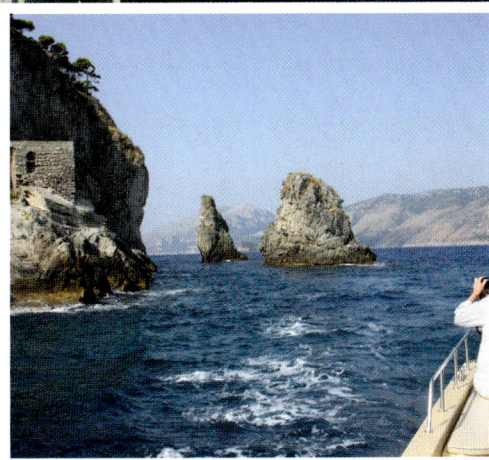

Eine Bootstour entlang der spektakulären Amalfiküste bietet einzigartige Perspektiven.

**Der Agriturismo Le Tore** findet sich an der Spitze der Sorrentiner Halbinsel. Gäste mit Reisemobil bekommen hier Einblicke in die Zitronen- und Olivenproduktion und auf Nachfrage ein Plätzchen für die Nacht. **www.letore.com**

DER BESONDER **TIPP**

## 3 MOZZARELLA – DAS WEISSE GOLD KAMPANIENS

Kampanien ist nicht nur das klassische „Land, wo die Zitronen blühen", sondern auch die Heimat des echten Büffel-Mozzarellas. Zahlreiche Kleinbetriebe produzieren hier den typischen weißen Weichkäse vornehmlich für den regionalen Bedarf. Manche Hersteller lassen sich bei einer Führung über die Schulter schauen. Bei der abschließenden Verkostung von frisch produziertem Mozzarella wurde schon mancher Skeptiker zum Liebhaber dieser eigentlich aromatischen Käsespezialität. Auch wenn die Küstenregion Kampaniens zu einem Gutteil vom Tourismus lebt, beginnt doch gleich dahinter der namensgebende, landwirtschaftlich geprägte Teil (lateinisch campus = Feld).

Neben den Citrusfrüchten wird hier ebenso hervorragendes Olivenöl produziert, und auch die Weine lohnen sich zu entdecken. Etwa bei einer Probe auf der Fattoria Villa Matilde, wo Gründer Francesco Avallone vor Jahrzehnten damit begonnen hat, vergessene Rebsorten aus der Römerzeit wie den Falerno wieder anzubauen (www.fattoriavillamatilde.it.).

**Makabres Relikt: Gipsabguss einer in der Vulkanasche erhaltenen Frauengestalt.**

## 4 POMPEJI – GESCHICHTE HAUTNAH

Die Ausgrabungen von Pompeji zeigen eine Momentaufnahme des Lebens im Jahre 79 n. Chr.

Die Ausgrabungsstätte von Pompeji gelangte deshalb zu Weltruhm, weil sie mehr ist als eine Ansammlung alter Steine. Am 24. August des Jahres 79 nach Christus begrub der Lava- und Ascheregen des Vesuv innerhalb weniger Stunden die blühende Stadt. Wer heute durch das antike Pompeji läuft, bewegt sich wie durch eine begehbare Momentaufnahme des damaligen Lebens. Die Überreste der großen Bauwerke, wie der Basilika und des Amphitheaters, sind eindrucksvoll. Geschichte wird aber da wirklich hautnah erlebbar, wo die gefundenen Relikte ganz alltägliche Vorgänge wieder zum Leben erwecken. Wie etwa die Garküche an der Straßenecke, wo man schnell einmal eine Zwischenmahlzeit einlegen konnte, oder die Bäckerei, in deren Ofen die Archäologen noch verbrannte Brote fanden, die keiner mehr rechtzeitig herausholen konnte.

Ein Bodenmosaik an der Eingangstür, das nicht nur als Schmuck diente, sondern Besucher auch gleich vor dem Haus- und Hofhund warnte. Geheimnisvolle Phallussymbole im Straßenpflaster, die die Seemänner vom Hafen schnurstracks in das nächste Bordell lotsten; bis hin zu den berühmten Ascheleichen von Pompeji, die eigentlich gar keine Leichen sind, sondern Gipsabgüsse der im Bimsstein erhaltenen Umrisse von Mensch- und Tierkörpern.

Sie wurden vom Vulkanausbruch überrascht und lebendig begraben, wie und wo sie gerade waren – ein Anblick, der ziemlich unter die Haut geht.

# 5 CASERTA – ITALIENISCHES VERSAILLES

Nicht nur der Königspalast selbst, auch seine ausgedehnten Gärten sind einen Besuch wert.

Das größte und imposanteste Gebäude ganz Italiens findet sich in der Provinzhauptstadt Caserta: der Königspalast. Karl von Bourbon nahm sich für diesen Prachtbau das Schloss von Versailles zum Vorbild. Mit 1200 Räumen auf fünf Stockwerken hat es wahrhaft königliche Ausmaße. Neben den prunkvollen Sälen gewähren Führungen auch intimere Einblicke in das einstige höfische Leben, etwa ins Bade- und Schlafzimmer oder eine kunstvoll geschnitzte Weihnachtskrippenlandschaft.

Riesig sind auch die Gartenanlagen mit terrassenförmigen Wasserbecken und einem großen, aquäduktgespeisten Wasserfall, sowie einem botanischen Garten.

## KAMPANIEN KOMPAKT

**RESTAURANT-TIPPS** Trattoria La **Tagliata** Mit einem tollen Ausblick auf die Amalfi-Küste. Lokale Spezialitäten mit Zutaten aus größtenteils eigenem Anbau und Aufzucht. Via Tagliata 22, I-80064 Positano, Telefon 0039/089/875872, www.latagliata.com

**Baia Domizia** Wer den im Norden Kampaniens direkt am Meer gelegenen Campingplatz besucht, sollte unbedingt im Platzrestaurant auch mal à la carte essen: besonders leckere Meeresfrüchte. Geöffnet von Mitte April bis Mitte September, I-81030 Baia Domizia (Caserta), Telefon 0039/0823/930164, www.baiadomizia.it

**AUSKUNFT** **Für Kampanien** zuständig ist die Regione Campania Assessorato al Turismo e ai Beni Culturali, centro direzionale is. C/5, I-80143 Napoli, Telefon 0039/0639967851, www.turismoregionecampania.it

## STELLPLATZ-TIPPS

### 81034 MONDRAGONE
La Duna

Gebührenpflichtiger Stellplatz für 70 Mobile an einer Ferienanlage mit Restaurant direkt am Strand. Fester Untergrund aus Sandboden mit Grasnabe, kein Schatten. Ganzjährig nutzbar. 18 Euro pro Nacht und Mobil inkl. Strom, V+E.
Standort: Via Domiziana Km 15,2, GPS 41°07'57"N/13°51'43"O, Telefon 0039/338/3025897, www.laduna.it

### 80100 NEAPEL/NAPOLI
Parcheggio IPM

Gebührenpflichtiger Stellplatz für 50 Mobile auf einem asphaltierten Großparkplatz am nördlichen Stadtrand. Ganzjährig nutzbar. 20 Euro pro Mobil und 24 Std.
Standort: Via Colli Aminei 27, GPS 0°52'13"N/14°14'46"O, Telefon 0039/081/7411111, www.comune.napoli.it

### 83051 NUSCO
Agriturismo Il Tetto Rosso

Gebührenpflichtiger Stellplatz für 10 Mobile an einem Ferienbauernhof am Ortsrand. Gelände mit Schotteruntergrund, kein Schatten. Ganzjährig nutzbar. Bodeneinlass. 14 Euro pro Nacht und Mobil inkl. Ver- und Entsorgung. V+E für Durchreisende: 5 Euro.
Standort: Contrada Chianola 48, GPS 40°53'12"N/15°03'48"O, Telefon 0039/0827/64428,

### 84034 PADULA
Agriturismo Tre Santi

Gebührenpflichtiger Stellplatz für 30 Mobile. Für Reisemobile reserviertes Areal mit befestigten Fahrspuren auf einer Obstwiese am Bauernhof. 500 m bis zum Fuß des Altstadthügels. Saison: März bis Januar. Bodeneinlass. 10 Euro pro Nacht und Mobil. Strom: 1 Euro. Wasser: 1 Euro.

Standort: OT Vascella, Via San Biagio Scalo, GPS 40°19'52"N/15°39'18"O, Anna und Franco Arienzo, Telefon 0039/0975/778425, www.agriturismotresanti.it

### 84063 PAESTUM
Camper Park Mandetta

Gebührenpflichtiger Stellplatz für 20 Mobile. Ebener Wiesenuntergrund mit Sonnenschutzmatten beschattet, direkt am Strand. Ganzjährig. 10–25 Euro pro Nacht und Mobil je nach Saison, inklusive Dusche, Strom, V+E.
Standort: Via Torre di Mare 30, GPS 40°24'55"N/14°59'26"O, Giuseppe Mandetta, Telefon 0039/0828/811118, www.mandetta.it

### 80045 POMPEI
Famiglia Ametrano

Gebührenpflichtiger Stellplatz für 20 Mobile auf Privatgelände.

Ebener, betonierter Untergrund, mit einigen Wiesenstreifen durchzogen, kaum Schatten. WC vorhanden. Ganzjährig nutzbar, außer am 25. Dezember, 1. Januar und 1. Mai. 18 Euro pro Nacht und Mobil inklusive Strom, V+E.
Standort: Via Antonio Segni 23, GPS 40°45'17"N/14°29'49"O, Pächter Signor Arcangelo, Telefon 0039/081/8634160, www.ametrano.eu

### 83057 TORELLA D. LOMB.
Area Camper „Alto Ofanto"

Gebührenfreier Stellplatz für 40 Mobile. Für Reisemobile reserviertes Areal gegenüber dem Sportgelände. Der Platz ist eben und asphaltiert, nachts beleuchtet. Ganzjährig nutzbar. Bodeneinlass.
Standort: Via dell'Unicef, GPS 40°56'16"N/15°06'48"O, Pro Loco, Tel. 0039/0827/44060, www.comune.torelladeilombardi.av.it

# DIE PERFEKTE WOCHE IN

# APULIEN

Fast 800 Kilometer ist Apuliens Küste lang – mit tollen Stränden und einem Hinterland, das sich bestens mit dem Reisemobil erkunden lässt. Tour durch eine Region, die für viele Italiener längst zu einem Lieblingsziel geworden ist.

Fotos: Udo Bernhart, Steffen Zink

Kirche am Meer:
der Hafen von Trani
mit der Kathedrale
San Nicola Pellegrino.

**Edel tafeln:** in den typischen Gutshäusern befinden sich oft feine Restaurants, wie zum Beispiel in der Masseria Borgo San Marco.

Meeresdelikatessen: Fischsuppe
im Ristorante Marechiaro Gallipoli.

Touristenmagnet: die fotogene Trulli-
Hochburg Alberobello in der Provinz Bari.

Kleine Runddächer: Die Trulli von Alberobello verdanken ihre typische Form einem Steuertrick.
Im Fall einer Kontrolle bauten die Besitzer flott die Dächer ab – kein Haus, keine Steuerschuld.

**D**er Wind, der vom Meer kommt, bringt graue Wolken und roten Staub. Er zerrt an den Fensterläden, er schüttelt die reifen Oliven von den Bäumen. Im Prinzip ist das nicht verkehrt, denn Apuliens Oliven werden nur selten gepflückt. Die meisten sammeln die Menschen vom Boden auf. Aber Francesco wollte eigentlich noch bis zum Wochenende mit der Ernte warten. Dann hätten seine beiden Vettern, der Schwager und der Großonkel helfen können. Es nützt nichts, die reifen Oliven können nicht am Boden liegen bleiben. Zum Glück haben wenigstens der Sohn und die Tochter am Nachmittag Zeit. Ganz allein könnte man in den endlosen Reihen der Olivenbäume schnell mutlos werden.

**Francescos Olivenfelder** liegen in der Nähe von Ostuni. Hier wachsen einige der ältesten Ölbäume Apuliens, teils mehrere hundert Jahre alt. Mit rund 19 000 Quadratkilometern ist Apulien – ganz im Südosten Italiens – annähernd so groß wie Rheinland-Pfalz. Ungefähr 75 Prozent des Landes werden landwirtschaftlich genutzt, an erster Stelle steht der Getreideanbau, gefolgt von den Olivenbäumen. Doch auch Früchte, Tomaten, Wein, Mandeln und Blumen werden kultiviert. Immerhin stammen annähernd 30 Prozent der italienischen Obst- und Gemüseernte aus Apulien – und fast 50 Prozent des Olivenöls.

Francescos Tochter schaufelt die Oliven in die Plastikkisten. Eine Unterhaltung ist unmöglich, denn die Maschine, in die Francescos Sohn den Inhalt der Plastikkisten leert, macht einen Höllenlärm. Die Oli-

ven rollen über ein rüttelndes Sieb, Blätter und Schmutz fallen einfach durch. Ein Sack nach dem anderen wird mit Oliven gefüllt und dann auf die Ladefläche des Lieferwagens geladen. Noch am selben Tag müssen die Oliven gepresst werden, denn je länger sie liegen, umso mehr verlieren sie an Qualität.

Jedes Jahr werden in Apulien rund 15 Millionen Doppelzentner Oliven geerntet, aus den meisten wird Öl gewonnen. Die stolze Menge von rund einer halben Million Doppelzentner verbrauchen die Apulier

übrigens selbst. Auch Francesco und seine Familie, samt der weitläufigen Verwandtschaft, holen sich in der genossenschaftlichen Ölmühle so viel Öl, wie sie das ganze Jahr über brauchen. Denn nichts schätzen die Apulier mehr, als Lebensqualität in Form von eigenem Öl, frischen Tomaten, Gemüse und Obst aus dem eigenen Garten. Hausgemachte Orecchiette, Öhrchennudeln. Und natürlich das Meer.

Apulien besitzt über 800 Kilometer Küste, mehr als jede andere Region des italienischen Festlands, und nirgend- »

---

### ■ GENUSS ZUM ENTDECKEN – APULISCHER WEIN

**Der Weinbau** hat in Apulien eine Jahrtausende alte Tradition. Zwar sind Apuliens Weine weniger berühmt als jene aus anderen Regionen Italiens, doch im Ertrag hält Apulien immerhin den dritten Platz: Auf rund einem Achtel der gesamten Rebfläche Italiens werden jährlich fast 7 Millionen Hektoliter Wein

produziert. Auf den fruchtbaren Böden, belüftet vom kühlen Wind von beiden Seiten des Mittelmeeres und unter viel südlicher Sonne reifen herrliche Rotweine, die durchaus eine größere Aufmerksamkeit verdient haben. Typische Sorten sind Aglianico, Nero di Troia, Fiano und Falanghino. Viele Kellereien sind traditionell alte, herrschaftliche Gutshöfe, Masseria genannt, wo man oft auch wunderbar speisen und übernachten kann. Zu den schönsten Weingütern gehören: Azienda Agricola Schinosa in Trani, Leone de Castris in Salice Salentino, Feudi di Terra d'Otranto in Veglie und Tenuta Rubino in Brindisi.

**Der Nase nach:** Gianni Cantele
vom Weingut Azienda Vinicola
degustiert einen Salice Salentino.

Das schmeckt auch Vierbeinern:
Ziegen in einem Olivenhain bei Lecce.

Ein Platz zum Verweilen: die verwinkelten Gässchen von Ostuni.

Ganz ausgezeichnet: das Weingut
Leone de Castris in Salice Salentino.

Wildschöne Küsten mit feinen Sandstränden in versteckten
Buchten: der „Stiefelsporn", die Halbinsel Gargano.

wo ist der Sand feiner, das Wasser klarer. Die Küste reicht vom Gargano, dem Sporn des Stiefels, bis um den Absatz herum; keine Stadt ist weiter als 80 Kilometer vom Meer entfernt. Und im Süden können Besucher sogar zwischen dem Adriatischen und dem Ionischen Meer wählen.

**Auch Apuliens Städte** haben etwas Besonderes. So sind die historischen Altstadtkerne meist von besonderem Reiz: prunkvolle Kirchen, elegante Palazzi und malerische Gassen mit vielen einladenden Geschäften bilden einen sympathischen Kosmos, der im harten Kontrast zu den oft tristen Vorstädten steht. Vielerorts gibt es Schätze zu entdecken, wie zum Beispiel die byzantinische Kreuzkuppelkirche San Pietro in Otranto oder den Lecceser Barock, dessen beeindruckendstes Beispiel wohl die Fassade der Kirche von Santa Croce ist. Wichtige Ziele in Apulien sind auch Castel del Monte (siehe Seite 102) und das herausgeputzte Alberobello. Seine runden weißen Häuser mit ihren kegelför-

migen Steindächern entstanden Mitte des 14. Jahrhunderts und erinnern an Afrika.

Obwohl Apulien zu den interessantesten Regionen Italiens zählt, kommen jedes Jahr nur etwa 85 000 Touristen aus dem Ausland hierher. Für die Italiener gehören Ferien am Meer – und zwar am eigenen – einfach dazu. Viele Familien besitzen oder mieten kleine Sommerhäuschen am Strand. Luxus spielt dabei keine große Rolle. Hauptsache, die ganze Familie ist dabei, das Meer ist sauber, und man isst und trinkt gut.

Endlich hat der Scirocco nachgelassen, die Sonne blinzelt durch die silbernen Blätter der Olivenbäume. Der kleine Lieferwagen ächzt unter dem Gewicht der vielen Säcke. Francesco ist zufrieden. Er klettert auf den Fahrersitz und berührt zum Dank kurz das Medaillon seines persönlichen Lieblingsheiligen Padre Pio, das vom Rückspiegel baumelt.

.................................................... *Karin Bernhart*

APULIEN KOMPAKT bitte umblättern ⟫⟫

### ■ AM SPORN

**Die Halbinsel Gargano,** der Sporn des italienischen Stiefels, bietet auf ihren rund 2000 Quadratkilometern einige der schönsten Strände Apuliens. Tiefblaues Meer und zerklüftete Kreidefelsen prägen die Küstenlinie an der Adria, unterbrochen von kleineren Buchten mit langen Sandstränden, wie etwa in Peschici oder Vieste. Die drei vorgelagerten Inseln Isole Tremiti gehören ebenfalls dazu. Das reizvolle Hinterland wird durch üppige Wälder und zwei Süßwasserseen geprägt, der Nationalpark Gargano gibt viele Einblicke in zum Teil seltene Flora und Fauna.

Apulien blau-weiß: die Kreideküste
leuchtet hell vor Himmel und Meer.

Die weiße Stadt: Ostuni thront hoch über
der Adria inmitten von Olivenhainen.

# Der schöne Absatz des Stiefels

Von ritterlichen Burgen und seltsamen runden Häusern, von strahlend weißen Küsten und Kunstwerken aus goldgelbem Sandstein – und von einem allgegenwärtigen Schutzpatron, den die meisten Einheimischen besonders verehren.

**1 VIESTE** Das ehemalige Fischerdorf Vieste mit seiner Bilderbuch-Altstadt thront auf 43 Meter hohen Klippen. Die Küste aus nahezu weißem Stein fällt zum Meer hin steil ab, südlich des Altstadtkerns erstreckt sich der Sandstrand von Pizzomuno. Die bunten Fischerboote im Hafen schippern nahezu täglich für Gäste an der Küste entlang.

**2 SAN GIOVANNI ROTONDO** Padre Pio ist der Lieblingsheilige der kleinen Leute, vielleicht weil er einer der ihren war und selbst aus einfachsten Verhältnissen stammte. San Giovanni Rotondo, wo der Pater verschiedene Wunder vollbracht haben soll und auch ein Krankenhaus gründete, wurde zur weltberühmten Pilgerstätte.

**3 BARLETTA** In Barletta, einer lebendigen Hafenstadt mit malerischen Gassen, ist die Hauptattraktion der Koloss, eine etwa fünf Meter hohe, gut erhaltene römische Bronzestatue. Groß und eindrucksvoll präsentiert sich auch die Stauferburg von Barletta. Kein Wunder: Die Stadt war einst Hauptsitz des Deutschen Ritterordens.

**4 ALBEROBELLO** Von den typischen Zipfelmützen-Häuschen Apuliens, den Trulli, finden sich in Alberobello noch rund 1000. Der klassische Trullo, vermutlich arabischen oder afrikanischen Ursprungs, ist klein und rund, die Wände sind weiß getüncht und er hat ein graues Steindach, das ganz oben mit einem symbolischen Abschlussstein geschmückt ist.

**5 OSTUNI** Die weiße Stadt auf einem Hügel mit Blick auf die Adria und Olivenhaine, ist ein Touristenmagnet. Unzählige kleine Souvenir-Läden in den Gassen der Altstadt muten an wie ein Basar: Hier gibt es Olivenöl, Orichiette (Öhrchennudeln), luftgetrocknete Tomaten, oder die berühmten Fischiette – Tonpfeifen, die Vogelstimmen imitieren.

**6 LECCE** Der goldgelbe Sandstein der Provinzhauptstadt Lecce lässt sich zu besonders zierlichen und feinen Dekorationen verarbeiten. Der typische Lecceser Barock ist in seiner Vielzahl an Formen, Figuren, Friesen und Verzierungen unübertroffen. Als Prunkstück gilt die Kirche Santa Croce, die wie eine fantastische Hochzeitstorte wirkt.

## SIZILIEN KOMPAKT

# Infos | Tipps | Adressen

### SEHENSWERTES

**Weißes Gold:** Meerwasser, Wind und Sonne – bei Trapani im Nordwesten liegt das Naturreservat der Salinen von Trapani und Paceco mit weiten Flächen zur Salzgewinnung. Mehr über das weiße Gold mit dem typischen Meeresgeschmack erfährt man in der Ettore e Infersa vor Moizi und im Salz-Museum der Saline Culcasi bei Nubia.

Ettore e Infersa,
www.salineettoreinfersa.com;
Saline Culcasi,
www.trattoriadelsale.com

**Nicht Wind-, sondern Salzmühle: Saline im Reservat bei Trapani.**

**Moderne Kunst:** In dem kleinen Badeort Castel di Tusa bei Cefalù haben zeitgenössische Künstler Strand und Ort mit modernen Kunstinstallationen geschmückt. Ins Leben gerufen wurde das Freilichtmuseum Fiumara d´arte 1986 von Antonio Presti. Auch das Kunst-Hotel Atelier sul mare wurde auf diese Art gestaltet.

98079 Castel di Tusa,
Via Cesare Battisti 4,
Tel. 0039/0921/334295,
www.ateliersulmare.com

**Marsala:** Ein Besuch in der lebhaften Stadt Marsala lohnt wegen des Nationalmuseums samt punischem Schiff aus dem 3. Jh. am Kap Boeo. Von hier bis zum Hafen liegen zahlreiche Marsala-Kellereien, in denen Besucher die edlen Süßweine verkosten können – schön gekühlt natürlich. Auch das Tenuta di Donnafugata bietet Kellerführungen an – es ist das älteste Weingut Siziliens und seit 150 Jahren in Familienhand.

Die *baglio*, die Weinkeller in Marsala, wurden 1851 erbaut.

91025 Marsala,
Via Sebastiano Lipari 18,
Tel. 0039/0923/724245263,
www.donnafugata.it

### RESTAURANTS

**Capriccio di Mare Ristorante:** In gastfreundlicher Atmosphäre wird sizilianische Hausmannskost und internationale Küche kredenzt, mit einer reichen Auswahl an Meersfrüchten und Fischgerichten. Probieren: die typisch sizilianische *cassata*-Torte.

92100 Agrigent, Via Nettuno 27,
Tel. 0039/0922/411761,
www.capricciodimareag.com

**Trattoria La Paglia:** Hier haben die Zutaten kurze Wege – das Restaurant liegt ganz in der Nähe des Fischmarkts von Catania. Die Küche ist wunderbar schlicht und gut, die Preise sind recht günstig. Außerdem gibt es eine große Auswahl an sizilianischen Weinen.

95100 Catania, Via Pardo 23,
Tel. 0039/095/346838

**Frisch und vollmundig: Die Natur schenkt beste Zutaten.**

**Altri tempi:** Authentische sizilianische Küche in Palermo unter der Regie von Sebastiano Salanitro in schönem alten Gebäude. Zubereitet wird teils nach überlieferten Rezepten, empfehlenswert sind auch die Antipasti. Dazu einen kräftigen Roten – wunderbar.

90141 Palermo,
Via Sammartino 65,
Tel. 0039/091/323480,
www.trattoriaaltritempi.it

### INFORMATION

**Die offizielle Seite** für Sizilien hält einen Bereich in englischer und deutscher Sprache für Touristen bereit. Es gibt auch einige Broschüren zum Herunterladen.
www.regione.sicilia.it/turismo

### ■ LEBEN MIT DEM VULKAN

**Eine Landschaft aus Feuer und Eis:** Etwa 3340 Meter ist der Ätna hoch, der aktivste und höchste Vulkan Europas – mal ein paar Meter mehr, mal ein paar weniger. Genau lassen sich seine Maße nicht bestimmen, da mit jeder Aktivität Lavaschlacken die Form des Berges verändern können. Im Ätna rumort es ständig, über 150 große Ausbrüche wurden seit dem 5. Jahrhundert v. Chr. gezählt. Trotz der ständigen Bedrohung ist das Gebiet im Umkreis von 15 Kilometern zu seinen Füßen dicht besiedelt, bis auf 1500 Meter werden sogar Ölbäume und Wein angebaut. Geführte Wanderungen zu den Hauptkratern oder eine Rundfahrt mit der Lokalbahn Circumetna sind eindrucksvolle Erlebnisse, im Winter wird auf den schneebedeckten Hängen auch Ski gefahren.
www.funiviaetna.com

**Irgendwo gibt es immer Rauch und Feuer: ein Krater des Ätna.**

### STELLPLÄTZE

#### 91014 CASTELLAMMARE DEL GOLFO
Area Sosta Camper Scopello

Gebührenpflichtiger Stellplatz für 20 Mobile. Terrassierter Reisemobilplatz auf etwas abschüssigem Gelände auf Schotter. Saison: April bis Oktober. 16 Euro pro Nacht und Mobil inklusive Dusche, Strom, Ver- und Entsorgung.
Standort: OT Scopello, Franzione Scopello, GPS 38°04'03"N/12°49'02"O, Telefon 0039/339/5088166, www.plaia.it

#### 97010 DONNALUCATA
Club Picailly

Gebührenpflichtiger Stellplatz für 60 Mobile am Lido Spinasanta. Separates Areal für Reisemobile am Campingplatz. Ebener, naturbelassener Untergrund mit geringem Baumbestand, teilweise unter Schattendächern. Bar vorhanden. Der Platz liegt 100 m vom Strand entfernt, umgeben von Plantagen und Gewächshallen. Ganzjährig. Bodeneinlass. 16–22 Euro pro Nacht und Mobil je nach Saison inklusive 2 Personen. Strom: 3–3,50 Euro. Hund 1–2,50 Euro. Dusche, V+E inklusive.
Standort: Via Mare Adriatico, GPS 36°44'51"N/14°39'47"O, Giovanni Scivoletto, Telefon 0039/0932/938704, Mobil 0039/339/3777700, www.club-picadilly.it

#### 98035 GIARDINI-NAXOS
Parking Lagani

Gebührenpflichtiger Stellplatz für 45 Mobile auf einem angelegten Areal unter Palmen. Untergrund aus Kies und Beton, durch Steinplatten parzelliert. 100 m zum Strand. Ganzjährig nutzbar. 25 Euro pro Nacht und Mobil alles inklusive. Im Winter 7 Euro.

Standort: Viale Stracina 22, GPS 37°49'15"N/15°16'03"O, Salvino, Telefon 0039/0942/54257, Mobil 0039/339/7031392, www.parkinglagani.it

Eden Parking

Gebührenpflichtiger Stellplatz für 30 Mobile auf einem ausgewiesenen Areal unter hohen Bäumen. Untergrund aus Schotter von Rasen durchzogen. 200 m bis zum Strand. 20 Euro pro Nacht und Mobil alles inklusive, im Winter 8 Euro.

Standort: Viale Stracina 20, GPS 37°49'16"N/15°16'04"O, Fazio Rosario, Telefon 0039/0942/51010, Mobil 0039/348/2513767, www.edenparking.it

Holiday Sun Camper-Parking

**Giardini-Naxos: der geschotterte Reisemobilhafen Holiday Sun.**

Gebührenpflichtiger Stellplatz für 28 Mobile auf einem ausgewiesenen Areal unter hohen Bäumen hinter der Pizzeria Morgan's. Untergrund aus Schotter, von Wiese durchzogen. 200 m bis zum Strand. Ganzjährig nutzbar. 10–25 Euro pro Nacht und Mobil, je nach Saison. Strom, Ver- und Entsorgung inklusive, Dusche extra.

Standort: VViale Stracina 20, GPS 37°49'18"N/15°16'03"O, Peter 0039/348/3455719, Salvatore 0039/339/2185191, http://holidaysun.freshcreator.com

**97014 ISPICA**
Agriturismo Re Carrubo

Gebührenpflichtiger Stellplatz für 15 Mobile auf einem landwirtschaftlich bewirtschafteten Ferienhof. Ruhige Einzellage zwischen Wiesen und Feldern. Ebe-

ner Schotteruntergrund. Ganzjährig. Bodeneinlass. 15 Euro pro Nacht/Mobil inkl. Dusche, Strom (3A), V+E. Strom (6A): 3 Euro. Sonderkonditionen für längeren Aufenthalt von Oktober bis März. V+E für Durchreisende: 5 Euro.

Standort: Contrada Carruba, SP 49, GPS 36°45'13"N/14°57'35"O, Michela Collareda, Mobil 0039/338/7938798, www.recarrubo.eu

**98057 MILAZZO**
Garage delle Isole

Gebührenpflichtiger Stellplatz für 50 Mobile. Für Reisemobile eingerichtete und reservierte Fläche an einer Autovermietung. Kostenloser Shuttle zum Strand oder zum Stadtzentrum. Ganzjährig nutzbar. 20 Euro pro Nacht und Mobil inklusive Strom, V+E.

Standort: Via San Paolino, GPS 38°12'33"N/15°14'27"O, Giovanni Alibrando, Telefon 0039/090/9288585, www.garagedelleisole.it

**92010 MONTALLEGRO**
Agriturismo Torre Salsa

Gebührenpflichtiger Stellplatz für 20 Mobile im Naturschutzgebiet hoch über dem Strand. Für Reisemobile reserviertes Gelände im landwirtschaftlichen Anwesen. Naturbelassener Untergrund. Aufenthalt mindestens 3 Nächte, im August 1 Woche. Ganzjährig. 22 Euro pro Nacht und Mobil inklusive 1–2 Personen in der Hauptsaison. In der Zwischensaison 18,50 Euro, in der Nebensaison 15 Euro. V+E inklusive Strom nach Verbrauch. Dusche: 1 Euro. Hund: 1–2 Euro.

Standort: OT Siculiana, Contrada Salsa s.n., GPS 37°22'35"N/13°19'22"O, Telefon 039/0922/847074, Mobil 0039/336/945967, www.torresalsa.it

**90143 PALERMO**
Freesbee Parking

Gebührenpflichtiger Stellplatz für 30 Mobile. Parkplatz für Pkw und

Reisemobile neben dem Handelsbetrieb Idea Vacanze, nahe dem Messegelände Fiera del Mediterraneo. Grünanlage zwischen Sportanlagen und Hafen. Untergrund Asphalt, beleuchtet und bewacht. Ganzjährig nutzbar. 15 Euro pro Nacht und Mobil bis 35 qm inklusive V+E. Strom: 3 Euro. 18 Euro für Fahrzeuge über 35 qm. Strom: 5 Euro. Duschen: 1 Euro. V+E für Durchreisende: 3 Euro.

Standort: Via Imperatore Federico 116, GPS 38°08'52"N/13°21'08"O, Telefon 0039/091/542555, www.ideavacanzepa.it

**94015 PIAZZA ARMERINA**
Agriturismo Agricasale

Gebührenpflichtiger Stellplatz für 25 Mobile. Weitläufiges Gelände an einem Ferienhof in Einzellage zwischen Piazza Armerina und Mirabella Imbaccari. Naturbelassener Untergrund. Ganzjährig. 15 Euro pro Nacht und Mobil inklusive Dusche, Strom, V+E.

Standort: Contrada Ciavarini, GPS 37°20'24"N/14°23'16"O, Corrado Benedetti, Telefon 0039/0935/686034, www.agricasale.it

**92014 PORTO EMPEDOCLE**
Punta Piccola Park

Gebührenpflichtiger Stellplatz für 75 Mobile. Ausgewiesene Reisemobilpark auf Schotter direkt am Meer. Saison: Juni–September. 15 Euro pro Nacht und Mobil inklusive Strom, Ver- und Entsorgung. Dusche: 2 Euro/Person.

Standort: OT Punta Piccola, Via Nereo, GPS 37°17'21"N/13°29'33"O, Telefon 039/347/5298525, www.puntapiccolapark.com

**97016 POZZALLO**
Salvamar Camper Sosta

Gebührenpflichtiger Stellplatz für 20 Mobile. Angelegtes schattenloses Wiesengelände an einer Fischzucht zwischen Hafen und Maganuco-Strand, direkt am

Meer. Fischverkauf am Platz. Ganzjährig nutzbar. 14–20 Euro pro Nacht und Mobil, je nach Saison, alles inklusive.

Standort: OT Zona Porto, Lungomare Raganzino, GPS 36°42'58"N/14°49'20"O, Pippo Gravagna, Telefon 0039/338/9915019, E-Mail salvamar@inwind.it

**97010 SANTA CROCE C.**
Azienda Agrituristica
Capo Scalambri

Gebührenpflichtiger Stellplatz für 50 Mobile. Für Reisemobile ausgewiesenes Areal an einem bewirtschafteten Ferienbauernhof zwischen Obstplantagen und Anbauflächen. Untergrund eben und geschottert. Ganzjährig nutzbar. 16–24 Euro pro Nacht und Mobil je nach Saison inklusive 2 Personen, Ver- und Entsorgung. Strom: 3–4 Euro. Hund: 2–3 Euro. Camper-Stop von 18–9 Uhr: 10–13 Euro je nach Saison, im August nicht möglich.

Standort: OT Punta Secca, GPS 36°47'34"N/14°29'23"O, Salvatori Giacchi, Telefon 0039/0932/915600, Mobil 0039/338/6963723, www.caposcolambri.com

**96100 SIRACUSA**
Area di Sosta Parcheggio
Von Platen

Gebührenpflichtiger Stellplatz für 100 Mobile. Großparkplatz für Pkw mit separatem Platzteil für Reisemobile. Die naturbelassene Wiese ist etwas holprig, aber eben, wenig Schatten, nachts beleuchtet. WC vorhanden. Zum Stadtzentrum und zum Meer sind es jeweils knapp 1 km. Ganzjährig nutzbar. Bodeneinlass. 18 Euro pro Mobil und 24 Stunden inklusive Strom, Ver- und Entsorgung.

Standort: Via Von Platen 38, GPS 37°04'38"N/15°17'15"O, Stefano Rametta, Telefon 0039/0931/744420, Mobil 0039/334/3092000, E-Mail stefano.rametta@virgilio.it

# 5 GUTE GRÜNDE FÜR DAS
# LOIRE-TAL

**LIEBLICHE LANDSCHAFTEN** mit alten Städten, urgemütlichen Weindörfern und den prächtigen, weltweit berühmten Schlössern kennzeichnen das Tal der Loire. Es lässt sich entweder mit dem Reisemobil erkunden oder auch mit dem Fahrrad – auf bequemen, sehr gut markierten Strecken. Am besten hat man beides dabei: Reisemobil und Fahrrad.

Text und Fotos: Thomas Cernak

## 1  DIE HISTORISCHEN INNENSTÄDTE

Breit angelegte Plätze und Boulevards prägen Orléans' Erscheinungsbild. Das Herz der Stadt schlägt am Place du Martroi mit seinen zahlreichen Straßencafés und der berühmten Reiterstatue der Jeanne d'Arc. Die Stadtgeschichte ist untrennbar mit dem Namen der Johanna von Orléans verbunden, auch wenn sich diese hier nur ein paar Tage aufhielt. Gerade mal 17-jährig, gelang der lothringischen Bauerntochter an der Spitze eines Heeres die Befreiung von den Engländern.

Auf halbem Weg zwischen Orléans und Tours liegt Blois. Die mittelalterliche Stadt ist in erster Linie für ihr großartiges Schloss bekannt. Sie empfiehlt sich aber gleichwohl für einen ausgiebigen Einkaufsbummel. Als erste Adresse gilt – wie der Name es schon sagt – die Rue du Commerce mit ihren vielen Modegeschäften.

**DER BESONDERE TIPP**

**Kaffee oder Tee?** Eine oft gestellte, nicht leicht zu beantwortende Frage im „La Caf'thé", einem gut sortierten Spezialitätengeschäft in Blois' Altstadt, in der Rue du Commerce 14. Die Betreiber, Jacques und Denis Chesneau, bieten darüber hinaus eine vorzügliche Auswahl an Marmeladen, Honig und Kakaoprodukten.
**www.lacafthe.fr**

Place du Martroi Orléans: mit dem Reiterstandbild der Jeanne d'Arc. Im „La Caf'thé" ist erstklassige Beratung garantiert.

## ② DIE GROSSARTIGE WEINBAUREGION

Man schätzt den weißen „Sancerre" besonders zu Lachs in Blätterteig oder zu anderen, mit Saucen gereichten Fischgerichten. Dieser spritzige, fruchtige Wein begann seinen Siegeszug in den 1970er Jahren in den Pariser Bistros.

Der alte, sehr beschaulich wirkende Ort Sancerre erhebt sich weithin sichtbar auf einem Hügel über dem linken Loire-Ufer. Fast alle Einwohner leben direkt oder indirekt vom Wein. Die Produktion liegt ausschließlich in den Händen von Kleinbauern, die mit viel Herzblut zu Werke gehen. Zur Region mit der kontrollierten Herkunftsbezeichnung AOC (Appellation d'Origine Contrôlée) gehören auch eine Reihe von Nachbardörfern – wie etwa Cha-vignol, Montigny oder Vinon. Im „Maison de Sancerre" erfahren interessierte Gäste alles Wissenswerte über die lokalen Gegebenheiten – was etwa die Böden auszeichnet und vieles mehr. In Videos erzählen Winzer, wie sie einst in Eigenregie einige Flaschen in Pferdewagen und klapprigen Autos nach Paris brachten und somit den Erfolg begründeten. Dazu finden regelmäßig Weinproben und Führungen statt.

Zu den begehrten Rotweinen im Anbaugebiet Loire zählt der Chinon. Seine Reben gedeihen prächtig in sanft hügeliger Landschaft am Zufluss der Vienne. Das Städtchen Chinon mutet südlich-heiter an, woran die vielen Gastbetriebe und die hellen Kalksteinhäuser großen Anteil haben.

**Der Wein hat die Stadt weltberühmt gemacht: Blick auf die Dächer von Sancerre (oben).**

**DER BESONDERE TIPP**

**Riesige Lichtprojektionen** – mitreißend vertont – finden Abend für Abend im Schloss Blois ein begeistertes Publikum. Neben historischen Ereignissen schildern sie Szenen aus dem Leben am Hof. **www.chateaudeblois.fr**

## 3 DIE PRACHTVOLLEN SCHLÖSSER

Schloss Cheverny ist eines der wenigen Schlösser der Loire, die einen einheitlichen Baustil aufweisen, und es ist seit seiner Vollendung im Jahr 1634 im Besitz ein und derselben Familie. Eine weitere Besonderheit sind die prächtigen Originalmöbel und Wandteppiche aus der Entstehungszeit. Hervorzuheben wären beispielsweise eine seltene Kommode im Stil Ludwig XIV. und das Prunkbett im Königsgemach. Im eleganten „gelben Zimmer" (Foto oben) – auch „Geburtszimmer" genannt – konnten Verwandte erstmals Neugeborene in Augenschein nehmen.

Das größte und bekannteste der Loire-Schlösser ist Chambord. Seine über 400 Zimmer dienten nicht zum Wohnen, sondern einzig Repräsentationszwecken. Tief beeindruckt urteilte Kaiser Karl V. auf Staatsbesuch: „Ein Inbegriff dessen, was menschliche Kunst hervorzubringen vermag." Absolut außergewöhnlich ist die doppelläufige Wendeltreppe, die womöglich Leonardo da Vinci ersann. Auf ihr können sich zwei entgegenkommende Personen zwar sehen, aber niemals treffen.

Ein Essen im Les Banquettes Rouges: nicht nur optisch, sondern auch kulinarisch erste Sahne.

## 4 DIE REGIONALEN SPEZIALITÄTEN

Perfekter Ausklang: nach einem guten Essen noch ein Gläschen in der Bar.

Sie passen perfekt zusammen: Die Weißweine aus dem Loire-Tal und die hier auf traditionelle Art hergestellten Ziegenkäsesorten, darunter der prominente Crottin de Chavignol. Er ist zylindrisch in der Form, leicht nussig im Geschmack, und mit zunehmender Reife verfärbt sich seine weiße Rinde bläulich – ein Indiz für besondere Güte. Hervorragend schmeckt dieser Käse in gebackener Form auf Salat.

Stets ein Genuss: „Pâtés" genannte Fleischpasteten, die oft mit Wildbret gefertigt werden. Während eine Pâté gebacken wird, gart eine in Speck eingewickelte „Terrine" im Tontopf, der auch auf den Tisch kommt. Typisch für die lokale Küche sind auch vielerlei Fischgerichte: etwa gebratener Hecht oder Aal auf Matrosenart mit scharfer Weinsauce. Eine süße Spezialität, die man nur im Loire-Tal findet, ist „La Poire Tapée", flach geklopfte Birne. Die Früchte werden tagelang im Ofen getrocknet, dann geklopft – und zum Verzehr schließlich in Loire-Wein aufgekocht.

Fisch, schön zubereitet, in allen Variationen: kein Wunder, bei dieser Nähe zum Fluss.

## 5 DER RADWEG AN DER LOIRE

Für Genussradler wie geschaffen: schöne Uferstrecke bei Beaugency.

Freizeitradlern und Familien mit Kindern dürfte der Loire-Radweg besonders gut gefallen: Sehenswürdigkeiten folgen dicht auf dicht, es gibt kaum Steigungen, und die Ausschilderung ist vorbildlich. Ein Großteil der empfohlenen Etappen ist nicht länger als 40 Kilometer. Zu Schlössern, die etwas entfernt vom Fluss liegen, führen speziell angelegte Rundwege. Die nunmehr zehnjährige Ausbauphase nähert sich jetzt ihrem erfolgreichen Ende. Neu hinzugekommen ist die Verbindung zwischen Chaumont und Chenonceaux. Mit Verzweigungen und Nebenwegen bietet der Radwanderweg bald über 800 Kilometer markierte Strecken.

## LOIRE KOMPAKT

# Infos ∣ Tipps ∣ Adressen

### RESTAURANT-TIPPS

**La Tour** Mit Fantasie zubereitete Speisen. Dabei verwendet der junge Küchenchef vorzugsweise einfache Produkte der Region. 31, Nouvelle Place, 18300 Sancerre, Telefon 0033/248540081, www.la-tour-sancerre.fr

**La Dariole** „Gute Küche zu moderaten Preisen" ist das Motto dieses Altstadtlokals, nur wenige Schritte von der Kathedrale entfernt. 25, Rue Etienne Dolet, 45000 Orléans, Telefon 0033/238772667.

**Willkommen im La Dariole: Hier stimmen das Essen, der Service und der Preis.**

**Auch im La Tour empfiehlt man gerne den edlen Weißen aus Sancerre zum Menü.**

**Les Banquettes Rouges** Auf den ersten Blick ein eher schlichtes Lokal. Die junge, experimentierfreudige Küchenmannschaft versteht es jedoch zu überzeugen. 16, Rue des Trois Marchands, 41000 Blois, Telefon 0033/254787492, www.lesbanquettesrouges.com

**AUSKUNFT** Atout France, Zeppelinallee 37, 60325 Frankfurt, Telefon 0900/1570025, Fax 0900/1599061 (0,49 Euro/Min. aus dem deutschen Festnetz), E-Mail info.de@franceguide.com, Internet www.franceguide.com. Ebenso unter www.visaloire.com

## STELLPLATZ-TIPPS

### 37190 AZAY-LE-RIDEAU
Aire de Camping-cars

Gebührenfreier Stellplatz für 10 Mobile. Ausgewiesener Bereich zwischen Sport- und Tennisplatz, vor dem Camping Municipal Le Sabot. Ebener, asphaltierter Untergrund, beleuchtet. Max. Aufenthalt: 1 Nacht. Ganzjährig nutzbar. Euro-Relais-Junior-Anlage. Ver- und Entsorgung: 5 Euro. Jetons am Campingplatz. Dusche: 1 Euro.

Standort: Rue du Stade, GPS 47°15'35"N/00°28'12"O, Mairie d'Azay-le-Rideau, Telefon 0033/247454211, www.azaylerideau.fr

### 45190 BEAUGENCY
Aire de Camping-cars

Gebührenfreier Stellplatz für 20 Mobile, auf einem separaten Gelände hinter dem Kloster am Loireufer ausgewiesen. Naturbelassener, nicht ganz ebener Untergrund unter hohen Bäumen. Landschaftlich reizvolle, relativ ruhige Lage. Info-Tafel und Toilettenhaus vorhanden. Ganzjährig nutzbar.

Standort: Quai de l'Abbey, GPS 47°46'38"N/01°38'04"O, Office de Tourisme, Telefon 0033/238445442, www.beaugency.fr

### 41000 BLOIS
Parking Jean Moulin P2

Gebührenpflichtiger Stellplatz für 15 Mobile, auf dem Busparkplatz zwischen Bahnhof und Stadtzentrum ausgewiesen. Ebener, asphaltierter Untergrund. Sanitärgebäude bis 17.30 Uhr geöffnet. Schloss und Zentrum 200 m. Ganzjährig nutzbar. 5 Euro pro Nacht und Mobil inklusive Dusche, V+E von Mai–September, sonst gebührenfrei.

Standort: Rue Jean Moulin, GPS 47°35'11"N/01°19'34"O, Office de Tourisme, Telefon 0033/254904141, www.bloispaysdechambord.com

### 44580 BOURGNEUF-EN-RETZ
Parking Office de Tourisme

Gebührenfreier Stellplatz für 12 Mobile. Parkplatz für Pkw und Reisemobile, durch Grünflächen unterteilt. Ebener, befestigter Untergrund. Kein Schatten, » beleuchtet. Geringe Entfernung zum Zentrum. Tourismusbüro und WC-Haus am Platz. Maximaler Aufenthalt: 24 Std. Ganzjährig nutzbar. Bodeneinlass, 1 Stromanschluss.

Standort: Route de Bouin, GPS 47°02'25"N/01°57'24"W, Office de Tourisme, Telefon 0033/240219363, www.bourgneuf-en-retz.fr

### 49123 CHAMPTOCÉ-SUR-L.
Parking Stade Municipal

Gebührenfreier Stellplatz für 6 Mobile, auf dem Parkplatz am Stadion ausgewiesen. Ebener, asphaltierter Untergrund, durch Hecken umzäunt. Ruhige Lage am Stadtrand. Kein Schatten, beleuchtet durch Straßenlaternen. Müllcontainer vorhanden. Ganzjährig nutzbar. Bodeneinlass.

Standort: Rue de la Hutte, GPS 47°24'41"N/00°52'10"W, Mairie de Champtocé-sur-Loire, Telefon 0033/241399180, www.champtoce-sur-loire.mairie49.fr

### 49270 CHAMPTOCEAUX
Parking Le Champalud

Gebührenpflichtiger Stellplatz für 10 Mobile, auf dem Parkplatz hinter der Kirche ausgewiesen. Ebener, geschotterter Untergrund, etwas Schatten durch hohe Bäume. Grünanlage mit Picknickbänken an den Platz angrenzend. Ruhige, zentrale Lage zur Ortsmitte. Max. Aufenthalt: 48 Std. Ganzjährig nutzbar. Bodeneinlass. 3 Euro pro Nacht und Mobil, 5 Euro für 2 Nächte inklusive Strom, V+E.

Standort: Place de Niederheimbach, GPS 47°20'17"N/01°15'53"W, Maison de Tourisme, Telefon 0033/240835749, www.champtoceaux.fr

### 49350 CHÊNEHUTTE-TRÈVES-CUNAULT
Aire de Camping-cars

Gebührenfreier Stellplatz für 12 Mobile am Ufer der Loire. Etwas abgelegene Lage außerhalb

des Ortes. Ebener Wiesenuntergrund, beleuchtet. Ganzjährig nutzbar. Euro-Relais-Maxi-Anlage mit Bodeneinlass. Strom und Wasser gegen Jetons.

Standort: OT Cunault, Rue Beauregard, GPS 47°19'36"N/00°11'41"W, Mairie, Telefon 0033/241679049, www.chenehutte-treves-cunault.fr

### 49700 CONCOURSON S. L.
Aire de Repos

Gebührenfreier Stellplatz für 10 Mobile. Parkplatz für Pkw und Mobile. Ebener, geschotterter Untergrund. Kein Schatten, beleuchtet. Neben dem Sanitärhaus Zufahrt zu kleinem Wiesengrundstück am Fluss. Nicht ganz ebene, naturbelassene Stellfläche. Ganzjährig nutzbar. Bodeneinlass.

Standort: Route de Vihiers, GPS 47°10'26"N/00°20'35"W, Mairie de Concourson-sur-Layon, Telefon 0033/241591159, www.dlf49.com

### 49530 LIRÉ
Parking Le Haut Fief

Gebührenfreier Stellplatz für 6 Mobile. Reservierter Bereich außerhalb des Zentrums. 3 geschotterte, leicht terrassierte Parkboxen, durch Grünstreifen mit Blumen und jungen Bäumen unterteilt. Kein Schatten, beleuchtet. Picknickbänke, Mülleimer, WC vorhanden. Relativ ruhige Lage abseits der Straße. Ganzjährig nutzbar. Bodeneinlass.

Standort: Rue de la Turmelière, GPS 47°20'28"N/01°10'04"W, Mairie de Liré, Telefon 0033/240090802, E-Mail mairie-lire@wanadoo.fr

### 49540 MARTIGNÉ-BRIAND
Parking Jardin Vieux Pressoirs

Gebührenfreier Stellplatz für 5 Mobile. Parkplatz für Pkw und Mobile unterhalb der Straße. Parkboxen mit nicht ganz ebenem, asphaltiertem Untergrund. Kein Schatten, durch Straßenla-

ternen beleuchtet. Picknickbänke und Papierkörbe am Platz. Ganzjährig nutzbar. Bodeneinlass, Frischwasseranschluss auf dem hinteren Platzteil.

Standort: Rue d'Anjou, GPS 47°14'11"N/00°25'44"W, Mairie de Martigné-Briand, Telefon 0033/241594248

### 49260 MONTREUIL-BELLAY
Place Dom Deschamps

Gebührenfreier Stellplatz für 30 Mobile auf dem Parkplatz neben der Zufahrt zum Camping Les Nobis. Großparkplatz für Pkw und Mobile unterhalb der Altstadt, auf zwei Seiten von Bäumen eingerahmt und an den Fluss Thouet grenzend. Fast ebener, geschotterter Untergrund. Wenig Schatten, beleuchtet. Papierkorb vorhanden. Meist ruhige, zentrale Lage zum Ortskern. Achtung: vom 15. Juni bis 15. September nur von 19 bis 10 Uhr zur einmaligen Übernachtung. Ganzjährig nutzbar. Euro-Relais-Junior-Anlage. Wasser: 2 Euro/10 Min.

Standort: Rue Georges Girouy, GPS 47°07'58"N/00°09'31"W, Office de Tourisme, Telefon 0033/241523239, www.saumur-tourisme.com

Ferme de Lenay

Gebührenpflichtiger Stellplatz für 6 Mobile auf einer Wiesenfläche am Hof. Saison: Mai bis September. 3,50 Euro pro Nacht und Mobil. Person: 2,20 Euro. Kind: 1,80 Euro. Strom: 2,80 Euro. Ortstaxe: 20 Cent/Person.

Standort: OT Lenay, Route de Thouars, GPS 47°04'58"N/00°09'44"W, Emmanuel Bichon, Telefon 0033/241677842, Mobil 0033/662531912, E-Mail lenay@akeonet.com

### 44390 NORT-SUR-ERDRE
Aire de Camping-cars

Gebührenfreier Stellplatz für 10 Mobile auf dem Parkplatz am Freizeithafen. Ebener, geschotter-

ter Untergrund. Maximaler Aufenthalt: 24 Std. Ganzjährig nutzbar.

Standort: Rue des Orionnais, GPS 47°26'15"N/01°29'41"W, Telefon 0033/251120070, www.nort-sur-erdre.fr

### 44560 PAIMBŒUF
Aire pour Camping-cars

Gebührenfreier Stellplatz für 3 Mobile. Schmaler Parkplatz für Pkw und Reisemobile zwischen Flussufer und Zufahrtsstraße. Fast ebener, asphaltierter Untergrund. Papierkörbe, WC-Häuschen vorhanden. Kein Schatten. Ganzjährig nutzbar. Bodeneinlass.

Standort: Quai Sardi Carnot, GPS 47°17'21"N/02°01'42"W, Office de Tourisme, Telefon 0033/240275382, www.paimboeuf.fr

### 49400 SAUMUR
Stellplatz am Loireufer

Gebührenfreier Stellplatz für 40 Mobile am Ufer der Loire. Naturbelassener Untergrund. 3 km bis ins Zentrum von Saumur. Saison: April–Oktober.

Standort: OT Dampierre-sur-Loire, Route de Montsoreau, GPS 47°14'42"N/00°02'09"W, Office de Tourisme, Telefon 0033/241402060, www.ot-saumur.fr

Aire de Camping-cars

Gebührenfreier Stellplatz für 4 Mobile auf der Loire-Insel, 150 m vor dem Campingplatz. Etwas unruhige Lage zwischen Sportzentrum und Schwimmbad. Ganzjährig nutzbar. Euro-Relais-Junior-Anlage. Bei Frost außer Betrieb.

Standort: Rue de Verden, GPS 47°15'34"N/00°03'50"W, Office de Tourisme, Telefon 0033/241402060, www.ot-saumur.fr

### 49350 ST.-CLÉMENT D. L.
Quai de la Loire

Gebührenfreier Stellplatz für 5 Mobile unmittelbar am Fluss. Trotz reizvoller Lage, optisch wenig einladender Parkplatz unterhalb der Landstraße. Ebener, asphaltierter Untergrund. Kein Schatten, beleuchtet durch Straßenlaternen. Relativ ruhige Lage in Zentrumsnähe. Schöne Aussicht auf die Loire. Ganzjährig.

Standort: Route d'Angers, GPS 47°19'48"N/00°11'01"W, Mairie de St.-Clément-des-Levées, Telefon 0033/241384013, www.stclementdeslevees.fr

### 49260 ST.-CYR-EN-BOURG
Cave de Saumur

Gebührenfreier Stellplatz für 15 Mobile. Ausgewiesenes Areal auf einer asphaltierten Fläche am Weingut. Max. Aufenthalt: 48 Std. Saison: 15. März–15. Sept.

Standort: Route de Saumoussay, GPS 47°11'59"N/00°04'12"W, Telefon 0033/241530606, www.cavedesaumur.com

### 49170 ST.-GEORGES S. L.
Place Manche Réal

Gebührenfreier Stellplatz für 20 Mobile. Reservierter Teilbereich eines Großparkplatzes, durch Grünstreifen mit Hecke vom Pkw-Bereich getrennt. Nicht ganz ebener, asphaltierter Untergrund. Kein Schatten, beleuchtet. WC-Häuschen und Picknickbänke am Platz vorhanden. Relativ ruhige Lage. Kleiner Park und Teich in unmittelbarer Nähe. Ganzjährig nutzbar. Bodeneinlass.

Standort: Rue des Peupliers, GPS 47°24'20"N/00°45'42"W, Mairie de St.-Georges-sur-Loire, Telefon 0033/241721480

### 44410 ST.-LYPHARD
Aire de Camping-cars

**St.-Lyphard: Stellplatz vor dem Camping Les Brières du Bourg.**

Gebührenfreier Stellplatz für 10 Mobile auf dem Parkplatz vor dem Camping Les Brières du Bourg. Fast ebener Untergrund, teilweise geschottert, teilweise Rasen. Schön begrüntes Gelände vor einem kleinen See, durch ein Waldstück von der D 47 getrennt. Wenig Schatten. Ruhige Ortsrandlage. Ganzjährig nutzbar. Bodeneinlass. Wasser: 2 Euro.

Standort: Route de Saint-Nazaire à Vannes, GPS 47°23'48"N/02°18'06"W, Mairie de Saint-Lyphard, Telefon 0033/240914108, www.saint-lyphard.com

### 37800 STE.-MAURE-DE-TOURAINE
Parking Ronsard

Gebührenfreier Stellplatz für 12 Mobile. Separates, durch Grünflächen gegliedertes Gelände. Asphaltierter, leicht abschüssiger Untergrund, mit Bäumen und Rasenabteilen begrünt. Bänke und Papierkörbe vorhanden. Etwas Schatten, durch Straßenlaternen beleuchtet. Zufahrt durch Poller eingeschränkt. Ganzjährig nutzbar. V+E April–September am Camping municipal.

Standort: Rue du Dr. Patry, GPS 47°06'41"N/00°37'07"O, Office de Tourisme, Telefon 0033/247656620, www.sainte-maure-de-touraine.fr

Le Bois Chaudron

Gebührenpflichtiger Stellplatz für 35 Mobile. Privat betriebener Stellplatz neben einem Wohnhaus in Einzellage am Waldrand, 2 km südlich des Stadtzentrums. Ebener Wiesenuntergrund. Separate Sanitäranlage mit Waschmaschine und Trockner. Ganzjährig. 2 Euro pro Nacht und Mobil. Strom: 2 Euro/12 Std. Wasser: 2 Euro. Entsorgung: 1 Euro. WC-Entsorgung: 3 Euro. Dusche: 2 Euro.

Standort: D 910, GPS 47°05'36"N/00°36'46"O, Telefon 0033/247340504, Mobil 0033/684978422, E-Mail alain.delcloque@orange.fr

**Ste.-Maure-de-Touraine: der Stellplatz Le Bois Chaudron.**

### 49730 TURQUANT
Square Abbé Goisnard

Gebührenfreier Stellplatz für 10 Mobile. Gepflegter Parkplatz unweit der Kirche Abbé Goisnard. Asphaltierte Zufahrtsstraße, direkt angrenzend ein für Mobile vorgesehener Bereich mit fast ebenem, befestigtem Untergrund, beleuchtet. Spielplatz und überdachter Picknickplatz in einer Grünzone am Platz. Ruhige Lage, geringe Entfernung zum Ortszentrum und zur Loire. Ganzjährig nutzbar. Strom: 2 Euro. Wasser: 2 Euro. Jetons in örtlichen Geschäften.

Standort: Rue des Ducs d'Anjou, GPS 47°13'26"N/00°01'44"O, Mairie, Telefon 0033/241381165, www.turquant.fr

### 49670 VALANJOU
Aire de Camping-cars

Gebührenfreier Stellplatz für 5 Mobile auf der Aire de Plaisance. Separates Areal nur für Reisemobile am Rande einer gepflegten Grünanlage mit Teich und Picknickplätzen. Ebener, geschotterter Untergrund, ruhige und idyllische Lage. Kein Schatten, beleuchtet. Sanitärhäuschen vorhanden. Saison: März bis 15. November. Bodeneinlass.

Standort: Rue de la Mairie, GPS 47°13'00"N/00°36'17"W, Mairie de Valanjou, Telefon 0033/241454325, www.valanjou.fr

### 49310 VIHIERS
Place Foulques Nerra

Gebührenfreier Stellplatz für 10 Mobile auf dem Parkplatz unterhalb der Kirche. Mit Bäumen begrünter Parkplatz für Pkw und Reisemobile, an ein weitläufiges Wiesengelände angrenzend. Fast ebener und geschotterter Untergrund. Kein Schatten, beleuchtet. Zentrale, ruhige Lage. Ganzjährig nutzbar. Bodeneinlass.

Standort: Rue du Champ de Foire, GPS 47°08'33"N/00°32'09"W, Mairie de Vihiers, Telefon 0033/241758060, www.vihiers.fr

### 37190 VILLAINES L. R.
Parkplatz am Rathaus

Gebührenfreier Stellplatz für 7 Mobile auf einem freien, heckenumzäunten Platz vor dem Rathaus. Ebener Untergrund aus Kopfsteinpflaster. Ganzjährig.

Standort: Rue des Ecoles, GPS 47°13'15"N/00°29'47"O, Mairie de Villaines, Telefon 0033/247454308, www.ot-paysazaylerideau.com

### 37110 VILLEDÔMER
Aire de Camping-cars

Gebührenfreier Stellplatz für 8 Mobile. Markierte Fläche auf einem Parkplatz in ruhiger Lage am südlichen Ortsrand. Untergrund aus Schotter, von hohen Bäumen beschattet. Ganzjährig nutzbar. Euro-Relais-Anlage mit Bodeneinlass. Strom und Wasser gegen Gebühr.

Standort: Rue du Lavoir, GPS 47°32'41"N/00°53'15"O, Commune de Villedômer, Telefon 0039/247550004, www.villedomer.fr

# 5 GUTE GRÜNDE FÜR DIE

# DORDOGNE

**FLUSSIDYLLE PUR** – Sonne und häufiger Morgennebel sind Ausdruck eines feuchtwarmen Klimas, das den fruchtbaren Südwesten Frankreichs kennzeichnet. In vielen Mäandern windet sich die Dordogne durch eine Landschaft, wie sie malerischer nicht sein könnte. Sowohl vom Boot aus als auch zu Fuß oder per Rad lässt sie sich genussvoll erkunden.

Text und Fotos: Thomas Cernak

## 1 DIE BELIEBTEN BUNTEN MÄRKTE

Bergerac-Besucher parken ihr Reisemobil am besten in der Rue Hippolyte Taine direkt am Ufer der Dordogne. Von da sind es nur ein paar Schritte zum Quai Salvette, wo früher die Weinfässer in die traditionellen Holzschiffe verladen wurden. Hier schließt sich auch die schön sanierte Altstadt an, die nach wie vor einen wichtigen Umschlagplatz darstellt – besonders am Mittwoch und Samstag, wenn vor der Markthalle ein großer Gemüsemarkt

stattfindet; ebenso rund um die Kirche Notre-Dame im Quartier Sainte-Catherine.

Weitere Anziehungspunkte in der Gegend sind die zahllosen, regelmäßig abgehaltenen Flohmärkte, die einem fröhlichen Volksfest gleichen. Zum Beispiel in Sainte-Alvère, wo eine malerische Burgruine die Kulisse bildet. Im Schatten hoher Bäume kann man dort allerhand Krimskrams erwerben – und mit etwas Glück womöglich die ein oder andere Kostbarkeit.

**DER BESONDERE TIPP**

**Top-Treffen:** Vergnügt bummeln die Menschen am Samstagmorgen über den Markt in Sarlat, der mit einem riesigen, kunterbunten Warenangebot glänzt. In historischem Ambiente gibt es dort von der Gänseleber über Trüffel bis hin zu Küchenmessern alles Mögliche zu kaufen. **www.dordogne-perigord.de**

Heute im Angebot: Knoblauch, ganz frisch! Dazu hochwertige Naturkosmetik, wie etwa an diesem Stand in Sarlat (rechts).

## ② DIE GESCHICHTSTRÄCHTIGEN MAUERN

Wie ein Adlerhorst in schwindelnder Höhe erhebt sich die Burg Beynac, früher eine wichtige Bastion der Franzosen. Denn in Sichtweite liegt auf der gegenüberliegenden Uferseite die Festung Castelnaud, die im Hundertjährigen Krieg zeitweise den Engländern gehörte. Reich verzierte Natursteinhäuser aus dem 15. bis 17. Jahrhundert säumen den steilen Fußweg zum Château de Beynac. Über eine Rampe gelangt man schließlich vom unteren zum inneren Burghof. Zauberhaft ist der Blick durch die Fenster des imposanten Wohnpalastes sowie von den Burgzinnen herab. Castelnaud gehört zu den meistbesuchten Burgen in Frankreich und beherbergt ein Museum für mittelalterliches

Kriegsgerät. Besichtigt werden kann auch das nahe Schloss Les Milandes, wo einst die legendäre Tänzerin Josephine Baker eine Gruppe Waisenkinder betreute.

Wenig bekannt ist der alte Ort Saint-Cyprien, der mit hübschen engen Gassen aufwartet. Er verdankt seine Entstehung einer Abtei, die über dem Grab eines Eremiten namens Cyprien errichtet wurde. Dieser hatte sich ums Jahr 620 in die Höhlen von Fages oberhalb der heutigen Gemeinde zurückgezogen. Aus deren Dächermeer ragt die mächtige Kirche aus dem 12. Jahrhundert hervor. Doch nur noch der quadratische Turm des aktuellen Bauwerkes ist romanisch, das andere wurde später im gotischen Stil umgebaut.

**Höhepunkte: Burg Beynac (oben) und die Kirche in St-Cyprien mit ihrem markanten Turm.**

**DER BESONDERE TIPP**

**Bizarre Felswände**
und hufeisenförmige
Schleifen kennzeichnen
einen besonders schönen Fluss-
abschnitt, der sich zwischen
Limeuil und Trémolat erstreckt.
www.limeuil-perigord.com

## 3 DIE BETÖRENDE LANDSCHAFT

Mit fast 500 Kilometer Länge zählt die Dordogne zu den längsten Flüssen Frankreichs. Sie entspringt im Zentralmassiv, durchfließt zuerst das Quercy und danach das Périgord, bevor sie sich mit dem Fluss Garonne vereinigt. Im Wesentlichen entspricht die historische Landschaft Périgord dem Departement Dordogne. Schöne alte Dörfer, sowie Burgen und Schlösser, die auf steilen Felsen wachen, säumen das Tal besonders im Kerngebiet, dem Schwarzen Périgord (Périgord Noir), das seinen Namen dunklen Steineichenwäldern verdankt.

Das sehr milde Klima, das sowohl atlantisch als auch kontinental geprägt ist, lässt vor allem Obst, Mais und Tabak prächtig gedeihen. Die Landschaft wirkt aber dennoch nicht durchgeplant, wilde Zwetschgen- und Apfelbäume bestimmen größtenteils das Bild. Wasser hat den Kalkstein durchlöchert und Höhlen geschaffen, deren Wände der Cro-Magnon-Mensch mit faszinierenden Tierzeichnungen schmückte. Bewundern kann man diese als Kopie in Lascaux II in Montignac.

## 4 DIE EINZIGARTIGEN GAUMENFREUDEN

Die Dordogne gilt als wahres Schlem-merparadies, was angesichts einer durch und durch bodenständigen Küche überrascht. Bei der Zubereitung der meist deftigen Speisen wird statt Butter häufig Gänseschmalz verwendet, und neben fri-schen Zutaten kommen – entgegen dem Grundsatz der „nouvelle cuisine" – viel-fach auch konservierte Produkte zum Ein-satz, speziell das beliebte „Confit", einge-machtes Geflügel. Dabei handelt es sich beispielsweise um gefüllte Hälse.

Man sagt der Gegend nach, dass sie über eine der besten Regionalküchen im Land verfügt, was sicherlich auch in den schwarzen Périgord-Trüffeln begründet ist. Höchsten Gaumengenuss versprechen daneben Steinpilze und Edelkastanien so-wie Walnüsse, die obendrein ein Spitzenöl liefern. Eine weitere Spezialität ist der „Cábecou", ein herrlich zarter Ziegenkäse.

Einer der feinsten Rotweine im Tal der Dordogne ist der Pécharmant, der im Os-ten von Bergerac angebaut wird. Eine aus-führliche Präsentation erwartet den Besu-cher in der Domaine du Haut-Pécharmant (www.haut-pecharmant.com). Wegen sei-ner ausgeprägten erdigen Note findet der sehr gerbstoffreiche „Cahors" viele Liebha-ber. Er passt ausgezeichnet zum bäuer-lichen Confit aus butterweichem Gänse- und Entenfleisch.

Alles vom Besten: Gang für Gang (oben), gekrönt von einer Weinprobe auf „Haut Pécharmant".

# 5 DIE SPORTLICHEN AKTIVITÄTEN

**Spaß für Jung und Alt: Kajak- und Kanutouren, die sich alle auch für Anfänger eignen.**

Nicht nur die Dordogne, sondern auch ihre vielen Nebenflüsse wie zum Beispiel Dronne, Lot oder Vézère genießen unter Paddlern einen ausgezeichneten Ruf. Ein eigenes Boot benötigt man nur außerhalb der Saison, von Mai bis September bieten vielerorts Verleihfirmen ihre Dienste an. Im Mietpreis, der bei Erwachsenen etwa 15 Euro beträgt, sind sowohl Ausrüstung als auch Transfers inbegriffen.

Abseits der Hauptverkehrswege gibt es zahlreiche Sträßchen, die wie geschaffen sind für beschauliche Radtouren. Weitwanderwege mit rot-weißer Markierung durchziehen die Region, Kurzwanderstrecken sind gelb-weiß gekennzeichnet.

## DORDOGNE KOMPAKT

# Infos | Tipps | Adressen

**ANREISE** Über Clermont-Ferrand auf der gebührenpflichtigen Autobahn 89/E 70 bis zur Ausfahrt Périgueux-Est, dann die Nationalstraße 21 nach Bergerac. Als günstige Alternative empfiehlt sich die Strecke Mâcon–Montluçon (E 62) und weiter via Limoges ebenfalls auf der N 21 Richtung Périgueux.

**SEHENSWERTES** Zu den Attraktionen in der Umgebung gehören unter anderem Château de Montbazillac mit seinen berühmten Weinbergen, die außerordentlich gut erhaltene Bastide Monpazier mit prächtigen Arkadenhäusern rund um den zentralen Platz, ebenso Rocamadour, der bekannte Wallfahrtsort, dessen Kirchen spektakulär an einer Steilwand kleben. Ferner die Gärten von Eyrignac, mit Sicherheit eine der schönsten Parkanlagen Frankreichs. Eine ihrer Besonderheiten ist der streng geometrische, unglaublich akkurate Formschnitt von Hecken und Bäumen. Info: www.eyrignac.com

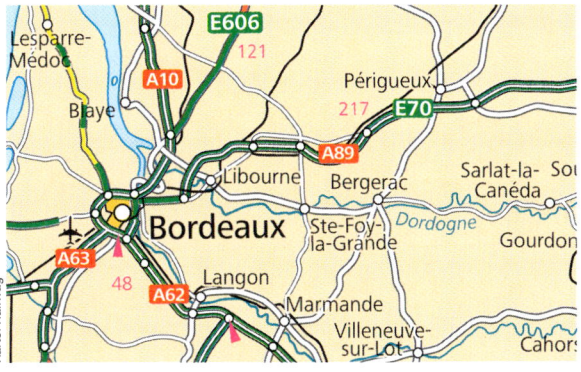

Karte: Hallwag

**AUSKUNFT** Atout France, Zeppelinallee 37, 60325 Frankfurt am Main, Telefon 0900/ 1570025, Fax 0900/ 1599061 (0,49 Euro/ Min. aus dem deutschen Festnetz), E-Mail info. de@franceguide.com, Internet www. franceguide.com oder www.dordogne-perigord-tourisme.fr

## STELLPLATZ-TIPPS

**24310 BRANTÔME**
Aire de Camping-cars

Gebührenpflichtiger Stellplatz für 150 Mobile auf einer großen Wiese an der Dronne, unmittelbar an der mittelalterlichen Stadtinsel. Ganzjährig nutzbar. 3 Euro pro Nacht und Mobil.

Standort: Chemin du Vert Galant, GPS 45°21'41"N/00°38'53"O, Office de Tourisme, Telefon 0033/553058063, www.ville-brantome.fr

Camping-cars Font Vendôme

Gebührenpflichtiger Stellplatz für 6 Mobile. In mehrere Abteile gegliederter Parkplatz für Reisemobile hinter dem Firmengelände. Untergrund teils Wiese, teils Asphalt. Ruhige Lage abseits der Durchgangsstraße, aber in der Nähe zu einem Wertstoffhof. Ganzjährig nutzbar. Euro-Relais-Anlage. 5 Euro pro Nacht und Mobil inklusive Strom. Wasser: 2 Euro.

Standort: Route de Nontron, GPS 45°22'41"N/00°38'39"O, Telefon 0033/553057813, www.font-vendome.fr

**24460 CHÂTEAU-L'EVÊQUE**
Parking Jardin Public

Gebührenfreier Stellplatz für 8 Mobile auf dem Parkplatz für Pkw und Reisemobile neben einem öffentlichen Park. Keine markierten Übernachtungsbereiche für Reisemobile. Ebener, befestigter Untergrund. Relativ ruhige Lage im Grünen. Maximaler Aufenthalt: 24 Stunden. Saison: April bis Oktober. Euro-Relais-Junior-Anlage. Wasser: 1 Jeton/100 Ltr. Jetons kosten 2 Euro in den örtlichen Geschäften.

Standort: Place du Jardin Public, GPS 45°14'34"N/00°41'20"O, Mairie de Château-l'Evêque, Telefon 0033/553543077, www.chateauleveque.com

**24250 DOMME**
Aire de Stat. du Pradal

Gebührenpflichtiger Stellplatz für 24 Mobile. Reservierter Teil eines Parkplatzes für Pkw und Busse am Stadtrand, durch Büsche in mehrere Parkstreifen gegliedert. Ebener, befestigter Untergrund. Beleuchtet. In der Saison »

## STELLPLATZ-TIPPS

Minibahn vom Stellplatz ins Zentrum. Ganzjährig nutzbar. Euro-Relais-Junior-Anlage. 5 Euro pro Nacht und Mobil. Wasser: 2 Euro.

Standort: Le Pradal, GPS 44°48'01"N/01°13'17"O, Mairie de Domme, Telefon 0033/553286100, E-Mail mairie-domme@wanadoo.fr

**Domme: Ein Streifen auf dem Parkplatz dient als Stellplatz.**

### 24390 HAUTEFORT
Parking Place de la Bascule

Gebührenfreier Stellplatz für 10 Mobile. Parkplatz für Pkw und Reisemobile im Ortszentrum, jedoch ohne reservierte Übernachtungsflächen. Fast ebener, asphaltierter Untergrund. Relativ ruhige Lage, kein Schatten, schwach beleuchtet. Maximaler Aufenthalt: 24 Std. Ganzjährig nutzbar. Flot-Bleu-Anlage. Strom (4 Anschlüsse): 2 Euro. Wasser: 2 Euro.

Standort: Rue Bertran de Born, GPS 45°15'34"N/01°08'56"O, Office de Tourisme, Telefon 0033/553504027, www.ot-hautefort.com

### 24250 LA ROQUE-GAGEAC
Parking Place Publique

Gebührenpflichtiger Stellplatz für 10 Mobile auf dem Parkplatz an der Place Publique. In mehrere Abschnitte gegliederter, begrünter Großparkplatz für Pkw und Reisemobile zwischen Uferstraße und Fluss. Ebener, geschotterter Untergrund. Etwas Schatten durch Bäume. Saison: April bis Oktober. Euro-Relais-Junior mit Bodeneinlass. 7 Euro pro Nacht und Mobil. Wasser: 2 Euro/100 Ltr.

Standort: D 703, GPS 44°49'30"N/01°11'03"O, Mairie de La Roque-Gageac, Telefon 0033/553295152

### 24260 LE BUGUE
Parking Près de la Vézère

Gebührenfreier Stellplatz für 80 Mobile auf einer nicht ganz ebenen Wiese. Zufahrtswege geschottert. Ruhige Lage an der Vézère, teilweise Schatten. 500 m bis zur Stadtmitte. Ganzjährig nutzbar. Bodeneinlass.

Standort: Place Léopold Salme, GPS 44°55'00"N/0°55'40"O, Office de Tourisme, Telefon 0033/553072048, www.tourisme-vezere.com

**Le Bugue: 80 Fahrzeuge finden auf der großen Wiese Platz.**

### 24510 LIMEUIL
La Ferme des Poutiroux

Gebührenpflichtiger Stellplatz für 38 Mobile an der Hühnerfarm. Terrassiertes Gelände mit parzellierten Flächen. Schwimmbecken, Spielplätze, Grillstelle, Aufenthaltsraum und Sanitärgebäude vorhanden. Saison: April bis Mitte Oktober. 9–15 Euro pro Nacht und Mobil, je nach Saison. Tourismusabgabe: 30 Cent/Person. Strom: 3–3,80 Euro. Hund: 1 Euro. V+E für Durchreisende: 3 Euro.

Standort: Marie Claude et Jean, Telefon 0033/553633162, www.poutiroux.com

### 24390 NAILHAC
Aire de Lorserie

Gebührenfreier Stellplatz für 6 Mobile. Angelegte und beschilderte Stellfläche in einem kleinen Weiler nahe der Ferme de Lorserie. Geschotterter Untergrund unter Nussbäumen. 1 km bis zum Ort. Ganzjährig nutzbar. Strom gegen Gebühr.

Standort: D 62 E3, GPS 45°13'59"N/01°08'32"O, Ferme de Lorserie, Telefon 0033/553504373

### 46200 PINSAC
Parking Salle des Fêtes

Gebührenfreier Stellplatz für 10 Mobile auf dem Parkplatz an der Festhalle. Markiertes Gelände hinter dem Gebäude. Nicht ganz ebener, geschotterter Untergrund. Ruhige Lage im Grünen und abseits der Straße. Max. Aufenthalt: 24 Std. Ganzjährig nutzbar. Flot-Bleu-Anlage. Wasser: 2 Euro.

Standort: Salle des Fêtes, GPS 44°51'18"N/01°30'48"O, Mairie de Pinsac, Telefon 0033/565326400

### 24200 SARLAT-LA-CANÉDA
Parking Flandre-Dunkerque

Gebührenpflichtiger Stellplatz für 20 Mobile. Reservierter Parkplatz am Rand des Zentrums. Asphaltierter, leicht abschüssiger Untergrund. Beleuchtet, kein Schatten. Maximaler Aufenthalt: 48 Std. Ganzjährig nutzbar. Euro-Relais-Junior-Anlage. 5 Euro pro Mobil und 24 Std. Wasser: 2 Euro.

Standort: Avenue du G. de Gaulle, GPS 44°53'43"N/01°12'46"O, Office de Tourisme, Telefon 0033/553314545, www.ot-sarlat-perigord.fr

### 24200 ST.-ANDRÉ-D'ALLAS
Ferme Lo Gorissado

Gebührenpflichtiger Stellplatz für 10 Mobile auf der Ferme Auberge. Naturbelassenes, teilweise stark abschüssiges Wiesengelände mit ebenen Abschnitten. Sehr ruhige Lage im Grünen, Sanitärhäuschen am Platz. Wenig Schatten. Ganzjährig nutzbar. 10 Euro pro Nacht und Mobil inkl. 2 Personen, V+E. Touristenabgabe: 40 Cent/Person. Strom: 2,50 Euro.

Standort: La Garrigue Basse, GPS 44°53'33"N/01°08'53"O, Marlèn et Bernard Alphonse, Telefon 0033/553593406, www.lo-gorissado.fr

### 24220 ST.-CYPRIEN
Place Mackenheim

Gebührenfreier Stellplatz für 10 Mobile, auf dem Parkplatz im Ortskern ausgewiesen. Begrünter Großparkplatz für Pkw und Reisemobile in zentraler Lage. Ebener, asphaltierter Untergrund. Kein Schatten, beleuchtet. Max. Aufenthalt: 48 Std. Ganzjährig. Euro-Relais-Anlage mit Bodeneinlass. Strom (4 Anschlüsse): 3 Euro/12 Std. Wasser: 3 Euro/100 Ltr. Jetons im Tourismusbüro.

Standort: Rue du Priolat, GPS 44°52'06"N/01°02'39"O, Mairie de Saint-Cyprien, Telefon 0033/468376800, www.stcyprien-perigord.com

### 33330 ST.-PEY-D'ARMENS
Domaine Viticole Château Gerbaud

Gebührenpflichtiger Stellplatz für 50 Mobile auf dem Weingut. Reserviertes Gelände in einem lichten Wäldchen neben den Rebgärten. Ebener Untergrund, teils geschottert, teils naturbelassen. Maximaler Aufenthalt: 2 Tage. Anmeldung bei Ankunft am Weingut obligatorisch. Ganzjährig nutzbar. 4 Euro pro Nacht und Mobil inklusive Strom (4 Anschlüsse), V+E.

Standort: Gerbaud 4, GPS 44°51'12"N/00°06'23"W, Mobil 0033/603270032, www.chateau-gerbaud.com

### 24200 VITRAC
Parking Château de Montfort

Gebührenfreier Stellplatz für 10 Mobile auf dem Parkplatz am Schloss Montfort. Asphaltierte Fahrspur, geschotterte Stellflächen, teilweise eben, zum Teil auch leicht abschüssig. Ruhige Lage im Grünen. Kein Schatten, schwach beleuchtet. Max. Aufenthalt: 24 Std. Ganzjährig. Euro-Relais-Junior. Wasser: 2 Euro.

Standort: OT Montfort, D 714, GPS 44°50'14"N/01°14'56"O, Mairie de Vitrac, Telefon 0033/553283311, E-Mail mairievitrac@wanadoo.fr

# Neue Outdoor-Karten Deutschland

Multifunktionale Wander-, Rad- und Skitourenkarten
im Maßstab 1:35 000 / 1:50 000, wasser- und reißfest.

**9** · 1:50 000
## Flensburg – Schleswig
Flensburger Förde – Angeln – Schlei
Outdoorkarte
Wandern / Rad / Reiten

**20** · 1:35 000
## Hohe Eifel – Vulkaneifel
Nürburgring – Daun – Gerolstein
Outdoorkarte
Wandern / Rad

**26** · 1:35 000
## Feldberg Hochschwarzwald
Titisee – Schluchsee – St. Blasien
Outdoorkarte
Wandern / Rad / Skitouren

**15** · 1:50 000
## Usedom
Anklam – Peenestrom
Wollin / Wolin
Outdoorkarte
Wandern / Rad

**29** · 1:50 000
## Spreewald
Naturpark Dahme-Heideseen
Outdoorkarte
Wandern / Rad / Nordic Walking

**36** · 1:35 000
## Fichtelgebirge
Schneeberg – Ochsenkopf
Bischofsgrün – Wunsiedel
Outdoorkarte
Wandern / Rad / Nordic Walking / Langlauf

**2** · 1:35 000
## Füssen – Pfronten
Forggensee – Neuschwanstein
Tannheimer Tal
Outdoorkarte
Wandern / Rad / Nordic Walking / Langlauf / Skitouren

1 Oberstdorf – Kleinwalsertal
2 Füssen – Pfronten
3 Garmisch-Partenkirchen – Wettersteingebirge
4 Bad Tölz – Isarwinkel
5 Tegernsee – Schliersee
6 Rosenheim – Wendelstein
7 Chiemsee
8 Berchtesgaden
9 Flensburg – Schleswig
10 Kiel – Großer Plöner See
11 Fehmarn – Holsteinische Küste
12 Lübeck – Wismar
13 Fischland – Darß – Kühlungsborn
14 Rügen
15 Usedom
16 Müritz

17 Brocken – Oberharz
18 Elbsandsteingebirge
19 Nationalpark Eifel – Ahrtal
20 Hohe Eifel – Vulkaneifel
21 Untermosel – Cochem bis Koblenz
22 Mittelmosel – Trier bis Zell
23 Rhön
24 Pfälzerwald
25 Freiburg i.Br. – Kaiserstuhl
26 Hochschwarzwald – Feldberg
27 Starnberger See – Ammersee
28 Pfaffenwinkel
29 Spreewald
30 Hochsauerland – Rothaargebirge
31 Bonn bis Koblenz
32 Koblenz bis Bingen

33 Taunus Ost
34 Eifel West – Schneifel
35 Odenwald
36 Fichtelgebirge
37 Fränkische Schweiz
38 Altmühltal
39 Schwarzwald – Freudenstadt
40 Schwarzwald – St. Georgen
41 Schwäbische Alb – Hohenzollern
42 Schwäbische Alb – Münsinger Alb
43 Bodensee West
44 Bodensee Ost
45 Teutoburger Wald

www.swisstravelcenter.com

# DIE PERFEKTE WOCHE IN

# AQUITANIEN

**AUS DER NÄHE VON BORDEAUX** kommen die berühmtesten Rotweine Frankreichs. Aber kennen Sie auch die Stadt und die wilde Atlantikküste an der Côte Basque im Süden? Selbst eine weite Anreise lohnt sich garantiert!

Fotos: Joachim Negwer

**Hafen und Grande Plage in Biarritz:** Vor der Grenze zeigt sich Frankreich noch mal von seiner mondänen Seite.

Auf Sand schauen: Spaziergänger auf der riesigen Wanderdüne von Pyla.

Schattenparken: Lauschige Plätze auf dem Camping Grande Dune bei Arcachon.

Mal übers Meer gehen: Felsenküste südlich der Grande Plage in Biarritz.

**BAR·DU PALAIS**

Einen Café noir bitte, hier bleiben wir noch ein bisschen: lauschige Altstadtgassen in der Aquitaine-Stadt Bayonne.

L eise surrt die Straßenbahn über den Quai de la Douane, vorbei an der barocken Seebörse und den feudalen Händlerpalais mit ihren steinernen Neptunfiguren und Antillenschönheiten, schmiedeeisernen Balkongittern, Balustraden und pompösen Giebeln. Der Blick geht von der eleganten Uferfront in Bordeaux hinunter zur Garonne, wo die Fontänen des Miroir d'Eau lässig plätschern. Junge Leute stehen barfuß im seichten Wasser des Beckens, das nahtlos in den Fluss überzugehen scheint. Kaum zu glauben, dass noch vor wenigen Jahren Lagerhäuser und Parkplatzbrachen die Ufer säumten und den Blick auf die prachtvolle Seite der Stadt verstellten.

Zehn Jahre hat der Umbau der Stadt gedauert. Hunderte von Palais wurden sandgestrahlt, Altstadtquartiere saniert, die Garonne-Kais zur Flaniermeile umgewandelt, Baudenkmäler, mit denen Bordeaux reichlich gesegnet ist, beleuchtet. Heute ist in der Hauptstadt Aquitaniens

### ■ RADTOUR DURCHS ENTRE-DEUX-MERS

„Voie Verte" heißt die 50 km lange Piste von Bordeaux bis Sauveterre-de-Guyenne. Diese „grüne Spur" folgt einer stillgelegten Bahntrasse, auf der jedweder motorisierte Verkehr ausgeschlossen ist. Über viele Kilometer taucht die Voie Verte in einen Blättertunnel ein, den der Wald über der alten Bahntrasse geschaffen hat. Vor Créon thront die Abbaye de La Sauve-Majeure auf einem Hügel. Schlangenwesen und Sirenen bevölkern die Säulen der romanischen Benediktinerabtei, in Stein gehauene Weintrauben hängen im Chor über den Köpfen. Das Beste kommt aber noch: In einem Nebengebäude bietet die Maison des Vins de l'Entre-Deux-Mers eine Auswahl fruchtiger Rosés, frischer Weiß- und heiterer Rotweine an, die den Ruf des Anbaugebiets Entre-Deux-Mers ausmachen. www. entredeuxmers.com

**PISTE CYCLABLE**
**500 m**

**Radweg auf einer stillgelegten Bahntrasse: In Bordeaux beginnt die Voie Verte.**

Eins passt auf die Straße: Reisemobil am Quai de la Grande Plage in Biarritz weit im Süden.

Im Holzkistchen ausgeliefert, im Holzfass angebaut: Aus dem Médoc kommen viele große Rotweine.

Ondres-Plage ist der perfekte Strand: einsam, wild, mit Wellen und ganz viel Platz für Urlaubsträume.

Eine Stadt mit Stil: Am Quai Louis VIII in Bordeaux genießen Einheimische ein gepflegtes Stückchen Grün mitten in der City – vor schön renovierten Altstadtfassaden.

alles im Fluss. Auch auf der zentralen Place de la Comédie, die noch vor kurzem ein Niemandsland war, nimmt das Kommen und Gehen kein Ende. Doch das eigentliche Leben spielt wieder am Fluss. Ganz Bordeaux strömt wenigstens einmal am Tag an die Kais. Über vier Kilometer zieht sich die Uferpromenade hin, beginnend mit dem mittelalterlich verschachtelten Quartier St-Pierre bis zu den ehemaligen Hangars im Norden, wo Loungemusik über die Philippe-Starck-Liegen angesagter Clubs rieselt.

**Bordeaux** – dieser Name steht auch für ein prestigeträchtiges Weingebiet. „Départementale 2" heißt die verbummelte Landstraße offiziell, die sich von Bordeaux bis St-Vivien-de-Médoc durch das

Genuss aus dem Atlantik: Taschenkrebse, Muscheln und andere Schalentiere.

## Die jungen Winzerinnen brechen mit viel Spaß an der Sache mit dem Klischee versnobter Médoc-Winzer, die man hinter hohen Schlossportalen nicht zu Gesicht bekommt.

Médoc schlängelt. Als „Route des Châteaux", Schlösserroute, zieht das Sträßchen Weinliebhaber aus aller Welt an. Dorfnamen wie Margaux oder Pauillac stehen für weltberühmte Grands Crus, die ihre Kraft der Cabernet-Sauvignon- und ihre Geschmeidigkeit der Merlot-Rebe verdanken. Dem Ruf der langlebigen, granatroten Rotweine entsprechend, sind die Schlösser im Médoc imposant. Keine Stilrichtung, vom antikisierenden Säulenportikus bis zur Belle-Époque-Überdrehtheit, ließen die Baumeister aus.

Auch das Château Paloumey in Ludon-Médoc kann sich sehen lassen: Es ist ein stattliches Bürgerschloss aus dem 19. Jh., zudem eins, in dem eine Winzerin den Ton angibt. Martine Cazeneuve ist eine von vier Médocaines. Die Winzerinnen brechen mit viel Spaß an der Sache mit dem Klischee versnobter Médoc-Winzer, die man hinter ihren hohen Schlossportalen nicht zu Gesicht bekommt. Auf den Schlössern der Damen darf man in Workshops seinen eigenen Médoc aus den Rebsorten des Anbaugebiets mischen und sogar an der Weinlese teilnehmen. Nur eins wird man nicht erleben: Niemals würde Martine einen jungen Médoc öffnen. „Médoc-Weine brauchen ein paar Jahre Zeit, um sich zu entwickeln. Alles andere wäre Kinder- **»**

**Rot-weißes Fachwerk passt nicht nach Südfrankreich? Doch, weil Städtchen wie Bayonne zum Baskenland gehören.**

**Was fliegt denn da? Die Düne von Pyla ist ein guter Startplatz für Gleitschirmflieger – am Camping Panorama du Pyla gibt es die kleine Flugshow gratis.**

mord!" sagt sie und lacht dabei freundlich, aber bestimmt. Da ist nichts zu machen.

Hinter den Reben beginnt der Strand. Von der Gironde-Mündung bei Le Verdon-sur-Mer bis zur spanischen Grenze reihen sich auf 240 km die unberührten Sandstrände der Côte d'Argent. Verspielte Belle-Époque-Sommerfrischen wie Arcachon wechseln mit Surferhochburgen wie Mimizan-Plage. Wo Reben nicht gedeihen, breiten sich hinter dem Dünenkamm die endlosen Kiefernwälder des flachen Landes aus.

**Französisches Lebensgefühl in Autoform: eine fein gemachte Ente in Pyla.**

**Bei Bayonne** ändert sich das Bild. Grollend rollt der Atlantik gegen die von Felsen gerahmten Buchten von Biarritz und St. Jean de Luz. Die See wirft salzige Nebelwolken an die Côte Basque und zieht sich dumpf grollend wieder zurück. Über die schmale Küstenstraße von St. Jean de Luz nach Hendaye fegen sogar Gischtfetzen hinweg. Das Baskenland gibt sich auf seinen letzten Kilometern vor der spanischen Grenze melodramatisch. In atemberaubenden Windungen folgt die Küstenstraße den Klippen. Während sich in der Tiefe der Atlantik heute von seiner wilden Seite zeigt, weht wenige Meter weiter landeinwärts ein laues Lüftchen. Denn im Südosten schützen die Ausläufer der Pyrenäen das sich nur einen Steinwurf hinter den Stränden und Steilklippen ausbreitende Bauernland.

Schwarzbunte Kühe ruhen auf saftiggrünen Wiesen. Eine Schafherde wird gerade nach Hause auf das stattliche Gehöft getrieben. In Dörfern wie Ascain oder Sare ist das für die Gegend typische rot-weiße Fachwerk herausgeputzt. Der Atlantik? Liegt plötzlich Welten entfernt.

........................................... *Klaus Simon*

AQUITANIEN KOMPAKT       bitte umblättern ▶▶▶

### ■ FESTE BURGEN

**Frankreichs** berühmtester Festungsbauer hieß Sébastien Le Prestre de Vauban (1633–1707). Im Auftrag des Sonnenkönigs hat der gebürtige Burgunder die Küsten der Aquitaine mit Zitadellen und Forts befestigt, so auch an der Gironde, vor deren Mündung regelmäßig spanische und englische Kriegsschiffe auftauchten. Zu den spektakulärsten Werken gehören die 18 Hektar große, sternförmige Zitadelle von Blaye und am gegenüberliegenden Ufer Fort-Médoc. Beide zählen zum Unesco-Welterbe. www.vauban.asso.fr/fortifications.htm

**Die Vauban-Festung Fort-Médoc: Da kam früher keiner uneingeladen rein.**

**Hübscher Badeort im Licht des Südens: der weite Hausstrand von St. Jean de Luz am Abend.**

# Die Klassiker von Frankreichs rauer Küste

Die erlesenen Rotweine haben die Region rund um Bordeaux weltberühmt gemacht. Aber Aquitanien bietet Urlaubern deutlich mehr als Wein: traditionsreiche Badeorte und ein grünes, wildes Hinterland.

**1 BLAYE** Eine von Frankreichs großem Festungsbauer Vauban im 17. Jh. erbaute Zitadelle schützt das charmante Hafen- und Weinstädtchen. Unter den Mauern fließt die Gironde. Das Provinzstädtchen hat einen umtriebigen Wochenmarkt und einen fruchtigen Rotwein, den man im Maison du vin de Blaye probieren kann. www.tourisme-blaye.com

**2 SAINT-EMILION** Der bilderbuchschöne Weinort steht auf tönernen Füßen. Der Kalksteinhügel, auf dem Saint-Emilion thront, ist wie ein Schweizer Käse von Stollen unterhöhlt. Viele der Hohlräume werden als Weinkeller genutzt. Sogar eine unterirdische Kirche und Katakomben gibt es zu besichtigen. www.saint-emilion-tourisme.com

**3 BORDEAUX** Die Nähe zum Atlantik bestimmt Bordeaux seit dem Mittelalter zum Welthandelshafen für edle Tropfen, vor allem für die aus dem gleichnamigen Weingebiet. Nach einer Sanierungskampagne ist die Hauptstadt Aquitaniens eleganter denn je. Stadt und der Hafen gehören zum Welterbe der Unesco. www.bordeaux-tourisme.com

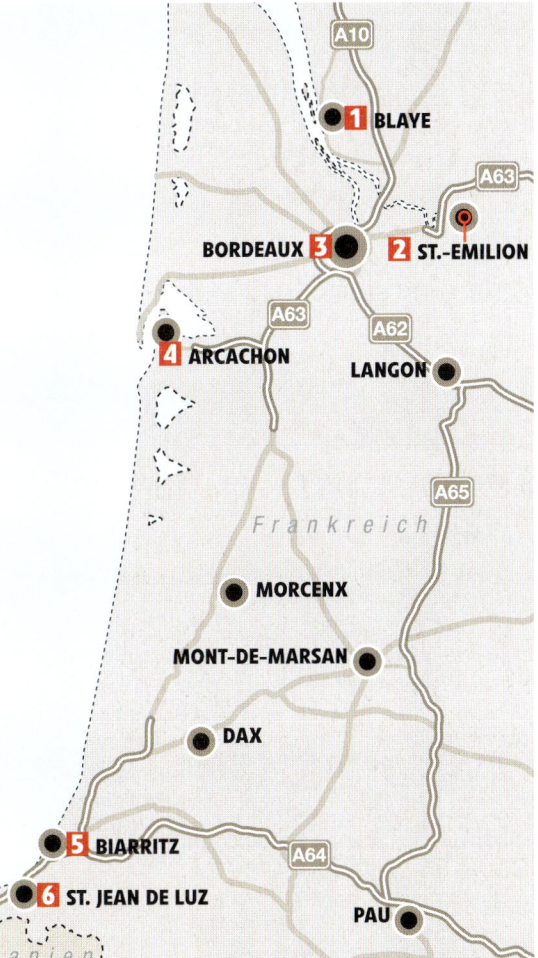

**4 ARCACHON** Der noble Badeort scheint sich seit dem 19. Jh. wenig verändert zu haben. Verspielte Villen der Belle Époque verlieren sich vor Dünen und Kiefernwäldern. Auf den Terrassen der Restaurants schlürfen Einheimische und Urlauber Austern – die Schalentiere stammen aus dem 155 km² großen Bassin von Arcachon. www.arcachon.com

**5 BIARRITZ** Biarritz' mondäne Seebadkarriere geht auf Kaiserin Eugénie zurück. Die Frau von Napoleon III. verbrachte ab 1854 den Sommer hier. Gut 100 Jahre später stieg in Biarritz ein Amerikaner erstmals in Europa aufs Surfbrett und lancierte den Ort als angesagten Spot einer internationalen Wellenreitergemeinde. www.biarritz.fr

**6 ST. JEAN DE LUZ** Der Badeort mit dem einladenden Hausstrand ist zugleich einer der wichtigsten Fischereihäfen an der französischen Atlantikküste. Schaut man landeinwärts, schweift der Blick über die sattgrünen Hügel des Baskenlands, dessen schöne Dörfer beliebte Ausflugsziele sind. www.saint-jean-de-luz.com

## AQUITANIEN KOMPAKT

# Infos | Tipps | Adressen

### CAMPING

**Panorama du Pyla:** Einer von mehreren Campingplätzen direkt an der mehr als 100 Meter hohen Wanderdüne von Pyla, südlich von Arcachon. Schattige Stellplätze unter Pinien, komfortable Sanitärausstattung, Blick auf die Düne und die Bucht von Arcachon.
Standort: 33115 Pyla-sur-Mer, Route de Biscarrosse, GPS 44°34'24"N/01°13'09"W, Telefon 0033/556221044, www.camping-panorama.com

**Mit eigener Sandstrand-Bucht: Campingplatz Erromardie.**

**International Erromardie:** Ruhig gelegener Platz, zwei Kilometer vom Zentrum der Stadt St. Jean de Luz entfernt. Badebucht mit Sandstrand. Ein Bach durchfließt das Gelände. Einfache Sanitärausstattung, Schwimmbad, Gaststätte, Boule-Spielbahn, Spielplatz. Ein schöner Uferweg führt direkt ins Stadtzentrum.
Standort: 64500 St. Jean de Luz, Avenue de la source, GPS 43°24'23"N/01°38'14"W, Tel 0033/559260774, camping-international@wanadoo.fr

### RESTAURANTS

**Gravelier:** Im Restaurant ist die Küche vom Saal einsehbar. Die Patronne stammt aus einer legendären Köchedynastie und empfiehlt erstklassige Regionalgerichte.
33000 Bordeaux, 114, Cours Verdun, Telefon 0033/556481715, www.gravelier.com

**L´Estacade:** Der gläserne Kubus des Designrestaurants scheint auf

**Kleine Delikatessen: Calamares, serviert mit Salat und Reis.**

Stelzen über dem rechten Garonne-Ufer zu schweben. Die gute Küche ist mediterran geprägt.
33000 Bordeaux, Quai de Queyries, Telefon 0033/55750250, www.lestacade.com

**Le Bô Bar:** Im handtuchschmalen Saal reicht das Weinregal bis zur Decke. Draußen gibt es eine Terrasse unter Kastanien. Auf der Karte: baskische Spezialitäten.
33000 Bordeaux, 8, Place St-Pierre, Telefon 0033/55679820, www.lebobar.fr

**Le Kaiku:** Der Saal mit Natursteinwänden in einem Bau aus dem 16. Jh. ist sehr einladend. Die baskische Küche ist unverfälscht und gut: Thunfischsteak, Pyrenäenlamm, in Irouléguy-Wein geschmorter Schweinebraten.
64500 St. Jean de Luz, 17, Rue de la République, Telefon 0033/559261320

**Chez Albert:** Alle Wege führen zu Albert, heißt es in Biarritz. Das nette Restaurant im alten Fischerhafen ist eine Institution. Auf der Karte: Fisch und Meeresfrüchte.
64200 Biarritz, Port des Pêcheurs, Telefon 0033/559244384, www.chezalbert.fr

### SEHENSWERTES

**Parc Ornithologique du Teich:** Mit etwas Glück kreist ein Fischadler über dem Wasser. Graureiher, Kormoran oder Rohrdommel bekommt man hingegen mit Sicherheit zu Gesicht. Das Vogelschutzgebiet am Nordwestende

des Bassins von Arcachon beheimatet über 250 gefiederte Arten. Der über Stege und Wege gelenkte Besuch lohnt sich besonders während der Vogelzüge im Frühjahr und Herbst.
www.parc-ornithologique-du-teich.com

**Düne von Pyla:** Bis auf 105 m Höhe schwellt Europas höchste Düne an. 60 Mio. Kubikmeter fast weißer Sand sind dazu nötig. Vom Dünenkamm schweift der Blick auf eine amphibische Landschaft aus Sandbänken und südseeblauem Atlantik.
www.dune-pyla.com

### INFORMATION

Das Fremdenverkehrsamt von Aquitanien unterhält eine gut gegliederte Webseite, auf der alle wichtigen Infos auch auf Deutsch zu finden sind.
Comité régional de tourisme d'Aquitaine, 33074 Bordeaux Cedex, Cité mondiale, 23, Parvis des Chartrons, Telefon 0033/556017000, www.tourisme-aquitaine.fr

### STELLPLÄTZE

**33510 ANDERNOS-LES-B.**
Port Ostréicole

Gebührenpflichtiger Stellplatz für 55 Mobile. Markiertes Wiesengelände am Austernhafen neben der kaum befahrenen Straße. Leicht unebener Untergrund, etwas Schatten durch Bäume. Maximaler Aufenthalt: 48 Std. Ganzjährig nutzbar. Euro-Relais-Junior-Anlage. 7,50 Euro pro Nacht und Mobil. Barzahlung sowie Jetons zu 2,10 Euro im Tourismusbüro. Strom: 1 Jeton/60 Min. Wasser: 1 Jeton/100 Ltr.
Standort: Avenue du Commandant David Allègre, GPS 44°44'43"N/01°06'44"W, Office de Tourisme, Telefon 0033/556820295, www.andernoslesbains.fr

**33980 AUDENGE**
Camping Municipal Le Braou

Gebührenpflichtiger Stellplatz für 5 Mobile vor dem Campingplatz. Markiertes Gelände zwischen einem Pkw-Parkplatz und dem Campinggelände. Ebener, asphal-

### ■ JAMBON DE BAYONNE

**Schinken aus Bayonne** baumelt über fast allen Bar- und Restauranttheken zwischen Bayonne und Hendaye. Seit 1999 schützt ein staatlich kontrolliertes Label die in Scheiben geschnittene, auf einem Teller zum Aperitif oder zwischendurch gereichte Spezialität. Ein echter Jambon de Bayonne wird neun bis zwölf Monate lang luftgetrocknet und mit Peperoni und Salz aus Salies-de-Béarn gewürzt. Produziert werden die Schinken traditionell in den Dörfern am Adour. Der Export lief früher einzig über den Hafen von Bayonne – daher die Bezeichnung Jambon de Bayonne.

Beim Kauf sollte man auf das Gütesiegel „Jambon Ibaiona" achten. www.jambon-de-bayonne.com

**Da hängt er von der Decke: Schinken in einer Metzgerei in Grand Bayonne.**

tierter Untergrund. Kein Schatten, beleuchtet. Max. Aufenthalt: 1 Nacht. Ganzjährig. Euro-Relais-Junior-Anlage. 10 Euro pro Nacht und Mobil inkl. 2 Personen und Dusche. Wasser: 3 Euro.

Standort: Route de Bordeaux, GPS 44°41'03"N/01°00'16"W, Telefon 0033/556269003, www.camping-audenge.com

### 33430 BERNOS-BEAULAC
Parking Beaulac

Gebührenfreier Stellplatz für 10 Mobile. Parkplatz für Pkw und Reisemobile zwischen dem Ort, einem künstlichen See und dem Fluss Ciron. Nicht ganz ebener, befestigter Untergrund. Kein Schatten, schwach beleuchtet. Relativ ruhige Lage. Max. Aufenthalt: 48 Std. Ganzjährig nutzbar. Euro-Relais-Junior-Anlage. Strom: 1 Jeton/60 Min. Wasser: 1 Jeton/100 Ltr. Jetons für 1,50 Euro gibt es an der Tankstelle.

Standort: Route Grande, GPS 44°22'10"N/00°14'34"W, Mairie de Bernos-Beaulac, Telefon 0033/556254142, www.bernos-beaulac.fr

### 40600 BISCARROSSE
Aire de Camping-cars Vivier

Gebührenpflichtiger Stellplatz für 20 Mobile auf dem Parkplatz vor dem Camping Le Vivier. Naturbelassenes Gelände für Pkw und Mobile in einem Pinienwäldchen. Hufeisenförmige, asphaltierte Fahrspur, daneben naturbelassene, fast ebene Parkflächen. Ruhige Lage am Ende einer Anliegerstraße. Teilweise schattig, beleuchtet. Mülleimer am Platz vorhanden. Maximaler Aufenthalt: 24 Std. Ganzjährig nutzbar. 8,20 Euro pro Nacht und Mobil im Juli und August ab 21 Uhr. Sonst gebührenfrei.

Standort: OT Biscarrosse-Plage, Rue des Viviers/ Chemin de Navarrosse, GPS 44°27'32"N/01°14'43"W, Office de Tourisme, Telefon 0033/558782096, www.biscarrosse.com

Aire des Campings-cars

**Biscarrosse: der Stellplatz am Sportboothafen Navarrosse.**

Gebührenpflichtiger Stellplatz für 30 Mobile auf einem separaten Teil am Sportboothafen. Asphaltierte Zufahrt, ebener, naturbelassener Untergrund, teils sandig. Schatten durch hohe Bäume. Müllcontainer, WC vorhanden. Ganzjährig. Euro-Relais-Anlage. 8 Euro pro Nacht/Mobil im Juli und August, sonst gebührenfrei.

Standort: OT Navarrosse, Chemin de Navarrosse, GPS 44°25'55"N/01°09'57"W, Office de Tourisme, Telefon 0033/558782096, www.biscarrosse.com

### 33410 CADILLAC
Aire de Camping-cars

Gebührenfreier Stellplatz für 10 Mobile. Markierter Bereich auf einem Pkw-Parkplatz. Ebener, befestigter Untergrund. Kein Schatten. Ganzjährig nutzbar. Bodeneinlass. Strom (4 Anschlüsse): 2 Euro/3 Std.

Standort: Allée du Parc, GPS 44°38'15"N/00°19'06"W, Mairie de Cadillac, Telefon 0033/556621292, www.mairiedecadillac.com

### 40130 CAPBRETON
Aire de Camping-cars

Gebührenpflichtiger Stellplatz für 30 Mobile. Separates Gelände neben einem Pkw-Parkplatz an der Plage des Océanides. Asphaltierte Fahrwege, ebene und mit Schotter befestigte Stellflächen. Wenig Schatten. Geringe Distanz zum Zentrum. WC, Dusche, Imbiss auf der nahen Düne. Maximaler Aufenthalt: 48 Std. Ganzjährig nutz-

bar. Bodeneinlass. 7–11 Euro Euro pro Nacht und Mobil, je nach Saison, inklusive Strom.

Standort: Allée des Ortolans, GPS 43°38'09"N/01°26'48"W, Office de Tourisme de Capbreton, Telefon 0033/558721211, www.capbreton-tourisme.com

### 47700 CASTELJALOUX
Parking Camping-cars

Gebührenfreier Stellplatz für 5 Mobile in ruhiger und grüner Ortsrandlage. Angelegte Parkbuchten durch Rasenstreifen parzelliert. 500 m bis zum Zentrum mit Gastronomie und Supermarkt. Maximaler Aufenthalt: 48 Std. Ganzjährig nutzbar. Bodeneinlass.

Standort: Impasse de la Foret, GPS 44°18'38"N/00°04'46"O, Mairie, Telefon 0033/553934807, www.casteljaloux.com

### 33192 FONTET
Base de Loisirs et Halte Nautique du Canal

Gebührenpflichtiger Stellplatz für 10 Mobile. Für Reisemobile reserviertes Gelände in einem gepflegten Freizeitgelände mit Bootshafen, Strand und Angelbereich. Parzellierte Stellflächen mit nicht ganz ebenem, naturbelassenem Untergrund. Ruhige Lage im Grünen. Spielfelder, Sanitärhaus, Info-Zentrum. Zugangscode erfragen zwischen 8.30 und 20.30 Uhr, evtl. telefonisch. Saison: April bis Oktober. Flot-Bleu-Anlage. 7 Euro pro Nacht und Mobil inkl. Strom, V+E. Dusche: 2 Euro.

Standort: Le Bourg N, GPS 44°33'40"N/00°01'29"W, Halte nautique, Telefon 0033/556612381, Mairie de Fontet, Telefon 0033/556610830

### 40160 GASTES
Aire de Camping-cars

Gebührenpflichtiger Stellplatz für 12 Mobile. Markiertes Gelände, nur durch die Straße von Bootshafen und Strand getrennt. Fast

ebene Wiese, durch Büsche und Bäume begrenzt. Teilweise schattig, beleuchtet. Picknickbänke, Müllcontainer. Maximaler Aufenthalt: 1 Nacht. Ganzjährig nutzbar. 7 Euro pro Nacht und Mobil inklusive V+E von März bis November. Im Winter 4 Euro ohne V+E. Bezahlung per Bankkarte.

Standort: Avenue du Lac, GPS 44°19'43"N/01°09'04"W, Mairie de Gastes, Telefon 0033/558097503, E-Mail gastes.mairie@wanadoo.fr

### 33990 HOURTIN-PORT
Aire de Camping-cars

**Hourtin-Port: die parzellierten Plätze in der Nähe des Hafens.**

Gebührenpflichtiger Stellplatz für 90 Mobile in der Nähe des Yachthafens. Separates, langgestrecktes Gelände mit parzellierten Plätzen zu beiden Seiten der asphaltierten Zufahrtsstraße. Ebener, befestigter Untergrund, durch Büsche und Bäume begrünt. Ein Grünstreifen und Bäume schotten den gut beleuchteten Platz zur Straße hin ab. Sanitärhaus, Mülcontainer, Papierkörbe am Platz. Ganzjährig nutzbar. Flot-Bleu-Anlage. 6 Euro pro Nacht und Mobil, inklusive Dusche und WC. Wasser: 2 Euro/100 Ltr.

Standort: OT Hourtin-Port, Avenue du Lac/Mombet, GPS 45°10'50"N/01°04'52"W, Thomas Fevrièr, Telefon 0033/55609960, www.hourtin-medoc.com

### 33190 LA RÉOLE
Parking Les Justices

Gebührenpflichtiger Stellplatz für 10 Mobile. Parkplatz für Pkw und Reisemobile neben den Museen von La Réole. Asphaltierter Fahr- »

## STELLPLATZ-TIPPS

weg, zum Hang leicht abschüssiger, befestigter Untergrund. Schatten durch zahlreiche Bäume, teilweise auch eingeschränkter Rangierraum durch tiefhängende Äste. Durch Schienen und die Uferstraße vom Meer getrennt. Ganzjährig nutzbar. Bodeneinlass. 4 Euro pro Nacht und Mobil inklusive Strom, V+E.

Standort: Avenue Gabriel Chaigne, GPS 44°34'51"N/00°01'46"W, Mairie de La Réole, Telefon 0033/556611011, www.lareole.fr

### 33680 LACANAU
Parking Zone d'Activité
.........................................

Gebührenpflichtiger Stellplatz für 147 Mobile. Reserviertes, durch alte Eisenbahnschwellen parzelliertes Gelände neben dem Helikopter-Landeplatz am Ortsrand. Nicht ganz ebener, leicht abschüssiger Wiesenuntergrund. Kein Schatten, schwach beleuchtet. Müllcontainer am Platz. Max. Aufenthalt: 48 Stunden. Ganzjährig. Euro-Relais-Junior-Anlage. 10 Euro pro Mobil und 24 Std. Parkscheinautomat. Strom (4 Anschlüsse) und Wasser inklusive.

Standort: OT Le Huga, Rue des Sauviels, GPS 45°00'26"N/01°09'57"W, Office de Tourisme, Telefon 0033/556032101, www.medocean.com

Parking Lac de Lacanau
.........................................

Gebührenpflichtiger Stellplatz für 38 Mobile auf dem Parkplatz am Ortsausgang Richtung Carreyre. Für Reisemobile reserviertes Gelände in der Nähe zum See. Asphaltierte Zufahrtsstraße, links und rechts parzellierte Parkflächen. Etwas Schatten durch Bäume, beleuchtet durch Straßenlaternen. Ruhige Lage neben ungenutzten Gebäuden. Müllcontainer am Platz vorhanden. Maximaler Aufenthalt: 48 Stunden. Saison: Juni bis September. Euro-Relais-Anlage. 10 Euro pro Mobil und 24 Sd. Parkscheinautomat. Wasser: 2 Euro.

Standort: OT Moutchic, Avenue de la Grande Escoure, GPS 44°59'56"N/01°08'30"W, Office de Tourisme, Telefon 0033/556032101, www.lacanau.com

### 33123 LE VERDON-SUR-MER
Aire de Camping-cars
Plage de la Chambrette
.........................................

Gebührenpflichtiger Stellplatz für 30 Mobile. Separater Reisemobilhafen in Strandnähe. Ebener, asphaltierter Untergrund. Großzügige Anlage, durch Bäume und Büsche begrünt. Relativ ruhige Lage. Ganzjährig nutzbar. Euro-Relais-Junior-Anlage. 3 Euro pro Nacht und Mobil von 18 bis 8 Uhr. Strom: 1 Jeton/60 Min. Wasser: 1 Jeton/100 Ltr. Jetons kosten 3 Euro im Tourismusbüro, im Rathaus und in Geschäften.

Standort: Allée des Baines, GPS 45°32'38"N/01°03'28"W, Office de Tourisme, Telefon 0033/556096178, www.ville-verdon.org

### 40550 LÉON
Lac de Léon
.........................................

Gebührenpflichtiger Stellplatz für 100 Mobile. Reservierter Teil eines naturbelassenen Geländes mit hohen Bäumen. Ebener, befestigter Untergrund rund um das Sanitärhaus. Im lichten Kiefernwald fast ebener, naturbelassener Untergrund. Ruhige Lage in Seenähe. Picknickbänke, Mülleimer. Maximaler Aufenthalt: 48 Std. Saison: April–Oktober. Bodeneinlass. 8 Euro pro Nacht und Mobil von Mitte Juni bis Mitte September, sonst gebührenfrei.

Standort: Route des Puntaou GPS 43°53'10"N/01°19'09"W, Office de Tourisme, Telefon 0033/558487603, www.ot-leon.fr

### 40660 MESSANGES
Parking Plage Principale
.........................................

Gebührenfreier Stellplatz für 35 Mobile in einem Kiefernwäldchen an der Straße zum Strand. Befes-

tigte Zufahrtsstraße. Neben der Zufahrt fast ebener Untergrund, sonst unebener, naturbelassener Waldboden. Im Wäldchen eingeschränkter Rangierraum. Ruhige Lage, 300 m vom Strand entfernt. Picknickbänke vorhanden. Max. Aufenthalt: 48 Std. Ganzjährig.

Standort: OT Messanges-Plage, Avenue de la Plage, GPS 43°48'57"N/01°24'03"W, Office de Tourisme, Telefon 0033/558489310, www.ot-messanges.fr

### 40200 MIMIZAN
Parking de l'Hélistation
.........................................

**Mimizan-Plage: der asphaltierte Stellplatz hinter der Düne.**

Gebührenpflichtiger Stellplatz für 80 Mobile. Für Reisemobile reserviertes Gelände hinter einer hohen Düne in Strandnähe. Ebener asphaltierter Untergrund, kein Schatten. WC-Anlage am Platz. Max. Aufenthalt: 24 Std. Ganzjährig nutzbar. Flot-Bleu-Anlage. 12 Euro pro Nacht und Mobil vom 15. Juni bis 14. September, sonst 8 Euro. Bezahlung per Bankkarte.

Standort: OT Mimizan-Plage, Rue des Lacs, GPS 44°12'18"N/01°17'48"W, Office de Tourisme, Telefon 0033/558091120, www.mimizan-tourism.com

### 40660 MOLIETS-ET-MAA
Aire de Camping-cars
.........................................

**Moliets-et-Maa: der schattige Stellplatz in Strandnähe.**

Gebührenpflichtiger Stellplatz für 50 Mobile. Naturbelassenes, baumbestandenes Gelände an der Zufahrtsstraße zum Strand, auf beiden Seiten von Straßen eingerahmt. Geschotterte Fahrspur, unebenes, schattiges Gelände. WC vorhanden. Geringe Entfernung zum Strand. Ganzjährig. 11 Euro pro Nacht und Mobil von April bis September, sonst 5 Euro. Bezahlung per Bankkarte.

Standort: OT Moliets-Plage, Avenue de l'Océan, GPS 43°51'05"N/01°22'57"W, Mairie, Telefon 0033/558485013, www.moliets.com

### 40440 ONDRES
Parking de la Plage
.........................................

Gebührenpflichtiger Stellplatz für 50 Mobile auf dem Strandparkplatz P 3. Reservierter Teil eines Großparkplatzes, durch hohe Hecken zum Pkw-Bereich hin abgetrennt. Fast ebener, asphaltierter Untergrund. Kein Schatten, schwach beleuchtet, Mülltonnen vorhanden. Ruhige, strandnahe Lage. Ganzjährig nutzbar. Flot-Bleu-Anlage. 7 bis 9 Euro pro Nacht und Mobil, je nach Saison inkl. Strom (2 Anschlüsse). Wasser: 2 Euro.

Standort: OT Ondres-Plage, Avenue de la Plage, GPS 43°34'34"N/01°29'12"W, Office de Tourisme du Seignanx, Telefon 0033/559451919, www.seignanx-tourisme.com

### 40160 PARENTIS-EN-BORN
Aire pour Camping-cars
.........................................

Gebührenpflichtiger Stellplatz für 20 Mobile. Ausgewiesenes Gelände am See, unmittelbar neben dem Camping municipal Le Pipiou. Ebener, geschotterter Untergrund, durch hohe Bäume eingerahmt. Ruhige Lage in Seenähe. 100 m Fußweg durch ein Wäldchen zum Seeufer. Maximaler Aufenthalt: 48 Stunden. Ganzjährig nutzbar. Euro-Relais-Junior-Anlage. 6 Euro pro Nacht und Mobil, Strom und Wasser inklusive. Schrankenanlage, Bezahlung per Bankkarte.

Standort: Route des Campings, GPS 44°20'55"N/01°06'21"W, Office de Tourisme, Telefon 0033/558784360, http://tourisme.parentis.com

### 33210 PREIGNAC
Parking Place de la Mairie
.............................................

Gebührenfreier Stellplatz für 4 Mobile. Markierter Bereich auf einem Pkw-Parkplatz hinter dem Rathaus. Ebener, befestigter Untergrund. Ruhige Lage abseits der Durchgangsstraße. Kein Schatten, nur schwach beleuchtet. Ganzjährig nutzbar. Bodeneinlass.

Standort: Rue du Port, GPS 44°35'07"N/00°17'40"W, Mairie de Preignac, Telefon 0033/556632739, www.preignac.fr

### 40460 SANGUINET
Aire de Camping-cars
.............................................

**Sanguinet: Der schattige Stellplatz liegt am Seeufer.**

Gebührenpflichtiger Stellplatz für 15 Mobile auf einem reservierten Gelände am Lac de Sanguinet. Geschotterte Fahrspur, Parkflächen auf naturbelassenem, leicht unebenem Waldboden. Schatten durch hohe Bäume, beleuchtet. Max. Aufenthalt: 48 Std. Ganzjährig. Bodeneinlass. 7 Euro pro Nacht und Mobil vom 15. Juni bis 15. September, sonst gebührenfrei.

Standort: Avenue de Losa, GPS 44°29'02"N/01°05'28"W, Office de Tourisme, Telefon 0033/558786772, www.sanguinet.com

### 40510 SEIGNOSSE
Aire de Camping-cars
.............................................

Gebührenpflichtiger Stellplatz für 100 Mobile. Reserviertes Gelände in einem Wäldchen, außerhalb der Ortschaft und gegenüber dem Golfplatz. Asphaltierte Ringstraße, Stellflächen auf naturbelassenem Untergrund. Teils fast eben, teils etwas abschüssig. Schatten durch Bäume, beleuchtet. Ganzjährig nutzbar. Euro-Relais-Junior-Anlage. 7 Euro pro Mobil und 24 Std. Wasser: 2 Euro. Bezahlung per Münzen oder Bankkarte.

Standort: Chemin Départemental 79, GPS 43°41'31"N/01°25'32"W, Office de Tourisme, Telefon 0033/558498989, www.tourisme-seignosse.com

### 40140 SOUSTONS
Parking Soustons-Plage
.............................................

Gebührenpflichtiger Stellplatz für 85 Mobile, am Südufer des Lac Marin ausgewiesen. Asphaltierte Fahrspur, Parkflächen auf naturbelassenem, leicht unebenem Waldboden. Großteils schattig. Ruhige Lage, etwa 50 m vom Lac Marin und 500 m vom Strand entfernt. Im rückwärtigen Teil ebene Fläche. Max. Aufenthalt: 48 Std. Ganzjährig nutzbar. Euro-Relais-Anlage. 11 Euro pro Mobil und 24 Std. von Juni bis September. Nebensaison: 6 Euro. Bezahlung mit Münzen oder Bankkarte.

Standort: OT Port d'Albret, Avenue de la Pêtre, GPS 43°46'29"N/01°24'24"W, Mairie de Soustons, Telefon 0033/558415011, www.mairie-soustons.fr

### 40170 ST.-JULIEN-EN-BORN
Aire du Camping-cars du Phare
.............................................

Gebührenpflichtiger Stellplatz für 48 Mobile. Ausgewiesenes Gelände in der Lichtung eines Wäldchens, durch eine hölzerne Barriere der Länge nach geteilt.

Geschotterte Zufahrt, leicht unebener, befestigter Untergrund. Ruhige Lage am Ortsrand und in Sichtweite zu den Dünen. Teilweise Schatten. Sanitärhäuschen, Mülleimer vorhanden. Maximaler Aufenthalt: 48 Stunden. Ganzjährig nutzbar. Bodeneinlass. 7–11 Euro pro Nacht und Mobil von Juni bis September, sonst gebührenfrei. Wasser: 2 Euro.

Standort: OT Contis-Plage, Avenue du Phare, GPS 44°5'37"N/01°19'13"W, Office de Tourisme de Contis-Plage, Telefon 0033/558428980, www.contis-tourisme.com

### 40200 STE.-EULALIE-EN-B.
Aire de Camping-cars
.............................................

Gebührenpflichtiger Stellplatz für 20 Mobile. Reserviertes, von Bäumen eingerahmtes Gelände neben Camping du Lac, unmittelbar am Bootshafen. Fast ebene Wiese. Wenig Schatten, beleuchtet. Ruhige, idyllische Lage. Müllcontainer am Platz. Maximaler Aufenthalt: 24 Std. Ganzjährig nutzbar. Bodeneinlass. 6,50 Euro pro Nacht und Mobil von Mai bis September, 4 Euro im April und Oktober, sonst gebührenfrei. Bezahlung am Camping municipal.

Standort: Route du Lac, GPS 44°18'23"N/01°10'55"W, Mairie de Sainte-Eulalie-en-Born, Telefon 0033/558097348, www.lecampingdulac.com

### 40560 VIELLE-SAINT-GIRONS
Campéole Les Tourterelles
.............................................

Gebührenpflichtiger Stellplatz für 35 Mobile in einem lichten Kiefernwäldchen, am Fuße des Hangs und an der Zufahrt des Campingplatzes. Naturbelassener Waldboden, teilweise schattig.

Saison: Mai bis September. Flot-Bleu-Anlage. 12,90 Euro pro Nacht und Mobil inklusive Dusche. Wasser: 2 Euro. Tourismusgebühr: 20 Cent/Person. Bezahlung am Campingplatz.

Standort: OT Saint-Girons-Plage, GPS 43°57'18"N/01°21'23"W, Telefon 0033/558479312, www.camping-tourterelles.com

### 40480 VIEUX-BOUCAU-LES-BAINS
Parking Bire Plecq au Lac
.............................................

Gebührenpflichtiger Stellplatz für 150 Mobile. Separates Gelände für Reisemobile. Durch Büsche und Bäume gegliedert. Asphaltierte Fahrspur, Parkflächen geschottert, eben. Beleuchtet, wenig Schatten. Info-Tafel, Telefonzelle, Müllcontainer. Maximale Aufenthaltsdauer: 24 Stunden. Ganzjährig. Bodeneinlass. 11 Euro pro Mobil und 24 Std. von Mai bis September. Nebensaison: 5 Euro.

Standort: Avenue Louis Darmanté, GPS 43°46'53"N/01°24'08"W, Office de Tourisme, Telefon 0033/558481347, www.ot-vieux-boucau.fr

Aire du Marensin
.............................................

**Vieux-Boucau: der beliebte Stellplatz nahe am Strand.**

Gebührenpflichtiger Stellplatz für 25 Mobile neben dem Camping municipal am Plage-Nord. Ebener, sandiger Untergrund. 200 m bis zum Strand. Maximaler Aufenthalt: 24 Std. Saison: 15. Juni–15. September. 11 Euro pro Mobil und 24 Std. vom 15. Juni bis 15. September. Nebensaison: 5 Euro.

Standort: Boulevard du Marensin, GPS 43°47'34"N/01°24'21"W, Telefon 0033/558481347, www.ot-vieux-boucau.fr

Rauschende Bäche und still ruhende Gewässer (oben) machen die Hochpyrenäen zu etwas Einzigartigem.

## ① DIE GRANDIOSEN GIPFEL UND BERGSEEN

Das tiefgrün schimmernde Wasser des Lac de Gaube mit den vereisten Gipfeln des Vignemale-Massivs im Hintergrund verzückte schon im 19. Jahrhundert Schriftsteller und Landschaftsmaler. Er gehört zu einer Reihe von Bergseen im Departement Hautes-Pyrénées, im Südwesten der Region Midi-Pyrénées. Seinen Zufluss sichern überwiegend unterirdisch verlaufende Schmelzwasserströme.

Man erreicht den See nach einer rund dreistündigen Wanderung vom Traditionskurort Cauterets aus – oder deutlich bequemer per Seilbahn und anschließenden kurzen Fußmarsch. Um den Lac de Gaube ranken sich teils romantische, teils geradezu schaurige Geschichten, wie etwa die eines jungvermählten Paares, das unter mysteriösen Umständen in den unergründlichen Fluten ertrank.

Eine weitere klassische Tour dort oben folgt den Spuren einer einst belebten Passstraße, die von Port d'Espagne durch das Marcadau-Tal zur Wallon-Hütte führt. Diese ist jedoch nur im Hochsommer bewirtschaftet. Ganzjährigen Betrieb bietet indes das „Hospice de France" in der Nähe des renommierten Thermalbadeortes Luchon. Das Gebäude mit dem völlig umgestalteten Gästebereich ist seit nunmehr über 400 Jahren gefragte Station für Reisende, Händler und Abenteurer. Von hier erschließt sich die fantastische Gebirgswelt am Fuß des Pic de l'Entécade.

# 5 GUTE GRÜNDE FÜR DIE
# PYRENÄEN

**VOM MILDEN KLIMA BEGÜNSTIGT**, dauert die Wandersaison in den französischen Pyrenäen bis weit in den Herbst. Doch die Region ist nicht nur ein Naturparadies, sondern auch ein vorbildlicher Hüter von jahrhundertealter Baukunst und ausgezeichneter Esskultur.

Text und Fotos: Thomas Cernak

## ② DIE KOSTBAREN KULTURSCHÄTZE

Wahrzeichen von Saint-Lizier ist die Kathedrale mit achteckigem Ziegelsteinturm. In ihrem Innern gibt es bedeutende romanische Fresken und im Kloster daneben einen Kreuzgang mit 32 Arkaden zu bewundern, die vor allem durch ihre fein ausgearbeiteten Kapitelle bestechen. Beim Bummel durch die beschaulichen Altstadtgässchen käme man nie auf den Gedanken, dass im Ort lange Zeit Bischöfe regierten: nämlich fast 1300 Jahre, die das Alltagsleben maßgeblich prägten. Ebenfalls wenig bekannt ist, dass alle Sakralbauten und die in Teilen noch erhaltene römische Stadtmauer zum Weltkulturerbe zählen.

Deutlich repräsentativer wirkt hingegen Saint-Bertrand-de-Commings, das einen Hügel krönt. Die beliebte Wallfahrtsgemeinde verdankt ihren Aufstieg dem Geistlichen Bertrand de l'Isle, der im 12. Jahrhundert zum Bischof der Region ernannt wurde. Sehenswürdig auch hier: die Kathedrale mit prächtigem Chorgestühl, geschnitzt von Toulouser Künstlern.

Strahlend schön: Kathedrale Saint-Lizier.

In der historischen Apotheke: „Hundeöl" und andere Präparate.

**DER BESONDERE TIPP**   **Edle Gefäße,** die fragwürdige Heilmittelchen wie etwa „Hundeöl" (huile de chien) enthielten, reihen sich in der historischen Apotheke, die früher zum Hôtel-Dieu in Saint-Lizier gehörte. Täglich Führungen, Anmeldungen im örtlichen Tourismusbüro. **www.st-lizier.fr**

Stein auf Stein: Wie zum Beispiel Menschen erstmals Werkzeuge einsetzten, zeigen Vorführungen im „Prähistorischen Park".

**DER BESONDERE TIPP**

**Hier tanzt der Bär:** Es scheint, dass sich neben diesem Prachttier unter anderem auch Murmeltiere und Otter im „Parc Animalier des Pyrénées" sehr wohlfühlen. www.parc-animalier-pyrenees.com

## ③ DIE VIELFÄLTIGEN FREIZEITPARKS

Gewaltige Schmelzwassermassen schufen in den tiefer gelegenen Pyrenäen-Gebieten zum Ende der Eiszeit unzählige unterirdische Gänge und Höhlen, die später häufig bewohnt wurden. Allein in der Umgebung von Tarascon-sur-Ariège fand man 15 Höhlen mit prähistorischen Wandmalereien. Um diese zu schützen, wurd der „Parc de la préhistoire" ins Leben gerufen, wo Kopien der frühen Kunstwerke und multimediale Präsentationen ein Bild der Steinzeit aufzeigen sollen. Besondere Aufmerksamkeit erfahren die jungen Besucher, welche die Erkenntnisse in Kleingruppen spielerisch vermittelt bekommen. www.sesta.fr

Zum Herumtoben zwischen Bäumen wurde in Argelès-Gazost, etwa 15 Kilometer südlich von Lourdes, ein Waldkletterpark eingerichtet. Der „Parc Chlorofil" bietet Strecken für Kinder ab vier Jahren an, aber auch für Fortgeschrittene und Erwachsene anspruchsvolle, schwarze und rote Abschnitte. Die Saison in diesem Freizeitpark dauert von Anfang März bis Mitte November. www.chlorofil-parc.com

## ④ DIE KÖSTLICHE TRADITIONSGASTRONOMIE

Traditionell wird im Departement Ariège-Pyrénées vor dem Essen mit einem Glas „Hypocras" angestoßen. Dies ist ein seit dem Mittelalter geschätzter, süßer Gewürzwein. Als wohl beliebteste Vorspeise in der gesamten Region gilt die „Foie gras", Geflügelstopfleber. Dazu kommen Enten in allen erdenklichen Zubereitungsarten auf den Tisch: etwa als gegrillte Entenbrust oder -filet, eingelegte Keulen, fein gewürzte Pasteten oder Entenmägen. Letztere machen jeden Salat zu einem unvergesslichen Gaumenerlebnis.

Zu den gastronomischen Höhepunkten zählt das „Toulouser Cassoulet". Dieser weit über die Grenzen der Region bekannte Eintopf-Klassiker besteht zumeist aus weißen Bohnen, Gänsefleisch, Schweinebauch und Saucisson, der berühmten Knoblauchwurst. Ein echtes Cassoulet muss stundenlang köcheln, bevor es im großen Tontopf serviert wird.

In den kühlen Gebirgsflüssen fängt man hauptsächlich Forellen, die vor allem gegrillt köstlich schmecken. Spitzenweine, die das begehrte AOC-Zeichen tragen dürfen, heißen: Cahors, Gaillac, Fronton, Madiran und Marcillac. Nach dem Essen mundet vorzüglich ein Armagnac. Der seit vielen Jahrhunderten am Fuß der Berge hergestellte Weinbrand trägt zum ausgezeichneten Ruf der Regionalküche bei.

Top: Lachstatar mit Pistazien-Mousse im Carré de l'ange (oben). Gastraum im alten Hospiz.

Knuspriger Bissen: Forelle im Restaurant „Arrieulat", wo die Haut extra gegrillt wird.

# 5 DIE SPORTLICHEN AKTIVITÄTEN

**Upps, das war knapp: Fast wäre die Mannschaft unfreiwillig baden gegangen!**

Die kleine Mühe, sich vor dem Rafting den Neoprenanzug überzuziehen, wird mit reichlich Spaß belohnt: Unter fachkundiger Leitung geht's in flottem Tempo, von Stromschnellen begleitet, die Garonne hinab. Ein Anbieter in diesem Gebiet ist „Antignac Rafting" an der Straße D 33, die ins katalanische Aran-Tal hinüberführt.

Eine preiswerte, rustikale Variante des Golfsports mit speziellen Bällen und Schlägern praktiziert man auf Montaswin in Montarid. www.montaswin.fr

Wer lieber reiten möchte, findet um Foix ideales Terrain: Dort werden die stämmigen Mérens-Pferde gezüchtet, die als besonders gutmütig gelten.

## PYRENÄEN KOMPAKT

# Infos | Tipps | Adressen

**ANREISE** Der schnellste Weg führt über Toulouse, wo mehrere Autobahnen zusammentreffen. Dann folgt man je nach Zielgebiet der A 66 nach Pamiers beziehungsweise A 64 Richtung Tarbes/Lourdes.

**RESTAURANT-TIPPS** **Le Carré de l´ange** Traditionelle Küche auf höchstem Niveau. Von der Terrasse bietet sich ein überwältigender Blick auf Altstadt und Kathedrale. Menü ab 22 Euro. Palais des Evêques, 09190 Saint-Lizier, Telefon 0033/561656565, www.carre-ange.fr
**Hospice de France** Renovierte Bergstation

in Gebäuden aus dem 17. Jahrhundert. Deftige regionale Spezialitäten. 31110 Bagnères de Luchon, Telefon 0033/56179324731, www.hospicedefrance.com
**Arrieulat** Fantasievoll zubereitete Speisen. 28, avenue Carnot, 65400 Argelès-Gazost, Telefon 0033/562971448, www.hotel-arrieulat.com

**AUSKUNFT** Atout France, Zeppelinallee 37, 60325 Frankfurt, Telefon 0900/1570025, Fax 0900/1599061 (0,49 Euro/Min. aus dem deutschen Festnetz), E-Mail info.de@france-guide.com, Internet www.franceguide.com

Karte: Hallwag

## STELLPLATZ-TIPPS

**64600 ANGLET**
Aire de Camping-cars
Anglet La Barre
..............................................

Gebührenpflichtiger Stellplatz für 50 Mobile. Reserviertes Gelände in einem lichten Pinienwald nahe der Kaimauer an der Adour-Mündung. Etwas holpriger, naturbelassener Untergrund. Abends ruhig, aber auch oft windig. Geringe Entfernung zum Strand. Gaststätten, Toiletten in der Nähe. Maximaler Aufenthalt: 48 Std. Saison: Juli und August. 6 Euro pro Mobil und 24 Std.

Standort: Avenue de l'Adour 130, GPS 43°31'33"N/01°30'57"W, Office de Tourisme Municipal, Telefon 0033/559037701, www.anglet-tourisme.com

Aire de Camping-cars
Des Corsaires
..............................................

Gebührenpflichtiger Stellplatz für 80 Mobile am Plage des Corsaires. Ebener, asphaltierter Untergrund. Sanitärhaus am Platz. Maximaler Aufenthalt 48 Std. Ganzjährig nutzbar. Euro-Relais-Junior-Anlage. 6 Euro pro Mobil und 24 Std. im Juli und August, sonst gebührenfrei. Wasser: 2 Euro.

Standort: Boulevard des Plages, GPS 43°30'25"N/01°32'01"W, Office de Tourisme Municipal, Telefon 0033/559037701, www.anglet-tourisme.com

**64200 BIARRITZ**
Parking de la Milady
..............................................

Gebührenpflichtiger Stellplatz für 80 Mobile, auf einem separaten Gelände am Ortsausgang Richtung St.-Jean-de-Luz ausgewiesen. Fast ebener, asphaltierter Untergrund. Etwas Schatten, beleuchtet. Info-Tafel am Platz. Durch einen Grüngürtel mit hohen Bäumen von der Straße abgeschottet. Autoverkehr auf der Hauptstraße trotzdem zu hören. Entfernung zum Ortszentrum: 3 km. Maximaler Aufenthalt: 48 Stunden. Ganzjährig nutzbar. Bodeneinlass. 10 Euro pro Mobil und 24 Std. inklusive Strom (4 Anschlüsse), Ver- und Entsorgung.

Standort: Avenue de la Milady, GPS 43°27'58"N/01°34'18"W, Office de Tourisme, Telefon 0033/559223700, www.ville-biarritz.fr
»

## STELLPLATZ-TIPPS

### 09420 CASTELNAU-DURBAN
Parking Centre Ville

Gebührenfreier Stellplatz für 10 Mobile am kleinen Fluss Arillac. Parkplatz unter hohen Bäumen entlang der Durchgangsstraße D 117. WC und Grillplatz vorhanden. Geringe Distanz zu Restaurants und Einkaufsläden. Ganzjährig nutzbar. Strom: 2 Euro/10 Min. Wasser: 2 Euro/10 Min.

Standort: D 117,
GPS 43°00'00"N/01°20'25"O,
Mairie,
Telefon 0033/561963433

### 11350 DUILHAC-SOUS-PEYREPERTUSE
Aire de Camping-cars

Gebührenfreier Stellplatz für 15 Mobile, am Ortseingang unterhalb der Festung ausgewiesen. Geschotterter, nicht ganz ebener Untergrund. Die Mitnahme von Unterlegkeilen wird empfohlen. Blick auf die ehemalige Katharerfestung. Areal beleuchtet. Ganzjährig nutzbar. Entsorgung im Toilettenhäuschen. Strom: 2 Euro. Wasser: 2 Euro.

Standort: Rue des Amandiers,
GPS 42°51'41"N/02°33'54"O,
Mairie de Duilhac-sous-P.,
Telefon 0033/468454055,
www.chateau-peyrepertuse.com

**Duilhac: der Stellplatz unterhalb der Festung Peyrepertuse.**

### 09310 LES CABANNES
Parking Camping-cars

Gebührenpflichtiger Stellplatz für 20 Mobile. Separates Gelände, geschottert und parzelliert, in ruhiger Ortsrandlage. Ganzjährig nutzbar. 3 Euro pro Mobil/24 Std. Ver- und Entsorgung: 3 Euro.

Standort: Quartier La Bexane,
GPS 42°47'05"N/01°40'59"O,
Mairie,
Telefon 0033/561647709,
www.villagesdebeille.com

### 09500 MIREPOIX
Place Paul Dardier

Gebührenfreier Stellplatz für 10 Mobile auf einem Parkplatz am südlichen Stadtrand. Asphaltierter Untergrund, nachts beleuchtet. Ganzjährig nutzbar.

Standort: Avenue du Marechal Foch,
GPS 43°05'06"N/01°52'26"O,
Mairie de Mirepoix,
Telefon 0033/561681047,
www.mirepoix.fr

### 11500 QUILLAN
Place de la Gare

Gebührenfreier Stellplatz für Mobile auf einem Großparkplatz im Stadtzentrum. Unruhige Lage entlang von Bahngleisen. Ebener asphaltierter Untergrund. Ganzjährig nutzbar. Wasser: 2 Euro (Jetons).

Standort: Blvd. Charles de Gaulle,
GPS 42°52'26"N/02°10'57"O,
Tourisme Quillan,
Telefon 0033/468200778,
www.ville-quillan.fr

### 64220 ST.-JEAN-PIED-DE-PORT
Parking Jaï Alaï

Gebührenpflichtiger Stellplatz für 20 Mobile am Rand der Innenstadt. Für Reisemobile reservierter Bereich im Anschluss an einen Pkw-Parkplatz und neben einem Supermarkt, durch Grünstreifen mit einigen Bäumen in zwei Bereiche gegliedert. Nicht ganz ebener, asphaltierter Untergrund. Wenig Schatten, beleuchtet. Wenig Rangierraum für Dickschiffe. Maximaler Aufenthalt: 48 Std. Ganzjährig nutzbar. Bodeneinlass. 5,50 Euro pro Mobil und 24 Std.

Standort: Avenue du Jaï Alaï,
GPS 43°10'01"N/01°14'00"W,
Mairie de Saint-Jean-Pied-de-Port,
Telefon 0033/559370092,
www.terre-basque.com

### 66220 ST.-PAUL-DE-FENOUILLET
Parkplatz Las Ribes

Gebührenfreier Stellplatz für 20 Mobile auf dem öffentlichen Parkplatz zwischen dem Ort und den Schluchten von Galamus. Keine extra ausgewiesenen Flächen, aber Mobile sind ausdrücklich willkommen. Ebener, geschotterter Untergrund. Im Sommer verkehrt ein kostenloser Shuttle-Bus zu den Schluchten. Ganzjährig nutzbar.

**Saint-Paul: der geschotterte Stellplatz vor den Schluchten.**

Standort: Las Ribes,
GPS 42°50'09"N/02°29'26"O,
Mairie de Saint-Paul-de-Fenouillet,
Telefon 0033/468590026,
www.st-paul66.com

### 64310 ST.-PÉE-SUR-NIVELLE
Parking Lac de Saint-Pée

Gebührenpflichtiger Stellplatz für 50 Mobile am Lac de Saint-Pée. Reserviertes Gelände zwischen See und Straße. Ebene und befestigte Stellflächen. Wenig Schatten. Ruhige Lage, Picknickbänke vor Ort. Distanz zum Zentrum: 2 km, 200 m zu einer bewachten Badestelle mit WC, Dusche und Gastronomie. Maximaler Aufenthalt: 48 Std. Ganzjährig nutzbar. 2 Flot-Bleu-Anlagen mit Bodeneinlass. 8,50 Euro pro Mobil und 24 Std. Strom: 2 Euro/4 Std. Wasser: 2 Euro/100 Ltr. Park- und Jeton-Automat am Platz. Bezahlung per Bankkarte.

Standort: Rue Artzamendi,
GPS 43°20'59"N/01°31'19"W,
Office de Tourisme,
Telefon 0033/559541169,
www.saint-pee-sur-nivelle.fr

### 64560 STE.-ENGRÂCE
Parking Gorges de Kakouetta

Gebührenfreier Stellplatz für 10 Mobile auf dem Parkplatz an der Schlucht der Kakouetta. Keine Markierungen für Reisemobile. Einsame Lage, 3 km vom Ort entfernt. Maximaler Aufenthalt: 24 Std. Ganzjährig nutzbar.

Standort: D 113,
GPS 43°00'05"N/00°50'36"W,
Mairie Ste.-Engrace,
Telefon 0033/559286083,
www.sainte-engrace.com

# MOBILLIFE*
# DIE STELLPLATZ-APP

Die besten Stellplatz-Tipps von *promobil*, Europas größtem Reisemobil-Magazin, gibt es auch auf dem iPhone – als Stellplatzfinder mobillife. Welcher Stellplatz liegt in Ihrer Nähe? Gibt es Strom, Wasser, Ver- und Entsorgung? Wie lauten die Geodaten und die Kontakt-Adresse? Die Antwort gibt die beliebte iPhone-App von *promobil* – schnell, unkompliziert und sogar kostenlos! Greifen Sie auf alle Plätze der Stellplatz-Datenbank zu! Und das nicht nur dort, wo Sie gerade sind. Sie können alle Ziele manuell eingeben oder danach suchen. In Sekundenschnelle erhalten Sie eine Übersichtskarte und alle im Umkreis verfügbaren Plätze – in Deutschland und in vielen Regionen Europas. Ein weiteres Plus ist die Feedback-Funktion!

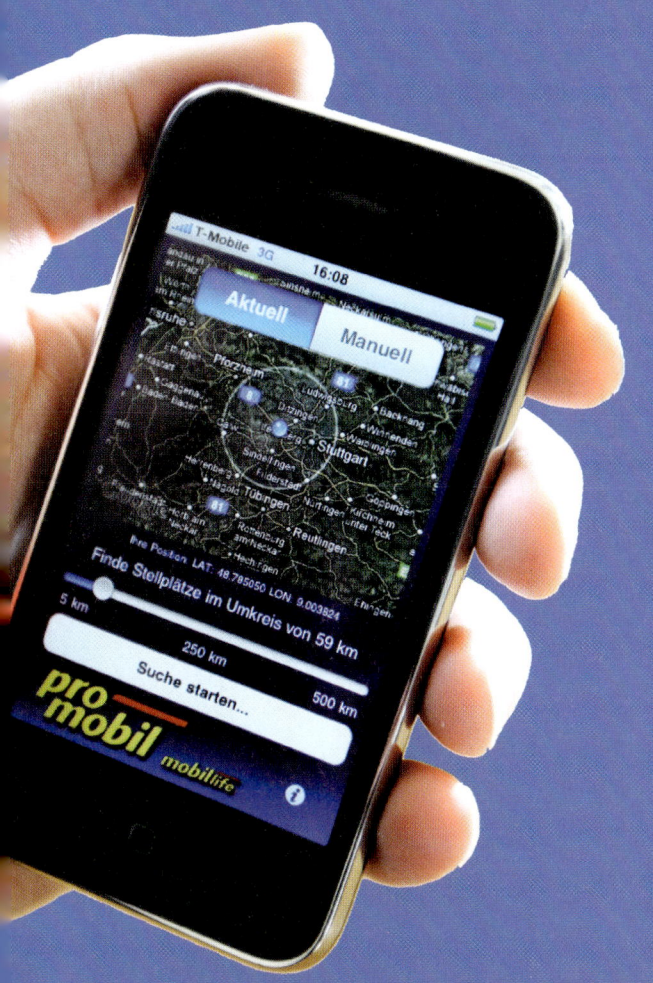

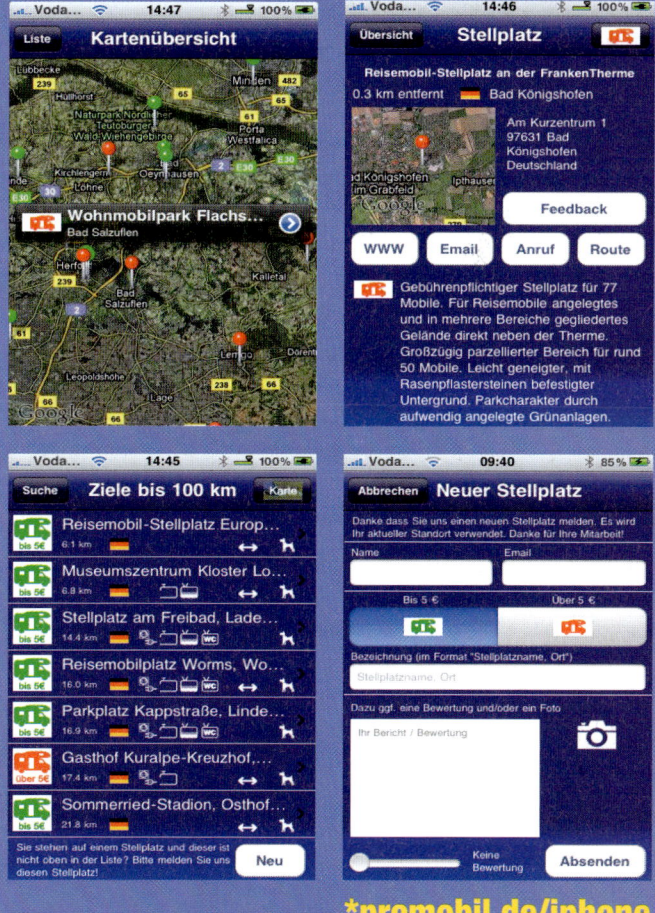

**\*promobil.de/iphone**

# DIE PERFEKTE WOCHE IM

# ROUSSILLON

**SÜDLICHER ALS HIER** ist Frankreich ganz sicher nirgends. Davon ließen sich schon vor 100 Jahren die Maler inspirieren. Vom intensiven Licht, einem prima Klima und ganz viel katalanischer Lebenskultur diesseits der Pyrenäen.

Die Blumenpracht enger Gassen muss man zu Fuß genießen. Das Mobil fährt besser in St. Cyprien Plage.

Fotos: Joachim Negwer

Wie Matisse die Welt sah – und den Hafen von Collioure. Erkennen Sie ihn wieder? So sieht es dort heute aus ...

Reben in roter Erde und schneebedeckte Berge: Das Roussillon hat sehr gegensätzliche Landschaften.

Das Leben spielt im Sommer draußen in den Gassen der Altstadt: In Collioure haben sich viele Galerien angesiedelt. Und gelegentlich gibt es ein spontanes Künstler-Galleristen-Picknick.

Palmen gehören in Perpignan, der Metropole im Süden, ganz selbstverständlich zum Stadtbild.

Malerische Orte, einladende Buchten, schroffes Hinterland – das ist das Roussillon.

Einmal im Leben müssen die Einheimischen da hinaufsteigen. Und viele Touristen tun es ihnen nach: Der Canigou ist der heilige Berg der Katalanen – schroff und anspruchsvoll.

Blau war der Himmel, als Henri Matisse im Sommer 1905 in Collioure aus dem Zug stieg. Blau wie an der Côte d'Azur. Nur dass der Himmel hier, über den rostroten Klippen und dem knalligen Grün der Reben an der Côte Vermeille, noch kräftiger leuchtete. Matisse sah, staunte und blieb. Er mietete sich in einer Kaschemme beim Bahnhof ein. In den heißen Wochen nach seiner Ankunft änderte der Maler seinen Stil radikal. Die Bilder aus dieser Zeit sind mit brachialem Schwung gemalt, auf der Leinwand schlagen die Farben der im Hafen ankernden Boote geradezu aneinander.

Der Skandal folgte kurze Zeit später, beim Pariser Herbstsalon. Matisse und sein Mitstreiter André Derain, der ebenfalls mit der Staffel nach Collioure gereist war, bekamen den Schimpfnamen „fauvistes", Wilde, verpasst. Am Kai unterhalb der 700 Jahre alten Burg beweist der ausgeschilderte „Weg des Fauvismus", dass Collioure noch immer so aussieht wie von den „Wilden" vor über 100 Jahren gemalt. Kopien ihrer Werke führen von der Altstadt

**CARAMELS**
Beurre Salé
à la Fleur de Sel

Schon probiert? Gesalzene Butterkaramellen sind ein süßer Trend.

zur Burg, die sich vor die lachsrote Dächerlandschaft schiebt. Auf dem Weg, der die Burg einmal umrundet, wird man manchmal von Gischt nass gespritzt – das Meer ist zum Greifen nah. Ein Kranz kleiner Badebuchten schmiegt sich um das Altstadtquartier Le Mouré, im Hinterland drängen

Mal säuselt, mal faucht der Tramontane. Der Pyrenäenwind pustet den Himmel blank und garantiert über 300 Sonnentage und ebenso viele Nächte, in denen draußen gefeiert wird.

sich die Pyrenäen heran. Das Ganze ist wie eine Explosion der Farben. Rot, Orange, Grün, Violett, Gelb. Darüber der Himmel, sehr blau – willkommen im Roussillon.

Rot und Gelb leuchtet die Fahne des Roussillon. Rot und Gelb sind die Farben des Rugbyclubs USAP aus Perpignan, der seit 2004 Partnerclub des FC Barcelona ist. Es sind die Farben Kataloniens. Verwaltungstechnisch befinden wir uns im französischen Departement Pyrénées-Orientales, historisch in Nordkatalonien, das erst seit 1659 zu Frankreich gehört. Die Erinnerung aber bleibt im Roussillon allgegenwärtig. Orts- und Straßenschilder sind ausnahmslos französisch und katalanisch geschrieben. Und die Autobahn A 9 trägt ab Salses, wo eine mächtige Festung an die ehemalige Grenze zu Frankreich erinnert,

den Beinamen „La Catalane". Die Grenze hat sich zum Pyrenäenkamm hin verschoben. In den Dörfern des Roussillon aber wird die katalanische Sardane getanzt.

**Das Hinterland** von Perpignan bietet ein Kaleidoskop dramatisch schöner Landschaften. Die Hochtäler der Cerdagne oder des Conflent sind im Winter tief verschneit und bis in den Mai ein Ziel für Wintersportler. Im Sommer grasen Kühe der Rasse La Rosée des Pyrénées auf den Almwiesen. Dann erobern Wanderer und Bergsteiger die Täler, während keine 100 km Luftlinie entfernt an den Stränden die Sonnenschirme aufgeklappt werden.

Von den Hügeln der Aspres, die südwestlich von Perpignan nonchalant zur Côte Vermeille abfallen, schweift der »

Speed geben: Kitesurfer zwischen St. Cyprien Plage und Canet-Plage.

**Staunen:** Perpignan war mal die Hauptstadt von Mallorca, wirklich wahr! In diesem Palast residierten von 1276 bis 1344 die Könige.

**Ausspannen:** Stellplatz in den Weinbergen – oberhalb von Collioure.

**Einfach genießen:** Im Roussillon werden oft Tapas aufgetischt.

Blick zum 2784 Meter hohen Canigou. Bis in den Hochsommer liegt Schnee auf dem heiligen Berg des Roussillon. Über den Weinbergen der Aspres aber flirrt spätestens ab Mai die Hitze. Der Tramontane macht die Temperaturen erträglich. Mal säuselt, mal faucht der Pyrenäenwind. Der Tramontane pustet den Himmel blank und garantiert über 300 Sonnentage im Jahresdurchschnitt. Und damit fast ebenso viele Nächte, in denen auf den Terrassen von Perpignan und in den Strandclubs unter freiem Himmel gefeiert wird.

**Perpignan,** katalanisch Perpinya, war einst Residenz der Könige von Mallorca. Davon zeugt die mächtige Burg im Süden der Altstadt. An der Place Arago rauschen mächtige Palmen im Wind. Ein Café reiht sich ans nächste. Ein paar Schritte weiter in Richtung Rathaus taucht man in verwinkelten Gassen unter. Lauschige Patios und gotische Palais erinnern an Barcelona, nur zählt Perpignan gerade mal 100 000 Einwohner. Im Hochsommer hat man die Gassen fast für sich allein, denn dann entspannt sich ganz Perpignan à la playa, entweder an den endlosen Sandstränden von Le Barcarès bis St. Cyprien oder an der Felsküste der Côte Vermeille. Trubelig wird es im Sommer in Perpignan nur morgens, wenn auf dem Markt an der Place de République die Stoffhimmel über den Ständen voller Knoblauch, Würste und Schinken hängen. Ab Mai kommen die Kirschen. Bald darauf folgen Aprikosen und Pfirsiche, später Melonen: Das Obst aus der Region von Perpignan genießt frankreichweit einen legendären Ruf.

Auch in kulinarischer Hinsicht unterscheidet sich das Roussillon übrigens vom übrigen Frankreich. Gambas und Fisch werden à la planxa, vom Grill, serviert. Ente kommt mit einer Pfirsichsauce, Wildschwein mit Kirschen auf den Tisch. Tapas gibt es in fast allen Bars. So wie auch auf der anderen Seite der Pyrenäen.

............................................................ *Klaus Simon*

**ROUSSILLON KOMPAKT**     bitte umblättern >>>

## ■ TRENDWEINE

**Seit dem 7. Jahrhundert** wird im Roussillon Wein angebaut. Doch erst seit 20 Jahren sind die Produkte der kleinen, feinen Appellationen Côtes-du-Roussillon und Côtes-du-Roussillon-villages zu Trendweinen geworden. Eine Generation junger Winzer machte es möglich. Besonders gefragt sind die Tropfen von den ganze 620 ha umfassenden Weinbergen in Collioure. Die Weine verführen mit Aromen von reifen Beeren, würzig und kraftvoll. Eine Ausnahme sind die Aperitif- und Dessertweine aus Banyuls, Rivesaltes oder Maury – sie erleben gerade ihr Comeback. www.vinsduroussillon.com

**Der Beste ins Kröpfchen:** buntes Winzertor in Argèles sur Mer.

Im Hinterland drängen sich die Pyrenäen heran, aber die Festung Sainte Elme blickt aufs blaue Meer.

# Vor der Kulisse der Pyrenäen

Unsere Highlights aus Roussillon ganz im Süden: von einer ganz besonders heißen Metropole, künstlerischer Inspiration und Kirschen, die so gut schmecken, dass die erste Ernte direkt an den französischen Staatspräsidenten im Elysée-Palast geht.

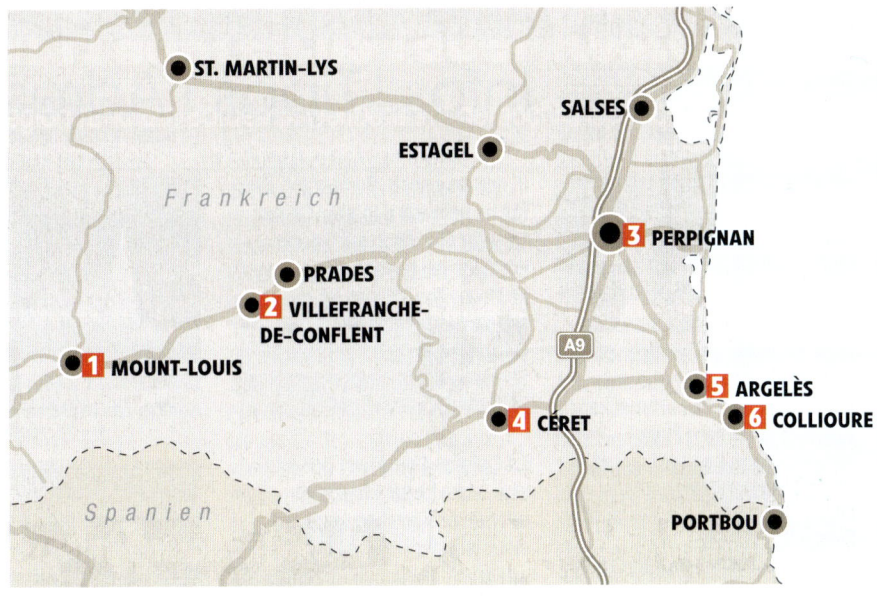

**1 MONT-LOUIS** Frankreichs höchstgelegene Festungs- und Garnisonsstadt Mont-Louis steht auf 1600 m Höhe. Ludwig XIV. ließ sie erbauen, um den Zugang zum Hochplateau der Cerdagne und dem Hochtal des Capcir zu kontrollieren. Über dem Zentrum erhebt sich die Zitadelle – Besichtigung nur im Juli und August. www.mont-louis.net

**2 VILLEFRANCHE-DE-CONFLENT** Die Hauptstadt des Conflent-Tals ist ein Schmuckstück aus rosa Marmor. Seine Gründung 1092 verdankt Villefranche der günstigen Lage am Zusammenfluss von Têt, Cady und La Rotja. Die von Festungsmauern umgebene Stadt hat sich seit dem 17. Jh. kaum verändert. www.villefranchedeconflent.fr

**3 PERPIGNAN** Sie ist die in meteorologischer Hinsicht heißeste Stadt Frankreichs, und ihr Lebensgefühl ist dem in Barcelona sehr ähnlich. Mitten in Perpignan liegt ein Palmenhain. Abends locken Tapas, tagsüber die nahen Strände und Berge, deren Pisten im Winter zum Skifahren einladen. www.perpignantourisme.com

**4 CÉRET** Die „Wiege des Kubismus" ist ein bilderbuchschönes Städtchen. Picasso, Braque und Max Jacob kamen ab 1911 mehrere Sommer zum Malen. Rund um das Obstbau-Städtchen blühen die Kirschbäume. Die erste Schale der bereits im Mai reifen Früchte geht traditionell an den französischen Präsidenten in den Elysée-Palast. www.ot-ceret.fr

**5 ARGELÈS** Dramatisch rücken die Pyrenäenausläufer bis an den mittelalterlichen Ort heran. Mit Argelès beginnt die Côte Vermeille. Zum Strandausläufer Argelès-Plage führt die Landstraße durch dichtes Grün. Pinien begrünen auch die Plage des Pins, an deren Sandband man leicht ein schattiges Plätzchen findet. www.argeles-sur-mer.com

**6 COLLIOURE** Tintenblau schwappt das Meer an die von roten Felsen gerahmten Strände des Fischer- und Winzerstädtchens. Gefischt wird kaum noch. Bleibt der Wein. Im Sommer fluten Urlauber die Gassen zwischen der Burg und dem St-Vincent-Felsinselchen, und auf den Terrassen funkelt der Rotwein im Glas. www.collioure.com

## STELLPLATZ-TIPPS

### 66190 COLLIOURE
Parking de Cap Dourats

**Collioure: Die 300 Plätze verteilen sich auf sechs Terrassen.**

Gebührenpflichtiger Stellplatz für 300 Mobile auf 6 Terrassen verteilt. Asphaltierter, leicht unebener Untergrund aus Asphalt, beleuchtet und videoüberwacht, wenig Schatten. Pendelbus zum Ort. Maximaler Aufenthalt: 48 Std. Ganzjährig nutzbar. Bodeneinlass, separate Kassetten-Entleerung. 7,50 Euro pro Nacht und Mobil inkl. Ver- und Entsorgung, bezahlbar mit Karte oder Münzen.

Standort: Route de Madeloc, GPS 42°31'32"N/03°04'09"O, Office de Tourisme, Telefon 0033/468821547, www.collioure.com

### 30300 COMPS
Aire de Camping-cars

Gebührenpflichtiger Stellplatz für 40 Mobile auf einem naturbelassenen Gelände mit hohen Bäumen am Ufer des Gardon, unmittelbar vor der Mündung zur Rhône. Ganzjährig. Aire-Service-Station. 4,50 Euro pro Nacht/Mobil.

Standort: Rue Saint-Nicolas, GPS 43°51'14"N/04°36'30"O, Mairie de Comps, Telefon 0033/466745099, www.mairie-comps.fr

### 11270 FANJEAUX
Aire de Camping-cars

**Fanjeaux: der große Stellplatz mit V+E am Ortsrand.**

Gebührenfreier Stellplatz für 15 Mobile am Ortsrand. Naturbelassener Untergrund, von Bäumen gesäumt. Ganzjährig nutzbar. V+E am Platz vorhanden.

Standort: Chemin des Fontanelles, GPS 43°11'09"N/02°01'57"O, Mairie de Fanjeaux, Telefon 0033/468247001, www.fanjeaux.fr

### 11560 FLEURY D'AUDE
Aire d'acceuil Camping-cars

Gebührenpflichtiger Stellplatz für 100 Mobile auf naturbelassenem Gelände mit lichtem Baumbestand, unmittelbar vor dem kommunalen Campingplatz gelegen. Ruhige Ortsrandlage. Ganzjährig nutzbar. Bodeneinlass. 6 Euro pro Nacht und Mobil inklusive V+E.

Standort: OT Saint-Pierre-la-Mer, Boulevard des Embruns, GPS 43°11'25"N/03°11'49"O, Office de Tourisme St.-Pierre-la-Mer, Telefon 0033/468496089, www.otfleury.com

**Neben dem Campingplatz: der Stellplatz von Saint-Pierre-la-Mer.**

### 11430 GRUISSAN
Aire des 4 Vents

Gebührenpflichtiger Stellplatz für 150 Mobile, auf einer Sandbank dem Hafen vorgelagert, direkt neben der Gendamerie Maritime. Befestigter, sandiger und ebener Untergrund, durch Hecken aufgelockert. Teilweise Schatten. Ganzjährig nutzbar. Bodeneinlass. 7 Euro pro Mobil und 24 Std. von Februar bis November, sonst gebührenfrei.

Standort: Quai de la Tramontane, GPS 43°06'16"N/03°05'58"O, Mairie de Gruissan, Telefon 0033/468752121, www.ville-gruissan.fr

Aire de la Plage des Chalets

Gebührenpflichtiger Stellplatz für 80 Mobile auf einem Parkplatz in einem Ferienhausgebiet. Ebener Untergrund aus Sand, kein Schatten. In der Saison öffentliche WC-Anlage und kalte Duschen am Strand. Ganzjährig nutzbar. Bodeneinlass. 7 Euro pro Mobil und 24 Std. von Februar bis November, sonst gebührenfrei. Schrankenanlage vor dem Platz.

Standort: OT Gruissan-Plage, Avenue de la Jetée, GPS 43°05'45"N/03°06'36"O, Mairie de Gruissan, Telefon 0033/468752121, www.ville-gruissan.fr

Aire de Etang de Mateille

Gebührenpflichtiger Stellplatz für 150 Mobile auf einem Parkplatz am Etang de Mateille. Ausgewiesener Platz auf sandigem Untergrund. WC und kalte Dusche am Strand. Saison: Juli und August. 7 Euro pro Nacht und Mobil. Strom: 1,50 Euro.

Standort: D 332, GPS 43°07'47"N/03°07'41"O, Mairie de Gruissan, Telefon 0033/468752121, www.ville-gruissan.fr

### 11480 LA PALME
Aire de Service Les Cabanes

Gebührenfreier Stellplatz für 5 Mobile auf einem einsamen Parkplatz am Rand des kleinen Ortes. Ganzjährig nutzbar.

Standort: OT Les Cabanes de Lapalme, D 6009, GPS 42°57'27"N/02°59'02"O, Telefon 0033/468485688, www.la-palme.fr

### 11220 LAGRASSE
Parking P 3

Gebührenfreier Stellplatz für 15 Mobile, auf einem Parkplatz am Ortseingang ausgewiesen. Leicht abschüssiger Untergrund aus Schotterrasen, von einigen noch jungen Bäumen aufgelockert. Ganzjährig nutzbar.

Standort: Parking P3, GPS 43°05'34"N/02°37'12"O, Office de Tourisme, Telefon 0033/468431156, www.lagrasse.com

**Lagrasse: der Stellplatz in einem der schönsten Dörfer Frankreichs.**

### 34520 LE CAYLAR
Relais du Caylar Est

Gebührenfreier Stellplatz für 10 Mobile auf der Autobahnraststätte an der A 75. Markierter Bereich auf Asphalt. Picknickareal am Platz. Ganzjährig nutzbar.

Standort: A 75, GPS 43°51'46"N/03°18'42"O, Relais du Caylar, Telefon 0033/467570190

**Le Grau-du-Roi: ausgewiesener Stellplatz am Strand.**

### 30240 LE GRAU-DU-ROI
Parking de la Plage

Gebührenpflichtiger Stellplatz für 20 Mobile, auf einem Parkplatz in Strandnähe ausgewiesen. Schrankenanlage an der Zufahrt. Die Pkw-Stellplätze daneben sind mit Höhenbeschränkungen versehen. Ebener, asphaltierter Untergrund, beleuchtet. Ganzjährig nutzbar. Euro-Relais-Junior-Anlage. Sommer: 1. Std. 1,10 Euro, ab 2. Std. 80 Cent/Std. von 9–19 Uhr, 50 Cent/Std. von 19–9 Uhr. Winter: 1. und 2. Std. kostenlos, 3. Std. 1 Euro, 4.–14. Std. 60 Cent/Std., 15.–24. Std. kostenlos. Der Kassenautomat nimmt nur Münzen. Strom (2 Anschlüsse): 2 Euro/ 55 Min. Wasser: 2 Euro/100 Ltr.

An der Côte: Bei offenem Fenster hört man die Zikaden zirpen.

Unbekannte Schönheit, südlicher Charme: in den Altstadtgassen von Hyères.

Strandleben mit kleinen Palmenschatten: Bei Port Grimaud in der Bucht von Saint-Tropez.

**Mit dem Reisemobil kann's schnell eng werden, aber ansonsten ist Bormes les Mimosas ein Traum.**

**E**igentlich sollte es ein Strandspaziergang werden, am ersten Abend der Südfrankreichtour. Doch schon nach zehn Minuten, zum Teil mit den Füßen im Sand, zum Teil auf einem schmalen Pfad oberhalb des Strandes, immer dem Wasser nach, war der Ausflug beendet – in einem kleinen Restaurant, das auf einem Felsen oberhalb einer bezaubernden Sandbucht liegt. Es gibt frischen Fisch vom Grill, kühlen Rosé-Wein, Crème brulée, die beste seit langem. Und es gibt die Aussicht auf Porquerolles, die schönste der drei Inseln vor Hyères.

Das Restaurant ist ein Platz zum Verlieben, wie es nicht viele gibt auf der Welt. Es heißt „Pradeau Plage" und liegt ganz im Osten der Halbinsel Giens, die sich vor dem Städtchen Hyères ins Meer streckt, nicht weit von Tour Fondue entfernt. Eine Zufallsentdeckung, wie man sie immer wieder machen kann auf

**Die Milliardärsyachten im Vieux Port und die Boulespieler an der Place de la Garonne – genau diese besondere Mischung zeichnet Saint-Tropez und die Côte d'Azur aus.**

dieser Tour. Wir sind mit dem Reisemobil unterwegs zwischen Toulon und Saint-Tropez. Wir hatten uns vorgenommen, die Besonderheiten dieses weniger bekannten Teils der Côte d'Azur zu erkunden. Und davon gibt es viele.

Eine Überraschung ist zum Beispiel das Städtchen Hyères selbst, das den Beinamen „les Palmiers" trägt, weil in der gesam-

**Zum Fotografieren schön: dekorative Fischplatte im Restaurant Le Pradeau Plage nahe Hyères.**

ten Stadt überall Palmen wachsen und schon die Einfahrtsstraße von einer mächtigen Palmenallee bestanden ist. Hyères ist ein Ort, in dem man die Lässigkeit Südfrankreichs förmlich spürt – bei einem Bummel durch die schöne Altstadt zum Beispiel oder bei einem Kaffee oben auf der Place Massillon, auf der nicht nur viele Restaurants Stühle draußen stehen haben, sondern auch noch die Reste einer Templerkomturei aus dem 12. Jahrhundert zu bestaunen sind. Oder in dem schrägen Seifenladen in der Avenue A. Denis Nummer 43, in dem es handgemachte Seifen gibt – und die duften, einfach wunderbar. Allerdings sollte man sich nicht von den vielen Düften verwirren lassen und in jedem Fall

Schnapsideen, Liköre, Öl: Dieser Laden in Hyères steckt voller Mitbringsel für zu Hause.

Fangfrisch: Touristen haben in den Fischrestaurants auf Porquerolles die Qual der Wahl.

Selten gute Aussicht: wunderbarer Blick von Ramatuelle aus auf ganz viel unbebautes Grün.

Im Hafen von Saint-Tropez: Sehen und gesehen werden heißt das ungeschriebene Motto an der Côte d'Azur – nur die Besitzer der Luxusyachten lassen sich recht selten blicken.

vor dem Kauf nach dem Preis fragen – denn teilweise sind die wohlriechenden Teile wahre Luxusgüter.

**Wer mit dem Reisemobil** an der Côte d'Azur unterwegs ist, braucht bisweilen gute Nerven – zum Beispiel, wenn man durch die Städte fährt und nach einem Parkplatz sucht. Oder auch auf Straßen, die auf der Landkarte groß und breit scheinen. In Wirklichkeit sind sie doch sehr schmal und eng, und statt eines Randstreifens haben sie einen ein Meter tiefen Graben. Doch von diesen kleinen Abenteuern einmal abgesehen, gibt es vieles, was man nicht verpassen sollte: das schöne Städtchen Bormes les Mimosas etwa, den mittelalterlichen Stadtkern von Ramatuelle, das auf einem Berg bei Saint-Tropez liegt und von Pinienwäldern und Weinbergen umgeben ist. Und natürlich Saint-Tropez selbst: die Milliardärsyachten im Vieux Port und die Boulespieler an der Place de la Garonne – genau diese Mischung macht die Côte d'Azur aus. »

## ■ EINE INSEL MIT ZWEI RÄDERN

**Auf Porquerolles** gibt es neun Fahrradverleiher, die es insgesamt auf eine Flotte von etwa 1500 Rädern bringen. Das Radwegenetz auf der Insel umfasst insgesamt gut 70 Kilometer. Die Steigungen sind gering und problemlos zu bewältigen, Mountainbikes

sind nicht erforderlich, obwohl sie bei den Verleihern gegen Aufpreis angeboten werden. In der Hochsaison im Juli/August ist es ratsam, ein Fahrrad mehrere Tage im Voraus zu reservieren, weil die Nachfrage hoch ist. Die Preise unterscheiden sich kaum und bewegen sich je nach Ausstattung zwischen 11 und 20 Euro am Tag. Die Anbieter haben ihre Stationen durchweg in Porquerolles-Village – etwa Le Cycle Porquerollais, Rue de la Ferme 1, Telefon 0033/494583032, www.cycle-porquerollais.com

**Der Strand Notre Dame:** Traumziele wie dieses gibt es viele auf Porquerolles.

Das große Blau: Blick von der Insel Porquerolles in Richtung Festland.

Wer schwimmt denn da? Tauchboot-Tour in den Gefilden rund um die Insel.

Bummeln, shoppen, schauen: An der Côte d'Azur ist für jeden etwas dabei!

Obstladen in Hyères: In den Gassen hält sich angenehm die Kühle.

Ein ganz besonderes Highlight aber ist der Ausflug auf die Inseln vor Hyères, vor allem nach Porquerolles. Dafür muss man das Mobil für einen Tag stehen lassen – denn die Inseln sind autofrei – aber Fahrräder kann man mit an Bord der Fähren nehmen, die ganz im Osten der Halbinsel Giens starten – nur ein paar Schritte von Tour Fondue entfernt.

Die meisten Menschen auf Porquerolles leben von den Tagesbesuchern, die zu Hunderten vom Festland herüberströmen. Denn die Insel ist die abermals schönere Fortsetzung der Festland-Halbinsel

Giens. Die eine Seite dieser Presqu'Ile de Giens ist von Salinen und feuchten Salzwiesen gesäumt, wo Flamingos zu Hause sind. An der gegenüberliegenden Seite gibt es Siedlungen, Ferienanlagen – und Stichstraßen, die an den langen Sandstrand heranführen, der bei Surfern und Kitern beliebt ist. Dort gibt es die gesamte Ferien-Infrastruktur – den Bäcker, den kleinen Supermarkt, die Cafés und Restaurants. All das, wovon Porquerolles nur sehr wenig hat. Die Insel punktet im Gegenzug mit Naturschutz und Idylle, mit Weinbau und Wildnis.

Nur 340 Menschen leben ganzjährig auf Porquerolles – gut 1500 sind es im Sommer, wenn die Saisonkräfte in Cafés und Eisdielen, Hotels und Souvenir-Geschäften, bei den Boots- und Fahrradverleihern hinzukommen.

**Das Linienschiff** von La Tour Fondue bei Hyères braucht etwa 20 Minuten über die gerade mal dreieinhalb Kilometer breite Meerenge. Die drei größeren der insgesamt zehn Iles de Hyères, allen voran Porquerolles, sind beliebtes Ferienziel vor allem französischer Urlauber, die nur eincs wollen: absolut relaxtes Inselleben ohne allzu viel Paparazzi-Rummel. Autos haben nur die wenigen Einheimischen. Weniger als 100 sind zugelassen, und die meisten davon sind kleine Transporter, mit denen die Kisten mit Orangina und Cola, mit Bier, Cidre und Champagner von der Hafenmole zu den Hotels und Restaurants gefahren werden.

1971 hat der französische Staat die Insel von der Grundbesitzerfamilie Fournier gekauft – um sie unter Schutz zu stellen. Porquerolles ist so etwas wie ein typisch südfranzösisches Dorf auf einem Stück Land, das vor der Küste Anker geworfen hat, von Pinienhainen und Olivenbäumen, von Weinreben und Sanddorn überzogen, von hellen Sandstränden und schroffen Klippen umgeben ist – ohne Hochhaus, ohne Bettenburg. Nicht eine Ampel gibt es, keine Fahrbahnmarkierungen.

Die Fourniers leben noch immer auf der Insel und haben ein bisschen Land behalten – die Parzellen mit den besten Böden für Weinbau, die zwei schicksten Hotels. Und das Restaurant „Plage »

## ■ ABSTECHER: DAS AUFSTREBENDE MARSEILLE

**Vergessen Sie die Horrorgeschichten** über die Metropole des Midi. Sie ist nicht gefährlicher als andere Hafenstädte, dafür aber hochgradig faszinierend. Und sie wächst und blüht weiter auf. Im nächsten Jahr eröffnet Euroméditerranée, ein ambitioniertes Projekt aus Hafenterrassen, neuem Kreativviertel und

viel Grün. 2013 wird Marseille Kulturhauptstadt Europas. Schon immer war die Stadt multikulti. Hier leben viele Zuwanderer aus Nord- und Westafrika und bereichern das kulturelle Leben der 820 000-Einwohner-Stadt. Wo beginnen? Am besten am Fischmarkt oder nebenan am Alten Hafen (Vieux Port). Von dort lässt sich das Panorama mit der Kirche Notre-Dame-de-la-Garde, dem Wahrzeichen Marseilles, ideal fotografieren. Und das Panier, das legendäre Hafenviertel mit seinen steilen Gassen, Kulisse unzähliger Filme, ist nur ein paar Schritte entfernt. www.marseille.fr

Der Vieux Port mit der Kirche Notre-Dame-de-la-Garde.

# Sechs Mal Meer erleben an der Côte

Von zauberhaften, kleinen Inseln, einer Ferien-Halbinsel, kleinen Städten, millionenschweren Yachten und kultureller Vielfalt: Was Sie bei einer Reisemobil-Tour an der westlichen Côte d'Azur auf keinen Fall verpassen sollten.

**1 PORQUEROLLES** Die größte der auch Iles d'Or („Goldene Inseln") genannten Eilande vor der Küste von Hyères ist etwa acht Kilometer lang und zwei breit. Im Winter ist es dort sehr ruhig, im Hochsommer kommen viele Tagesbesucher. Einzige Ortschaft ist Porquerolles-Village, wo die Personenfähren vom Festland anlegen. www.porquerolles.com

**2 PORT-CROS** Seit 1963 ist die Insel Port-Cros östlich von Porquerolles Naturschutzgebiet. Sogar das Rauchen ist verboten. Die Insel ist etwa vier Kilometer lang und zwei breit und durch ein Netz von Wanderpfaden erschlossen. Nahe des Anlegers der Personenfähren gibt es zwei Übernachtungsmöglichkeiten. www.hyeres-tourisme.com

**3 PRESQU'ILE DE GIENS** Für Ausländer ist der französische Name der schmalen Halbinsel Giens ein Zungenbrecher. Vom breiteren Kopf dieser hammerförmigen Landzunge starten die Schiffe zu den vorgelagerten Inseln. Richtung Osten ist die Halbinsel von Sandstränden gesäumt, nach Westen schließen sich Salinen an. www.giens.com

**4 HYÈRES** Die vier Kilometer vom Meer entfernte Stadt mit knapp über 50 000 Einwohnern gilt als erster Winterkurort der Französischen Riviera. Urlauber zieht es heute vor allem ins benachbarte Hyères-Plage. In die Stadt fahren sie dann vor allem, um die schönen Gassen der bunten Altstadt zu erkunden. www.hyeres-tourisme.com

**5 TOULON** Toulon, gut 160 000 Einwohner stark, ist die Hauptstadt des Departement Var – und außerdem Frankreichs wichtigster Militärhafen. Einst vernachlässigt, wird in Toulon inzwischen an fast jeder Ecke kräftig restauriert und renoviert. Die Stadt hat ihr Gesicht erfolgreich gewandelt – und putzt sich weiter heraus. www.toulon.com

**6 ST-TROPEZ** Keine andere Stadt an der Côte d'Azur hat ein solch exzentrisches Image, aber der Mythos bröckelt: St-Tropez gilt mittlerweile als Ziel für Neureiche und solche, die's gern sein wollen. Egal, ein Bummel durch die bezaubernde Altstadt macht trotzdem Spaß. Weiteres Highlight: Yachten-Spotting im Hafen. www.saint-tropez.fr/fr/

Typisch: die Place Massillon in Hyères mit dem Tour St.-Blaise und sündhaft teure, fast durchsichtige Seife aus dem seltenen Arganöl.

## ■ SPEZIALITÄTEN

**Auf dem Festland** wird die typisch provençalische Küche von Lamm-, Hasen- und Kaninchengerichten dominiert – allesamt zubereitet mit viel Olivenöl und mit Knoblauch. Unmittelbar an der Küste und auf den Inseln steht Fisch in seiner ganzen Vielfalt im Vordergrund. Klassiker sind Miesmuscheln und die Bouillabaisse, eine ursprünglich aus den nicht verarbeiteten Fischresten angerührte herzhafte Suppe. Inzwischen gilt sie längst als Delikatesse und kommt in feinen Restaurants in unterschiedlichsten „Designer-Varianten" auf den Tisch.

So einfach wie gut: ganz frische Miesmuscheln, serviert im Sud mit Kräutern.

### CAMPING

**La Tour Fondue:** Ruhig gelegener, sympathischer Platz auf der Ostspitze der Halbinsel von Giens, direkt am Fährableger nach Porquerolles. Teils terrassiertes Gelände, durch Hecken unterteilt. Gute Sanitärausstattung. Breiter Kiesstrand vor dem Platz, nettes Restaurant mit kostenlosem W-LAN.

Standort: 83400 Giens, Avenue des Arbanais, GPS 43°01'47"N/06°09'22"O, Telefon 0033/494582286, www.vacances-giens.com

Camping La Tour Fondue: zu Fuß zur Fähre nach Porquerolles.

### SEHENSWERTES

**Musée de l'Annonciade** Sehr schönes Kunstmuseum, untergebracht in einer ehemaligen Kapelle am Hafen von Saint-Tropez. Zu sehen sind unter anderem Meisterwerke von Paul Signac, Henri Matisse und Georges Seurat.

Place Georges Grammont, 83990 Saint-Tropez, Telefon 0033/494178410

**Sentier littoral** Der 11,3 km lange Küstenwanderweg zwischen dem Tour de Portalet in Saint-Tropez und Cap du Pinet bei Ramatuelle führt durch wild-romantische Landschaft am Meer und dauert etwa 3,5 Stunden. Badekleidung nicht vergessen!

Wie wär's mit einer Pause? Ruhiger Strand bei Ramatuelle.

d'Argent" am gleichnamigen Puderzuckerstrand der Südküste, das Stéphanie Le Ber Fournier führt. Es hat einen besonders großen Fahrradparkplatz unter Pinien: damit die Gäste ihre Leihräder im Schatten festmachen können, ehe sie es sich bei einem Gläschen Weißwein und einer hausgemachten Bouillabaisse gemütlich machen. Den Meerblick von der großen Terrasse aus gibt es gratis dazu – auf die sichelförmige Bucht, den hellen Strand, die Badenixen, auf spielende Kinder im Sand.

Die provençalischen Eilande sind klimabegünstigt – Wolken halten sich hier selten, und der Wind weht meist ein bisschen kräftiger als auf dem nahen Festland.

Kitesurfer lieben die Insel deswegen, tummeln sich vor der Plage de la Courtade, springen über die Wellen – und müssen aufpassen, nicht den Katamaranen und den Kajaks in die Quere zu kommen.

Erst wenn das letzte Linienschiff zurück zum Festland abends um halb acht von der Mole abgelegt hat, wird es still auf dem gerade mal 12,5 km² kleinen Eiland vor Hyères. Schon vor vierzig Minuten hat die Touristen-Information am kleinen Hafen geschlossen, dreißig Minuten vor der Abfahrt auch der Croque-Laden. Und die Wirte der Bistros am Hafen stapeln bereits wieder die Stühle aufeinander, man kann es vom Schiff aus gut beobachten: Es ist Feierabend auf Porquerolles.

........................................***Michael Kibos***

Nur Kitesurfer unterwegs: urwüchsiges, windiges Stück Côte d'Azur nahe der Halbinsel Giens.

**Calanques** Die einzigartigen Kalksteinfelsen zwischen Cassis und Marseille bieten zahlreiche Wanderwege, außerdem sind die Calanques ein beliebtes Klettergebiet. Von Juli bis Mitte September ist nur der Wanderweg an der Küste zugänglich. Seit 2011 stehen die Felsen als Parc National des Calanques unter Naturschutz.

**Le Levant** Die Ile du Levant ist die dritte zugängliche Insel des Archipels. Ein Großteil der Fläche ist militärisches Sperrgebiet, das verbliebene Viertel für Nudisten reserviert. Der Ort Héliopolis gilt als Keimzelle der französischen FKK-Bewegung.

## RESTAURANTS

**Le Pradeau Plage** Toll gelegenes Restaurant auf der Ostspitze der Halbinsel Giens mit großer Terrasse über schönen Sandbuchten. Zehn Minuten zu Fuß vom Fähranleger La Tour Fondue entfernt. Gute Küche, vielfältige Fischgerichte. Ein Platz zum Träumen.

1420 Avenue Arbanais,
83400 Giens,
Telefon 0033/494582906

**Perfekter Ausblick zum Abendessen: Le Pradeau Plage.**

**La Plage d'Argent** Besten Meerblick über die Insel haben Gäste dieses Restaurants von der Terrasse aus. Am Strand Plage d'Argent auf Porquerolles.
Telefon 0033/494583248

**Le Porquerollais** Im Spezialitätenrestaurant von Gérard Genta auf Porquerolles kommt nur auf den Tisch, was der Chef zuvor selbst gefangen hat. Neu sind Sushi-Kreationen rund um fangfrischen Thunfisch. Place d'Armes.
Telefon 0033/494123270,
www.leporquerollais.com

## INFORMATION

**Das Comité régional du tourisme Provence-Alpes-Côte d'Azur** unterhält eine umfangreiche Website, auf Französisch und auch auf Englisch:
www.decouverte-paca.fr/us/

### Infos für den Inselausflug

Bureau d'Information,
Tel.0033/494583376,
www.porquerolles.com

### Überfahrt nach Porquerolles

Am schnellsten geht die Überfahrt nach Porquerolles von La Tour Fondue nahe des Flughafens von Hyères, Abfahrt in der Nebensaison 7.30–19 Uhr, von Porquerolles aus von 8–19.30 Uhr, in der Hauptsaison halbstündlich, Überfahrtdauer rund 20 Minuten. Ticket für Hin- und Rückfahrt komplett 17,30 Euro.
www.tlv-tvm.com

## STELLPLÄTZE

### 83170 BRIGNOLES
Supermarché Casino

Gebührenfreier Stellplatz für 5 Mobile. Übernachtungsplatz auf dem Supermarktgelände. Stellflächen auf ebenem, asphaltiertem Untergrund im Pkw-Format. Max. Aufenthalt: 1 Nacht. Ganzjährig. Flot-Bleu-Anlage. Wasser: 1 Jeton/100 Ltr. Jetons für 2 Euro an der Supermarkt-Tankstelle.
Standort: Avenue Jean Moulin,
GPS 43°24'34"N/06°03'42"O,
Maison du Tourisme,
Telefon 0033/494720421,
www.la-provence-verte.net

Agip – Cambarette Nord

Gebührenfreier Stellplatz für 10 Mobile auf der „Espace Détente", dem Ruheplatz der Autobahn-Raststätte. Das schön angelegte Gelände liegt zwischen den beiden Autobahn-Fahrspuren. Hohe Bäume schirmen den Verkehrslärm etwas ab. Leicht abschüs-

siger, asphaltierter Untergrund. Picknickplatz und WC vorhanden. Ganzjährig nutzbar. Bodeneinlass.
Standort: A 8,
GPS 43°25'19"N/05°59'29"O,
Agip-Cambarette Nord,
Telefon 0033/494691870

**Brignoles: der Stellplatz Cambarette Nord an der A 8.**

### 83300 DRAGUIGNAN
Parking Intermarché

Gebührenfreier Stellplatz für 4 Mobile auf dem Parkplatz des Supermarktes Intermarché. Ebener, asphaltierter Untergrund. Müllcontainer vorhanden. Beleuchtet. Maximaler Aufenthalt: 24 Std. Ganzjährig nutzbar. Flot-Bleu-Anlage. Wasser: 2 Euro.
Standort: Avenue Pierre Brossolette 526,
GPS 43°31'56"N/06°27'02"O,
Mairie de Draguignan,
Telefon 0033/494603131,
www.ot-draguignan.fr

### 83460 LES ARCS-SUR-ARGENS
Parking Cellier des Archers

Gebührenfreier Stellplatz für 10 Mobile auf dem Parkplatz an der Winzergenossenschaft. Ebener, geschotterter Untergrund. Ruhige Lage zwischen Wohnhäusern und einer Lagerhalle. Zum Teil Schatten und niedrige Äste. Müllcontainer am Platz vorhanden. Ganzjährig nutzbar. Bodeneinlass.
Standort: Quartier des Laurons,
GPS 43°27'19"N/06°28'38"O,
Cellier des Archers,
Telefon 0033/494733029,
www.cellierdesarchers.fr

### 83630 LES SALLES-SUR-V.
Parking Camping-cars

Gebührenfreier Stellplatz für 20 Mobile auf einem Parkplatz nahe

dem Camping Municipal Les Ruisses. Ebener, geschotterter Untergrund. Zum Teil Schatten. Ganzjährig nutzbar.
Standort: D 957,
GPS 43°46'49"N/06°12'42"O,
Office de Tourisme,
Telefon 0033/494702184,
www.sallessurverdon.com

Aire de Camping-cars

Gebührenpflichtiger Stellplatz für 20 Mobile an der Ortszufahrt, zwischen Tankstelle und Hotel-Restaurant l'Ermitage. Ebener, geschotterter Untergrund. Ganzjährig nutzbar. 8 Euro pro Nacht und Mobil. Strom: 3 Euro. Wasser: 3 Euro. Bezahlung per Bankkarte.
Standort: D 71,
GPS 43°46'27"N/06°13'03"O,
Office de Tourisme,
Telefon 0033/494702184,
www.sallessurverdon.com

### 83350 RAMATUELLE
Camping-cars Bonne Terrasse

Gebührenpflichtiger Stellplatz für 50 Mobile auf dem Strandparkplatz an der Plage de Pampelonne. Ebener, befestigter Untergrund, teilweise Wiese. Kein Schatten. Sanitärblock mit WC, Kaltwasserduschen und Müllcontainer vorhanden. Max. Aufenthalt: 48 Std. Saison: Ende März bis Oktober. Bodeneinlass. 7 Euro pro Mobil und 24 Std. inklusive V+E. 5 Euro in der Nebensaison.

**Ramatuelle: Der Stellplatz liegt direkt am Meer.**

Standort: Route de Bonne Terrasse,
GPS 43°12'42"N/06°39'43"O,
Office de Tourisme,
Telefon 0033/498126400,
www.ramatuelle-tourisme.com

# 5 GUTE GRÜNDE FÜR DIE

# MIMOSENSTRAS

**FRÜHE FREUDEN:** Ab Februar blühen an der Südostküste die Mimosen. Ihr leuchtendes Gelb säumt die „Route du Mimosa" im Süden der Region Var, die wie keine andere die Schönheit der provenzalischen Landschaft offenbart. Und stets strömt ein betörender Duft durchs offene Autofenster.

Text und Fotos: Thomas Cernak

 ## DAS CHARMANTE HINTERLAND

Fantastische Ausblicke bieten sich, wenn man wie jetzt im Frühjahr die kleine Passstraße über den Col du Canadel Richtung Meer hinabfährt. Weit unten blinken tiefblaue Buchten, eingerahmt vom flammenden Gelb der in Blüte stehenden Mimosenwälder, die fast lückenlos die Hänge überziehen. Nur wenige Kilometer dahinter verläuft die „offizielle" Mimosenstraße, eine wirklich attraktive Touristikroute. Sie führt durch bekannte und weniger bekannte Orte im Westen der Côte d'Azur: von Bormes-les-Mimosas nach Grasse, der traditionsreichen Parfum-Stadt.

Am Weg liegen Ort und Burg Grimaud, ein mittelalterliches Schatzkästchen, hoch auf einem Berg. Ebenso das Esterel-Massiv, eine bizarre, rote Felslandschaft mit zauberhaften Rad- und Wanderwegen. Ein weiteres ansteuernswertes Etappenziel ist das Dorf Tanneron, wo unter anderem exzellenter Honig hergestellt wird.

In Rot getaucht: das abendliche Grimaud mit der romanischen Kirche Saint-Michel (links) und die wild zerklüfteten Gipfel des Esterel-Gebirges.

## 2 DIE GELBE BLÜTENPRACHT

Von seinen Reisen brachte Kapitän Cook, der englische Seefahrer, viele tropische Pflanzen mit – darunter auch Mimosen aus Südamerika. Seine adligen Landsleute waren die ersten, die 1864 in Cannes Mimosen in den Gärten ihrer Villen pflanzten. Das wärmeliebende Gewächs konnte sich von da aus, begünstigt durch den sauren Boden, über die Hügel des Maures-Massivs rasch verbreiten. Es gibt viele hundert Arten, sie wachsen in Buschform oder als bis zu 15 Meter hohe Bäume, die teils das ganze Jahr über blühen.

Gerne zeigt der Gärtner Gérald Cavatore, der in Bormes-les-Mimosas eine Baumschule betreibt, interessierten Gästen seine einzigartige Sammlung mit mehr als 160 Arten aus aller Welt.
www.mimosa-cavatore.com

Mimosenzucht ist auch die große Leidenschaft von Bernard Vial in Tanneron. Er hat sich auf eine Methode spezialisiert, die den Export von Schnittpflanzen ermöglicht. Dazu erzeugt er im Gewächshaus einen ständigen Wechsel aus Feucht- und Trockenphasen. Anschließend werden die Zweige in einem dunklen Raum gelagert. Nach erfolgtem Versand muss der Käufer sie zu Hause in heißem Wasser und einem eigens entwickelten Pulver wieder zum Blühen bringen. Die Blumen aus der Gärtnerei Vial sind somit auch ein schönes Reisemitbringsel.
www.vial-tanneron.com

**DER BESONDERE TIPP**

**Blumen im Haar:** Bejubelter Auftakt zum Mimosenfest in Mandelieu-la-Napoule ist die Wahl der Mimosenkönigin. Weitere Höhepunkte im Programm sind die prächtigen Umzüge, die an der Seepromenade stattfinden.
**www.frankreich-mandelieu.com**

Rezepte gegen Winter-Blues: Ein Gang durch die Gärten der Domaine du Rayol belebt die Sinne (oben) ebenso wie ein Besuch im Cáfe Bellevue.

## 3 DIE NICHT ENDENDE FREILUFTSAISON

Die Vögel balzen und singen, dazu genießen die Menschen die Sonne und den sanft schmeichelnden Wind, der von der Küste heraufweht. Doch ein Blick auf den Kalender besagt, dass immer noch Winter ist – Winter in der Region Var. Das heißt: Es ist in den Mittagsstunden sehr oft warm genug, um eine Tasse Kaffee oder Tee auf der Terrasse zum Beispiel des „Bellevue" zu schlürfen. Den Traditionsbetrieb kann man nicht verfehlen: Er liegt am Eingang zum pittoresken Ortskern von Bormes-les-Mimosas.

Das alte Bormes ist ein typisches provenzalisches Städtchen, das jahrein, jahraus viele Besucher anlockt. Beachtenswert sind die Kirche mit schönen Flügelaltären und der Uhrturm. Nicht wenige jedoch zieht es sofort hinauf auf den Schlossberg, über steile, winkelige Gassen, die im Volksmund „Rompi-cuou" heißen, zu Deutsch „Halsbrecher". Von den Schlossruinen her-

ab bietet sich nämlich ein fantastischer Blick auf Dächer und Landschaft. Wer später noch Lust hat, ein bisschen am Meer entlang zu spazieren, dem sei ein Besuch in der Domaine du Rayol im nahen Örtchen Le Rayol-Canadel empfohlen. Die ausgedehnten Gärten des ehemaligen herrschaftlichen Anwesens präsentieren einen botanischen Querschnitt subtropischer Zonen rund um den Erdball.

Herrlich wandern kann man darüber hinaus auf der großen Halbinsel, die sich bei Saint-Tropez erstreckt. Von der berühmten Hafenstadt aus führt ein gelb ausgeschilderter Weg über das Cap Camarat und das Cap Lardier bis zum Strand von Cavalaire. Insgesamt ist der Küstenpfad etwa 40 Kilometer lang, weshalb es sich empfiehlt, ihn in Etappen zu begehen. Beim Cap Taillat beginnt der wohl schönste Abschnitt: die streng geschützte Bucht von Briande.

Dufte! Bernadette Vial (rechts) bietet eine große Auswahl an Naturprodukten.

## 4 DIE REGIONALEN ERZEUGNISSE

Während ihr Mann Bernard Vial (siehe Seite 149) Mimosen züchtet und vertreibt, offeriert Bernadette Vial in ihrem Laden in Tanneron ein überaus reichhaltiges Sortiment an Produkten aus der Region. Dieses umfasst zum Beispiel aromatische Kräutermischungen oder hausgemachte Liköre und Konfitüren.

Esskastanien mit Zuckerguss oder als Creme sind die besonderen Spezialitäten der Confiserie Azuréenne im Gebirgsdörfchen Collobières im südlichen MauresMassiv. Die Geschäfte in Cogolin, einem

Städtchen, das etwas östlich davon liegt, führen neben schöner Keramik vor allem Pfeifen, Teppiche und Korkarbeiten. Die Küstenstadt Sainte-Maxime ist hingegen bekannt für Holzskulpturen, derweil man in Mandelieu-la-Napoule unter anderem für exklusive Glaswaren wirbt.

Einen wichtigen Platz unter den regionalen Erzeugnissen nimmt das Olivenöl ein. Dieses kauft man am besten beim Erzeuger oder in den Feinkostläden vor Ort. Renommierte Ölmühlen befinden sich beispielsweise in Bandol, Entrecasteaux, Callas, Opio und in Draguignan.

# 5 DIE EDLEN GAUMENGENÜSSE

Appetit-macher: delikates Ragout aus Meeresfrüchten, zubereitet und serviert im „La Tonnelle" in Bormes.

An Frankreichs Mittelmeerküste beginnt das Menü gerne mit einer Fischsuppe. Zum Beispiel mit der berühmten Bouillabaisse. Sie enthält stets verschiedene Fischsorten, Krustentiere und Muscheln. Auf die mitgereichten Weißbrotscheiben streicht man Rouille, eine pikante Knoblauch-Pfefferschoten-Sauce. Meeresfrüchte genießen die Provenzalen aber auch als Vorspeise in Ragout-Form. Eine beliebte Zubereitungsart von Fleisch ist, es in Stücke zu schneiden und zu schmoren – oft angewendet bei Lamm mit Tomaten.

Ständiger Begleiter eines guten Essens in Frankreich ist der Wein, wobei man Weine aus der Provence lange Zeit schmähte. Das hat sich geändert; sehr gefragt sind etwa die kräftigen Rotweine aus Bandol.

## ▶ MIMOSENSTRASSE KOMPAKT

**ANREISE** Via Schweiz: Autobahn A 2 Luzern/Chiasso, weiter in Italien A 9, A 7 und A 10 über Mailand/Genua/Ventimiglia – und auf französischer Seite A 8 bis Ausfahrt Fréjus. Via Frankreich: A 36, A 39 und A 40 Mulhouse/Lyon und danach A 7 und A 8 über Aix-en-Provence. Die genannten Strecken sind kostenpflichtig. Der preiswerte Weg über Grenoble und Seealpen ist bei winterlichen Straßenverhältnissen nicht zu empfehlen.

**SEHENSWERTES**
**Saint-Raphaël** Alte Hafenstadt, deren Gründung auf die Römer zurückgeht. Mit hübschen, von Palmen gesäumten Promenaden. Der Ortskern ist in seiner Geschlossenheit ein sehr gut erhaltenes Beispiel für die Bäderarchitektur des 19. Jahrhunderts.

**AUSKUNFT** Var Tourisme
1, Boulevard de Strasbourg
BP 5147
83093 Toulon Cedex, France
Telefon 0033/494185960
E-Mail info@vartourisme.fr
www.visitvar.fr

## STELLPLATZ-TIPPS

### 83000 BORMES-LES-MIMOSAS
Aire de Camping-car

Gebührenfreier Stellplatz für 10 Mobile auf Parkplatz in Altstadtnähe. Zufahrt über eine steile Rampe. Ver- und Entsorgung beim Tourismusbüro im Hafen La Favière, Boulevard du Front de Mer. Frischwasser 2 Euro/100 Ltr. Übernachtung nur im Zeitraum vom 1. November bis 31. März erlaubt. Das gilt auch

Bormes-les-Mimosas: Top-Frühlingsziel für Mobilfahrer.

für einen weiteren Platz für 4 Mobile am Boulevard du Levant, Einfahrt L'Impasse des Dahlias, im Ortsteil Pin de Bormes.
Standort: Place Saint-François, GPS 43°09'03"N/06°20'38"O, Telefon 0033/494013838, www.bormeslesmimosas.com

### 83310 GRIMAUD
Aire de Stationnement

Gebührenpflichtiger Stellplatz für 10 Mobile. An verkehrsreicher Straße. 6,50 Euro/12 Std. beziehungsweise 13 Euro/24 Std. pro Mobil inklusive Entsorgung. Wasser: 2,20 Euro/100 Ltr. Strom: 2,20 Euro/1 Std. Nur Kreditkartenzahlung. Ganzjährig nutzbar.
Standort: RD 559/St. Pons les Mûres, GPS 43°16'50"N/06°34'57"O, Telefon 0033/494554383, www.grimaud-provence.com

### 83920 LA MOTTE
Aire de repos Camping-car

Gebührenfreier Stellplatz für 5 Mobile auf Parkplatz in Dorfmitte neben dem Tourismusbüro. Ver- und Entsorgung: 6 Euro. Aufenthalt maximal 48 Stunden. Ganzjährig nutzbar.
Standort: Route de Trans, GPS 43°29'28"N/06°32'06"O, Telefon 0033/494504455, www.lamotteenprovence.com

### 83370 SAINT-AYGULF
Aire de Service Camping-car

Gebührenpflichtiger Stellplatz für 50 Mobile bis maximal 10 Meter Länge. Eingezäuntes Gelände mit Schotterrasen direkt am Strand mit Uferpromenade. 10 bis 12 Euro pro Nacht und Mobil in der Nebensaison, 15 Euro in der Hauptsaison. Ver- und Entsorgung inklusive. Strom: 3 Euro. Toiletten, Waschmaschine und Trockner vorhanden. Ganzjährig nutzbar.
Standort: Plage de La Gaillarde, GPS 43°21'56"N/06°42'44"O, Marcel France, Telefon 0033/614513373, www.frejus.fr

### 83120 SAINTE-MAXIME
Aire de Stationnement

Gebührenpflichtiger Stellplatz für 80 Mobile im Norden der Stadt, gegenüber ein Schnellrestaurant. 5 Euro pro Nacht und Mobil in der Nebensaison, 10 Euro in Hauptsaison von April bis September. Ver- und Entsorgung inklusive. Aufenthalt maximal 48 Stunden. Ganzjährig nutzbar.
Standort: Chemin du Bouillonnet, GPS 43°19'02"N/06°37'50"O, Office de Tourisme, Telefon 0033/494557555, www.ste-maxime.fr

# DAS BESONDERE ZIEL

# KORSIKA

**DIE NATUR HAT VORFAHRT** – nur auf schmalen, sehr kurvigen Straßen lässt sich der wilde Westen Korsikas im Reisemobil erkunden. Die Kurbelei am Lenkrad wird dafür immer wieder mit neuen, grandiosen Ausblicken belohnt.

Verheißungsvoll schlängelt sich die Straße die grünen Hügel hinauf. Nur wenige Kilometer hinter dem quirligen Zentrum der Inselhauptstadt Ajaccio verschwinden Vorstadtblocks und Supermärkte aus dem Rückspiegel. Vor der Motorhaube: die D 81 in Richtung Norden. Als größte Straße entlang der Westküste Korsikas führt sie zielgenau zu den Schönheiten auf der rauen Inselseite. Hinter dem ersten Pass verwöhnt der Westen aber erst einmal auf die sanfte Tour. Die Straße begibt sich auf die Höhe der sandigen Buchten.

Wer sich vor Jahrzehnten in die südfranzösische Mittelmeerküste verliebte, hat am Golf von Sagone sein Déjà-vu-Erlebnis. Kleine an der Straße aufgereihte Orte ohne Hotelburgen, dafür mit Parkplätzen in Strandnähe, die auf „Teppichstangen" als Reisemobilschreck verzichten. In der Vorsaison wird das Reisemobil

hier zum Zimmer mit Aussicht. Nachts fühlt man sich auf den Campingplätzen ohnehin besser aufgehoben. Die Korsen sehen eine allzu freigiebige Vereinnahmung von Parkplätzen und Natur zunehmend skeptisch. Schließlich geht es nicht überall auf der Insel weitläufig zu.

Vor Cargèse steigt die D 81 wieder an. In dem verträumten Städtchen mit griechischen Wurzeln entspannt ein Spaziergang hinunter zu den Restaurants am Hafen – auch für Zeitgenossen, die mit Meeresfrüchten wenig anfangen können. Durch ihre deftigen Wurst- und Fleischgerichte ist die traditionelle korsische Küche den Bergen viel näher als dem Wasser. Das kommt nicht von ungefähr.

**Über einen weiteren Pass** führt die D 81 ins gastliche Piana, der letzten Station vor einem wahren Höhepunkt der europäischen Küstenstraßen: Auf dem Weg

**DER BESONDERE TIPP** **Der Ort Cargèse** lohnt nicht allein wegen seiner zwei Kirchen einen Halt. Vom unterhalb des Städtchens gelegenen Hafen starten Bootstouren entlang der Felsenküste (ab 46 Euro). Auf diese Weise gelangt man auf die nicht per Straße erreichbare Halbinsel Girolata mit dem Naturpark Scandola. **www. croisieresgrandbleu.com**

Es muss nicht immer Meer sein: Gebirgsbach in der wilden Bergwelt rund um Vico.

Hohe Felsen statt Hotels: An der Küste rund um Porto sind Naturfreunde in ihrem Element.

**Beschauliche Metropole: Ajaccio wirbt mit dem Charme südfranzösischer Provinzstädte.**

**Aussichtsreiche Hauptstraße: In der Vorsaison herrscht auf der D 81 noch kein Gedränge.**

nach Porto geht es vorbei an den Calanches, einem atemberaubenden Ensemble aus schroffen roten Felsen und türkisblauem Meer. Hoch über dem Wasser gewährt die Straße hinter jeder Biegung postkartengerechte Ausblicke. Allerdings ist der Parkraum knapp bemessen und auch die Straße selbst keine Autobahn. Entgegenkommende Busse passieren das Reisemobil nur im Zentimeterabstand. Auf der Calanche-Route braucht der Fahrer gute Nerven – und einen ruhigen Vorsaisontag.

Das touristisch gut erschlossene Porto zeigt sich auch für größeren Andrang gerüstet, der beste Ausgangspunkt für einen Abstecher in die Berge. Auf dem Weg durch die Spelunca-Schlucht versteht man schnell, warum Korsika oft als Gebirge im Meer beschrieben wird. Über 1000 Meter hohe Gipfel recken sich entlang des tiefen Schlunds empor. Mit dem Reisemobil bleibt man auf der schmalen Hauptroute oder lässt es gleich stehen. Wanderschuhe und Moutainbike sind beim Erkunden des Meeresgebirges klar die bessere Wahl.

...................................................***Ulrich Kohstall***

Fotos: Ulrich Kohstall

## TIPPS & INFOS

**ANREISE** Der kürzeste Weg nach Korsika führt über Italien. Fährschiffe von Corsica Ferries und Moby Lines verkehren zwischen unterschiedlichen italienischen Häfen und Bastia im Norden der Insel. Ajaccio wird nur vom französischen Festland aus angesteuert (Corsica Ferries, SNCM).

**AUSKUNFT** Ausführliche Informationen bietet die korsische Tourismuszentrale auf der Homepage auch in deutscher Sprache. Herunterladen von Broschüren möglich. L'Agence du Tourisme de la Corse, 17 Boulevard du Roi Jérôme, F-20181 Ajaccio, Telefon 0033/495510000, www.visit-corsica.com

**Stolz auf die Spuren des Kaisers: Geburtshaus Napoleons in Ajaccio.**

**STELLPLÄTZE/CAMPING** Anders als auf dem französischen Festland gibt es auf Korsika kein Stellplatznetz. Das nächtliche Parken von Reisemobilen ist oft reglementiert und wird allenfalls in der Nebensaison geduldet. Zum Übernachten bieten sich Campingplätze an, die über Entsorgungsmöglichkeiten verfügen (in Porto vor dem Camping Municipal am Yachthafen).

**Sagone Camping** Der gut zugängliche und gepflegte Platz liegt außerhalb des Ortes und bietet sich als Ausgangspunkt für Ausflüge entlang der Westküste und in die Berge an. 300 Stellflächen, Pizzeria, Einkaufsmöglichkeit, W-LAN. Route de Vico, F-20118 Sagone, GPS 42°7'49"N/8°42'20"O, Telefon 0033/495280415, www.camping-sagone.com

**Sagone Camping: Badefreuden zwei Kilometer vom Strand entfernt.**

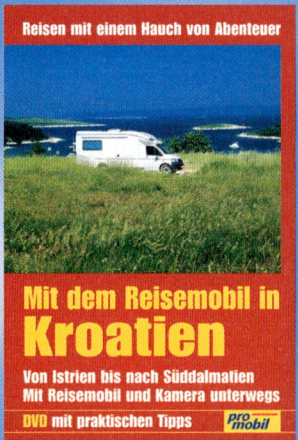
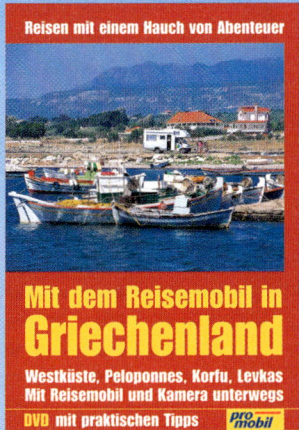
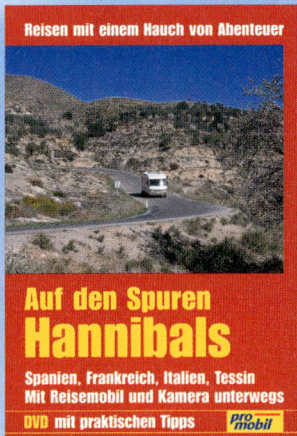
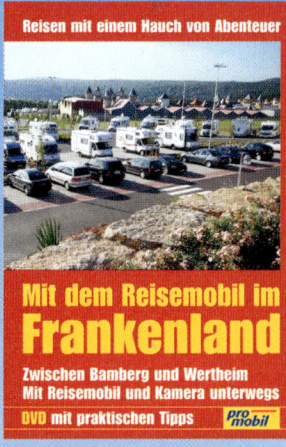

**Das Stück vom Lebensglück: charmantes Kleinstadtleben im Örtchen Saint-Rémy.**

**Noch ein Stück zur Erinnerung: Souvenirladen in der Altstadt von Aix-en-Provence.**

**Ein Stück karge Natur: Regionalpark Les Alpilles zwischen Saint-Rémy und Les Baux.**

# DIE PERFEKTE WOCHE IN DER

# PROVENCE

**IM LICHT DES SÜDENS:** Schon der Name duftet nach Lavendel, lässt uns von wunderbar trägen Stunden unter Platanen träumen – von Avignon, von den Cafés in Arles und vom Cours Mirabeau, der Prachtstraße in Aix. Bienvenue en Provence!

Fotos: Joachim Negwer

Seine pittoreske Lage hat das Dorf Gordes schon früh zu einem Lieblingsziel für Aussteiger, Künstler und Lebenskünstler gemacht.

Gewaltig, beeindruckend, ein bisschen abweisend: der Papstpalast in Avignon.

Farben und Düfte, an die man sich lang erinnert: Bald blüht der Lavendel in voller Pracht.

Hoch über dem Tal des Coulon: Das sehr beliebte Gordes ist eines der schönsten Bergdörfer.

Die Rhône entlang nach Süden, von Genf nach Lyon und weiter über Orange nach Châteauneuf-du-Pape – dem Licht und der Melancholie des Midi entgegen. Die ersten Lavendelfelder in der Nachmittagssonne, Wiesen mit Mohnblumen gesprenkelt, die Boulespieler auf dem Dorfplatz. Es sind die vertrauten Bilder, die wir so lieben: Madame strebt mit dem Baguette unterm Arm nach Hause, Monsieur le Patron serviert den Wein der Region, Zeit für eine Dégustation unter Platanen, Zeit, auf die Provence anzustoßen.

Van Gogh, Cézanne, Chagall: Heute kommen die Touristen auf Spurensuche hierher. Alle wollen sie eintauchen in die Lebenskunst und in die Kunst in den Kathedralen und Palästen.

Endlich sind wir angekommen in diesem Landstrich voller sinnlicher Genüsse, dieser gesegneten Region zwischen Alpen und Mittelmeer, deren Reize und Farben Maler, Dichter und Lebenskünstler angezogen haben. Heute kommen die Touristen

auf Spurensuche – nach van Gogh, Cézanne, Chagall, auch nach Peter Mayle, dessen Bücher mindestens so viel Gäste angelockt haben wie die Werke der großen Maler. Sie alle wollen eintauchen in die Lebenskunst und in die Kunst in den Kathedralen und Palästen des Mittelalters, sie alle sehnen sich danach, einmal mehr die einfachen Freuden Südfrankreichs in vollen Zügen zu genießen.

Es sind die intensiven Düfte von Lavendel, Rosmarin und den vielen anderen Kräutern der Provence, die noch lange nach der Ernte die Luft sättigen, die Wanderungen durch Olivenhaine und Steineichenwälder. Es ist die Teilnahme an einem Lebensstil, die eine Reise in die Provence besonders macht: gestern ein Picknick auf einem Felsgipfel der Dentelles de Mont- »

### ■ LILA HAT HOCHSAISON

**Es ist die Farbe der Region:** das unverwechselbare Lila der Lavendelrabatten, die im Hochsommer weite Teile der Provence prägen. Und es ist der Duft dieses Landes, der sich in unzähligen Produkten findet, die seit Großmutters Zeiten in ganz Europa für

Frische und Sauberkeit stehen. Nur der „echte Lavendel" (Lavandula angustifolia), wie die Botaniker sagen, liefert übrigens die feinen Essenzen, die für Parfüms und Kosmetika gebraucht werden. Dieser einzig wahre Lavendel wächst nur auf drei Prozent der provenzalischen Lavendelfelder. Der Rest ist für Duftbeutel in Souvenirläden, für Wasch- und Putzmittel bestimmt. Schon wieder eine Illusion geplatzt? Ach was, denn die lila Felder sind – echt oder falsch – einfach wunderschön anzusehen.

**Lavendelsäckchen für den Schrank – und die Erinnerung.**

Der Mann aus Aix: Paul Cézanne, ganz in Bronze.

# Entdeckungen im Herzland der Provence

Weltberühmte Pilgerziele für Kunstliebhaber warten auf die Besucher, Städte und Dörfer mit hohem Genussfaktor – und Landschaften unter einem südlich heiteren Himmel. Diese Region zeichnet pralle Lebenslust aus.

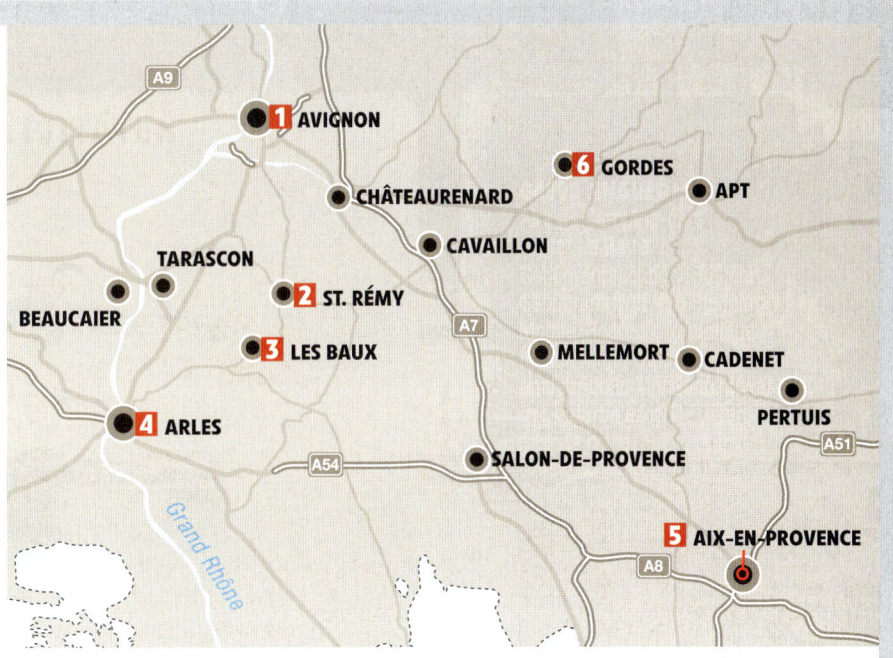

**1 AVIGNON** Nein, nicht auf der Brücke, wie das Lied vermuten lässt, sondern darunter, auf der Insel Barthelasse, wurde einst ausgelassen geschwoft. Aber die Top-Attraktion dieser Stadt mit der großen Vergangenheit ist ohnehin der festungsähnliche Papstpalast aus dem 14. Jahrhundert, der zum Welterbe der Unesco gehört. www.ot-avignon.fr

**2 ST. RÉMY** Im Garten der hiesigen Heilanstalt entstanden 1889/1890 über 150 Werke van Goghs. Bis heute kann man seinen Motiven auf geführten Kunstwanderungen folgen. Originale sucht man in dem Städtchen allerdings vergeblich. Dafür aber setzen Maler der Gegenwart die Kunst-Geschichte fort. www.saintremy-de-provence.com

**3 LES BAUX** Ober- und Unterstadt der historischen Festung sind autofrei. Parkplätze finden sich in Les Baux vor allem am Nachmittag, wenn die Gruppen verschwunden sind. Steigen Sie zur Burgruine hinauf, und dann ... wow, was für eine Aussicht – an klaren Tagen sogar bis hin zum Mittelmeer. www.lesbauxdeprovence.com

**4 ARLES** Es sind vor allem die Relikte aus römischer Zeit, die Arles bis heute zu einem herausragenden Ziel machen: die Alissi Campi, die Gefilde oder Gräber der Seligen, und das gut erhaltene Amphitheater aus dem 1. Jahrhundert. Außerdem stößt man auch hier allenthalben auf Spuren von van Gogh und seinen Kollegen. www.arlestourisme.com

**5 AIX-EN-PROVENCE** Nirgendwo in dieser Region zelebrieren die Südfranzosen das berühmte Savoir vivre, französische Lebensart, so lustvoll wie hier. Sehenswert: die Kathedrale, die antiken Thermen, der Barock-Pavillon de Vendome mit seinem wunderschönen Garten. Ein Tag ist definitiv zu wenig für Aix! www.aixenprovencetourism.com

**6 GORDES** Provence-Kenner lieben diesen Ort. Er liegt auf einer Bergkuppe, wirkt intakt (obwohl im Krieg stark zerstört) und strahlt genau das Flair aus, das Touristen hier erwarten. Die Paläste, Kirchen und die Burg sind sehenswert, die Cafés, Bistros und der Bauernmarkt am Dienstag voller Atmosphäre. www.gordes-village.com

Gott und die schöne Welt:
Kathedrale Saint Sauveur in Aix.

mirail in der Vaucluse, heute Mußestunden auf einer Bank an der Rhône mit Blick auf den Papstpalast von Avignon. Die Ehrfurcht vor der steinernen Wucht nimmt ab, hier wie dort, wenn man sie aus der Distanz betrachtet – und dabei den Banon im Kastanienblatt genießt, einen Käse, wie ihn schon die Römer geliebt haben sollen.

Wir sind am späten Abend in Avignon angekommen. Der Palast war angestrahlt wie immer um diese Zeit, und er wirkte dennoch sehr düster, mehr noch als am Tag – eine Trutz-

Aus Aix: süßes, herrlich klebriges Mandelgebäck.

burg wie eine Theaterkulisse. Benedikt XII. hat ihn einst für die Ewigkeit erbaut, sein Nachfolger Clemens VI. noch einmal in monströser Selbstüberschätzung doppelt so groß gemacht. Doch schon nach 108 Jahren gaben die Päpste die provenzalische Festung auf. Und bis heute, fast 600 Jahre später, hat Avignon nichts von der Anziehungskraft verloren.

Weiter nach Süden, ein paar Kilometer nur: St. Rémy, mit einer Altstadt voller Charme und Nostalgie. Van Gogh hat hier in einer Heilanstalt wie besessen gemalt, aber die Stadt besitzt kein einziges Original von ihm. Im Restaurant „Zur Knoblauchzehe", das natürlich „La Gousse d'Ail" heißt, lassen wir uns ein Lammgulasch schmecken, nach hiesiger Art mit Kräutern aus der Nachbarschaft gewürzt. Und planen die nächsten Etappenziele.

**Les Baux,** geradewegs nach Süden zu, eine längt verlassene Burg, die einen imposanten Eindruck vergangener Ritterherrlichkeit vermittelt – und an diesem Tag einen Blick bis an die Küste bietet. Und noch ein Höhepunkt, aber ganz anderer Art: Aix-en-Provence, für Studenten Frankreichs beliebteste Universitätsstadt, für die meisten Touristen die schönste Stadt der Provence. Was soll man hier zuerst anschauen: Cézannes Atelier, in dem noch immer seine Staffelei und sein Weinglas stehen, die Kathedrale, das wunderschöne Tapisserie-Museum ? Oder lieber zum Auftakt über den Cours Mirabeau bummeln, einen Boulevard, der sich seinen Charme seit über 360 Jahren bewahrt hat?

Es ist sonnig und warm, aber nachmittags lässt uns der Mistral, der Wind des Südens, der jede Wolke vom Himmel fegt, zuweilen frösteln. Gute Gelegenheit für Besichtigungen oder für Studien, die sich

## ◼ DIE CAMARGUE

**Weiße Wildpferde, schwarze Stiere –** das Schwemmland mit seinen Reisfeldern und Flamingos genießt unter Frankreichfans Kultstatus. Sie schwärmen von der weiten Dünenregion, von den Gardians, den Camargue-Cowboys, vom alljährlichen Treffen der europäischen Sinti und Roma, immer am 24. Mai, in Saintes-Maries-de-la-Mer. Es mögen Klischees sein, aber sie sind die wirklichkeitsnahe Vorlage für jene Bilder, die sich zu Recht mit dieser herben Landschaft verbinden. www.saintesmaries.com

Blieben auch ohne Mörtel stehen: steinalte Häuser, Bories genannt, in der Nähe von Gordes.

Abends nett in den Gassen essen: Das gehört einfach dazu, etwa an der Place de l'Horloge in Avignon.

Die Camargue hat Kultstatus: weiße Pferde im Mündungsdelta der Rhône.

auch aus dem Café heraus anstellen lassen. Zum Beispiel in Arles: Man setzt sich an der Place du Forum auf einen Milchkaffee an den Rand dieser wunderbaren Stadtbühne und schaut den Menschen aus aller Welt zu. Nur das legendäre „Nachtcafé" in van Goghs Gelbem Haus sollte man meiden: Es ist eine Touristenfalle, wie sie überall an solchen Orten aufgestellt sind.

Viel zu erzählen gäbe es noch vom Luberon, der sonnenverwöhnten Landschaft im Osten der Provence, oder von der berühmten Camargue, die allen steigenden Touristenzahlen zum Trotz ihren einzigartigen Reiz behalten hat. Was ist mit der Vaucluse, dem Revier für Romantiker?

Ach, lassen wir einfach Raum für Träume und Entdeckungen, für Vorfreude und Planung. Die Provence jedenfalls kann zum Sehnsuchtsziel eines ganzen Lebens werden. Mit einer Tour ist das nicht getan.

........................................................*Bernd Schiller*

**Römerspuren in Südfrankreich:** Das beeindruckende Amphitheater liegt mitten in Arles.

**Weltfern, aber absolut sehenswert:** die Abbaye Notre-Dame de Sénanque.

**Shopping in den Gassen von Gordes:** Wie wär's mit einer Lavendeltragetasche?

## PROVENCE KOMPAKT

# Infos | Tipps | Adressen

### RESTAURANTS

**Spezialität des Südens: original provenzalische Fischsuppe.**

**Les Abeilles:** Wenn sich ein deutsches Gastronomenpaar über Jahre hinweg in Frankreich behauptet, dann muss ihr Restaurant sehr gut sein. Und „Les Abeilles" in Sablet, im Herzen der Côtes du Rhône, ist es. Johannes Sailer kocht raffiniert, ohne abzuheben. Frau Marlis kümmert sich charmant um den Service. Auch das Ambiente ist sehr angenehm.

4, Route de Vaison,
84110 Sablet,
Telefon 0033/490123896,
www.abeilles-sablet.com

**La Charcuterie:** Sieht von außen aus wie eine Metzgerei. Und das

war dieses urig-rustikale Bistro früher auch. Die Fleischgerichte gehören zum Besten, was in dieser Hinsicht zwischen Lyon und Marseille zu finden ist. Auch Vegetarier werden zufrieden gestellt. Die Weine stammen aus fast allen Lagen der Rhône.

51, Rue des Arenes,
13200 Arles,
Telefon 0033/490965696,
www.lacharcuterie.camargue.fr

### SEHENSWERTES

**Zisterzienserabtei Sénanque:** Sénanque liegt in der Nähe des Städtchens Gordes – inmitten von Lavendelfeldern, Wäldern und Parkanlagen. Mittelalterliche Strenge zeichnet den Baustil der Abteikirche und des Dormitoriums aus. Zu mediterraner Gelassenheit und stiller Einkehr laden hier der schöne Kreuzgang und die etwas weltenfern wirkende Umgebung ein.

www.senanque.fr
(nur auf Französisch)

**Luberon:** Vielleicht die schönste aller provenzalischen Regionen, zwischen Avignon und Arles gelegen. Hier gibt es Dörfer wie aus dem Bilderbuch, ein tolles Wander- und Radwegenetz und mit dem Flüsschen Sorgue bei Fontaine-de-Vaucluse auch noch ein besonders romantisches Revier für Kanutouren.

www.luberon-en-provence.com
(auch auf Englisch)

### INFORMATION

**Vielfältige Hinweise** – auch für Reisemobilisten – bietet die deutsche Website www.provence.de. Für allgemeine Fragen ist die Französische Zentrale für Tourismus in Frankfurt zuständig:

Zeppelinstraße 37,
60325 Frankfurt am Main,
Telefon 0900/1570025,
www.franceguide.com

### ■ FARBPALETTE IN DER NATUR

**Es ist der Ocker,** der den Ort Roussillon im Vaucluse berühmt gemacht hat. Früher lebten etwa 1000 Menschen vom Abbau des Tonerde-Eisenoxid-Gemischs, aus dem man einen Farbstoff gewinnen kann – heute sind es noch ein paar Dutzend. Für Touristen beeindruckend sind die

Ockerfelsen, die von hellgelb bis rostrot leuchten. Wer sie besuchen will, muss Eintritt bezahlen. www.roussillon-provence.com

**Ganz eigene Farbwelten: die Ockerfelsen in der Nähe von Roussillon.**

## STELLPLATZ-TIPPS

### 04240 ANNOT
Aire de Camping-cars

Gebührenfreier Stellplatz für 25 Mobile. Aufgeschottertes Naturgelände unter hohen Bäumen in sehr ruhiger Lage am Ortsrand. Fernsicht auf den Col de l'Iscle. Saison: 15. Februar–30. November, außer 7.–15. Juni.

Standort: Chemin de la Colle Basse, GPS 43°57'49"N/06°39'50"O, Office de Tourisme, Telefon 0033/492832303, www.annot.com

### 84400 APT
Camping Les Cèdres

**Apt: die freie Einfahrt zu den Schattenplätzen auf dem Camp.**

Gebührenpflichtiger Stellplatz für 30 Mobile auf einem schrankenlosen Campingplatz im Stadtzentrum. Naturbelassene Wiese unter hohen Laub- und Tannenbäumen. 2 Sanitärhäuser vorhanden. 300 m bis zum historischen Stadtzentrum. Saison: 15. Februar bis 15. November. Euro-Relais-Junior-Anlage. 5 Euro pro Nacht und Mobil. Erwachsene: 2,30 Euro. Kinder von 3 bis 13 Jahre: 1,10 Euro. Strom: 3,50 Euro. Hund: 1 Euro. Ortstaxe: 20 Cent/Person.

Standort: Impasse de la Fantaisie 63, GPS 43°52'41"N/05°24'15"O, Telefon 0033/490741461, www.camping-les-cedres.fr

### 84410 BÉDOIN
Parking Camping-cars

Gebührenpflichtiger Stellplatz für 40 Mobile. Ausgewiesenes Areal auf naturbelassenem Untergrund am Schwimmbad. Ganzjährig nutzbar. Euro-Relais-Anlage. 3 Euro pro Nacht und Mobil. Wasser: 2 Euro/100 Ltr.

Standort: Chemin des Sablières, GPS 44°07'29"N/05°10'20"O, Office de Tourisme, Telefon 0033/490656395, www.bedoin.org

### 84200 CARPENTRAS
Cours de la Pyramide

**Carpentras: Mobile können am Rand der Altstadt stehen.**

Gebührenfreier Stellplatz für 2 Mobile an der Cours de la Pyramide. Asphaltierter, ebener Untergrund. Kein Schatten. Maximale Aufenthaltsdauer: 24 Stunden. Ganzjährig nutzbar. Bodeneinlass.

Standort: Rue René Cassin, GPS 44°03'22"N/05°02'32"O, Office du Tourisme de Carpentras, Telefon 0033/490630078, www.carpentras-ventoux.com

### 04370 COLMARS-LES-ALPES
Aire de Camping-cars

Gebührenfreier Stellplatz für 10 Mobile auf einem öffentlichen Parkplatz am ruhigen Ortsrand, am Ufer der Lance, einem Zufluss zum Verdon. Stellflächen im Pkw-Format. Ganzjährig nutzbar. Flot-Bleu-Anlage.

Standort: D 908, GPS 44°10'45"N/06°37'35"O, Office de Tourisme, Telefon 0033/492834192, www.colmars-les-alpes.fr

### 04000 DIGNE-LES-BAINS
Parking des Thermes

Gebührenfreier Stellplatz für 50 Mobile. Großer, ebener Schotterplatz vor der Therme. Ruhige, einsame Lage, kein Schatten. 2 km bis zum Ortszentrum. Ganzjährig nutzbar. Wasser: 2 Euro. Jetons an der Kasse der Therme.

Standort: OT Le Vallon des Sources, Avenue des Thermes, GPS 44°04'46"N/06°15'43"O, Telefon 0033/492323292, www.thermesdignelesbains.com

### 84800 FONTAINE-DE-VAUCLUSE
Aire de Camping-cars

Gebührenpflichtiger Stellplatz für 50 Mobile am Flussufer. Großzügig bemessener und bewachter Parkplatz für Pkw und Reisemobile in einsamer Lage am Rand der Ortschaft. Geschotterter, ebener Untergrund, kein Schatten. Ein Wiesenstreifen zwischen Parkplatz und Fluss lädt zum Picknick ein. Sanitärgebäude mit WC am Stellplatz vorhanden. 800 m bis zum Ortszentrum. Ganzjährig nutzbar. Bodeneinlass. 3,50 Euro pro Nacht und Mobil, zahlbar beim Parkwächter.

Standort: Avenue Robert Garcin, GPS 43°55'18"N/05°07'34"O, Mairie de Fontaine-de-Vaucluse, Telefon 0033/490203179

### 84220 GORDES
Aire de Camping-cars

**Gordes: die Stellplätze an der Straße zum berühmten Bergdorf.**

Gebührenpflichtiger Stellplatz für 10 Mobile auf einem Parkplatz für Busse, Lkw und Reisemobile. Der Platz hinter der Gendarmerie liegt auf halbem Weg hinauf zur Altstadt. Abschüssiger Untergrund aus Asphalt, beleuchtet. Ganzjährig nutzbar. Aire-Service-Anlage. 5 Euro pro Mobil und 24 Std., V+E: 3 Euro.

Standort: Rue de la Combe, GPS 43°54'54"N/05°11'52"O, Office de Tourisme, Telefon 0033/490720275, www.gordes-village.com

### 84340 MALAUCÈNE
Parking Boulodrome

**Malaucène: der zweckmäßig ausgestattete Parkplatz.**

Gebührenfreier Stellplatz für 10 Mobile auf einem reservierten Bereich eines Großparkplatzes. Asphaltierter, ebener Untergrund. Ruhige Lage. Kein Schatten. Geringe Entfernung ins Ortszentrum. Maximaler Aufenthalt: 48 Std. Ganzjährig. Flot-Bleu-Anlage. Strom: 2 Euro. Wasser: 2 Euro.

Standort: Avenue Charles de Gaulle, GPS 44°10'38"N/05°07'46"O, Mairie de Malaucène, Telefon 0033/490652017, www.malaucene.fr

### 84260 SARRIANS
Aire de Camping-cars

Gebührenfreier Stellplatz für 6 Mobile, auf einer Freifläche vor dem Camping municipal Sainte Croix und dem Tennisgelände ausgewiesen. Ebener, geschotterter Untergrund, am Rand etwas Schatten, beleuchtet. Müllentsorgung möglich. 800 m bis zum Stadtzentrum. Ganzjährig nutzbar. Euro-Relais-Junior-Anlage. Strom (1 Anschluss): 1 Jeton/60 Min. Wasser: 1 Jeton/100 Ltr. Jetons gibt's für 2 Euro in der Tourist-Info oder am Campingplatz.

Standort: Avenue Agricol Perdiguier, GPS 44°04'46"N/04°58'41"O, Office de Tourisme, Telefon 0033/490655673, www.ville-de-sarrians.com

### 84390 SAULT
Parking P 3

Gebührenfreier Stellplatz für 15 Mobile auf dem großflächigen Parkplatz am Ortsrand markiert.

Ebener, geschotterter Untergrund. Ortszentrum 800 m. Ganzjährig nutzbar. Euro-Relais-Mini-Anlage mit Bodeneinlass. Wasser: 2 Euro/10 Min.

Standort: Avenue de la Résistance, GPS 44°05'39"N/05°24'47"O, Mairie de Sault, Telefon 0033/490640230, www.mairie-sault-84.fr

**Sarrians: der ruhige Stellplatz mit Service-Station.**

### 04200 SISTERON
Parking Melchior Donnet
............................................

Gebührenfreier Stellplatz für 12 Mobile. Parkplatz für Pkw und Reisemobile über dem Flussufer der Durance und unterhalb der Zitadelle. Untergrund Asphalt. Maximaler Aufenthalt: 24 Std. Ganzjährig. Wasser: 2 Euro.

Standort: Cours Melchior Donnet, GPS 44°12'00"N/05°56'39"O, Office de Tourisme, Telefon 0033/492613650, www.sisteron.fr

### 04170 ST.-ANDRÉ-LES-A.
Parking Centre Ville
............................................

Gebührenfreier Stellplatz für 20 Mobile, auf einem Großparkplatz im Ortszentrum beschildert. Ebener, asphaltierter Untergrund. Ganzjährig. Flot-Bleu-Anlage. Strom und Wasser: 3 Euro/10 Min.

Standort: Grand'Rue, GPS 43°57'55"N/06°30'26"O, Office de Tourisme, Telefon 0033/492890239, www.ot-st-andre-les-alpes.fr

### 84110 VAISON-LA-ROMAINE
Parking Du Colombier
............................................

Gebührenpflichtiger Stellplatz für 35 Mobile auf einem separaten Areal mit jungen Bäumen in ruhiger Umgebung angelegt. Ebener

Untergrund aus Schotter. Ganzjährig nutzbar. 8 Euro pro Nacht und Mobil inklusive V+E. Gebühr wird abends von einem städtischen Mitarbeiter kassiert.

Standort: Avenue André Coudray, GPS 44°14'47"N/05°04'27"O, Office de Tourisme, Telefon 0033/490360211, www.vaison-la-romaine.com

**Vaison-la-Romaine: der ruhige Stellplatz am Zentrum.**

### 04180 VILLENEUVE
Aire de Camping-cars
............................................

Gebührenfreier Stellplatz für 12 Mobile. Reserviertes, ebenes und naturbelassenes Gelände beim Friedhof am Ortsrand. Maximaler Aufenthalt: 2 Tage. Ganzjährig.

Standort: Chemin du Moulin, GPS 43°53'37"N/05°52'28"O, Mairie de Villeneuve, Telefon 0033/492784231

### 84820 VISAN
Domaine des Lauribert
............................................

**Visan: die Stellplätze an der Domaine des Lauribert.**

Gebührenfreier Stellplatz für 20 Mobile auf dem Weingut in Einzellage. Weinprobe obligatorisch. Ebene, geschotterte Terrassenfläche oder Baumwiese hinter dem Weinkeller. Sehr ruhige und idyllische Lage. Ganzjährig nutzbar. Bodeneinlass. Strom: 2 Euro.

Standort: Roussillac, GPS 44°20'55"N/04°58'13"O, Telefon 0033/490352682, www.lauribert.com

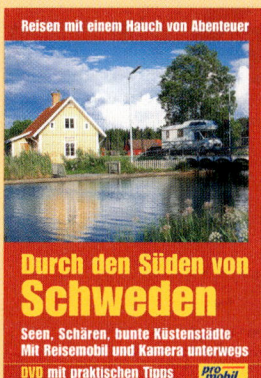

# DIE PERFEKTE WOCHE AN
# ARDÈCHE & VERD

**DIE GORGES DE L'ARDÈCHE** und die Gorges du Verdon im Süden Frankreichs gehören zu den spektakulärsten Schluchten Europas. Sie sind Traumziele für Wanderer und Kanuten – mit Panoramastraßen, die durch dramatisch-schöne Landschaften führen.

Fotos: Joachim Negwer, Steffen Zink, Heike Platow

Kanutour mit Highlights; hier der berühmte Pont d'Arc am Eingang zur Ardèche-Schlucht.

Tiefer Einschnitt in die Natur: Blick von oben auf den Grand Canyon du Verdon.

Moustiers-Ste.-Marie: Der Besuch des Städtchens lohnt sich nicht nur wegen seiner pittoresken Lage vor der Schlucht, sondern auch wegen der ansässigen Fayence-Betriebe.

Mini-Steininsel erobert! Bei einer Wanderung von Point Sublime in den Verdon-Canyon.

Die Farben des Sommers: Das bunte Geschirr wird in Riez unweit der Verdon-Schlucht hergestellt.

Kleines Abenteuer inbegriffen: Passt das Reisemobil wirklich durch jeden Steintunnel? Passt!

Ungehalten windet sich die wilde Ardèche in ihrem Felsbett, schaufelt Kiesstrände an und lässt die Boote auf dem Wasser tänzeln. Doch 300 Meter höher, auf der Route de la Corniche, ist von ihrem Rauschen kaum noch etwas zu hören. Die Panoramastraße mit einem Dutzend Aussichtspunkten, die auf dem Straßenschild schlicht und ergreifend D 290 heißt, verläuft parallel zu den weit ausholenden Mäandern des Flusses. Besonders vom Belvédère de la Cathédrale und vom Belvédère de la Madeleine, nordwestlich von Sauze, ist der Blick in die Tiefe so atemberaubend, dass es im Hochsommer regelmäßig zu Staus kommt.

Die Gorges de l'Ardèche sind seit ihrer Entdeckung durch eine bunte Truppe von Aussteigern zum Touristenmagnet geworden. Ende der 1960er Jahre trafen die ersten ein, zogen in die verlassenen Hausteingemäuer am Fluss,

**An der Ardèche hat Frankreich den Umweltschutz entdeckt. 1980 wurde die Schlucht unter Schutz gestellt – heute zählt der Fluss zu den saubersten Gewässern Europas.**

machten Ziegenkäse oder versuchten sich als Schäfer. In den 1970er Jahren folgte der Aufstieg der Gorges de l'Ardèche zum Paradies für Kanuten, und aus den Aussteigern wurden Bootsverleiher oder Wildwasserführer. Die Fremden brachten nicht nur Leben ins Tal, sondern sorgten auch für die Rettung des Naturwunders: Denn an der Ardèche entdeckte Frankreich den Umweltschutz. Bereits 1980 wurde die Schlucht unter Naturschutz gestellt.

**Strecke mit Aussicht: Die D 952 führt entlang der Gorges du Verdon.**

Heute zählt der Wildwasserfluss tatsächlich zu den saubersten Gewässern Europas. Ein Hauch Aussteigerromantik aber ist geblieben. Man kann ihn spüren, wenn irgendwo am Flussufer abends zur Gitarre Lieder gesungen werden.

An der oberen Ardèche nimmt der Urlauberandrang deutlich ab. Auch in Balazuc tänzeln Kanus auf dem Wasser, doch vor dem Dorf gluckert der Fluss beinah gemächlich vor sich. Auf der anderen Uferseite führt ein Weg in einer halben Stunde unter Maulbeerbäumen in den Weiler Le Vieil Audon. Es ist einer der letzten Orte an der Ardèche, wo der Aussteigergeist noch lebendig ist. Keine Straße verbindet den Weiler mit der Außenwelt.

Was für ein Moment, wenn die Verdon-Schlucht den Blick auf den Lac de Sainte-Croix freigibt.

## ■ DEKOR MIT FEINEM PINSELSCHWUNG

**Seit dem 17. Jahrhundert** werden in Moustiers-Ste.-Marie unweit der Verdon-Schlucht Fayencen hergestellt. Die Maison Bondil gehört zu den ältesten Betrieben am Ort. Das Angebot der Keramiken reicht von barocken Grotesken über Chinoiserien bis hin zu exotischen Landschaften im legendären Bleu de Clérissy, einem Kobaltblau. Bei den Herstellungsschritten bleibt man den traditionellen Techniken treu. Nach dem ersten Brennen bei 1040 Grad Celsius wird das Dekor aufgemalt. Hierfür wird ein sogenanntes „poncif" benutzt: das Papier ist mit winzigen Löchern versehen, die das erwünschte Motiv ergeben. Mittels eines Holzkohlepulvers, das man über das Papier streut, wird eine Rohskizze auf die zu bemalende Fläche übertragen. Für das so vorskizzierte Dekor bedarf es eines sicheren Pinselstrichs. Beim zweiten Brennen zerschmilzt das Emaillepulver zur weißen Glasur, wobei die Farben eingeschlossen werden.

**Mit ruhiger Hand: bei den filigranen Mustern der Fayence muss genau gearbeitet werden.**

Unverzagt renovieren die Individualisten des Vereins Le Mat die Gemäuer. Zur Finanzierung der Arbeiten verkaufen sie Ziegenkäse, natürlich aus eigener Produktion – und mittlerweile mit Biolabel.

**Wie ein Balkon** schwebt das Chalet de la Maline über dem Abgrund der Gorges du Verdon. Die Wanderhütte auf 893 Meter Höhe liegt an der Route des Crêtes, die ihre asphaltierte Schlaufe eng an das Nordufer der berühmten Schlucht legt. Ungefähr eine halbe Stunde geht es von der Terrasse immer bergab in die 300 Meter tiefer gelegene Talsohle. Unten beginnt der Sentier Martel. Der legendäre Wanderweg vom Chalet de la Maline zum 16 Kilometer entfernten Aussichtspunkt Le Point Sublime ist ein Klassiker.

Dem Höhlenforscher Edouard-Alfred Martel (1859–1938) gelang es 1903 als Erstem, die Gorges du Verdon in einer dreitägigen Expedition zu durchwandern. Ziel war es, den tosenden Fluss zwecks Nutzung der Wasserkraft zu erschließen. »

Ausflugsziele abseits: Windmühle in Montfuron bei Manosque.

Einmal kurz anhalten: dramatische Naturmomente gibt's an der Panoramastraße hoch über der Ardèche immer wieder.

Strenges Linienmuster in Blaulila: Lavendelfeld in der Provence.

Landgang unter dem berühmten Ardèche-Bogen Pont d'Arc.

In den 1930er Jahren legte der Touring Club de France den Fernwanderweg mit dem Namen des Höhlenforschers durch die Sohle der Schlucht an.

Buchsbäume, Buchen, Linden, Ahornbäume und Eichen beschatten den Weg. Mit etwas Glück bekommt man Gämsen zu Gesicht, die in den unzugänglichen Steilflanken und auf Geröllhalden ein ideales Terrain finden. Ständig rauscht der Verdon im Ohr. Kiesel- und Sandstrände laden zur Rast ein. An ihrer tiefsten Stelle, dem Pré d'Issane, gleicht die Schlucht plötzlich einem Wiesenidyll. Manche Blumen sind äußerst selten. So gedeihen hier auch zahlreiche Orchideenarten prächtig.

Bald ändert sich das Bild: Stahltreppen und Seile erleichtern die Wanderung über Geröllhänge. Die eigentliche Bewährungsprobe folgt auf halber Strecke. Auf Höhe des Balcon de la Mescla, eines Aussichtspunkts an der Steilkante des rechten Ufers, gilt es, dank eines schwindelerregend steilen Stahlgerüsts die Felskluft La Brèche d'Imbert zu bewältigen.

**Am Schluss wird's dunkel.** Die Schlucht verengt sich zum Couloir Samson, an den die Felswände beeindruckend nah heranrücken. Der erste, kurze Tunnel lässt sich kurz vor Ende der Wanderung noch ohne Taschenlampe bewältigen. Bald darauf folgt ein zweiter, mit 700 m wesentlich längerer. Also Licht an! Am Ende des Dunkels steht man auf dem Parkplatz am Point Sublime, von wo aus Sammeltaxis Wanderer zurück zum Ausgangspunkt bringen.

Bei der Ankunft in Palud-sur-Verdon oder Castellane sitzen auf den Restauranterrassen bereits alle beim Apertif. Wandertipps werden ausgetauscht. Wer Glück hatte, hat auf seiner Tour einen Bonelli-Adler zu Gesicht bekommen. Und am nächsten Tag? Geht es zum Verschnaufen und Baden an den Lac de Ste-Croix, über dessen türkisblauem Wasser und goldgelben Sandstränden das Schloss von Aiguines thront.

...................................................... *Klaus Simon*

**ARDÈCHE & VERDON KOMPAKT** bitte umblättern >>>

### ■ FEINE SPEISEN

**Weit liegen die Höfe** und Dörfer auf den Höhen über der Verdon-Schlucht auseinander. Der Weg zu Pâté, Ziegenkäse, Honig, Lavendelessenz und Fayencen ist entsprechend lang. Mit einem gemeinsamen Verkaufspunkt haben die Bauern und Kunsthandwerker die Lösung gefunden: In der Maison des Produits du Pays du Verdon ist alles zu haben, was an regionalen Spezialitäten erzeugt wird. 04500 Allemagne-en-Provence, Route de Riez, Telefon 0033/492774024, Juni–Sept. tgl. 9.30–20 Uhr, Winter außer Januar und Di 9.30–12, 14–19 Uhr.

Regionale Spezialitäten gibt es in der Maison des Produits du Pays du Verdon.

Das Schloss von Aiguines liegt unweit des Lac de Sainte-Croix in schönster Aussichtslage.

# Von einer Schlucht zur anderen

Die Ardèche- und die Verdon-Schlucht garantieren nicht nur tolle Wassersport-Momente und echtes Naturerlebnis. Es bieten sich hier auch schöne Tagesausflüge mit dem Reisemobil an – etwa in die sehenswerten Dörfer der Umgebung.

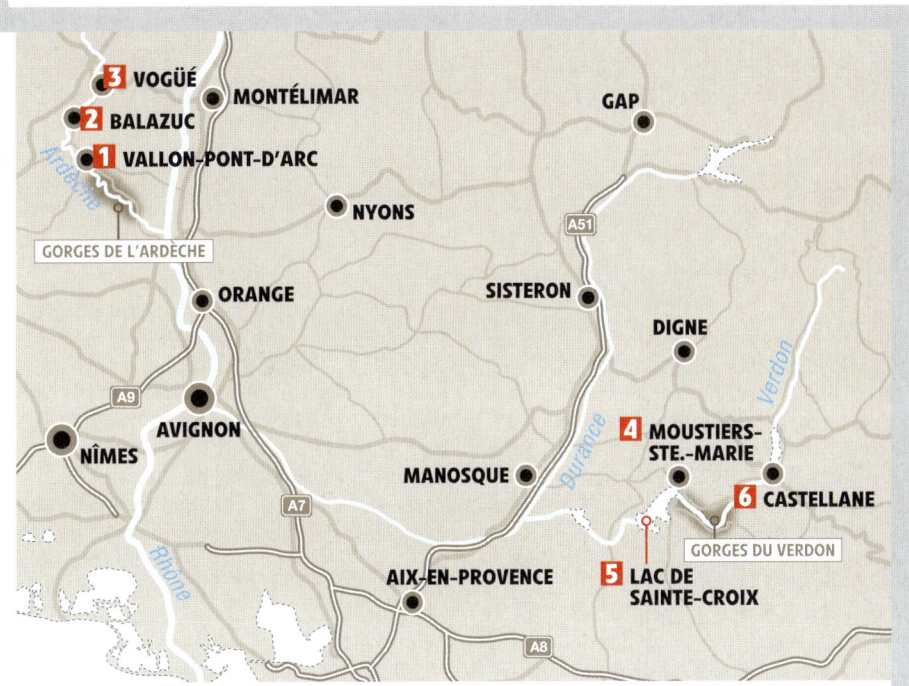

**1 VALLON-PONT-D'ARC** Im Sommer verwandelt sich der verbummelte Ort in die trubelige Hauptbasis der Kanu- und Kajakanbieter der Ardèche-Schlucht. Sehenswert ist die Exposition Grotte Chauvet, wo Kopien prähistorischer Höhlenzeichnungen wie Raubkatzen und Mammuts aus der Höhle gezeigt werden. www.vallon-pont-darc.com

**2 BALAZUC** Der Ort ist eine wirkliche Dorfschönheit an der oberen Ardèche. Er zählt zu den schönsten Dörfern Frankreichs. Mit seinen steilen Gassen, der romanischen Kirche, Treppen und Torbogen auf der Felskante liegt Balazuc am linken Ufer des Flusses. Krautige Garrigue und kleine Weinberge prägen die Umgebung. www.balazuc.fr

**3 VOGÜÉ** Auch Vogüé zählt zu den schönsten Dörfern Frankreichs. In einer Biegung der Ardèche scharen sich die Häuser um ein Schloss, das mit vier Ecktürmen ein Paradebeispiel für ein provenzalisches Château ist. Kanuten paddeln vor der Felskulisse über die Ardèche, die hier in gemütlichen Schleifen dahinfließt. www.ot-vogue.com

**4 MOUSTIERS-STE.-MARIE** Das malerische Dorf am Verdon punktet vor allem mit einer zauberhaften Silhouette inklusive romanischer Dorfkirche und der Pilgerkapelle Notre-Dame-de-Beauvoir. Hinzu kommt der gute Ruf als Fayence-Hochburg: Zahlreiche Ateliers locken mit Führungen und Direktverkauf der zerbrechlichen Ware.

**5 LAC DE SAINTE-CROIX** Der Stausee liegt am westlichen Ausgang des Grand Canyon du Verdon und gehört zu den schönsten Seen Südfrankreichs. Er ist in eine einzigartige Berglandschaft eingebettet, sein Wasser leuchtet türkisfarben. Wassersport wird hier großgeschrieben – zum Segeln, Surfen und auch zum Schwimmen ist der See herrlich.

**6 CASTELLANE** Das Städtchen ist so etwas wie ein Basislager für Kletterer, Wanderer und Kanuten. Hoch auf einem Steilfels wacht die Kapelle Notre-Dame-du-Roc. Zwischen den beiden Stadttoren liegt die Pfarrkirche St-Victor, die den Hauch des Mittelalters in die zur Saison von Neoprenträgern bevölkerte Stadt bringt. www.castellane.org

**ARDÈCHE & VERDON KOMPAKT**

# Infos | Tipps | Adressen

## CAMPING

### ARDÈCHE

**Camping du Midi:** Einfacher, familiärer Platz mit 50 Stellplätzen an der berühmten Pont d´Arc. Ins Zentrum 6 km. Gepflegte Sanitäranlagen, Bar mit Snacks am Platz, Sandstrand und Kinderspielplatz. Von hier starten auch organisierte Kanutouren. Geöffnet 1. April bis 30. September.
07150 Vallon-Pont-d'Arc, Route des Gorges, GPS 44°22'36"N/4°25'17"O, Telefon 0033/475880678, www.camping-midi.com

### VERDON

**Le Vieux Colombier:** Terrassiertes Gelände am Hang mit schönem Weitblick am Ortsrand von Moustiers, sehr ruhige Lage. Das Ortszentrum ist etwa 300 Meter entfernt, Snack-Bar am Platz. Kinderspielplatz und Badestrand am Lac de Ste-Croix. Wander- und Radwanderweg.
04360 Moustiers-Ste.-Marie, GPS 43°38'96"N/6°22'16"O, Telefon 0033/492746189, www.lvcm.fr

Ruhige Lage am Verdon: Le Vieux Colombier in Moustiers.

## RESTAURANTS

### ARDÈCHE

**Le Manoir du Raveyron:** Das Herrenhaus aus dem 16. Jh. wurde von seinem italienisch-belgischen Besitzerpaar zu einer charmanten Herberge im Dorfkern umgebaut. Auf der Karte stehen Spezialitäten der Ardèche.

Bistro mit schöner Terrasse: La Treille Muscate in Moustiers.

07150 Vallon-Pont-d'Arc, Rue Henri Barbusse, Telefon 0033/475880359, www.manoir-du-raveyron.com

### VERDON

**La Treille Muscate:** Das kleine Bistro bezaubert mit einer von Weinlaub überrankten Terrasse, auf der eine dicke Platane zusätzlichen Schatten spendet. Spezialität ist ein butterzartes Confit von der Kaninchenkeule.
04360 Moustiers-Ste.-Marie, Place de l'Eglise, Telefon 0033/492746431, www. restaurant-latreillemuscate.com

**Altitude 823:** Das Ausflugslokal ist während der Saison stets gut besucht. Die Küche ist provenzalisch-deftig. Wirtin Brigitte empfiehlt Entenbrust mit Feigen oder Entrecôte mit Morcheln.
83630 Aiguines, Grande Rue, Telefon 0033/498102217, www. hotel-altitude823-verdon.com

## SEHENSWERTES

### ARDÈCHE

**Grotte de la Madeleine:** Zu den spektakulärsten Höhlen der Ardèche-Schlucht gehört die Grotte de la Madeleine. In der Höhle zeigt die Maison de la Réserve Naturelle eine Dauerausstellung zum Naturschutzgebiet. Ein Schäfer hat die Tropfsteinhöhle 1887 entdeckt. Die orangefarbene und graue Tönung der Wände verweist auf das Eisen und Magnesium im Gestein. Ein Son-et-Lumière-Spektakel setzt die bizarren Formationen aus Stalaktiten und Stalagmiten mit Licht- und Toneffekten in Szene.
07700 St-Remèze, Telefon 0033/475042220, www.grottemadeleine.com

### VERDON

**Musée de Préhistoire:** Sir Norman Foster hat das Museum zur Vorgeschichte des Verdon entworfen. Der britische Stararchitekt lässt eine alte Mauer aus honigfarbenem Kalkstein in den schwungvollen Neubau wachsen. Abgesehen vom Ausstellungsparcours zeigt ein vorzeitliches Dorf Wohnbauten aus der Menschheitsgeschichte. Höhepunkt aber ist ein animierter Nachbau der vor 400 000 Jahren

Spektakulär: Grotte de la Madeleine in der Ardèche-Schlucht.

besiedelten Grotte de Bonne Baume – inklusive Bärennummer.
04500 Quinson, Route de Montmeyan, Telefon 0033/492740959, www.museeprehistoire.com

## INFORMATION

**Ardèche-Auskunft:** Auf der Website des regionalen Fremdenverkehrsbüros Agence de Développement Touristique en Ardèche finden Sie alle wichtigen Informationen auf Deutsch.
07000 Privas, 4, Cours du Palais, Tel. 0033/475640466, www.ardeche-guide.com

**Verdon-Auskunft:** Das regionale Fremdenverkehrsbüro Agence de Développement Touristique des Alpes de Haute-Provence informiert über alle wichtigen Fragen des touristischen Alltags. Leider keine Website in deutscher Version!
04005 Digne-les-Bains, Maison des Alpes de Haute-Provence, Immeuble François Mitterrand, 8, Rue Bad Mergentheim, Telefon 0033/492315729, www.alpes-haute-provence.com

## ■ MIT DEM KANU AUF DER ARDÈCHE

**Sportliche Kanuten** fahren die 25 Stromschnellen an einem Tag ab. Genießer sind zwei bis drei Tage unterwegs, dann macht die Fahrt durch Felswände und vorbei an Kieselstränden richtig Spaß. Unterwegs gibt es zwei Biwaklager zum Übernachten. Kinder unter sieben Jahren dürfen nicht mit, ältere müssen schwimmen können. Schwimmwesten sind obligatorisch, auch wenn die Ardèche im Hochsommer Niedrigwasser führt. Im Herbst können Regenfälle die Wasserstände des Flusses ansteigen lassen. Zeigt der Pegel an der Brücke von Salavas auf „Zone orange", muss ein Führer jede Abfahrt begleiten. Bei „Zone rouge" bleiben die Kanus auf dem Trockenen. Die meisten Kanuverleiher konzentrieren sich in Vallon-Pont-d'Arc. www.canoeardeche.com

**Nichts für Wasserscheue: die Ardèche besitzt 25 rasante Stromschnellen.**

## ARDÈCHE

### 07700 BOURG-ST.-ANDÉOL
Parkplatz am Bahnhof

Gebührenfreier Stellplatz für 6 Mobile. Parkplatz direkt an den Bahngleisen ohne Markierung für Mobile. Asphaltierter, leicht geneigter Untergrund. Maximaler Aufenthalt: 1 Nacht. Ganzjährig nutzbar. Euro-Relais-Anlage.

Standort: Chemin de la Barrière, GPS 44°22'32"N/04°38'36"O, Office de Tourisme, Telefon 0033/475545420, www.tourisme-bourg-saint-andeol.fr

### 07700 ST.-JUST D'ARDÈCHE
Domaine la Favette

St.-Just d'Ardèche: der Stellplatz Domaine la Favette.

Gebührenpflichtiger Stellplatz für 8 Mobile, auf dem Weingut ausgewiesen. Große Wiesenfläche unter Obstbäumen zwischen dem Anwesen und den Rebenfeldern. Hofladen mit eigenen und regionalen Produkten. Saison: März bis November. Flot-Bleu-Anlage. 5 Euro pro Nacht und Mobil inklusive einer Flasche Wein. Strom: 2 Euro. Wasser: 2 Euro.

Standort: D 290 – Route des Gorges, GPS 44°18'07"N/04°36'21"O, Telefon 0033/475046114

### 07700 ST.-REMÈZE
Aire de Camping-cars

Gebührenfreier Stellplatz für 5 Mobile auf dem Parkplatz vor der örtlichen Winzergenossenschaft. Ebener, asphaltierter Untergrund, beleuchtet. Relativ ruhige Lage an einer Nebenstraße. Maximaler

Aufenthalt: 48 Std. Ganzjährig nutzbar. Bodeneinlass.

Standort: D 362, GPS 44°23'43"N/04°30'20"O, Mairie de Saint-Remèze, Telefon 0033/475041224, www.saint-remeze.com

St.-Remèze: der Stellplatz vor der Winzervereinigung.

### 07300 TOURNON-SUR-R.
Aire de Tournon-sur-Rhône

Gebührenfreier Stellplatz für 15 Mobile. Separates Areal auf Asphalt an einem ehemaligen Fabrikgebäude, unmittelbar an der Rhône. Restaurants und Lebensmittelläden ab 500 m. Maximaler Aufenthalt: 24 Std. Ganzjährig nutzbar. Euro-Relais-Anlage.

Standort: Chemin de Labeaume, GPS 45°04'24"N/04°49'18"O, Mairie de Tournon-sur-Rhône, Telefon 0033/475078383, www.ville-tournon.com

### 07220 VIVIERS
Aire de Port Fluvial

Gebührenpflichtiger Stellplatz für 20 Mobile auf dem Gelände des Sportboothafens, neben der Hafenmeisterei markiert. Ebener, asphaltierter Untergrund. Saison: April bis Oktober. 5 Euro pro Nacht und Mobil inklusive Strom. Wasser: 1 Jeton/100 Ltr. Jetons für 2 Euro beim Hafenmeister.

Standort: Allée du Rhône, GPS 44°29'09"N/04°41'32"O, Office de Tourisme, Telefon 0033/475527700, www.mairie-viviers.fr

## VERDON

### 04120 CASTELLANE
Parking de la Boudousque

Gebührenpflichtiger Stellplatz für 30 Mobile. Ausgewiesener Reise-

mobilplatz am Ufer des Verdon. Der Untergrund ist eben und asphaltiert. Ganzjährig nutzbar. V+E von Mitte November bis Mitte März wegen Frostgefahr außer Betrieb. 5,50 Euro pro Nacht und Mobil inklusive V+E.

Standort: Blvd. Fréderic Mistral, GPS 43°50'42"N/06°30'52"O, Office de Tourisme, Telefon 0033/492836114, www.castellane.org

### 04360 MOUSTIERS-SAINTE-MARIE
Parking Prola

Gebührenpflichtiger Stellplatz für 20 Mobile. Reserviertes Gelände am Ortsrand. Der Untergrund ist geschottert. Der Platz liegt ruhig zwischen Bäumen an einem Bachlauf. Maximaler Aufenthalt: 48 Std. Saison: April bis Oktober. 6 Euro pro Nacht und Mobil. Strom: 2 Euro. Wasser: 2 Euro.

Standort: Chemin de Quinson, GPS 43°50'37"N/06°13'07"O, Office de Tourisme, Telefon 0033/492746784, www.moustiers.fr

### 04500 RIEZ
Parking Centre Ville

Riez: der asphaltierte Stellplatz in der Nähe des Zentrums.

Gebührenfreier Stellplatz für 8 Mobile auf dem Großparkplatz im Ortszentrum. Asphaltierter, ebener Untergrund. Kein Schatten. Ganzjährig nutzbar. Bodeneinlass.

Standort: Allées Louis Gardiol, GPS 43°48'59"N/06°05'31"O, Telefon 0033/492779909, www.ville-riez.fr

### 13115 ST.-PAUL-LEZ-DURANCE
Accueil Camping-cars

Gebührenfreier Stellplatz für 6 Mobile hinter dem Camping-

platz, direkt am Canal E.D.F. Ebener, geschotterter Untergrund, parzelliert. Maximaler Aufenthalt: 48 Std. Ganzjährig nutzbar. Flot-Bleu-Fontaine-Anlage (bei Frost außer Betrieb).

Standort: Rue du Camping de Retour, GPS 43°41'15"N/05°42'13"O, Mairie de Saint-Paul-lez-Durance, Telefon 0033/442574056, www.stpaul.fr

### 04500 STE.-CROIX-DU-VERDON
Aire de Camping-cars

Gebührenpflichtiger Stellplatz für 25 Mobile, auf einem Parkplatz neben dem Boulodrom ausgewiesen. Ebener Untergrund aus Asphalt. 500 m bis zum Zentrum und zum Strand. Maximaler Aufenthalt: 2 Nächte. Saison: April bis Mitte Oktober. 6 Euro pro Nacht und Mobil inkl. V+E.

Standort: Le Cours, GPS 43°45'39"N/06°09'04"O, Mairie, Telefon 0033/492778410, www.saintecroixduverdon.com

### 83840 TRIGANCE
Point pour Camping-cars

Gebührenpflichtiger Stellplatz für 3 Mobile auf einem separaten Areal unterhalb des Ortes. Leicht geneigtes Wiesen- und Schottergelände. Ruhebänke vorhanden, Kinderspielplatz nebenan. Maximaler Aufenthalt: 48 Stunden. Ganzjährig nutzbar. Bodeneinlass. 5 Euro pro Mobil/24 Std.

Standort: Rue Saint-Roche, GPS 43°45'40"N/06°26'34"O, Mairie de Trigance, Telefon 0033/494769101, www.trigance.fr

Trigance: Die Wiese vor dem Hügeldorf dient als Stellplatz.

# 5 GUTE GRÜNDE FÜR DAS

# BURGUND

**BOURGOGNE NENNEN DIE FRANZOSEN** diese Region im Herzen des Landes. Bourgogne – das klingt verführerisch nach Genuss, nach gutem Wein und bestem Essen, nach Coq au Vin und Charolais-Rind. Bei einer Tour im Reisemobil stehen aber auch die Zeugnisse einer großen Vergangenheit und der Alltag in kleinen Städtchen auf dem attraktiven Besuchsprogramm.

Text und Fotos: Thomas Cernak

In Rebstöcke gebettet: das Burgund-Dörfchen Martailly-les-Brancion.

## 1 DIE QUIRLIGEN WOCHENMÄRKTE

Burgunds Märkte lassen jedes Genießerherz höher schlagen. Gerade im Spätsommer und im Herbst, wenn die Stände mit Gemüse und saftigen Früchten regelrecht überquellen und es an allen Ecken und Enden verführerisch duftet. Hier nach frisch gerösteten Maronen, dort nach würzigem Käse und pikanter Salami.

Die Wochenmärkte sind beliebter Treffpunkt – man trinkt mit Freunden zusammen ein Gläschen und hält ein Schwätzchen. Beste Gelegenheiten dazu bieten sich samstags in Toucy oder sonntagmorgens in Chablis. Über die Grenzen hinaus berühmt ist der Charolais-Rindermarkt im kleinen Dorf St-Christophe-en-Brionnais. Ihn gibt es schon seit 1488, er findet stets am Mittwochnachmittag statt. Großen Zulauf erfahren auch die schönen Biomärkte, etwa am 1. und 3. Sonntag in Brancion.

**DER BESONDERE TIPP**

**Der Markt in Louhans** ist ein ganz besonderer, denn dort werden die berühmten Bresse-Hühner verkauft. Sie wachsen unter besten Bedingungen auf, jedem Huhn stehen zehn Quadratmeter Wiese zur Verfügung. Das Futter besteht aus Mais, Weizen und hochwertigen Milchprodukten.

**Wie wär's mit frischen Esskastanien? Beim Montagsmarkt in Louhans. Rechts: Bresse-Huhn-Züchter Philippe Buatois.**

## ② DIE WINZER UND IHRE GROSSEN WEINE

Der exzellente Ruf der Burgunderweine rührt insbesondere von der großen Vielfalt ihrer Lagen und Böden. Zum Gebiet, in dem vor allem die Rebsorten Pinot noir, Chardonnay und Aligoté angebaut werden, zählen die Regionen Yonne, Côte d'Or, Côte Chalonnaise und das Mâconnais. Die vielfach unterschiedliche Erde aus Kalk, Ton und Lehm begünstigt den Ausbau außergewöhnlicher Weine, die mit einer breiten Palette von Aromen hervorstechen. Um schöne makellose Trauben ernten zu können, richten die Winzer ihr Augenmerk auf die Pflege der Rebstöcke.

Es gibt vier Qualitätsebenen: regionale und kommunale Weine sowie „première cru" und „grands crus". Die Regionenbe-zeichnungen sind am weitesten verbreitet, dabei folgt auf „Bourgogne" der Name des Anbaugebiets. Erzeugnisse der Kommune erkennt man daran, dass auf dem Etikett nur die Gemeinde steht – bekanntestes Beispiel dafür: Chablis.

Bei den Cru-Weinen werden neben der Gemeinde die Parzelle beziehungsweise lediglich die oft winzige Lage benannt. Sie machen nur einen geringen Teil der Produktion aus. Höchste Qualität ist nicht nur ihnen vorbehalten, wie Kostproben – etwa entlang der burgundischen Weinstraße – eindrucksvoll unter Beweis stellen. Ganz der Geschichte und Herstellung des Weins widmet sich das Museum „Hameau du Vin" in Romanèche-Thorins.

**Lebendige Wein-Geschichten: Wachsfiguren-gruppe im Weinmuseum Le Hameau du Vin.**

**Voie Verte** heißt der wichtigste Rad- und Wanderweg in der Region. Er führt zu historischen Stätten, wie etwa Cluny. Das Radwegenetz besteht aus fünf Hauptstrecken mit einer Gesamtlänge von 580 Kilometern.

## ③ DIE SEHENSWERTEN BAUDENKMÄLER

Zu den bedeutendsten Sakralbauten im Burgund zählt die ehemalige Klosterkirche Saint-Philibert in Tournus – sie stellt mit ihrer frühromanischen Krypta das erste Zeugnis burgundisch-romanischer Baukunst dar. Zu bewundern sind unter anderem schöne Mosaike, die erst vor wenigen Jahren entdeckt wurden. Südwestlich von Tournus erhebt sich auf einem Felsplateau die berühmte Burg Brancion. Wahrscheinlich ist sie die älteste Befestigung im Land, deren Baubeginn in die sagenumwobene Zeit der Burgunderkönige zurückreicht.

Die Anlage schließt ein Wehrdorf mit einer Kirche ein, die Petrus geweiht ist (großes Foto). Als einstiges Zentrum des Abendlandes galt neben Rom die Abtei von Cluny – gegründet vom Benediktinermönch Bernon im Jahr 910. Der Orden war enorm einflussreich, ihm gehörten im 13. Jahrhundert europaweit rund 10 000 Mitglieder an. Die Abteikirche wurde nach der Französischen Revolution zerstört. Zur 1100-Jahr-Feier im vergangenen Jahr wurde sie aufwändig saniert.

## ④ DIE BERÜHMTE KÜCHE

Frisches Baguette gehört zu jedem Mahl. In Frankreich schmeckt es immer einen Tick besser.

Am besten vom Charolais-Rind: saftiges Steak vom Grill mit Kräuterbutter.

Escargots de Bourgogne: ein Begriff, den man sich unbedingt merken sollte – entweder, weil man die Burgunder Weinbergschnecken mag oder weil man sie ablehnt. Sie stehen auf nahezu jeder Speisekarte in der Region. Mal zieren sie einen bunten Salat, mal verstecken sie sich in einem Teigmantel. „In Lebkuchenkruste" (en croûte de pain d'épices) heißt eine Zubereitungsart, wie sie zum Beispiel in Beaune gerne serviert wird. Eine weitere, häufig angebotene Spezialität ist Rind, genauer: das Fleisch vom Charolais-Rind, jenem cremefarbenen Hornvieh, das man im äußersten Süden des Burgunds oft sieht.

Eine typische Vorspeise ist „Jambon persillé", Kochschinken in Sülze mit reichlich Petersilie. Der Fluss Saône bereichert die Küche mit Zander, Karpfen und Hecht. Weit bekannt ist der „Coq au Vin", der Hahn in Rotweinsauce. Im Burgund bereitet man ihn mit Speck, Zwiebeln, Lorbeer und Thymian sowie mit frischen Champignons. Und natürlich mit einem guten Rotwein der Region. Schließlich macht langes, behutsames Köcheln im Ofen einen zart schmeckenden Genuss daraus. Daneben sind Gemüseeintöpfe mit Schweinefleisch (Potée) im Burgund sehr beliebt, ebenso geschmortes Kaninchen in einer Soße aus Dijonsenf. Platz im Magen sollte man aber für Käse lassen, beispielsweise für einen milden Cîteaux.

Als süßer Ausklang empfiehlt sich eine in Wein pochierte Birne oder ein Sorbet aus Cassis, schwarzen Johannisbeeren.

**5** DIE HISTORISCHEN KRANKENHÄUSER

30 Betten und nur kleine Fenster: Armensaal im Hôtel-Dieu in Beaune.

Tief beeindruckt betreten Besucher den Armensaal, den eine tonnengewölbte Kastanienholzdecke mit bemalten Querbalken überspannt. Sie lässt den „Grande Salle des Pôvres" im berühmten Hôtel-Dieu in Beaune, dem alten Hospiz der Stadt, beinahe behaglich wirken. Es wurde 1433 errichtet und beherbergte bis 1951 Kranke und Arme. Heute wird das ehemalige Hospital zwar auch als Altenheim genutzt, ein Teil aber ist als interessantes Museum zu besichtigen. Auch andere Städte im Burgund, wie beispielsweise Tournus oder Louhans, verfügen über sehenswerte historische Krankenhäuser, die oft mit prächtigen Apotheken aufwarten.

## BURGUND KOMPAKT

## Infos | Tipps | Adressen

### RESTAURANT-TIPPS

**Le Grand Bleu** Mitten in der Altstadt, wenige Gehminuten vom Hôtel-Dieu entfernt. Maritimes Ambiente, viele Fischgerichte, sehr ansprechend garniert. Günstige Tagesmenüs. 10, Place Beurre, F-21200 Beaune, Telefon 0033/380247070.

**L'Octroi** Gern besuchtes Lokal – dort, wo die historische Grand Rue mit ihren 157 Arkaden beginnt. Leckere Bresse-Huhn-Gerichte. 2, Place Marcel Guinot, F-71500 Louhans, Telefon 0033/385755661.

Hier ist abends immer was los: Ausgehmeile in der Altstadt von Dijon.

Vom Glockenturm der Abteikirche Saint-Philibert geprägt: Tournus an der Saône.

**L'O** In gut frequentierter Ausgehmeile im Zentrum, daher besonders bei jungen Leuten beliebt. Moderne Küche mit traditionellen Produkten. 14, Rue Quentin, F-21000 Dijon, Telefon 0033/380500618.

**AUSKUNFT** Atout France, Zeppelinallee 37, 60325 Frankfurt am Main, Telefon 0900/1570025, Fax 0900/1599061 (0,49 Euro/Min. aus dem deutschen Festnetz), E-Mail info.de@franceguide.com, Internet www.franceguide.com. Ebenso unter www.burgund-tourismus.com

## STELLPLATZ-TIPPS

**71400 AUTUN**
Parking Base de Loisirs du Plan d'Eau du Vallon
........................................

Gebührenfreier Stellplatz für 10 Mobile auf dem Parkplatz an der Segelschule. Reserviertes Areal direkt am See. Leicht geneigter, asphaltierter Untergrund. Kein Schatten, beleuchtet. WC, Tankstelle in Platznähe. Ganzjährig.
Standort: Route de Chalon, GPS 46°57'21"N/04°19'00"O, Office de Tourisme, Telefon 0033/385868038, www.autun-tourisme.com

**89000 AUXERRE**
Parking au Bord de l'Yonne
........................................

Auxerre: Die zentralen Stellplätze an der Yonne sind häufig überfüllt.

Gebührenfreier Stellplatz für 10 Mobile, auf einem geschotterten Großparkplatz für Pkw erlaubt. In mehrere Bereiche gegliederter und stark frequentierter Platz ohne markierte Flächen für Reisemobile. Tiefhängende Äste beeinträchtigen den Rangierraum. Zentrale Lage. Ganzjährig nutzbar.
Standort: Quai de la République, GPS 47°47'49"N/03°34'31"O, Office de Tourisme, Telefon 0033/386520619, www.ot-auxerre.fr

**21200 BEAUNE**
Parking Charles de Gaulle
........................................

Gebührenfreier Stellplatz für 5 Mobile, auf einem Großparkplatz am südlichen Stadtrand markiert. Ebener, asphaltierter Untergrund. Zentrale Lage. Ganzjährig nutzbar. Flot-Bleu-Anlage. Strom: 1 Jeton/4 Std. Wasser: 1 Jeton/100 Ltr. Jetons kosten 3,50 Euro.
Standort: Avenue Charles de Gaulle, GPS 47°01'01"N/04°50'08"O, Office de Tourisme, Telefon 0033/380262130, www.ot-beaune.fr »

## STELLPLATZ-TIPPS

### 71120 CHAROLLES
Camping Municipal

**Charolles: der angelegte Stellplatz vor dem Camping Municipal.**

Gebührenpflichtiger Stellplatz für 6 Mobile vor dem kommunalen Campingplatz am Ortsrand. Geschotterter, leicht geneigter Untergrund, durch niedrige Mauern parzelliert. Kein Schatten. Saison: April–Oktober. Euro-Relais-Junior-Anlage mit Bodeneinlass. 3 Euro pro Nacht und Mobil. Zahlbar am Campingplatz. Strom und Wasser: je 2 Euro.

Standort: Route de Viry, GPS 46°26'22"N/04°16'56"O, Camping Municipal, Telefon 0033/385240490, www.charolles.fr

### 71740 CHÂTEAUNEUF
Place des Maronniers

**Châteauneuf: der Stellplatz neben der römischen Brücke.**

Gebührenfreier Stellplatz für 10 Mobile auf dem Dorfplatz, neben der römischen Brücke ausgewiesen. Ebener, geschotterter Untergrund. Schattenspendende Platanen. Sitzgarnituren am Stellplatz. Relativ ruhige Lage neben der wenig befahrenen Landstraße nach Marcigny. Ganzjährig nutzbar. Bodeneinlass.

Standort: Le Bourg, GPS 46°12'51"N/04°15'17"O, Mairie de Châteauneuf, Telefon 0033/385262078

### 71170 CHAUFFAILLES
Aire du Tour du Bois

Gebührenfreier Stellplatz für 10 Mobile am Stadtrand. Ruhige Lage nahe am Freibad, Stadtsee und an den kommunalen Sportanlagen. Angelegtes, durch Pflanzenbeete aufgelockertes Areal auf geschottertem Untergrund, nachts beleuchtet. Zentrum 1 km. Maximaler Aufenthalt: 48 Std. Ganzjährig nutzbar. Bodeneinlass, Wasser bei Frost abgestellt.

Standort: Chemin de Laval, GPS 46°12'05"N/04°20'07"O, Mairie de Chauffailles, Telefon 0033/385265500, www.chauffailles.com

### 58500 CLAMECY
Place de l'Abattoir

Gebührenfreier Stellplatz für 8 Mobile in ruhiger Lage am Ufer der Yonne. Naturbelassenes Gelände unter hohen Bäumen. Geringe Distanz zum Ortszentrum. Ganzjährig nutzbar.

Standort: Quai du Pertuis, GPS 47°27'45"N/03°31'22"O, Mairie de Clamecy, Telefon 0033/386275070

### 71160 DIGOIN
Aire de Camping-cars

Gebührenfreier Stellplatz für 8 Mobile. Großzügig bemessener Parkplatz für Pkw und Reisemobile. Geschotterter und ebener Untergrund. Zentrumsnahe Lage, teilweise Blick aufs Wasser. Kein Schatten. Ganzjährig nutzbar. Euro-Relais-Anlage.

Standort: Place de la Grève, GPS 46°28'51"N/03°58'23"O, Mairie de Digoin, Telefon 0033/385537300, http://digoin.pagesperso-orange.fr

### 71210 ÉCUISSES
Aire de Camping-cars

Gebührenfreier Stellplatz für 6 Mobile. Ausgewiesener Platz am Etang de Bondilly. Geschotterter, leicht holpriger Untergrund. Ruhige Lage abseits der Hauptstra-

ßen. Maximaler Aufenthalt: 48 Stunden. Ganzjährig nutzbar.

Standort: OT Les Sept Ecluses, Route du Bourgh, GPS 46°45'36"N/04°31'22"O, La Mairie d'Ecuisses, Telefon 0033/385789266, E-Mail mairie.ecuisses@wanadoo.fr

### 71240 ÉTRIGNY
Ferme-Auberge de Malo

Gebührenpflichtiger Stellplatz für 25 Mobile. Campinggelände auf einem bewirtschafteten Bauernhof. Ebener Untergrund, ruhige Lage in der Nähe zum Bauernhof. Sanitärgebäude mit WC, Duschen, Waschräume und Spülbecken am Hof vorhanden. Saison: Mai bis Oktober. 3 Euro pro Nacht und Mobil. Person: 2,40 Euro. Kind: 1,20 Euro. Strom: 3 Euro.

Standort: OT Champlieu, Malo, GPS 46°35'51"N/04°46'46"O, Isabelle und Pascal Goujon, Telefon 0033/385922340, www.aubergemalo.com

### 71640 GIVRY
Parking Camping-cars

Gebührenfreier Stellplatz für 8 Mobile auf einem öffentlichen Parkplatz in zentraler Lage. Ebener geschotterter Untergrund, kein Schatten. Info-Tafel und Picknick-Garnitur am Platz. Ganzjährig nutzbar.

Standort: Rue de la Gare, GPS 46°46'48"N/04°44'54"O, Mairie de Givry, Telefon 0033/385941630, www.givry-bourgogne.fr

### 89250 GURGY
Aire Service de Camping-cars

Gebührenfreier Stellplatz für 10 Mobile am Ufer der Yonne. Ausgewiesener, nicht parzellierter Parkplatz für Reisemobile in sehr ruhiger und idyllischer Lage. Ganzjährig nutzbar.

Standort: Chemin de Halage, GPS 47°51'48"N/03°33'13"O, Mairie de Gurgy, Telefon 0033/386530286, www.gurgy.net

### 71310 LA RACINEUSE
Ferme Le Colombier

**La Racineuse: die Stellplätze im Grünen am Wettsteinerhof.**

Gebührenpflichtiger Stellplatz für 15 Mobile am Weiher eines großen Anwesens in ruhiger Einzellage. Ebenes, befestigtes Wiesengelände, teils durch hohe Bäume beschattet. Swimmingpool und Grillplatz vorhanden. Weiher zum Schwimmen, Angeln und Bootfahren. Kostenlose Fahrradnutzung. Ganzjährig nutzbar. 4 Euro pro Nacht und Mobil. Person ab 7 Jahre: 2,50 Euro. Kurtaxe: 20 Cent. Strom: 2,50 Euro. Angeln: 5 Euro für bis zu 3 Fische pro Tag. Waschmaschine: 3 Euro.

Standort: 1 Impasse du Colombier, GPS 46°49'32"N/05°09'02"O, Elisabeth und Werner Wettstein, Telefon 0033/385726551, Mobil 0033/634310939, www.wettsteinerhof.com

### 71500 LOUHANS
Stellplatz am Hafen

**Louhans: der markierte Stellplatz am Ufer der Seille.**

Gebührenpflichtiger Stellplatz für 20 Mobile. Angelegtes Areal in sehr ruhiger Lage hinter dem Hafen, direkt am Südufer der Seille. Untergrund aus Schotter, von hohen Bäumen beschattet. Sanitäranlagen während des Hafenbetriebs vom 15. Juni bis 15. September. 500 m bis zum Ortszentrum. Ganzjährig nutzbar. 5 Euro pro Nacht und Mobil von Mai bis September, sonst gebührenfrei. Ortstaxe: 20 Cent/Person. Anmeldung beim Hafenmeister.

Standort: Rue du Port,
GPS 46°37'49"N/05°12'51"O,
Mairie de Louhans,
Telefon 0033/385767510,
www.louhans.fr

## 71110 MARCIGNY
Ferme La Motte aux Merles
..................................................

Gebührenpflichtiger Stellplatz für 25 Mobile auf dem Bauernhof. Gepflegtes und eingezäuntes, für Reisemobile und Wohnwagen reserviertes Gelände neben dem Bauernhaus. Naturbelassener, leicht gewellter Wiesenuntergrund unter niedrigen Bäumen. Volleyballfeld, Schwimmbecken vorhanden. Saison: April bis Oktober. 4 Euro pro Nacht und Mobil. Person: 3 Euro. Kind: 1,60 Euro. Kurtaxe: 20 Cent/Person. Strom: 2,40 Euro. Hund: 1 Euro.

Standort: OT Artaix,
GPS 46°14'54"N/04°00'51"O,
Irénée et Pascal Picard,
Telefon 0033/385251984,
E-Mail campingpicard@yahoo.fr

## 21160 MARSANNAY-LA-CÔTE
Parking Centre
..................................................

**Marsannay: Der Stellplatz für Mobile liegt im Zentrum.**

Gebührenfreier Stellplatz für 6 Mobile. Ausgewiesener Bereich auf einem Parkplatz im Ortszentrum. Ganzjährig nutzbar. Im Winter keine V+E.

Standort: Rue d,2u Rocher 3,
GPS 47°16'16"N/04°59'32"O,
Office de Tourisme,
Telefon 0033/380522773,
www.ot-marsannay.com

## 58230 MONTSAUCHE-LES-SETTONS
Parking Lac des Settons
..................................................

Gebührenfreier Stellplatz für 10 Mobile auf dem Parkplatz am See. Reserviertes, durch Büsche und Bäume eingerahmtes Gelände. Geschotterter, ebener Untergrund, bei Regen Pfützengefahr. Etwas Schatten durch Bäume. Maximaler Aufenthalt: 24 Std. Ganzjährig nutzbar. Euro-Relais-Junior-Anlage.

Standort: OT Les Settons, D 193,
GPS 47°11'54"N/04°03'47"O,
Mairie de Montsauche-Les-Settons,
Telefon 0033/386845105, www.montsauche-les-settons.org

## 71600 PARAY-LE-MONIAL
Parc du Moulin Liron
..................................................

**Paray-le-Monial: sieben Plätze für maximal 48 Stunden.**

Gebührenfreier Stellplatz für 7 Mobile am Rand eines Großparkplatzes. Ein Platz ist für ein Behindertenmobil reserviert. Ebener, geschotterter Untergrund, asphaltierte Zufahrt, beleuchtet, kein Schatten. 500 m bis zur Basilika, 800 m ins Zentrum. Maximaler Aufenthalt: 48 Stunden. Ganzjährig nutzbar. Bodeneinlass. Strom und Wasser: 5 Euro/20 Min. Jetons im Office de Tourisme.

Standort: Boulevard du Dauphin Louis,
GPS 46°26'50"N/04°07'12"O,
Office de Tourisme,
Telefon 0033/385811092,
www.paraylemonial.fr

## 89230 PONTIGNY
Aire de Camping-cars
..................................................

Gebührenfreier Stellplatz für 5 Mobile auf einem ebenen Parkplatz im Ortszentrum, direkt an der N 77. Im vorderen Bereich, an der offenen Markthalle, wird donnerstags von 16–19.30 der Markt abgehalten. Bouleplatz und Tourismusbüro grenzen an. Ganzjährig nutzbar.

Standort: Rue Saint Thomas,
GPS 47°54'39"N/03°42'36"O,
Office de Tourisme,
Telefon 0033/386474703,
http://pontignytourisme.free.fr

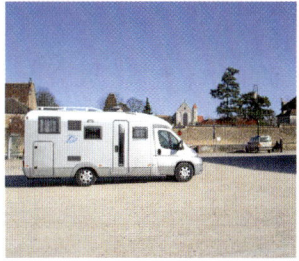

**Pontigny: der Stellplatz im Ort vor der offenen Markthalle.**

## 58700 PRÉMERY
Aire de Camping-cars
..................................................

Gebührenfreier Stellplatz für 10 Mobile. Parkplatz für Pkw und Reisemobile in der Nähe des kommunalen Campingplatzes am Seeufer. Stellflächen mit ebenem Wiesenuntergrund, zwei geschotterte Fahrwege. Wenig Schatten. Tagsüber Geräusche vom nahen Baustofflager her hörbar, nachts ruhig. Ganzjährig nutzbar.

Standort: Rue du Fourneau,
GPS 47°10'45"N/03°20'12"O,
Mairie de Prémery,
Telefon 0033/386379907,
www.premery-tourisme.com

## 21250 SEURRE
Aire de Service du Camping-cars
..................................................

**Seurre: Der Stellplatz bietet Raum auch für große Mobile.**

Gebührenpflichtiger Stellplatz für 10 Mobile am Bootshafen, angrenzend an eine Wiese und eine Pferdekoppel. Ebener, geschotterter Untergrund, beschildert und beleuchtet. 700 m vom Zentrum entfernt. Ganzjährig nutzbar. Flot-Bleu-Anlage. 4 Euro pro Nacht und Mobil. V+E: 2 Euro.

Standort: Rue de la Perche á l'Oiseau,
GPS 47°00'14"N/05°08'35"O,
Office de Tourisme,
Telefon 0033/380210911, E-Mail contact@tourisme-seurre.com

## 89170 ST.-FARGEAU
Aire de Pique-nique
..................................................

**St.-Fargeau: der ausgewiesene Stellplatz am Rand der Stadt.**

Gebührenfreier Stellplatz für 5 Mobile, auf einem Parkplatz für Pkw und Reisemobile im Ortszentrum ausgewiesen. Ebener, asphaltierter Untergrund. Der Platz liegt an einer Grünanlage am Etang de la Moullardiere und ganz in der Nähe des Schlosses. Ganzjährig nutzbar. Bodeneinlass.

Standort: Rue de Lavau,
GPS 47°38'22"N/03°04'12"O,
Office de Tourisme,
Telefon 0033/386741007,
www.ot-saintfargeau89.fr

Sehnsuchtspunkte: der Hafen von La Coruña und der Herkules-Turm, das Wahrzeichen der Stadt (unten).

# 1 DIE HAFENSTADT AUS GLAS

La Coruña liegt am nordwestlichen Zipfel der Iberischen Halbinsel, direkt an der Atlantikküste. Mit rund 250 000 Einwohnern ist sie die größte Stadt Galiciens. Und klar dreht sich hier fast alles ums Meer. Zu Stadtspaziergängen gehört das Flanieren auf den 13 Kilometer langen Strandpromenaden oder an den beiden Stadtstränden Riazor und Orzan. Oder man lässt sich durch das emsige Gewimmel des Hafens treiben, des bedeutendsten Fischereihafens Spaniens, wo bunte Fischerbötchen genauso wie Industriecontainer zum Bild gehören.

La Coruña hat in seiner jahrhundertealten Geschichte die Kelten gesehen, die Phönizier und später die Römer, die sie alle als Seehafen nutzten und deren Spuren noch heute in der hübschen Altstadt zu sehen sind. Sie wird auch „Ciudad de cristal" genannt, die „Stadt aus Glas". Diesen Namen verdankt sie den typischen Glasveranden vieler Häuser, besonders in der Avenida de la Marina.

Es gibt hier viele Kirchen unterschiedlicher Baustile zu sehen – die meisten davon, wie die Kirche Santiago und Maria del Campo, wurden vor dem 19. Jahrhundert erbaut. Spannende Einblicke gewährt das Archäologische Museum im Castillo San Anton. Selbst Pablo Picasso zog es für vier Jahre hierher, sein ehemaliges Domizil beherbergt ein Museum mit Reproduktionen seiner hier entstandenen Werke.

# 5 GUTE GRÜNDE FÜR
# GALICIEN

**DIE JAKOBSMUSCHEL** ist das allgegenwärtige Symbol Galiciens. Die Pilger nutzten sie auf dem Weg nach Santiago zum Wasserschöpfen – heute ist sie vor allem als Delikatesse begehrt. Ein weiteres Plus der rauen Region im Nordwesten sind ihre Traumstrände.

Text: Martina Sörensen, Fotos: Joachim Negwer

## ② DIE FEINSANDIGEN STRÄNDE

Es grenzt an ein Wunder, dass die rund 1200 Kilometer lange Küstenlinie von Galicien bislang nicht von Badeurlaubern überschwemmt worden ist. An der Landschaft kann es jedenfalls nicht liegen, denn die bietet alle Varianten von majestätischen Steilklippen, wie die Serra da Capelada, über weite Sandstrände bis hin zu versteckten Buchten.

Charakteristisch sind die Rías, vom Meer überflutete Flussmündungen – ideal für geschützte Häfen und badefreundlich abfallende Küstenlinien, wie etwa die Rías Baixas. Sie erstrecken sich vom Cap Finisterre bis an die Grenze Portugals. Die Strände sind so schön und so zahlreich, dass eine Auswahl schwer fällt. Fündig wird man auf jeden Fall bei La Coruña, Vigo und Ponferada. Wer es abgeschiedener bevorzugt, setzt von Vigo aus per Fähre über zu den Illas Cíes. Zu den Inseln gehört der angeblich schönste Strand der Welt, der feinsandige Playa de Rodas – was will man mehr? www.turgalicia.es

### DER BESONDERE TIPP

**Torre de Hércules**
Der 68 Meter hohe Leuchtturm in La Coruña ist das älteste noch betriebene Signalfeuer der Welt, erbaut wurde er unter Kaiser Trajan. Die 234 Stufen lohnen jede Mühe – die Aussicht von der Galerie unter dem Laternenhaus ist einfach großartig.

**Wildschöne, raue Atlantikküste: Die Steilküste der Serra da Capelada ist die höchste Europas.**

## 3 SANTIAGO DE COMPOSTELA

Geschichtsträchtig und modern, traditionell und jung zugleich – Galiciens Hauptstadt Santiago de Compostela ist bunt, überraschend und sehr lebendig. Sie gilt als der wichtigste Wallfahrtsort nach Rom und dem Heiligen Land und ist außerdem der begehrteste Studienort der Iberischen Halbinsel. Dank der 45 000 Studenten und der zahlreichen hochkarätigen Kultur-Events der Universität pulsiert das Leben in der schönen Altstadt mit ihren Bars, Pubs und den traditionellen „Tunas", die unter freiem Himmel ihre Lieder auf der Plaza de Obradoiro und in den Straßen spielen. Darunter mischen sich frisch eingetroffene Pilger des Jakobsweges, Einheimische und Shopping-Bummler aus der Rúa do Franco oder der Rúa do Villar.

Auch wer sich hauptsächlich vergnügen möchte, sollte die monumentale Kathedrale besichtigen: Seit ihrer Erbauung im 11. Jahrhundert ist das romanische Prunkstück um zahlreiche Details im Stil der Gotik, des Barock und des Neoklassizismus erweitert worden. www.santiagoturismo.com

## 4 DER JAKOBSWEG UND DAS ENDE DER WELT

Nur noch 100 Kilometer. Rund 700 Kilometer intensiver, stiller und geselliger Eindrücke und Erlebnisse liegen hinter den Wanderern. Auf den letzten der traditionell 32 Etappen des Jakobswegs zeigt die Natur Galiciens noch einmal ihre ganze Vielfalt, nicht zu vergessen die vielen beeindruckenden Monumente und Bauwerke. In Ponferrada empfiehlt sich die mittelalterliche Templerfeste, und die Kirche Santa Maria im Dörfchen O Cebreio ist die älteste des Jakobswegs.

Viele Wege führen nach Santiago de Compostela, wo sich das Ziel der Pilger befindet: das (vermutete) Grab des Apostels Jakob in der prächtigen Kathedrale. Wer besser mit anderen Fortbewegungsmitteln zu sich selbst findet, darf die letzten 200 Kilometer auch per Fahrrad oder zu Pferd zurücklegen. Als Lohn winkt die innere Einkehr und die „Compostela", die Pilgerurkunde. Und wenn ein Sinnsuchender gar nicht genug bekommen kann, dann wandert er in drei bis vier Tagesmärschen weiter bis ans „Ende der Welt", an den ultimativen Endpunkt des Jakobsweges. Der liegt in Spanien am Cap Finisterre an der Costa da Morte. Wild ist die Atlantikküste hier, ein Leuchtturm steht oben auf den Klippen. Auch wenn man kein Pilger ist: Hier ist es ganz einfach, bei sich selbst anzukommen. www.caminosantiago.com

Das „Ende der Welt" in Finisterre: Am Wegesrand liegt die Templerfeste in Ponferrada.

Wegweiser und Wahrzeichen: Die Jakobsmuschel ist allgegenwärtig am Pilgerweg.

# 5 DAS MEER DER MUSCHELN

Jakobsmuscheln de luxe: klassisch zubereitet oder als innovative Kreation. Köstlich.

Sie gehören zu den größten Muscheln, sie sind mit die schmackhaftesten, ihr Fleisch ist fest und nussig im Geschmack mit einer zart süßlichen Note – und in Galicien sind sie weder von den Menüs der Restaurants noch im Alltagsbild wegzudenken. Jakobsmuscheln sind Symbol und Wegweiser des Pilgerwegs. Den Wanderpilgern des Mittelalters diente die handtellergroße Muschelschale zum Wasserschöpfen. Wer den Jakobsweg erst am Cap Finisterre beendete, suchte sich sogar eine echte Jakobsmuschel im Atlantik. Und natürlich bietet Galicien auch viele andere Sorten delikater Meeresfrüchte.

Wer mehr über die Muscheln erfahren möchte, geht mit Fischern auf Fang oder schaut den „Mariscadoras", den Muschelsucherinnen, über die Schulter. Mit einer kräftigen Brise Meeresluft in der Nase schmecken die Köstlichkeiten gleich doppelt gut, ob in einem kleinen Fischerlokal in einem der Küstendörfer oder in der Altstadt von Santiago de Compostela. Am besten genießt man Jakobsmuscheln überbacken in der eigenen Schale – klassisch gut. www.turgalicia.es

## GALICIEN KOMPAKT

# Infos | Tipps | Adressen

**ANREISE** Gut 2000 km liegt Santiago de Compostela von Stuttgart entfernt: über Mulhouse, Clermont-Ferrand, Bordeaux, San Sebastián, La Coruña. In Frankreich und Spanien fallen Mautgebühren an.

**SEHENSWERTES**
**Meeresmuseum La Coruña** Wenn das raue Atlantikwetter nicht zum Baden einlädt, machen Begegnungen mit Haien und anderen Meeresbewohnern im Aquarium Finisterrae viel Spaß. www.casaciencias.org

**Ourense** Diese touristisch nahezu unentdeckte Stadt war schon bei den Römern wegen ihrer Thermalquellen beliebt. Eine Autostunde von Santiago de Compostela entfernt.

**RESTAURANT-TIPPS**
**Casa Pardo in La Coruña** Traditionsreiche und ausgezeichnete Adresse für Genießer edler Meeresfrüchte. Etwas höhere Preise. www.casapardo-domus.com

**Ó 42 in Santiago de Compostela** Das bei Einheimischen äußerst beliebte Restaurant

Meerblick: Aussichtsplattform auf dem Monte San Pedro in La Coruña.

inmitten der Altstadt serviert gute Tapas und lokale Lieblingsgerichte wie Muscheln, Oktopus und Tortillas. www.restauranteo42.com

**AUSKUNFT** Spanisches Fremdenverkehrsamt mit mehreren Büros in Deutschland, etwa in Berlin, Kurfürstendamm 63, 10707 Berlin, Telefon 0180/3002647, E-Mail über Kontaktformular auf der Website. www.spain.info

Sehenswertes Ausflugsziel: die Römische Brücke in Ourense.

### 15011 A CORUÑA
Parking A Coruña

Gebührenfreier Stellplatz für 50 Mobile. 2 Großparkplätze ohne Markierung vor der Steilküste westlich der Stadt. Leicht abschüssiger, gepflasterter Untergrund, nachts beleuchtet. 5 km bis zum Stadtzentrum. Maximaler Aufenthalt: 48 Std. Ganzjährig.

Standort: OT San Pedro de Visma, Estrada de Portiño, GPS 43°22'18"N/08°26'41"W, Oficina Turismo, Telefon 0034/981184344, www.turismocoruna.com

### 15895 AMES
Parking Milladoiro

Gebührenfreier Stellplatz für 25 Mobile neben Sportanlagen und Freibad am Ortsrand. Bushaltestelle nach Santiago de Compostela 15 Gehminuten entfernt. Maximaler Aufenthalt: 48 Std. Ganzjährig nutzbar.

Standort: OT Milladoiro, Travesia del Puerto, GPS 42°50'41"N/08°34'52"W, Comuna de Milladoiro, Telefon 0034/981720001, www.concellodeames.org

### 15930 BOIRO
Área de Autocaravanas

Gebührenpflichtiger Stellplatz für 12 Mobile. Separates, asphaltiertes Areal umgeben von Wald, Wiesen und dem Gebirgsfluss Rio de Coroño. Strand gegenüber der Straße. Maximaler Aufenthalt: 48 Std. Ganzjährig nutzbar. 6 Euro pro Nacht und Mobil in der Hauptsaison, 3 Euro in der Nebensaison.

Standort: Avenida de la Compostela, GPS 42°38'30"N/08°53'49"W, Oficina Turismo, Telefon 0034/981842654, www.boiro.org

### 27880 BURELA
Parque de Campán

Gebührenfreier Stellplatz für 5 Mobile. Ausgewiesenes Areal auf einem Großparkplatz zwischen dem Hospital da Costa und einem Landschaftspark. Max. Aufenthalt: 48 Std. Ganzjährig nutzbar.

Standort: Calle de Rafael Vior, GPS 43°39'07"N/07°21'32"W, Oficina Turismo, Telefon 0034/982581213, www.burela.org

### 32820 CARTELLE
Reiterhof O'Mundil

Gebührenpflichtiger Stellplatz für 24 Mobile an einem Reiter- und Ferienhof. Durch Steinpalisaden parzellierter Bereich auf ebenem Schotteruntergrund. Grill- und Picknickplatz vorhanden. Ganzjährig nutzbar. 10 Euro pro Nacht und Mobil inklusive Strom, Ver- und Entsorgung.

Standort: OT Nogueiró, Antigua Carretera OU-659, GPS 42°12'52"N/08°01'59"W, Telefon 034/988491111, www.areaomundil.info

### 27500 CHANTADA
Área de Autocaravanas
O Sangoñedo

Gebührenfreier Stellplatz für 5 Mobile. Angelegtes Areal beim Sportplatz, direkt am Ufer des Gebirgsflusses Chantada in sehr ruhiger und grüner Lage. Ortszentrum 400 m. Ganzjährig nutzbar. Bodeneinlass.

Standort: Sportplatz, GPS 42°36'23"N/07°46'43"W, Telefon 0034/982440011, www.concellodechantada.org

### 27001 LUGO
Área de Autocaravanas

Gebührenfreier Stellplatz für 12 Mobile auf dem Festplatz, angrenzend an den Park Rosalia de Castro. Maximaler Aufenthalt 48 Std. Ganzjährig nutzbar.

Standort: Calle de Santiago, GPS 43°00'16"N/07°33'41"W, Oficina Turismo, Telefon 0034/982297347, www.lugo.es

Parking Ánxel Fole

Gebührenpflichtiger Stellplatz für 20 Mobile auf einem bewachten Parkplatz im Stadtzentrum, direkt innerhalb der Stadtmauer. Ganzjährig nutzbar. 12 Euro pro Mobil und 24 Std.

Standort: Rua Ánxel Fole 6, GPS 43°00'44"N/07°33'16"W, Oficina Turismo, Telefon 0034/982297347, www.lugo.es

### 27400 MONFORTE DE LEMOS
Parking de Autocaravanas

Gebührenfreier Stellplatz für 40 Mobile am nördlichen Ortsrand beim Freibad und Sportplatz. Ebener, geschotterter Untergrund. Zentrum 1 km. Maximaler Aufenthalt: 48 Std. Ganzjährig nutzbar.

Standort: Calle de la Circunvalación, GPS 42°31'41"N/07°30'42"W, Oficina Turismo, Telefon 0034/982404715, www.concellodemonforte.com

### 36800 REDONDELA
Parking de Autocaravanas

Gebührenfreier Stellplatz für 15 Mobile auf einem Großparkplatz, direkt an der Riá de Vigo. Asphaltierter Untergrund, nachts beleuchtet. Etwa 500 m bis zum Ortszentrum. Ganzjährig nutzbar. Bodeneinlass.

Standort: Avenida de Mendiño, GPS 42°17'19"N/08°36'41"W, Oficina Turismo, Telefon 0034/986401713, www.turismoredondela.es

### 27310 RIBAS DE SIL
Área Pena da Mula

Gebührenfreier Stellplatz für 5 Mobile. Sehr ruhige Lage direkt am Río Sil. Ausgewiesene, parzellierte Stellflächen auf Asphalt an einer Wiese mit Picknickplätzen. Nachts beleuchtet. Maximaler Aufenthalt: 48 Std. Ganzjährig nutzbar.

Standort: OT San Clodio, Rúa da Troque, GPS 42°28'03"N/07°17'08"W, Comuna de San Clodio, Telefon 0034/982428237, www.concelloribasdesil.es

**San Clodio:** der sehr ruhig gelegene Stellplatz am Río Sil.

### 27600 SARRIA
Rebellón Deportivo

Gebührenfreier Stellplatz für 12 Mobile beim Sportzentrum. Ebener, geschotterter Untergrund. Picknick- und Spielplatz vorhanden. Ortszentrum 500 m entfernt. Ganzjährig nutzbar.

Standort: Calle de Castelo, GPS 42°46'20"N/07°24'47"W, Oficina Turismo, Telefon 0034/982530099, www.sarria.es

### 36700 TUI
Área de Autocaravanas

Gebührenfreier Stellplatz für 6 Mobile. Im Halbkreis angelegte Stellfläche um einem kleinen Park. Gepflasterter Untergrund, nachts beleuchtet. 200 m zum Grenzfluss Río Miño sowie zur Innenstadt. Maximaler Aufenthalt: 48 Std. Ganzjährig nutzbar.

Standort: Av de Portugal, GPS 42°02'36"N/08°38'48"W, Oficina Turismo, Telefon 0034/986601789, www.concellotui.org

# Mehr Freizeit!

Kümmerly+Frey

www.swisstravelcenter.com

Alles frisch – blühende Felder im Nationalpark Garrotxa. In Besalú gibt es Souvenirs ohne Ende, das Reisemobil parkt ganz praktisch am Ortsrand.

# DIE PERFEKTE WOCHE IN DER

# GARROTXA

Orte wie aus alten Zeiten, hohe Berge, tiefe Wälder und rund 40 erloschene Vulkane – Spaniens stille Region **GARROTXA** im Hinterland der Costa Brava ist ein wahrer Geheimtipp für Reisemobilisten.

Fotos: Silke Tokarski, Thomas Zwicker

Besalú lässt bitten – die Fundamente der Pont Fortificat aus dem 12. Jahrhundert stehen auf Felsen im Riu Fluvià.

Reichlich Kunst und Kultur: Die Region gilt als Wiege einer wichtigen Schule für realistische Malerei.

Im Schatten der Berge: Die Pyrenäen im Hintergrund bilden die Grenze nach Frankreich.

Modernisme Catalá: Viele schöne Bürgerhäuser in Olot pflegen den katalanischen Jugendstil.

Lässiges Leben in Olot: Der Hauptort der Garrotxa mit seinen rund 32 000 Einwohnern lohnt einen Besuch wegen seiner schönen Architektur, Restaurants und Museen.

Besalú steht komplett unter Denkmalschutz und könnte dem Mittelalter entsprungen sein. Das 2500-Einwohner-Städtchen zählt zu den Schmuckstücken dieser Region.

Neun große, rostige Eisenspitzen unter dem Torbogen der Pont Fortificat zielen bedrohlich auf die Köpfe der Reisenden, die über die mächtige romanische Brücke in den Ort Besalú schlendern – im Mittelalter wurde hier Wegzoll erhoben. Ansonsten aber zeigt sich das 2500-Einwohner-Städtchen, wo schon im 9. Jahrhundert Graf Wilfried der Haarige herrschte, von der allerfreundlichsten Seite. Besucher bummeln über blankes Kopfsteinpflaster durch enge, verwinkelte Gassen, Bougainvillea ranken duftend an sonnenwarmen Bruchsteinmauern empor, in Bars zischt die Kaffeemaschine, von irgendwoher tönt Klaviermusik. Besalú steht komplett unter Denkmalschutz und könnte dem Mittelalter entsprungen sein.

Das Städtchen zählt zu den Schmuckstücken einer grünen, bildschönen Region, die vielen Spanien-Urlaubern bis heute unbekannt ist. Die Comarca Garrotxa (übersetzt etwa „unwegsames Gebiet") beginnt rund 40 Kilometer hinter den Badestränden der Costa Brava landeinwärts in den südlichen Ausläufern der Pyrenäen mit ihren schneeweißen Gipfeln und ist ein wunderbares Ziel für den mobilen Urlaub – auch wenn dort Reisemobilstellplätze noch Mangelware sind. Auf einer meist bergigen Fläche von 740 Quadratkilometern gibt es jede Menge urige Orte, tiefgrüne Wälder und eine Besonder-

In Olot gibt es viele Einwanderer aus den Staaten Nordafrikas.

heit: den Parc Natural de la Zona Volcànica, ein Naturpark mit mehr als 40 Vulkanen, deren letzter seine Lavaspuren vor gut 11 000 Jahren ins satte Grün zeichnete. Damit zählt diese Region neben der Eifel zu den wichtigsten Vulkangebieten Europas, und die bewaldeten ehemaligen Feuerspucker sind heute markante Ziel- und Orientierungspunkte für Wanderer.

**Hauptort der Garrotxa** ist nicht das mittelalterliche Besalú samt seiner wehrhaften Brücke, sondern das 30 Kilometer westlich gelegene Olot, 32 000-Einwohner-Gemeinde mit gemütlichem Altstadtkern, der sich unter dem innerstädtischen Vulkan Montsacopa duckt. Im zentra- »

# Reise durch das Herz von Katalonien

Die Orte der Comarca Garrotxa und ihrer Nachbarregionen reizen vor allem mit dem Charme längst vergangener Tage – zudem zeigt sich Katalonien selten so ursprünglich und traditionell wie hier in den südlichen Ausläufern der Pyrenäen.

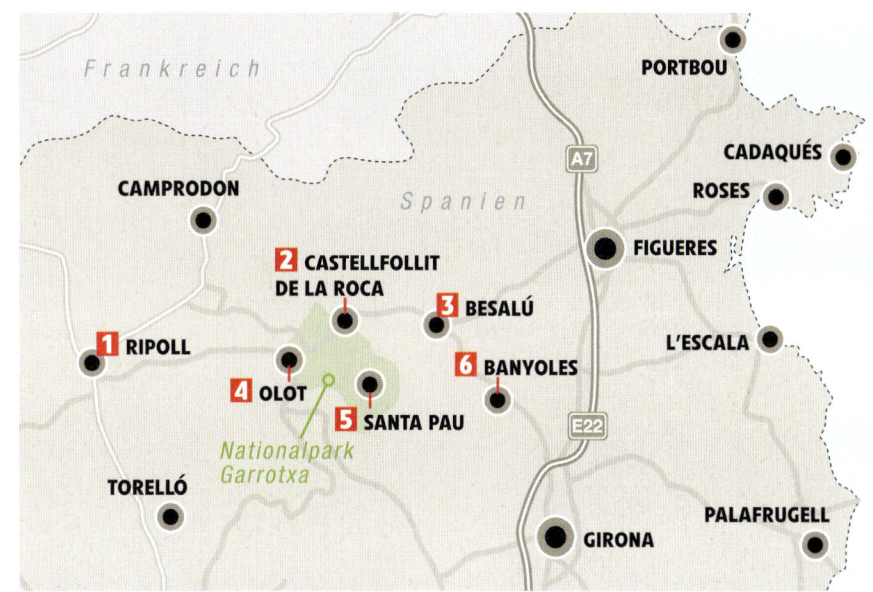

Frankreich

PORTBOU

CADAQUÉS

ROSES

Spanien

A7

CAMPRODON

**2** CASTELLFOLLIT DE LA ROCA

FIGUERES

**3** BESALÚ

L'ESCALA

**1** RIPOLL

**6** BANYOLES

**4** OLOT

**5** SANTA PAU

E22

Nationalpark Garrotxa

TORELLÓ

GIRONA

PALAFRUGELL

**1 RIPOLL** Das westlich der Garrotxa gelegene Ripoll mit 11 000 Einwohnern ist berühmt für seine ehemalige Benediktinerabtei Santa Maria mit opulentem Westportal, das als eine Perle der romanischen Kunst im nördlichen Spanien gilt. Einst ein wichtiger Ort der Waffenherstellung, hat Ripoll heute einen kleinen, sehr netten Ortskern.

**4 OLOT** Rund um die 32 000 Einwohner zählende Hauptstadt der Comarca Garrotxa gibt es einige Industriebetriebe. Die Innenstadt samt ihrer Vulkane ist jedoch sehenswert, mit herrschaftlichen Bauten und Bürgerhäusern im Stil des Modernisme. Der größte städtische Vulkan Montsacopa hat einen Kraterdurchmesser von 120 Metern.

**2 CASTELLFOLLIT DE LA ROCA** Der alte Ortskern thront hoch auf einer Basaltklippe vulkanischen Ursprungs, der Name des 1000-Einwohner-Dorfs heißt übersetzt „Verrückte Felsenburg". Es gibt das kleine Wurstmuseum „Museu de l'Embotit", der Campingplatz Montagut in schönster Natur mit großem Swimmingpool liegt nahebei.

**5 SANTA PAU** Der rund zehn Kilometer östlich von Olot gelegene Ort mit etwa 1600 Einwohnern ist meist nur am Wochenende als Ausflugsziel frequentiert. Mit massiver Stadtmauer und efeuumrankten Bruchsteinhäusern wirkt er wie ein Relikt aus dem Mittelalter. Besser an der Hauptstraße parken und zu Fuß ins enge Stadtzentrum gehen.

**3 BESALÚ** Die historische Kleinstadt mit 2500 Einwohnern ist tagsüber beliebtes Ausflugsziel von der Küste oder aus dem zwei Stunden entfernten Barcelona. Neben der mächtigen Brücke aus dem 12. Jh. gibt es ein unterirdisches jüdisches Badehaus, alte Kirchen sowie schöne Bars und Restaurants. Großer Parkplatz direkt vor der Brücke.

**6 BANYOLES** Ein paar Kilometer östlich der Comarca Garrotxa lohnt der Ort Banyoles (17 000 Einwohner) mit kleiner Altstadt einen Besuch schon wegen des warmen, zwei Kilometer langen Sees. Der Estany de Banyoles wird von unterirdischen Quellen gespeist, hat einige Badeplätze und war bei der Olympiade 1992 Schauplatz der Ruderwettkämpfe.

Moderne Zeiten: Urlauber auf coolen Segways im Kern von Santa Pau.

**Vulkankegel im Blick:** Wanderer auf roten Aschewegen am Volcà del Croscat, der zuletzt vor etwa 11 000 Jahren ausbrach.

**Bootspartie:** Der See von Banyoles ist beliebtes Wassersportzentrum.

**Stilles Leben:** Kleine Garrotxa-Orte wie Mieres ruhen in sich.

len Viertel Nucli Antic flaniert man geruhsam zwischen noblen Bauten des katalanischen Jugendstils (Modernisme), sehenswerten Museen und Galerien. Auf schönen Plätzen relaxen Jugendliche und Alte, leuchten bunte Kaftane nordafrikanischer Einwanderer, die Arbeit in der hiesigen Textilindustrie suchen. In kleinen Bars werden Tapas vernascht, Restaurants servieren verfeinerte katalanische Küche. Wer direkt im Stadtkern auf den rund 100 Meter hohen Montsacopa-Kegel klettert, hat einen weiten Blick übers Land. Das Reisemobil parkt derweil gut unten beim Riu Fluvià, übernachtet wird auf einem der schönen Campingplätze Lava oder La Fageda, ein Stückchen südöstlich der Stadt (siehe Kasten rechts).

**Wanderwege vom Feinsten** beginnen nah bei diesen Campingplätzen – durch die Mondlandschaft des Volcà del Croscat etwa, den Buchenwald Fageda d'en Jorda oder auf den Vulkankegel Santa Margari-

da, in dessen grünem Talkessel ein Kirchlein alte Feuergeister in Schach hält. Im mittelalterlichen Ort Santa Pau mit guten Parkmöglichkeiten an der Durchgangsstraße sitzt man unter schattigen Arkaden beim Kaffee vor der Bar Menció und schaut über den holprigen Hauptplatz; nebenan führt Carmen Plana ihren Kramladen seit ewigen Zeiten. Der ganze Ortskern wirkt wie eine mittelalterliche Burg, aber nicht museal – bei traditionellen Dorffesten wie der „lebendigen Krippe" tobt hier der Bär.

**Tradition** wird großgeschrieben in dieser Region, die mitten im Herzen von Katalonien liegt. In der Geschichte der Garrotxa wimmelt es vor Berichten von Bauernrevolten und Rebellen, die für katalanische Sonderrechte gegen die kastilischen Herrscher gekämpft haben. Heute sprechen mehr als drei Viertel der Bevölkerung Català, und auf mancher Speisekarte steht Urkatalanisch, was uns Urlaubern spanisch vorkommt. Egal wie, schmecken tut's immer.

Es gibt so viel zu sehen: Castellfollit de la Roca zum Beispiel, handtuchschmaler Ort mit alter Bausubstanz, der messerscharf auf einer 50 Meter hohen Basaltklippe klebt. Wasserfälle und Wanderwege der schroffen Alta Garrotxa im Schatten der Pyrenäen. Der Ort Banyoles mit dem blaugrünen See oder Ripolls berühmte Klosterkirche Santa Maria in den Nachbargemeinden. Die abertausend Grünschattierungen von Wäldern und Wiesen auf dem fruchtbaren Lavaboden.

Da ist gut beraten, wer noch einen oder zwei Tage dranhängen kann für den Urlaub in dieser Region. Und Muße findet, die ganz besonderen Augenblicke zu genießen. Im mittelalterlichen Ort Besalú etwa, wenn die Tagesausflügler wieder Richtung Küste abgereist sind. Dann wird es ganz still zwischen dem sonnendurchglühten Gemäuer – und für einen Moment fühlt es sich an, als sei man zurückversetzt in eine längst vergangene Zeit.

......................................................***Thomas Zwicker***

**Markante Lage – das malerische Castellfollit de la Roca.**

# Infos | Tipps | Adressen

## CAMPING

**Camping Ecològic Lava:** Ein angenehmer Platz nahe beim mittelalterlichen Ort Santa Pau, ideal gelegen direkt im Grünen am Volcà del Croscat, guter Ausgangspunkt für Wanderungen. Schattige Stellplätze, gute Sanitäranlagen, Restaurants. Ganzjährig nutzbar.
Standort: E-17811 Santa Pau, Ctra. Olot a Santa Pau, km 7, GPS 42°09'09"N/02°32'48"O, Telefon 0034/972680358, www.i-santapau.com

**Camping Montagut:** In schönster Landschaft über dem Ort Montagut zwischen Besalú und Castellfollit de la Roca liegt dieser ruhige Platz mit Restaurant, Bar und Pool. Ebenfalls gut geeignet für Ausflüge in die Alta Garrotxa. Geöffnet April bis Mitte Oktober.
Standort: E-17855 Montagut, Ctra. Montagut a Sadernes, km 2, GPS 42°14'43"N/02°35'58"O, Telefon 0034/972287202, www.campingmontagut.com

**Platz und Aussicht gut: Camping Montagut mit schönem Pool.**

**Camping La Fageda:** Ein kleines Stück südöstlich von Olot gelegener, weitläufiger Platz mit Swimmingpool, Restaurant, Bar. Guter Startpunkt für Wanderungen, Ausgangspunkt für Kutschfahrten durch den Vulkanpark. Ganzjährig geöffnet.
Standort: E-17800 Olot, Ctra. Olot a Santa Pau, km 4, GPS 42°09'27"N/02°30'60"O, Telefon 0034/972271239, www.campinglafageda.com

## RESTAURANTS

**Cal Sastre:** Nahe am Hauptplatz von Santa Pau unter schattigen Arkaden. Gehobene katalanische Küche und heimische Leckerbissen wie Kabeljau mit Bohnen oder Quark mit Honig. Montags geschlossen.
E-17811 Santa Pau, Pl. dels Balls, Telefon 0034/972680421, www.calsastre.com

**Leckerbissen der „Cuina Volcànica": Cal Sastre in Santa Pau.**

**Pont Vell:** Mit tollem Blick auf den Riu Fluvià. Gehobene katalanische und internationale Küche mit frischen Marktprodukten. Sonntags und montagabends sowie dienstags geschlossen.
E-17850 Besalú, C. Pont Vell, 24, Telefon 0034/972591027, www.restaurantpontvell.com

## SEHENSWERTES

**Museu Comarcal de la Garrotxa:** Das Regionalmuseum von Olot residiert in einem neoklassizistischen Gebäude aus dem 18. Jh. und bietet einen Überblick über Wirtschaft und Kultur der Region. Montags geschlossen.
E-17800 Olot, C. Hospici, 8, Telefon 0034/972271166, www.olot.cat/cultura

**Museu dels Volcans:** Im wunderschönen Botanischen Garten von Olot informiert das Vulkan-Museum umfassend zu Geologie und Ökosystem der feurigen Region. Montags geschlossen.
E-17800 Olot, Av. St. Coloma, 43, Telefon 0034/972266762, www.olot.cat/cultura

**Gut gelegen: Museu dels Volcans im Botanischen Garten.**

**Museu Can Trincheria:** Mitten in der Altstadt wird in diesem alten Herrenhaus mit antikem Mobiliar sowie schönen Decken- und Wandgemälden gezeigt, wie die reichen Leute einst lebten.
E-17800 Olot, C. St. Esteve, 29, Telefon 0034/972272777, www.olot.cat/cultura

**Prunk und Pracht vergangener Zeiten: Museu Can Trincheria.**

## INFORMATION

**Anfahrt und Auskunft:** Anfahrt über die A 7 Richtung Barcelona, Abfahrt Figueres oder Girona. Informationen gibt's zum Beispiel beim Oficina Municipal de Turisme im Zentrum von Olot.
E-17800 Olot, C. Hospici, 8, Telefon 0034/972260141, www.olot.org/turisme

## STELLPLATZ

Übernachten außerhalb von Campingplätzen ist mit dem Reisemobil im Prinzip erlaubt, aber oft durch regionale Bestimmungen eingeschränkt – zum Beispiel auch im Volcànica-Naturpark.

**17867 CAMPRODON**
Vall de Camprodon

Gebührenpflichtiger Stellplatz für 12 Mobile. Separates Areal auf Schotterrasen vor der Campingeinfahrt hinter den Pkw-Parkplätzen. Ganzjährig. 20 Euro pro Nacht und Mobil, 26 Euro für 24 Std.
Standort: Ctra de Molló, GPS 42°17'24"N/02°21'45"O, Telefon 0034/972740507, www.valldecamprodon.net

## ■ MUSEU DELS SANTS D'OLOT

**Ein traditionelles Gewerbe** in Olot ist die Produktion von Heiligenfiguren, die ihren Absatz in ganz Spanien finden. Viele Orte, Straßen und geografische Highlights in Katalonien sind nach Heiligen der christlichen Kirche benannt, auch heute noch feiern die meisten Städte und Gemeinden ihren Schutzpatron. Das 2007 eröffnete Museum residiert in Räumen der 1880 gegründeten Fabrik El Arte Cristiano, wo viele Kunststudenten einst ihren ersten Job fanden und die berühmten Sants d'Olot (die Heiligen von Olot) herstellten. Noch heute wird in der Fabrik gearbeitet, Museumsbesucher können die Produktion der Statuen aus Holz, Zellstoff und anderen Materialien beobachten. Geöffnet täglich außer montags, Eintritt 3 Euro. www.museusants.cat

**Aus Olot in alle Welt: Seit 1880 werden hier Heiligenfiguren produziert.**

# DIE PERFEKTE WOCHE AN DER

# COSTA BRAVA

Der oft raue, einsame Norden der **COSTA BRAVA** hat seinen ureigenen Zauber. Ein exzentrischer Künstler prägte diese Küste wie kein anderer – dazu lockt Kulinarisches wie Schaumwein in Champagner-Qualität.

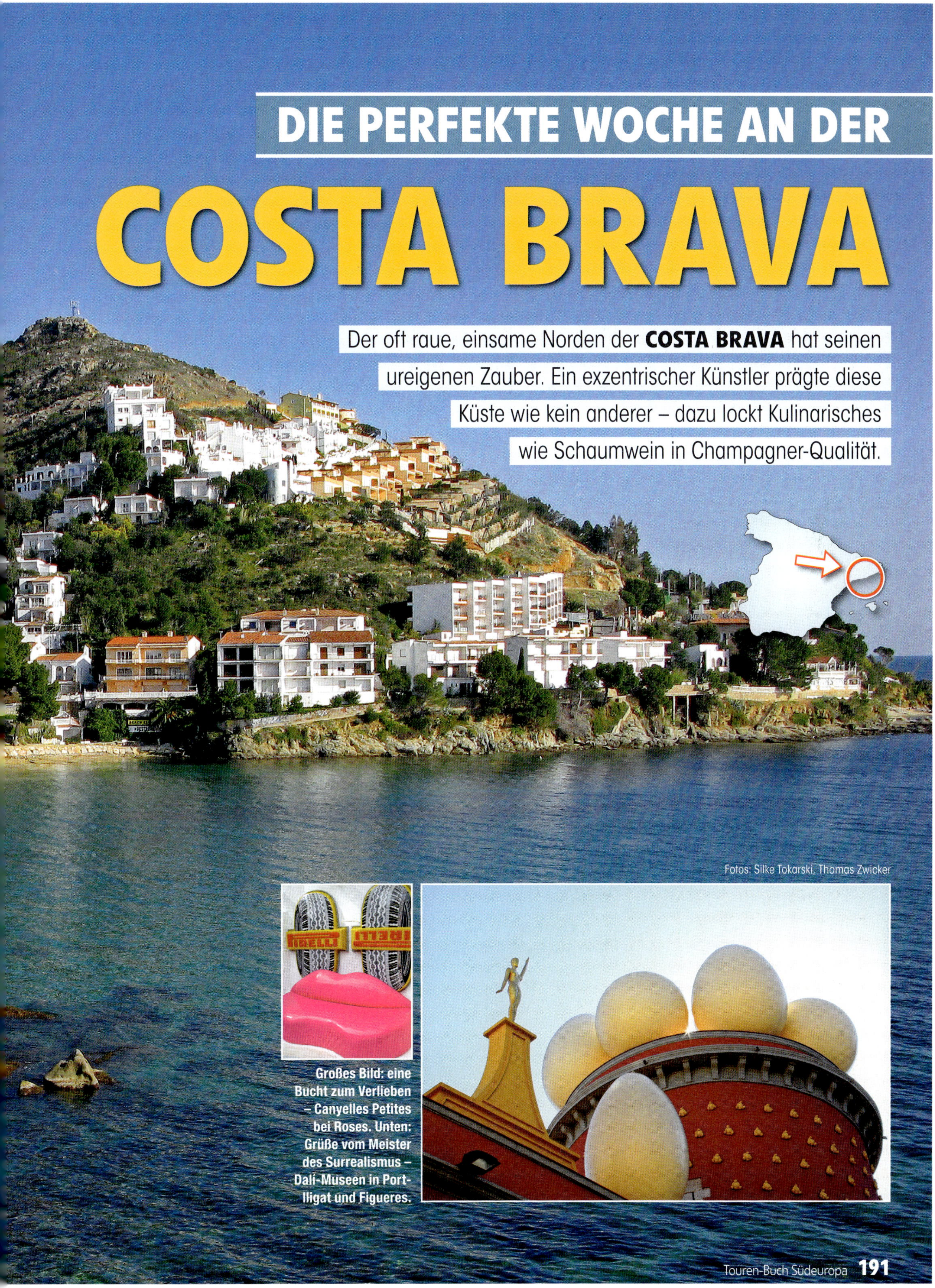

Fotos: Silke Tokarski, Thomas Zwicker

**Großes Bild: eine Bucht zum Verlieben – Canyelles Petites bei Roses. Unten: Grüße vom Meister des Surrealismus – Dalí-Museen in Portlligat und Figueres.**

Am äußersten Ende der Costa Brava: Cadaqués mit weiß getünchten Häusern und der Kirche Santa María.

Frühmorgens um sieben, über der weiten Bucht von Roses hängt noch ein hauchfeiner Nebel. Erst drei, dann fünf, zuletzt ein Dutzend Fischerboote ziehen mit wummernden Schiffsdieseln im Konvoi an schroffen Felsinseln vorbei und nehmen Kurs aufs offene Mittelmeer. Abends werden sie, von Möwen umkreist, mit ihrer Beute zurückkehren, Meerbarben, Seezungen und Tintenfische zum Beispiel, die sofort in Eisboxen gepackt und in den flachen Auktionshallen am Kai versteigert werden. Frittierte Fischstäbchen kommen hier so schnell nicht in die Pfanne.

Die nördliche Costa Brava ist völlig anders als der Ruf, unter dem der ganze Küstenstrich bisweilen leidet. Sie umfasst die Region Alt Empordà, reicht von der französischen Grenze etwa fünf Autobahnabfahrten Richtung Barcelona hinunter und gibt sich an vielen Orten noch so urtümlich und rau, wie ihr Name schon sagt

**In Figueres, Hauptort der Region Alt Empordà, wartet das Erbe des genialsten Anarchisten der Kunstgeschichte: Salvador Dalís Teatre-Museu lohnt stets einen Abstecher von der Küste.**

– brava heißt wild, ungezähmt. Wie eine gewaltige Pranke liegen die Ausläufer der Pyrenäen mit der felsigen Halbinsel Cap de Creus im türkis leuchtenden Meer, der Sage nach hat Orpheus, der thrakische Sänger, das Gebirge mit einem Lied ins Wasser gelockt. Schneebedeckte Felsgipfel am Horizont, nach Lavendel und Thymian duftendes Bergland, kleine, stille Fjorde und riesige Strände an der weiten Bucht von Roses – die

**Hauptsache deftig: Die katalanische Küche liebt Schinken und Würste.**

Landschaft ist unglaublich abwechslungsreich. Über all das ergießt sich ein beinahe mystisches Licht, das seit jeher Dichter und Maler angelockt hat. „Die Vormittage sind hier von einer wilden Fröhlichkeit, die Abende oft von einer morbiden Melancholie", hat der wichtigste Künstler der Region einst gesagt: Salvador Dalí.

**In Figueres,** Hauptort der Region Alt Empordà, liegt das Erbe des genialsten Anarchisten der Kunstgeschichte. Wer in dieser Region Urlaub macht, wird dem (nach Madrids Prado und Bilbaos Guggenheim) meistbesuchten Museum Spaniens mit Sicherheit einen Besuch abstatten. Das Teatre-Museu Dalí, Wahrzeichen der gemüt-

Die Tage gehen so dahin: Wohlleben an der Plaça Sant Pere in Roses, größter Küstenort mit schönem Hafen.

Sechs Kilometer Strand und sauberes Meer direkt vor der Tür: Camping Aquarius bei Sant Pere Pescador.

Weist seit Urzeiten den Weg: Leuchtturm zwischen Roses und Canyelles Petites an der Punta Brancals.

Schätze mit Schalen und Schuppen: Im Fischerhafen von Roses wird der Fang angelandet, am nächsten Morgen läuft die Flotte um Punkt sieben Uhr wieder aus.

## ■ SCHLOSS PERALADA: SPIEL NACH NOTEN

**Diese dicken Mauern** haben es wahrhaftig in sich. Das Schloss Peralada aus dem 14. Jahrhundert ist Wahrzeichen der gleichnamigen 1300-Seelen-Gemeinde unweit von Figueres und hat zusammen mit dem angeschlossenen Kloster Convent del Carme jede Menge zu bieten. Eine Prachtbibliothek mit mehr als 80 000 Bänden aus allen Epochen spanischer Literatur beispielsweise. Ein Glasmuseum mit 2500 Exponaten. Die traditionell betriebene Cava-Kellerei (siehe Seite 194), dazu ein Weinmuseum im mittelalterlichen Gewölbe. Und nicht zuletzt das schönste Spiel-

kasino der Costa Brava, wo sich die Reisekasse in stilvollem Rahmen erleichtern lässt. Wer im Juli herkommt, kann zudem beim internationalen Musik-Festival große Stimmen im Schlosspark lauschen. Ein Glas kühlen Cava dazu, und das Glück ist perfekt. www.casino-peralada.com

Wo einst Karmeliter-Mönche lebten, rollen heute Roulettekugeln: Castell de Peralada.

lichen 40 000-Einwohner-Stadt Figueres im Landesinneren, grüßt als Kathedrale des Surrealismus mit XL-Betoneiern und schlanken goldenen Figuren auf dem Dach und einem Feuerwerk von skurrilen Skulpturen, Gemälden und Installationen in den weiten Räumen, vom „Mae-West-Saal" bis hin zum „Verregneten Cadillac"-Oldtimer mit Sprinkleranlage zwischen den Sitzen. „Der Unterschied zwischen mir und einem Verrückten besteht darin, dass ich nicht verrückt bin", hat der 1989 verstorbene Exzentriker und Hauptvertreter des Surrealismus gesagt, dessen Überreste unter einer schlichten Platte in der Halle seines Museums begraben liegen.

**Wer Dalís Zauber** nun verfallen ist und zugleich einen der schönsten Orte der Alt Empordà besuchen will, fährt weiter Richtung Meer über mutig gewundene Serpentinen nach Cadaqués, das sich in eine Bucht am äußersten Zipfel des Cap de Creus schmiegt. Geparkt wird direkt am Ortseingang, das 3000-Seelen-Künst- **»**

**Das Glück liegt auf dem Wasser: neuer Yachthafen von Roses; noch mehr Sportboote ankern im nahen Empúriabrava, mit 5000 Liegeplätzen größte Marina der Welt.**

**Kein Erfolg heute? Nachfahre von Salvador Dalí vor dessen Teatre-Museu in Figueres.**

lerdorf mit schmalen, weiß getünchten Häusern und Galerien ist am besten zu Fuß zu erkunden. In der nahe gelegenen Bucht von Portlligat steht dann das Anwesen, in dem Dalí mit seiner Muse Gala lange lebte und arbeitete – der verwinkelte Fuchsbau voll bizarrer Kunst ist ebenfalls zu besichtigen, am Eingang grüßt ein ausgestopfter Eisbär.

Nach so viel Kultur lockt nun aber der Strand, und da hat die Region ein wahres Prachtexemplar zu bieten. Gut sechs Kilometer lang und bis zu 100 Meter breit ist die Platja de Sant Pere Pescador, selbst zur Hochsaison nie überlaufen, das Klischee vom Teutonengrill erfüllen eher Orte wie Tossa de Mar an der südlichen Costa Brava. Windsurfer kommen hier auf ihre Kosten, es gibt viele Campingplätze – einen Strand wie aus dem Bilderbuch.

**Wer das nahe gelegene Roses** besuchen will, größter Hafenort der Region mit gut 20 000 Einwohnern, bezieht am besten einen der guten Campingplätze am Ortseingang. Stellplätze mit Stromanschluss sind hier Man-

**Frisches Meeresgetier gefällig? Zu haben etwa in der Markthalle von Roses.**

gelware, viele Parkplätze für Reisemobile gesperrt, was aber kein Problem ist: Über die lange Uferpromenade gelangt man schnell ins quirlige Zentrum, ein Weg entlang des Wassers führt weiter an Yacht- und Fischereihafen vorbei in die Nachbarbuchten Canyelles Petites und L'Almadrava mit kleinen traumschönen Stränden. Dann verliert sich der Pfad in der Bergeinsamkeit. Wer von Roses eine schmale, gewundene Piste weiterfährt, landet nach einigen Kilometern in der stillen Cala Montjoi. Hier liegt verrammelt und verriegelt El Bulli, eines der besten Restaurants der Welt. Sterne-Chefkoch Ferran Adrià hat vorläufig dicht gemacht, will ganz in Ruhe neue Rezepte erfinden – auch solche Extreme gibt es hier im rauen Norden der Costa Brava.

.....................................................**Thomas Zwicker**

COSTA BRAVA KOMPAKT   bitte umblättern ▶▶▶

**Schon gekauft heute? Große Keramikläden gibt es überall, Zentrum ist der Ort La Bisbal.**

## ■ CAVA FÜR KENNER

**Perlt edel wie Champagner,** darf aber nicht so genannt werden: der Qualitätsschaumwein Cava zählt zu den vielen Vorzügen dieser Region. Sein Herstellungsverfahren gleicht der „Méthode champenoise" aufs Haar, neben genauen Vorschriften zu Anbaugebiet und Rebsorten ist die traditionelle Reifezeit in der Flasche Pflicht. Viel besser als Cava-Billigprodukte bekannter Hersteller sind die Erzeugnisse katalanischer Kellereien wie Castillo Perelada, die selten in den Export gehen. Egal ob ein Gläschen vorweg oder eine Flasche zum deftigen katalanischen Essen – dieser Cava ist gut wie Schampus, nur preiswerter.

**Stille Schöne am Strand: Ganz so beschaulich ist es allerdings meist nur in der Nebensaison.**

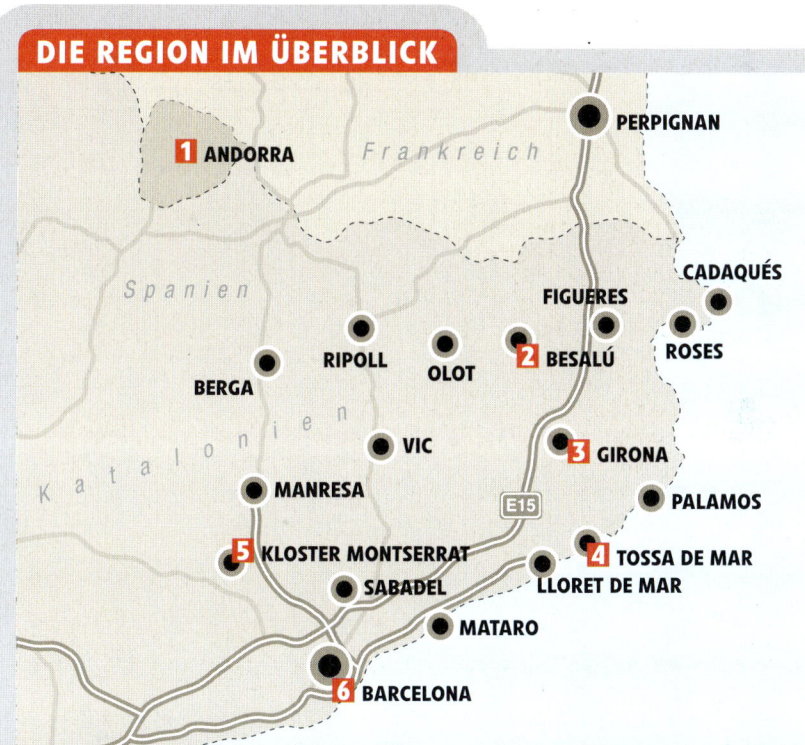

Map labels:
**1 ANDORRA** · *Frankreich* · **PERPIGNAN** · *Spanien* · **CADAQUÉS** · **FIGUERES** · **RIPOLL** · **OLOT** · **2 BESALÚ** · **ROSES** · **BERGA** · **VIC** · **3 GIRONA** · **MANRESA** · E15 · **PALAMOS** · **5 KLOSTER MONTSERRAT** · **4 TOSSA DE MAR** · **SABADEL** · **LLORET DE MAR** · **MATARO** · **6 BARCELONA** · *Katalonien*

# Weiter gefahren: Gipfelglück und Großstadtflair

Im Umland der nördlichen Costa Brava liegen jede Menge andere Ziele, die einen Abstecher lohnen: Kataloniens Metropole Barcelona etwa oder der Zwergstaat Andorra, wo sich so manch zollfreies Schnäppchen machen lässt.

**1 ANDORRA** Wer die Pyrenäenstraßen nach Andorra hochfährt, hat meist nur eines im Sinn: zollfreies Shopping. In Europas höchstgelegener Hauptstadt (1029 Meter) sind Spirituosen, Tabak, Kosmetik & Co. günstig zu haben. Der zwischen Spanien und Frankreich gelegene Zwergstaat bietet aber noch mehr – schönste Bergwelt ringsum!

**2 BESALÚ** Die 2500-Seelen-Gemeinde Besalú in der Provinz Girona ist ein mittelalterliches Gesamtkunstwerk. Ihr Ortskern mit seinen historischen Kirchen und Bauwerken sowie der romanischen Brücke über den Fluss Fluvià stehen unter Denkmalschutz. Vorm Stadttor lockt ein weiteres Highlight – die Vulkanlandschaft der Garrotxa (Seite 184).

**3 GIRONA** Rund 100 000 Einwohner, eine sehenswerte Kathedrale, alte arabische Bäder: Girona lohnt allemal einen Abstecher von der Küste. Nach Überqueren des Flusses Oynar spaziert man durch enge Gassen und hohe Arkaden der Altstadt. Girona war und ist ein wichtiger Wirtschaftsmotor Kataloniens – und hat eine beachtliche Gastronomie.

**4 TOSSA DE MAR** Wer Costa Brava hört, denkt an Orte wie Tossa de Mar: Am südlichen Abschnitt der Küste gelegen, sind Stadt und Strand hier im Sommer knallvoll. Trotzdem hat auch Tossa noch immer eine ganze Portion Charme – zum Beispiel abends, wenn man durchs bunte Gassengewirr hinüberspaziert zur angeleuchteten Festung.

**5 KLOSTER MONTSERRAT** Einst kamen die Pilger zu Fuß, heute reisen sie wie die Urlauber motorisiert an. Der Faszination dieses Klosters auf 721 Meter über N. N., in dem rund 80 Mönche leben, kann sich kaum jemand entziehen. Neben sakraler Bedeutung hat Montserrat auch eine bevorzugte Lage – es gibt viele Wanderwege ringsum.

**6 BARCELONA** Diese Stadt leuchtet und schillert wie kaum eine andere: In Barcelona, Metropole mit 1,6 Millionen Einwohnern, tobt das Leben nicht nur auf der Flaniermeile Ramblas. Zu Gotischem Viertel, schrägen Gaudí-Bauten, Picasso- und Miró-Museum kommen 1001 Bars und Cafés – und einer der schönsten Stadtstrände der Welt.

## COSTA BRAVA KOMPAKT

# Infos | Tipps | Adressen

## CAMPINGPLÄTZE

**Camping Rodas:** Kurz vorm Orts-eingang von Roses und rund 500 Meter vom Strand entfernt steht man hier familiär unter Maulbeer- und Eukalyptusbäumen. Kleine Bar, Pool, Chip-Waschmaschinen, großer Supermarkt nahebei. Ge-öffnet 1. Juni bis 30. September.
Standort: E-17480 Roses, Punta Falconera 62,
GPS 42°16'07"N/03°09'08"O,
Telefon 0034/972257617,
www.campingrodas.com

**Camping Salatà:** Nahe zum Zentrum von Roses zwischen Apartmentanlagen und Hotels ge-legen, unweit der langen Strand-promenade des Stadtteils Santa Margarida. Netter, überschau-barer Platz mit Pool, Tischtennis, Kinderspielplatz und Minigolf (zur Hochsaison). Geöffnet von Anfang März bis Anfang/Mitte Dezember.
Standort: E-17480 Roses, Carrer Port Reig,
GPS 42°15'59"N/03°09'22"O,
Telefon 0034/972256086,
www.campingsalata.com

**Camping Aquarius:** Schöner Platz bei Sant Pere Pescador di-rekt am riesigen Strand, 432 Par-zellen, ebenes Wiesengelände mit Bäumen, Bar, Restaurant, kleiner Supermarkt, Minigolf, Massage, Waschsalon, Kinderhort. Geöffnet 15. März bis 31. Oktober.
Standort: E-17470 Sant Pere Pescador,
GPS 42°10'60"N/03°06'50"O,
Telefon 0034/972520003,
www.aquarius.es

**Schöner Platz direkt am Meer: Aquarius, Sant Pere Pescador.**

## RESTAURANTS

**Mas Lledoner:** An der Landstraße zwischen Roses und Vilajuiga liegt etwas erhöht dieses Guts-haus aus dem 18. Jahrhundert. Spezialität sind Leckereien vom Eichenholzgrill, etwa Entenbrust mit Honigsauce. Feine Desserts, schöne überdachte Terrasse.
E-17480 Roses, Ctra. Vilajuiga, Telefon 0034/972253192,
www.maslledoner.com

**Mas Lledoner: Gutes Essen vom Eichenholzgrill im alten Gemäuer.**

**Ona:** Direkt am Stadtstrand von Roses zwischen Hafen und Surf-schule sitzt man gut auf hölzerner Terrasse und verspeist liebevoll angerichtete Salate, Snacks und Tapas. Leckere Cocktails, zur Saison abends auch Disco.
E-17480 Roses, Avd. de Rhode, Telefon 0034/972150968,
www.onaroses.com

## SEHENSWERTES

**Teatre-Museu Dalí: die größte Sehenswürdigkeit in Figueres.**

**Teatre-Museu Dalí:** Weiträumig ausgeschildert liegt im Zentrum von Figueres das große Dalí-Museum, markanter Bau mit goldenen Figuren und Eiern auf dem Dach, drum herum skurrile Skulpturen und Cafés. 1974 eröffnet, gehört das ehemalige Theater heute zu den am meisten besuchten Museen Spaniens. In der Hochsaison ist es täglich geöffnet, ansonsten montags geschlossen.
Pl. G.S. Dalí 5, 17600 Figueres, Telefon 0034/972677500,
www.salvador-dali.org

**Casa-Museu Salvador Dalí:**
Ein paar Kilometer nördlich von Cadaqués in der kleinen Bucht von Portlligat ist das Haus, in dem Dalí viele Jahre lang lebte und arbeitete, nun ein sehenswertes Museum. In der Hochsaison täg-lich geöffnet, im Winter nur nach vorheriger Anmeldung.
17488 Portlligat (Cadaqués), Telefon 0034/972251015,
www.salvador-dali.org

**Casa-Museu Salvador Dalí: das Wohnhaus des Meisters.**

**Museu de la Ciutadella:** Große Festung aus dem 16. Jh. im Zent-rum von Roses, bestehend aus verschiedenen Gebäudekomple-xen und Ruinen sowie schönem Museum. Montags geschlossen.
Avd. de Rhode, 17480 Roses, Telefon 0034/972151466

**Ciutadella in Roses: Hier siedel-ten einst schon die Griechen.**

## INFORMATION

**Anfahrt:** Über die Autobahn durch Frankreich via Lyon und Montpel-lier, Grenzübergang La Jonquera, dann die Abfahrt Nummer 3 Figue-res Norte. Weitere Infos beim Touristenbüro in Figueres:
Pl. del Sol, 17600 Figueres, Telefon 0034/972503155,
www.figueresciutat.com

## ■ KLOSTER SANT PERE DE RODES

**Im Naturpark** Cap de Creus auf rund 600 Meter Höhe liegt in schöner Landschaft das ehemalige Benediktinerkloster Sant Pere de Rodes. Bereits die Anfahrt auf der gut ausgebauten Serpenti-nenstraße von Vilajuiga (es gibt auch eine schmalere Zufahrt ab El Port de la Selva) lohnt dank weitem Blick übers einsame Berg-land. Vom großen Parkplatz geht man noch rund einen Kilometer bis zur Klosterpforte. Urkundlich erwähnt wurde das Anwesen erstmals um das Jahr 880, seine Blütezeit lag im 12. Jahrhun-dert, als es zu einigem Wohlstand kam. 1798 wurde das Kloster aufgegeben, seit geraumer Zeit wird restauriert. Mehr als das karge Innere begeistern Lage und großartiger Blick bis zum Meer. Geöffnet Anfang Juni bis Ende September.

Foto: Carlos/fotolia

**Einsame Lage hoch in den Ausläufern der Pyrenäen: Sant Pere de Rodes.**

### 17469 FORTIÀ
Reisemobil-Stellplatz Fortià

**Fortia: Der private Stellplatz liegt in einem Ferienhausgebiet.**

Gebührenpflichtiger Stellplatz für 16 Mobile in einem Ferienhausgebiet. Parzelliertes Areal auf naturbelassenem Untergrund. Ganzjährig nutzbar. 11,50 Euro pro Nacht und Mobil in der Hauptsaison, 9,50 Euro in der Nebensaison, inklusive Strom, V+E.

Standort: Estany-Robert 21, GPS 42°13'53"N/03°01'28"O, Mobil 0034/606553243, www. space.arcor.de/sabine.rossbach

### 08500 VIC
Área d'Autocaravanes

Gebührenpflichtiger Stellplatz für 10 Mobile. Angelegter und parzellierter Reisemobilplatz am westlichen Stadtrand. Teils leicht abschüssiger Untergrund aus Schotterrasen. Maximaler Aufenthalt: 48 Std. Ganzjährig nutzbar. 5 Euro für die erste Nacht, 12 Euro für 2 Nächte. Strom: 6 Euro/3 Std. Wasser: 2 Euro/100 Ltr.

Standort: Carrer de la Fura, GPS 41°56'04"N/02°14'24"O, Oficina de Turisme, Telefon 0034/938862091, www.victurisme.cat

### 17773 VILAJOAN
Area de L'Empordá

Gebührenfreier Stellplatz für 10 Mobile. Ausgewiesener Übernachtungsbereich an einer Autobahnraststätte. Ebener, asphaltierter Untergrund. Maximaler Aufenthalt: 24 Std. Ganzjährig nutzbar.

Standort: AP-7, GPS 42°10'25"N/02°55'56"O, Telefon 0034/972560053

## ① DER ZAUBER DER MANDELBLÜTE

Kalt und regnerisch schätzen die einen, mild, heiter und trocken die anderen das Klima der Costa Blanca im Winter ein. Es gibt Tage, an denen beide recht haben. Gewöhnlich dauert der Spätsommer, von Gewittern unterbrochen, bis in den November. Nach einer ungemütlichen Phase folgt recht verlässlich eine Schönwetterperiode, welche die spanischen Küstenbewohner „Pequeño verano" (kleiner Sommer) nennen. In dieser Zeit beginnt die Mandelblüte. Spätestens im Februar blühen Millionen Bäume, überziehen das Land mit einem weiß und rosafarben gepunkteten Teppich. Besonders prächtig anzuschauen: die mit Aprikosen veredelten Bäume, die extra große Blüten hervorbringen. Danach wird's oft unbeständig. Fallwinde pusten den Zauber rasch weg.

Das frühe Frühjahr ist die beste Zeit, um lange, sehr lange Spaziergänge im küstennahen Gebirge zu unternehmen. Zum Beispiel in der Gegend um den Fluss Sella an der Südflanke des gut 1500 Meter hohen Aitana. Oder auch ein Stück nördlich, im berühmten Tal von Guadalest. Wem Guadalest selbst, das malerische Felsennest, mit seinen zahllosen Läden zu touristisch ist, sollte einfach die nicht minder reizvollen Nachbarorte besuchen, wie zum Beispiel Beniarda. Immer wieder überwältigende Ausblicke bieten ebenso die Oliven- und Mandelbaumhaine, die das kleine Bergdorf Confrides säumen.

**Ein Erlebnis: die Mandelblüte, zum Beispiel in Beniarda (oben). Wanderweg am Rio de Sella.**

# 5 GUTE GRÜNDE FÜR DIE
# COSTA BLANCA

**IM FRÜHLING** überwiegen die sonnendurchfluteten Tage an Spaniens „weißer Küste", und das Schauspiel der Mandelblüte gibt es als Zugabe gratis. Reisemobilisten zieht es dann bevorzugt in die Berge, wo sie traumhafte Wanderwege finden, nicht selten mit Blick auf das Meer.

Text und Fotos: Thomas Cernak

## 2 DIE LEBHAFTEN STRANDBÄDER

Das hübsche Dénia mit seinem schicken Yachthafen zählt zu Recht zu den beliebtesten Küstenstädten. Es kann auf eine über 100 Jahre alte Badetradition zurückblicken – kein Wunder angesichts der kilometerlangen, feinsandigen Strände, wie zum Beispiel dem Platja Deveses. Deniá ist überhaupt eine der ältesten Siedlungen in der Region: Sein Name leitet sich vom römischen Dianium ab. Später war es dann Sitz eines maurischen Königreichs. Seit jener Zeit schmiegt sich an den Burgberg die verschachtelte weiße Altstadt. Der Fischerhafen ist berühmt für seine Langusten, die hier angelandet werden.

Kieselstrand findet man dagegen in Altea, besuchenswert auch wegen seines pittoresken Gassengewirrs. Wer das trubelige Leben sucht, ist in Benidorm genau richtig. Die über vier Millionen Gäste, die Jahr für Jahr hierherkommen, locken die zahllosen Vergnügungsmöglichkeiten – aber auch die breiten, superlangen Strände in einer großen, windgeschützten Bucht.

**DER BESONDERE TIPP** **Platja de Levante** und Platja de Poniente bilden zusammen den weitläufigen Stadtstrand in Benidorm. Zwischen beide schiebt sich ein hoher Fels, der von einer Aussichtsplattform gekrönt wird, die nach allen Seiten spektakuläre Bilder bietet. **www.benidorm.org**

**Für Strandläufer und Flaneure: Levante-Strand (links) und die weit ins Meer ragende Plattform am Castillo in Benidorm.**

**DER BESONDERE TIPP**

**Schokoladentempel:** Für ihren köstlichen Geschmack berühmt sind die dampfend heißen, fast schwarzen Kakaogetränke im Café „Chocolates Valor" in Villajoyosa. **www.valor.es**

## ③ DIE BUNTEN STÄDTE

Hervorstechendstes Merkmal der Stadt Villajoyosa ist ihr schöner Altstadtkern mit farbigen Hausfassaden in Gelb, Ocker oder Indigo. Sie zählt zu den wenigen Orten an der Costa Blanca, wo die mittelalterlichen Strukturen weitgehend bewahrt wurden. Auch Stadtmauerreste aus der Zeit der Renaissance sind zu bewundern. Die kunterbunten Häuser dienten übrigens den Fischern früher als Orientierung, wenn sie bei schlechter Sicht den Weg nach Hause suchten.

Neben Villajoyosa, das den Beinamen „fröhliches Städtchen" trägt, begeistert auch Jávea. Der Ort schmiegt sich in eine der schönsten Buchten zwischen Cap Sant Antoni und Cap de la Nau und an den Fuß des markanten Hausberges Montgó. Der alte Ortskern lädt ebenfalls zum genüsslichen Bummeln ein. Sehenswert ist die gotische Kirche Sant Bertomeu, die einst Schutz bei Piratenüberfällen bot. Beliebter Anziehungspunkt ist der Wochenmarkt am Donnerstag, der große Teile der Altstadt durchzieht. Gern trifft man sich auch im Hafenviertel.

## ④ DIE EINZIGARTIGE VEGETATION

Schon wegen der urwüchsigen Vegetation lohnt ein Ausflug an die Felsenküste ums Cap de Sant Martin südlich von Jávea. Zwischen Kakteenbüschen schaut man hinüber zur winzigen Insel Portitxol. Alle Kakteengewächse stammen ursprünglich vom amerikanischen Kontinent, im Mittelmeerraum wurden sie überwiegend durch den Menschen verbreitet, selten auch durch Zugvögel.

Die an der Costa Blanca häufig anzutreffende Dattelpalme ist im afrikanisch-asiatischen Wüstengürtel beheimatet, doch sie fühlt sich auch in den heißen Zonen Spaniens ausgesprochen wohl. Einst kultivierten die Araber die bis zu 40 Meter hohen Palmen in großem Stil.

In der Stadt Elche erstreckt sich mit rund 200 000 Exemplaren der größte Dattelpalmhain Europas, der im Jahr 2000 von der Unesco zum Welterbe ernannt wurde. Im „Museu del Palmerar" erfährt man alles Wichtige über die Nutzung des Waldes. Unbedingt besuchen sollte man den „Huerto del Cura", den sogenannten Priestergarten, mit rund 1000 Palmen und einer Vielzahl weiterer subtropischer Pflanzen. Zu den eindrucksvollsten Bäumen dort zählt eine gut 150 Jahre alte, achtarmige Kaiserpalme. Der Garten ist täglich geöffnet, der Eintritt kostet für Erwachsene fünf, für Kinder 2,50 Euro.

**Exotischer Anblick:** riesige Dattelpalmen im Huerto del Cura (oben). Panorama bei Jávea.

**Prachtstücke: Goldkugelkakteen** – augenzwinkernd auch Schwiegermuttersitz genannt.

# ⑤ DAS ÖRTLICHE KUNSTHANDWERK

**Kunst und Krempel: In diesem Laden in Guadalest kann man herrlich stöbern.**

Die besondere Atmosphäre der Kleinstadt Altea wird durch die im weißen Ortskern ansässigen Künstler, Kunsthandwerker und Galerien mitbestimmt. Im Sommer gibt es darüber hinaus täglich einen Markt mit allerhand Nippes, daneben findet immer dienstags am Paseo Maritimo ein Flohmarkt statt.

Mit rund zwei Millionen Besuchern im Jahr gehört das Festungsdorf Guadalest zu den begehrtesten Ausflugszielen im Hinterland. Entsprechend viele Geschäfte werben um die Gunst der Gäste, was zu einer interessanten großen Auswahl führt – bei vergleichsweise moderaten Preisen. Hier lohnt es sich, genau hinzuschauen.

## COSTA BLANCA KOMPAKT

# Infos | Tipps | Adressen

**ANREISE** Der direkte Weg führt über die gebührenpflichtige Küstenautobahn AP-7/E 15. Größtenteils parallel verlaufen die kostenfreien Nationalstraßen N 340 beziehungsweise N 332 ab Valencia.

**RESTAURANT-TIPPS** **Venta la Montaña** Beste traditionelle Küche, zum Beispiel Lammgerichte, in urigem Ambiente, Menü ab 25 Euro, nur mittags bis 16 Uhr geöffnet. Montags Ruhetag, Ctra. Alcoy 9, 03516 Benimantell, Telefon 0034/965885141.

**La Cocina** Regionale und internationale Spezialitäten, große Auswahl an offenen Weinen, Menü ab 15 Euro, Avenida Lepanto 2, 03730 Jávea, Telefon 0034/965795140, www.lacocinajavea.com

**AUSKUNFT** Spanisches Fremdenverkehrsamt, Postfach 15 19 40, 80336 München, Telefon 089/5307460, Fax 089/53074620, E-Mail munich@tourspain.es, Internet www.e-spain.info oder www.costablanca-online.de

Karte: Hallwag

**Jáveas Strandpromenade: exzellent speisen vor großartiger Kulisse.**

## STELLPLATZ-TIPPS

### 03580 ALFÀS DEL PI
Camperpark Costa Blanca

Gebührenpflichtiger Stellplatz für 40 Mobile zwischen Pinienwäldern und Feldern. Separates Areal auf Schotter, angelegt und parzelliert, bewacht und nachts beleuchtet. Ganzjährig nutzbar. Bodeneinlass. 12 Euro pro Nacht und Mobil inklusive Strom, V+E, Wi-Fi und W-LAN. Dusche: 1 Euro.

Standort: Camino de Alguers 79, GPS 38°35'01"N/00°04'53"W, Telefon 0034/966868668, Mobil 0034/639628476, www.camperparkcostablanca.com

Camperpark Los Limbos

**Albir: Der geschützte Stellplatz Los Limbos bietet viel Komfort.**

Gebührenpflichtiger Stellplatz für 50 Mobile auf dem großen, leicht abschüssigen und eingezäunten Parkplatz eines ehemaligen Restaurants. Asphaltierter und geschotterter Untergrund, durch einzelne Bäume beschattet. Aufenthaltsraum mit Billardtisch, Fernseher und kostenlosem W-LAN. Sanitärräume mit Waschmaschine und Trockner. Ganzjährig nutzbar. Bodeneinlass. 9 Euro pro Nacht und Mobil. Strom (20 Anschlüsse): 2 Euro. Dusche: 1 Euro. V+E für Durchreisende: 3–4 Euro, je nach Fahrzeuglänge.

Standort: OT Albir, Sendero de la Barrina, GPS 38°33'44"N/00°05'09"W, Ron und Lisette Braem, Telefon 0034/966868470, www.camperparkloslimbos.com

International Tennis Academy

Gebührenpflichtiger Stellplatz für 13 Mobile. Geräumig angelegte, gepflasterte Stellflächen an einer Tennisanlage. Bar, Grillplatz und beheizter Pool auf dem Gelände. Ganzjährig. 12 Euro pro Nacht und Mobil, alles inklusive. »

## STELLPLATZ-TIPPS

Standort: Sendero de la Barrina, GPS 38°33'45"N/00°05'11"W, Telefon 0034/607481905, www.pistacentral.info

### 46740 CARCAIXENT
Estación RENFE

Gebührenfreier Stellplatz für 8 Mobile auf dem Parkplatz vor dem Bahnhof. Stellflächen nur im Pkw-Format. Stadtzentrum 500 m. Maximaler Aufenthalt: 48 Std. Ganzjährig nutzbar.

Standort: Glorieta de la Estación, GPS 39°07'10"N/00°27'15"W, Uficina de Turismo, Telefon 0034/962457667, www.turismecarcaixent.es

Área Hort de Soriano

Gebührenfreier Stellplatz für 20 Mobile. Ausgewiesenes Areal an einem Naherholungspark 8 km südöstlich der Stadt. Spiel- und Picknickplatz sowie WC vorhanden. Naturbelassener, sandiger Untergrund unter Bäumen. Ganzjährig. 2 Tage kostenlos, danach 9 Euro pro Nacht und Mobil.

Standort: Camino de la Fuente de Carcaixent, GPS 39°04'13"N/00°24'32"W, Uficina de Turismo, Telefon 0034/962457667, www.turismecarcaixent.es

### 46370 CHIVA
Stellplatz an der Bikerfarm

Gebührenpflichtiger Stellplatz für 4 Mobile an einer Finca in Einzellage, inmitten der Berglandschaft Sierra de los Bosques. Eingezäuntes Areal, jederzeit zugänglich. Ganzjährig nutzbar. 12 Euro pro Nacht und Mobil inkl. Strom, V+E.

Standort: CV 379, GPS 39°30'59"N/00°45'28"W, Matthias und Sylvia Polink, Mobil 0034/647941511, www.bikerfarm.net

### 03700 DÉNIA
Odissea Camper Área

Gebührenpflichtiger Stellplatz für 40 Mobile. Angelegtes und durch

Pfähle parzelliertes, geschottertes Areal. Sanitäranlage mit Waschmaschine und Trockner. Stadtzentrum nur wenige Meter entfernt. Badestrand 100 m. Ganzjährig nutzbar. 12 Euro pro Nacht und Mobil, Rabatt bei längerem Aufenthalt inklusive Strom (48 Anschlüsse), V+E. Im Juli und August 15 Euro. Dusche: 1 Euro/ 7 Min. Wi-Fi: 1 Euro/Tag.

Standort: OT Les Devese, Carretera de les Marines, km 11,6, GPS 38°52'13"N/00°00'54"W, Mobil 0034/672293852, www.odisseacamperarea.com

**Dénia: der komfortable Stellplatz in Stadt- und Strandnähe.**

### 03296 ELX/ELCHE
Parking MH Vicky

**Elche: das weitläufige Palmen-Areal von Parking MH Vicky.**

Gebührenpflichtiger Stellplatz für 5 Mobile. Privates Areal inmitten einer Palmenplantage, am Rand des Naturreservats El Hondo. Kostenlose Nutzung von Schwimmbad (Ostern bis Ende September), Fahrrädern und Boulebahn. Ganzjährig nutzbar. 6 Euro pro Nacht und Mobil inklusive 2 Personen. Strom: 2 Euro. Wasser: 2 Euro. Dusche: 2 Euro/Tag und Mobil. Wi-Fi: 2 Euro.

Standort: Partida de Pusol 153, GPS 38°11'49"N/00°43'52"W, Vicky Van Deale, Telefon 0034/663949808, E-Mail vicky@navegatel.net

Área Camper Park Illice

**Elche: Der Área Camper Park Illice bietet guten Service.**

Gebührenpflichtiger Stellplatz für 9 Mobile an einem privaten, eingezäunten Anwesen. Parzellierte Stellflächen auf Schotter, nachts beleuchtet. Picknickplatz vorhanden. Ankunft von 9–23 Uhr. Ganzjährig nutzbar. 12 Euro pro Nacht und Mobil inklusive Strom, V+E. 7 Euro nur für Übernachtung. V+E für Durchreisende: 4 Euro.

Standort: Camino de Alboraya, GPS 38°16'57"N/00°41'35"W, Telefon 0034/965425025, E-Mail areaillice@gmail.com

### 03509 FINESTRAT
Wohnmobilpark La Sonrisa

**Finestrat: hervorragende Lage zwischen Bergen und Meer.**

Gebührenpflichtiger Stellplatz für 25 Mobile an einem Ferienanwesen in Einzellage. Betonierter oder geschotterter Untergrund, teilweise parzelliert, in einem lichten Pinienhain gelegen. Grillplatz, Spielplatz und Schwimmbad vorhanden. Ganzjährig. 12 Euro pro Nacht und Mobil inkl. 2 Personen, V+E. Strom (25 Anschl.): 4 Euro. Dusche: 1 Euro. Wi-Fi: 1 Euro.

Standort: Contrada de la Calda Finestrat, GPS 38°33'28"N/00°12'15"W, Jan und Marianne Niemeijer, Mobil 0034/639500224, www.la-sonrisa.com

### 03177 SAN FULGENCIO
Oasis al Camino

Gebührenpflichtiger Stellplatz für 21 Mobile. Angelegtes Areal am Ende eines Gewerbegebiets. Ruhige Lage. Ebener, geschotterter Untergrund, kein Schatten. Behindertengerechtes Sanitärgebäude mit Waschmaschine und Trockner, im Winter beheizt. Ganzjährig nutzbar. 10 Euro pro Nacht und Mobil, ab 3. Nacht 8 Euro. Strom: 2 Euro. Dusche: 1 Euro. Monatspauschale: 200 Euro für Stellplatz, 30 Euro für Strom, 15 Euro für Internetzugang.

Standort: OT La Marina, Caminal del Convenio, GPS 38°07'13"N/00°39'44"W, Gerald und Flora Krausse, Mobil 0034/7655268099 und 0034/633581126, www.womo-oase.com

### 03182 TORREVIEJA
Großparkplatz am Hafen

Gebührenpflichtiger Stellplatz für 20 Mobile. Großparkplatz ohne Markierung auch für Reisemobile am südlichen Stadtrand, zwischen Hafen und Uferpromenade. Nachts beleuchtet und bewacht. Ganzjährig nutzbar. 10,60 Euro pro Mobil und 24 Stunden.

Standort: Paseo de la Libertad, GPS 37°58'24"N/00°40'43"W, Tourist Info, Telefon 0034/965703433, www.torrevieja.es

### 30850 TOTANA
Camperstop Sierra Espuña

Gebührenpflichtiger Stellplatz für 25 Mobile. Sehr großzügig angelegte Stellflächen auf Kies, durch junge Bäume parzelliert, nachts beleuchtet. Picknickplatz vorhanden. Ruhige Lage. Stadtzentrum 4 km. Ganzjährig nutzbar. Bodeneinlass. 7 Euro pro Nacht und Mobil. Strom: 3 Euro.

Standort: Camperstop, GPS 37°47'37"N/01°30'30"W, Mobil 0034/639873971 und 0034/630131375, camperstop sierraespuna@gmail.com

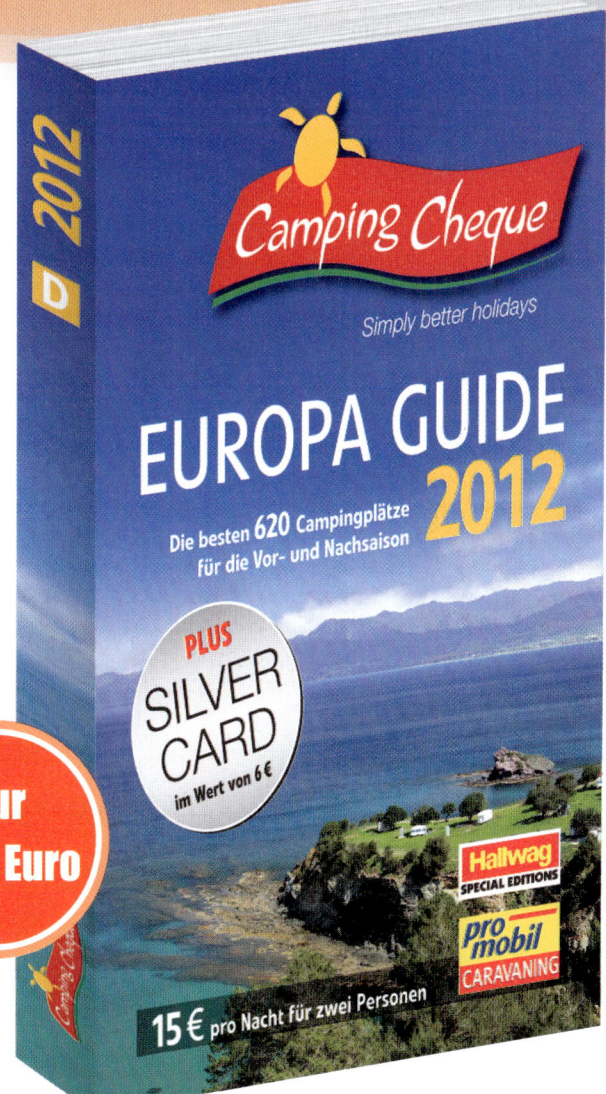

# 5 GUTE GRÜNDE FÜR

# ANDALUSIEN

**ÜBER 800 KILOMETER KÜSTE,** spannende Kultur, eine einfach-geniale Küche und ein Hauch von Orient: Das ist Andalusien. Im Süden Spaniens hat der Islam vielerlei Einflüsse und einzigartige Bauwerke hinterlassen. Neben Strand und Meer lohnen sich Abstecher zu den weißen Dörfern und in die quirligen Städte.

Text: Christiane Würtenberger, Fotos: Lois Lammerhuber

## 1 DIE SEELE DES SÜDENS

Liebe, Sehnsucht, Glück, Schmerz – das alles drückt der Flamenco in seiner Urform aus. Südspanien ist seine Heimat. Selten aber kommt er so farbenprächtig daher wie in den Shows, die vor allem für Touristen angeboten werden. Beim Original-Flamenco wird vor allem gesungen, selten getanzt – meist sind es traurige Lieder. Und gut ist eine Darbietung erst, wenn sie zum Weinen schön ist.

Entwickelt hat sich diese Kunst aus den verschiedenen Kulturen, die Andalusien geprägt haben, unter anderem den Arabern und den Gitanos, den Zigeunern. Wer sich für Flamenco interessiert, der kann ein Tablao, ein Flamenco-Lokal, besuchen. Das ist aber oft sehr kommerziell. Authentischer erlebt man Flamenco in den Peñas Flamencas, einfachen Musikclubs – etwa in Granada oder Sevilla.

**DER BESONDERE TIPP** Peña Flamenca la Platería. Im ältesten Flamenco-Club von Granada – mitten in der Stadt gelegen – gibt es regelmäßig spannende Darbietungen. Eine gute Möglichkeit, Original-Flamenco in besonderer Atmosphäre zu erleben. Placeta de Toqueros 7, Albaicín, Granada, **www.laplateria.org.es**

**Mit dem Begriff Palo werden die verschiedenen Liedarten des Flamenco bezeichnet. Getanzt wird dabei nur manchmal.**

## ② **DIE WEISSEN DÖRFER SÜDSPANIENS**

Sie liegen wie helle Flecken in der kargen Berglandschaft Südspaniens und leuchten bei schönem Wetter weithin in der Sonne: die berühmten weißen Dörfer mit ihren schmalen, verwinkelten Gassen, ihren gekalkten Häusern mit den roten Ziegeldächern, meist einem kleinen Kirchlein im Zentrum. Eine touristische Straße, die Ruta de los Pueblos Blancos, verbindet die berühmtesten: unter anderem Arcos de la Frontera, Olvera und Ronda.

Parken Sie das Reisemobil etwas außerhalb, und spazieren Sie durchs Gewirr der Treppenwege und schmalen Straßen. In Olvera lohnt sich der Besuch der arabischen Festungsanlage, Arcos liegt besonders malerisch auf einem Felsen, und das Städtchen Ronda wird von einer tiefen Schlucht geteilt, an deren Grund sich ein Fluss entlangschlängelt. Der Dichter Rainer Maria Rilke war so fasziniert von dem Ort, dass er 1912 im Hotel Reina Victoria abstieg – eine Bronzestatue im Garten und Rosen in Zimmer 208 erinnern an ihn.

Wenn Sie in Andalusien durchs Hinterland fahren, erleben Sie auch abseits der Dörfer ein ganz anderes Südspanien als an der Costa del Sol. Geprägt wird die karge Landschaft vor allem vom Olivenanbau, die Bäume bilden Haine, die sich in geometrischen Mustern wie ein Netzwerk über die Hügel legen. Kein Wunder: Ein Großteil des in Spanien produzierten Olivenöls kommt nämlich von hier.

**Spanische Weißheiten: Dörfer wie Olvera (oben) und Setenil sind typisch für Andalusien.**

Foto: Fotolia

**DER BESONDERE TIPP**

**Strandausflug zu Pferd.**
Andalusien ist Reiterland. Es gibt zahlreiche Angebote für Tagesausflüge und Mehrtagesritte. Besonders reizvoll: Touren am Strand oder zu den weißen Dörfern im Hinterland.

## 3 DER STRAND UND DAS MEER

Der Süden Spaniens bietet mehr als einmal Meer. Wer Badeurlaub macht, hat die Wahl zwischen der Küste der Sonne und der Küste des Lichts. Die Costa del Sol zieht sich rund 300 Kilometer am Mittelmeer entlang. An ihr liegen Städte wie Málaga, Marbella und Nerja und sehr viele Hotelanlagen. Einsame Strandabschnitte findet man kaum, dafür ist das Klima subtropisch, die Berge im Hinterland schützen vor Wind, die Sonne scheint an durchschnittlich 320 Tagen im Jahr.

Ans Herz legen möchten wir Ihnen einen Abstecher an die wildere Atlantikküste: Die Costa de la Luz zwischen Tarifa im Süden und Portugal im Nordwesten mit ihren weitläufigen Stränden und Dünenlandschaften ist ein sehr reizvolles Stück Südspanien. Aufgrund des raueren Klimas zieht sie viele Surfer an. Als besonders nette Badeorte gelten Chiclana und Conil de la Frontera. Die Felsbuchten von La Roche nördlich von Conil etwa zählen zu den schönsten Strandabschnitten in Andalusien. Über Steintreppen gelangt man ans Wasser und findet meist ein feines Plätzchen.

## 4 DAS EINFACHE UND GUTE ESSEN

Meeresfrüchte und Oliven gehören in Südspanien zum festen Bestandteil eines guten Essens.

Linientreue: Olivenhaine prägen weithin die Landschaft.

Auch die Küche hat in Andalusien orientalische Einflüsse, verwendet werden Gewürze wie Kardamom, Koriander und Minze. Abgesehen davon prägen drei wesentliche Elemente die Esskultur im Süden: Erstens das Meer – Liebhaber von Meeresfrüchten und Fisch kommen hier überall voll und ganz auf ihre Kosten. Die Tiere werden gekocht, gebraten, frittiert, in allen Variationen, meist mit Gemüse, aufgetischt. Zweitens die Oliven und das Olivenöl: Beide gehören hier einfach dazu, und zu Unrecht haben Öle aus Italien und Griechenland immer noch einen besseren Ruf als spanische. In Andalusien werden mittlerweile erstklassige Olivenöle hergestellt. Und drittens: die Tapas-Kultur.

Bei den kleinen Häppchen reicht die Variationsbreite von einfachem Schinken oder Käse über Spezialitäten wie Boquerones (marinierte Heringe) bis hin zu Gambas in Knoblauch und geschmortem Fleisch. Sie können eigentlich kaum etwas falsch machen beim Probieren.

Eine Kleinigkeit: Tapas werden in Miniportionen serviert – so kann man vieles kosten.

# 5 ...UND DAS ISLAMISCHE ERBE

Illusion von Schwerelosigkeit: das Innere der Mezquita in Córdoba.

Ein geheimnisvoller Wald aus 856 Säulen mit schlichten rotweißen Doppelbögen ist Córdobas Erbe aus arabischer Zeit. Die Mezquita gilt als eines der schönsten islamischen Bauwerke weltweit. Bis heute bezaubert das Spiel aus Licht und Schatten, aus Ornament und Geometrie im Innern Besucher aus aller Welt.

Die Moschee ist neben den Palästen der Alhambra in Granada (Tickets vorbestellen, etwa unter www.alhambra-tickets.es) das wichtigste arabische Bauwerk in Andalusien, das zwischen dem 8. und 15. Jahrhundert von den Mauren beherrscht wurde. Beide Städte sind, ebenso wie Sevilla, einen ausgiebigen Abstecher wert.

## ANDALUSIEN KOMPAKT

### RESTAURANT-TIPPS

**El Cairo** Sevillaner Tapas-Bar mit vielen kleinen Köstlichkeiten. Hier kann man sich für einen Rundgang durchs Nachtleben stärken. C. Reyes Católicos 13, Sevilla, Telefon 0034/954213089.

**Almudaina** In dem schönen, herrschaftlichen Stadthaus beim Alcázar in Córdoba wird moderne Regionalküche aufgetischt. Plaza Campo Santo de los Mártires, Córdoba, Telefon 0034/957474342.

**La Fontanilla** Hier kann man, Füße im Sand, direkt am Strand von Conil Fischspezialitäten essen. Playa de la Fontanilla, Conil, Telefon 0034/956441130.

**AUSKUNFT** Die Region Andalusien bietet eine sehr gute Internetseite an, die auch deutschsprachig ist: www.andalucia.org. Das Spanische Fremdenverkehrsamt hält regionale Prospekte bereit: Telefon 06123/99134. www.spain.info

## STELLPLATZ-TIPPS

### 29300 ARCHIDONA
Área de Autocaravanas

Gebührenfreier Stellplatz für 12 Mobile am südlichen Ortsrand. Untergrund aus Wiese mit gepflastertem Fahrweg, kein Schatten, nachts beleuchtet. 500 m bis zum Ortszentrum. Max. Aufenthalt: 48 Std. Ganzjährig nutzbar.

Standort: Calle de la Capilla, GPS 37°05'27"N/04°23'21"W, Comuna de Archidona, Telefon 0034/952714480, www.archidona.es

### 14940 CABRA
Parking de Autocaravanas

Gebührenfreier Stellplatz für 4 Mobile auf dem Parkplatz am Freilicht-Auditorium und Park Fuente del Rio. Markierter Bereich mit großen Parzellen. Spiel- und Picknickplatz im Park. 1,5 km bis zum Ortszentrum. Maximaler Aufenthalt: 48 Std. Ganzjährig.

Standort: Calle de Juanita la L., GPS 37°27'58"N/04°25'26"W, Comuna de Cabra, Telefon 0034/957520110, www.cabra.net

### 11670 EL BOSQUE
Parking de Autocaravanas

Gebührenfreier Stellplatz für 5 Mobile. Markiertes Areal auf dem Parkstreifen rings um das Gelände der ehemaligen Stierkampfarena am Ortszentrum. Ebener, asphaltierter Untergrund, nachts beleuchtet. Max. Aufenthalt: 48 Std. Ganzjährig.

Standort: Calle de Juan Ramón J., GPS 36°45'25"N/05°30'39"W, Comuna de El Bosque, Telefon 0034/956211313

### 11690 OLVERA
Área de Autocaravanas

Gebührenpflichtiger Stellplatz für 48 Mobile am Bahnhof, 1 km

nördlich des Ortes. Angelegtes Areal auf Asphalt. Maximaler Aufenthalt: 48 Std. Ganzjährig nutzbar. 5 Euro pro Nacht und Mobil.

Standort: Via Verde de la Sierra, GPS 36°56'29"N/05°15'11"W, Telefon 0034/956120816, www.turismolvera.es

### 14800 PRIEGO DE CÓRDOBA
Parque Multiusos

Gebührenfreier Stellplatz für 9 Mobile. Angelegtes Areal hinter dem Freizeit- und Festgelände westlich der Stadt. Maximaler Aufenthalt: 48 Std. Ganzjährig.

Standort: Av Niceto Alcalá Zamora, GPS 37°26'36"N/04°12'46"W, Telefon 0034/957700625, www.turismodepriego.com

### 21600 VALVERDE DEL C.
Parking de Autocaravanas

Gebührenfreier Stellplatz für 10 Mobile. Separates Areal im

Anschluss an einen Pkw- und Busparkplatz am nördlichen Ortsrand. Befestigter Untergrund aus Sand, kein Schatten, nachts beleuchtet. 600 m bis zum Ortszentrum. Ganzjährig nutzbar.

Standort: Contrada de Zalamea, GPS 37°34'52"N/06°45'05"W, Uficina de Turismo, Telefon 0034/959550000, www.valverdedelcamino.eu

### 29310 VILLANUEVA DE ALGAIDAS
Área de Autocaravanas

Gebührenfreier Stellplatz für 20 Mobile. Für Reisemobile angelegtes Areal unmittelbar am Ort. Ebener, geschotterter Untergrund, kein Schatten, nachts beleuchtet. Maximaler Aufenthalt: 48 Std. Ganzjährig nutzbar. Bodeneinlass.

Standort: Lugar del Barruchillo, GPS 37°11'11"N/04°27'12"W, Comuna de Villanueva, Telefon 0034/952743002

# FÄHREN IN SÜDEUROPA

**FÄHREN IM MEDITERRANEN RAUM:** Alles über die wichtigen Verbindungen, über Preise und Buchung, über Camping an Bord und über die Sicherheit auf See.

Auf Inseln wie Korsika oder Sardinien gelangt man ohnehin nur über den Seeweg, nach Griechenland geht es komfortabler, schneller und unterm Strich günstiger als über Land: Fähren transportieren Mann und Mobil zu vielen attraktiven Reisezielen.

### ? Wie ist es um die Sicherheit der Fähren bestellt?

Wasser hat keine Balken. Die tragische Havarie des Kreuzfahrtschiffes Costa Concordia bei der Insel Giglio im Januar dieses Jahres mag alte Ängste schüren. Ist aber die Fortbewegung auf einer Fähre generell riskanter als zum Beispiel im gewöhnlichen Straßenverkehr? Statistisch sicher nicht. Seit dem Untergang der Estonia 1994 sind in Europa glücklicherweise keine Fähren-Unfälle dieser Größenordnung mehr passiert. Trotzdem kann es gewiss nicht schaden, die wichtigsten Verhaltenstipps zu kennen, die man bei Schiffsreisen beachten sollte.

• Gleich zu Beginn der Reise Beschilderung und Orientierungspläne studieren und anhand dieser feststellen, wo man sich im Schiff befindet und welcher der schnellste Fluchtweg ist. Diesen einmal abgehen.

• Sich informieren, wo sich Rettungsboote, -inseln und Evakuierungsrutschen befinden.

• Sich mit der Handhabung der Rettungswesten vertraut machen. Prüfen, ob auch kleinere Westen für Kinder vorhanden sind. Übergroße und Babywesten bei der Crew erbitten.

• Sicherheitshinweise an Bord lesen und beachten.

### ? Camping an Bord: Wie funktioniert das?

Camping an Bord heißt: Das Reisemobil parkt in einem speziellen Bereich der Fähre, in der Regel auf einem seitlich offenen Zwischendeck, selten auf einem offenen Oberdeck. Häufig werden Elektroanschlüsse nach CEE-Norm angeboten, ebenso eigene Sanitäreinrichtungen mit Duschen. Wer Camping an Bord gebucht hat, schläft im eigenen Mobil und hat jederzeit Zugang zum Fahrzeug. Gasflaschen müssen zugedreht, Gasgeräte dürfen nicht betrieben werden – die Küche bleibt also kalt. »

**Das An- und Von-Bord-Gehen ist auch nicht komplizierter als das Parken in einer Großgarage. Lassen Sie keine Hektik aufkommen!**

**Auf längeren Passagen genießen die Passagiere Komfort- und Freizeiteinrichtungen – hier bei Minoan Lines auf dem Weg nach Griechenland.**

## ■ BALEAREN, KORSIKA, SARDINIEN, ELBA, SIZILIEN, MALTA

**Die Inseln im westlichen Mittelmeer.** Korsika und Sardinien sind beliebte Ziele, entsprechend vielfältig hier die Möglichkeiten. Camping an Bord allerdings ist rar. Beispiele für Überfahrtszeiten: Genua–Porto Torres 10 bis 12,5 Std., Piombino–Olbia 4,5 Std., Marseille–Bastia 7 bis 10 Std., Nizza–Bastia ab 3 Std.

**❷ Acciona Trasmediterranea,** Telefon 00 34/9 02 45 46 45, www.trasmediterranea.es (Deutschland: Voigt, Tel. 04 51/50 56 17 31, www.seereisen-agentur.de). Barcelona und Valencia nach Palma de Mallorca, Ibiza und Mahon, Palma–Ibiza und –Mahon.

**❷ Balearia,** Telefon 00 34/9 66 42 87 00, www.balearia.com. Barcelona–Mallorca, –Menorca und –Ibiza, Valencia–Mallorca und –Ibiza.

**❷ Corsica Sardinia Ferries,** www.corsicaferries.com (Deutschland Telefon 01 80/5 00 04 83*, Österreich 00 39/01 92 15 68 09, Schweiz 09 00/77 88 98**). Korsika, Sardinien: Savona–, Livorno–, Toulon– und Nizza–Bastia, Savona– und Toulon–Ile Rousse, Savona– und Nizza–Calvi, Toulon– und Nizza–Ajaccio, Livorno– und Civitavecchia–Golfo Aranci. Elba: Piombino–Portoferraio von Juni bis September.

**❷ Grandi Navi Veloci,** Telefon 00 39/01 02 09 45 91, www.gnv.it (Deutschland: Voigt Seereisenagentur, Telefon 04 51/50 56 17 30). U. a. Sardinien, Sizilien: Livorno–Palermo–Malta, Genua–Porto Torres, –Olbia, –Palermo, –Barcelona, Rom–Palermo. **Camping an Bord:** Livorno–Termini Imerese.

**❷ Grimaldi Lines,** Telefon 00 39/0 81 49 64 44, www.grimaldi-lines.com. Bei Redaktionsschluss Details noch ungewiss. 2011 u. a. Civitavecchia–Barcelona, –Porto Torres, –Trapani, Livorno–Barcelona, –Valencia, Porto Torres–Barcelona, Salerno–Palermo.

**❷ Moby Lines,** Telefon 06 11/1 40 20, www.mobylines.de. Korsika, Sardinien: Genua–Olbia, –Porto Torres und –Bastia, Livorno–Olbia und –Bastia. Civitavecchia–Olbia, Piombino–Olbia und –Portoferraio, Bonifacio–Santa Teresa di Gallura. **Sondertarif „Moby Pex"** auf allen Strecken. **Camping an Bord:** Piombino–Olbia.

**❷ SNAV,** Telefon 00 39/0 81 42 85 55, www.snav.it. Fährbetrieb ab Juni/Juli, Details noch ungewiss. 2011 u. a. Sardinien, Sizilien: Civitavecchia–Portoveccio, –Olbia, –Palermo, Neapel–Palermo.

**❷ SNCM,** Telefon 0 61 96/77 30 60, www.sncm.de. Korsika: Marseille–Ajaccio, –Bastia, –Ile Rousse, –Calvi, –Porto Vecchio, –Propriano, Nizza–Ajaccio, –Calvi, –Ile Rousse. **Vorzugstarife für Camping-Cheque-Kunden.**

**❷ Tirrenia,** Telefon 00 39/02 26 30 28 03, www.tirrenia.it (Deutschland: Armando Farina, Tel. 0 93 71/6 69 37 36). Sardinien: Genua–Arbatax, –Olbia, –Porto Torres, Civitavecchia–Sardinien, Fiumicino–Arbatax, Neapel–Cagliari, –Palermo, Cagliari–Palermo u. a.

**❷ TTT Lines,** Telefon 00 39/08 15 75 21 92, www.tttlines.com. Neapel–Catania. **Camping an Bord, „Special Camper".**

* 0,14 €/Min. aus dem dt. Festnetz, max. 0,42 €/Min. aus dem dt. Mobilfunknetz. ** 0,20 CHF/Min aus dem Schweizer Festnetz.

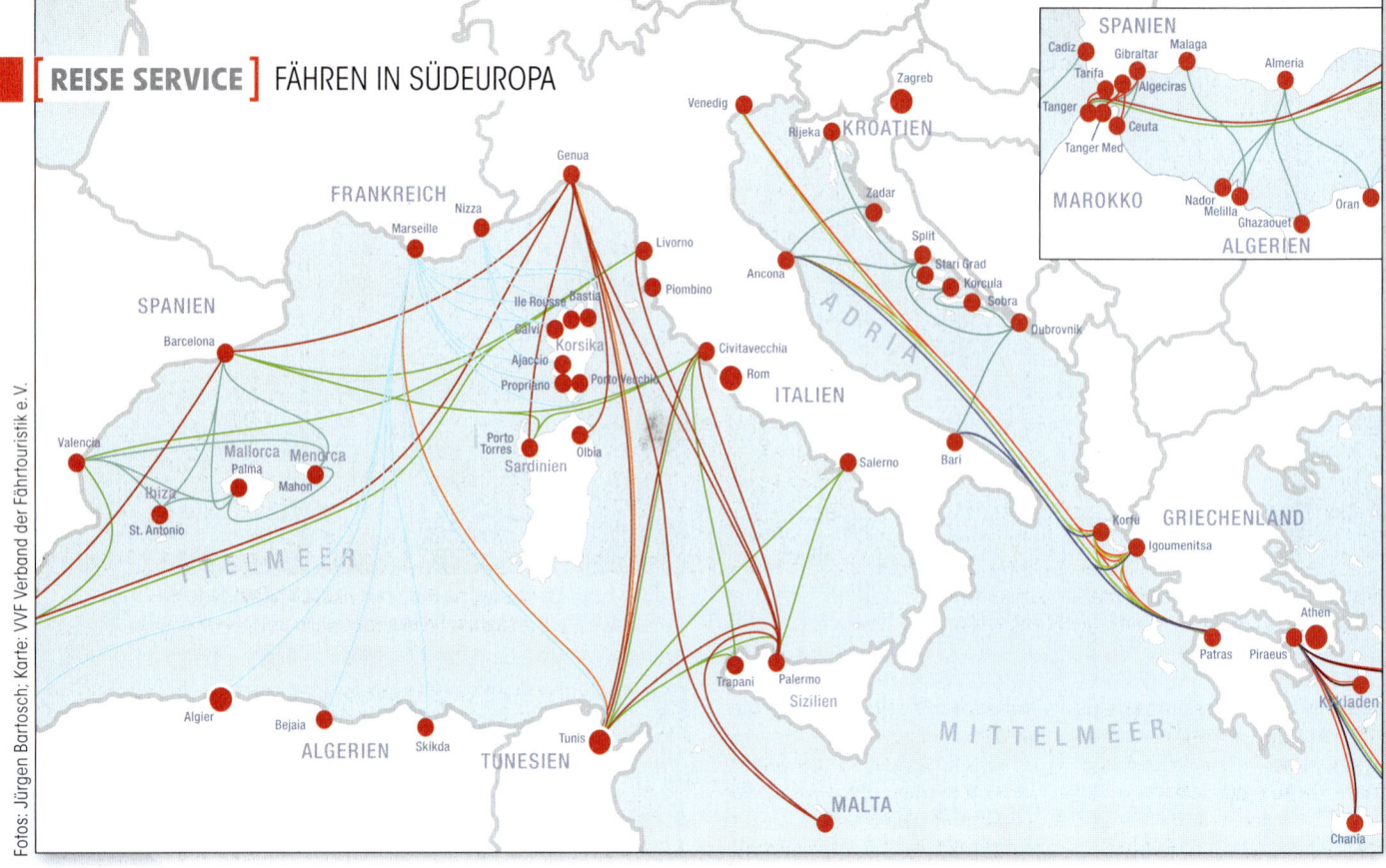

Fotos: Jürgen Bartosch; Karte: VVF Verband der Fährtouristik e. V.

Camping an Bord gibt es nur im Mittelmeer und nur maximal vom 1. April bis 31. Oktober. Es wird auf den Griechenland-Routen zwischen Venedig sowie Ancona und Patras von Minoan Lines, Superfast Ferries und Anek Lines auf einigen dafür vorbereiteten Schiffen angeboten. Alternativ findet man bei Anek ab Venedig das „Camper special" und bei Minoan ab Ancona das „All inclusive Camping". In beiden Fällen parkt man sein Mobil im Schiffsbauch, bekommt einen Stromanschluss für den Kühlschrank, bezieht dann eine Innenkabine, bezahlt aber nur den Fahrzeugpreis und die Deckpassage. Nach Abfahrt des Schiffes ist der Zugang zum Fahrzeug nicht mehr möglich.

Sizilien und Sardinien sind ebenfalls per Camping an Bord erreichbar, vielleicht auch wieder Korsika: In den vergangenen Jahren haben sich einige

## ■ GRIECHENLAND, KROATIEN, ALBANIEN

**Das östliche Mittelmeer.** Thema Nummer eins: die Verbindungen zwischen Italien und dem griechischen Festland, also nach Igoumenitsa oder Patras. Auf den längeren Routen von Ancona und Venedig aus verkehren Anek und Minoan Lines. Superfast Ferries fährt ebenfalls ab Ancona sowie ab Bari. Beispiele für die Reisedauer: Venedig–Patras 30–32 Std., Ancona–Patras 20–21 Std., Bari–Igoumenitsa 9–11 Std., Brindisi–Igoumenitsa 8 Std.

**◉ Anek Lines,** Telefon 00 30/ 21 04 19 74 00, www.anek.gr (Deutschland: Ikon Reiseagentur, Telefon 0 89/5 99 88 93 00, www. anek.de). „Camper Spezial" auf der Strecke Venedig–Patras. Camping an Bord auf der Strecke Ancona–Patras (jeweils via Igoumenitsa) buchbar. Zahlreiche innergriechische Verbindungen, z.

B. Piräus–Kreta, –Samos, –Milos, –Kykladen, –Dodekanes u. a.

**◉ Blue Star Ferries,** Telefon 04 51/88 00 61 66, www.bluestarferries.com. Bei Redaktionsschluss Details noch ungewiss. 2011: Piräus–Kykladen, –Dodekanes, Rafina–Kykladen.

**◉ Endeavor Lines,** Telefon 00 30/21 09 40 52 22, www. endeavor-lines.com (Deutschland u. a. auch: Jassu-Reisen, Telefon 02 28/92 62 60). Aktivitäten 2012 bei Redaktionsschluss noch ungewiss.

**◉ Hellenic Seaways,** Telefon 00 30/21 04 19 90 00, www.hsw. gr. Vielfältige innergriechische Verbindungen: z.B. Kykladen, Kreta, Chios, Argosaronikos, Sporaden. Frühbucherrabatt.

**◉ Jadrolinija,** Telefon 0 03 85/ 51 66 61 11, www.jadrolinija.hr

(Deutschland auch: Telefon 0 69/95 88 58 00, www.ocean24. de). Bei Redaktionsschluss Details noch ungewiss. 2011: Ancona–Zadar, –Split, Bari–Dubrovnik, Rijeka–Split–Starigrad–Korcula–Sobra–Dubrovnik.

**◉ Minoan Lines,** Telefon 00 30/21 04 14 57 00, www. minoan.gr (Deutschland und Österreich: Vasilopoulos, Telefon 07 11/8 10 64 35, www. minoanstuttgart.de; Voigt, Telefon 04 51/5 05 61 70, www.seereiseagentur.de). Ancona–Igoumenitsa–Patras, Venedig–Igoumenitsa–Korfu–Patras. Camping an Bord ab Venedig auf den Schiffen Olympia und Europa Palace buchbar. „All inclusive Camping" ab Ancona.

**◉ SNAV,** Telefon 00 39/ 08 14 28 55 55, www.snav.it. Fährbetrieb ab Juni/Juli, Details

bei Redaktionsschluss noch ungewiss. 2011: Ancona–Spalato–Huar, Pescara–Huar u. a.

**◉ Superfast Ferries,** Telefon 04 51/88 00 61 66, www.superfast.com. Ancona–Igoumenitsa–Patras, Bari–Igoumenitsa–Patras, Bari–Korfu (Juli, August), Piräus–Heraklion, weitere innergriechische Anschlüsse mit Blue Star Ferries (www.bluestarferries. com), Camping an Bord auf allen Adria-Routen buchbar.

**◉ Ventouris Ferries,** Telefon 00 30/2 10 48 28 00 14, www. ventouris.gr (Deutschland: Ikon Reiseagentur, Telefon 0 89/5 99 88 89 30). Bei Redaktionsschluss Details noch ungewiss. 2011: Bari–Igoumenitsa, –Patras, –Korfu, Bari–Durrës (Albanien), Camping an Bord auf den Griechenland-Strecken buchbar.

Anek Lines und Superfast Ferries kooperieren seit einiger Zeit. Beide bedienen die Griechenland-Routen.

Camping an Bord, auf einigen Mittelmeer-Strecken angeboten, ist ungezwungen und preiswert.

Reedereien oft erst kurzfristig während der laufenden Saison dafür entschieden – eine Nachfrage könnte also lohnen.

### ? Was kostet die Reise? Wie und wann buchen?

Die Fluggesellschaften haben es vorgemacht, die Reedereien ziehen mehr und mehr nach, jetzt auch im Mittelmeerraum. Gemeint ist der Verzicht auf eine Saison-Preisliste zugunsten von völlig flexiblen Preisen, die das computergesteuerte Buchungssystem automatisch an die momentane Nachfrage anpasst. Auf der Strecke bleiben Transparenz, Planbarkeit und, was Reisemobilurlauber am meisten ärgert, die Chance, auch bei spontanem Einschiffen noch einen günstigen Preis zu bekommen. Je früher man bucht, desto besser der Preis – Spontis reisen oftmals teurer.

Griechenland-Urlauber finden bei Anek Lines und Superfast Ferries, die bei Buchung und Vermarktung neuerdings kooperieren, (noch) die kundenfreundlichere Alternative: Hier gibt es auch für 2012 wieder eine Preisliste, die online und gedruckt vorliegt.

Buchen kann man in jedem Reisebüro, bei Spezialisten wie Voigt Seereisenagentur, online auf der Homepage der jeweiligen Reederei oder bei Portalen wie www.aferry.de oder www.ocean24.com. Beim Vergleich sollte man nicht nur die Preise, sondern auch die oft stark abweichenden Stornobedingungen berücksichtigen. Wertvolle allgemeine Hinweise zum Thema Fähren finden sich unter www.faehrverband.org

### ? Darf ein Haustier mit auf die Fähre?

Grundsätzlich ja, vorbehaltlich der Einreisebedingungen des Ziellandes. Eine Buchung ist im Voraus erforderlich und kann häufig nicht online erfolgen. An Deck besteht für Hunde in der Regel Leinen- und Maulkorbpflicht. Ansonsten differieren Preise und Konditionen bei den Reedereien stark.

Weitere Tipps und alle Routen in Nord- und Ostsee finden Sie in *promobil*.

.....*Anne Mandel, Stefan Weidenfeld*

## ■ NORDAFRIKA, KANARISCHE INSELN

**Ferne Ziele.** Afrika-Fahrer haben die Wahl zwischen dem kleinen Hüpfer bei Gibraltar und der gemütlichen Seereise zum Beispiel ab Marseille: Algeciras–Ceuta erledigt man in 45 Minuten, Marseille–Algier oder Genua–Tunis ab rund 20 Std. Die Reise von Cadiz auf die Kanaren dauert zwischen 32 und 47 Stunden.

▶ **Acciona Trasmediterranea,** Telefon 00 34/9 02 45 46 45, www.trasmediterranea.es (Deutschland: Voigt, Telefon 04 51/50 56 17 30, www.seereisen-agentur.de). Almeria–Ghazaouet/Melilla/Nador/Oran, Malaga–Melilla, Algeciras–Tanger/Ceuta, Cadiz–Teneriffa u. a.

▶ **Balearia,** Telefon 00 34/9 66 42 87 00, www.balearia.com. Algeciras–Ceuta, –Tanger.

▶ **CTN Tunisia Ferries,** Telefon 0 61 96/77 30 60, www.ctn.com.tn. Genua–Tunis, Marseille–Tunis.

▶ **Grandi Navi Veloci,** Telefon 00 39/01 02 09 45 91, www.gnv.it (Deutschland: Voigt, Telefon 04 51/50 56 17 30). Genua– und Barcelona–Tanger, Genua–, Civitavecchia– und Palermo–Tunis.

▶ **Grimaldi Lines,** Telefon 00 39/0 81 49 64 44, www.grimaldi-lines.com. Bei Redaktionsschluss Details noch ungewiss. 2011: Civitavecchia–, Salerno–Palermo, Trapani–Tunis, Livorno–, Barcelona–Tanger.

▶ **Förde Reederei Seetouristik,** Telefon 04 61/86 40, www.frs.de. Tarifa–Tanger, Algeciras–Ceuta, –Tanger, Gibraltar–Tanger. **Camping Car Offer.**

▶ **SNCM,** Telefon 0 61 96/77 30 60, www.sncm.de. Marseille–Oran, –Bejaia, –Skikda, –Algier, Marseille–Tunis. **Vorzugstarife für Camping-Cheque-Kunden.**

▶ **Tirrenia,** Telefon 00 39/08 10 17 19 98, www.tirrenia.it (Deutschland: Armando Farina, Telefon 0 93 71/6 69 37 36). Genua–Tunis.

Nach der Ausfahrt aus dem Hafen von Venedig bieten sich reizvolle Ausblicke.

| Ort | PLZ | Seite |
|---|---|---|
| Castellammare del Golfo | 91014 | 100 |
| Castellina in Chianti | 53011 | 73 |
| Castelnuovo di Garfagnana | 55012 | 74 |
| Castiglioncello | 57016 | 74 |
| Castiglione d. Stiviere | 46043 | 42 |
| Castiglione della Pescaia | 58043 | 74 |
| Castiglione d'Orcia | 53023 | 74 |
| Castiglione Falletto | 12060 | 48 |
| Cecina | 57023 | 74 |
| Certaldo | 50052 | 74 |
| Cesenatico | 47042 | 55 |
| Chitignano | 52010 | 74 |
| Chiusdino | 53012 | 74 |
| Chivasso | 10034 | 48 |
| Civitanova Marche | 62012 | 62 |
| Civitella di Romagna | 47012 | 55 |
| Codigoro | 44021 | 55 |
| Colle di Val d'Elsa | 53034 | 74 |
| Colloredo di Monte Albano | 33010 | 31 |
| Comacchio | 44022 | 56 |
| Corinaldo | 60013 | 62 |
| Crissolo | 12030 | 48 |
| Cuneo | 12100 | 48 |
| Donnalucata | 97010 | 100 |
| Fabriano | 60044 | 62 |
| Falerone | 63020 | 62 |
| Fano | 61032 | 62 |
| Fermo | 63023 | 63 |
| Ferrara | 44100 | 56 |
| Finale Emilia | 41034 | 56 |
| Fivizzano | 54013 | 74 |
| Florenz | 50139 | 74 |
| Fontanelice | 40025 | 56 |
| Fonteblanda | 58010 | 75 |
| Fossombrone | 61034 | 63 |
| Galeata | 47010 | 56 |
| Garda | 37016 | 43 |
| Garessio | 12075 | 48 |
| Genga | 60040 | 63 |
| Giardini-Naxos | 98035 | 100 |
| Gorizia | 34170 | 31 |
| Goro | 44020 | 56 |
| Gradara | 61012 | 63 |
| Gradisca D'Isonzo | 34072 | 31 |
| Grado | 34073 | 31 |
| Greve in Chianti | 50026 | 75 |
| Ispica | 97014 | 101 |
| Ivrea | 10015 | 48 |
| Lagosanto | 44023 | 56 |
| Lajatico | 56030 | 75 |
| Lecce | 73100 | 95 |
| Livorno | 57100 | 75 |
| Locana | 10080 | 48 |
| Loreto | 60025 | 63 |
| Lucca | 55100 | 75 |
| Lucera | 71036 | 95 |
| Lucignano | 52044 | 75 |
| Lusevera | 33010 | 31 |
| Macerata | 62010 | 63 |
| Malcesine | 37018 | 43 |
| Maranello | 41050 | 56 |
| Marina di Grosseto | 58100 | 75 |
| Marradi | 50034 | 75 |
| Matelica | 62024 | 63 |
| Mattinata | 71030 | 95 |
| Mesola | 44026 | 56 |
| Milazzo | 98057 | 101 |
| Modigliana | 47015 | 56 |
| Mondavio | 61040 | 63 |
| Mondolfo | 61037 | 64 |
| Mondovi | 12084 | 49 |
| Mondragone | 81034 | 87 |
| Monforte d'Alba | 12065 | 49 |
| Montagnana | 35044 | 37 |

| Ort | PLZ | Seite |
|---|---|---|
| Montalcino | 53024 | 75 |
| Montallegro | 92010 | 101 |
| Monte San Vito | 60037 | 64 |
| Montefiore Conca | 47834 | 56 |
| Montegrotto Terme | 35036 | 37 |
| Montelupone | 62010 | 64 |
| Montepulciano | 53045 | 76 |
| Monteriggioni | 53035 | 76 |
| Monteverdi Marittimo | 56040 | 76 |
| Monzambano | 46040 | 42 |
| Moresco | 63026 | 64 |
| Morro d'Alba | 60030 | 64 |
| Neapel/Napoli | 80100 | 87 |
| Novafeltria | 47863 | 57 |
| Numana | 60026 | 64 |
| Nusco | 83051 | 87 |
| Offida | 63035 | 64 |
| Orbetello | 58010 | 76 |
| Otranto | 73028 | 95 |
| Padova | 35100 | 37 |
| Padula | 84034 | 87 |
| Paestum | 84063 | 87 |
| Palermo | 90143 | 101 |
| Peccioli | 56037 | 76 |
| Pergola | 61045 | 64 |
| Pesaro | 61100 | 64 |
| Peschici | 71010 | 95 |
| Peschiera del Garda | 37019 | 43 |
| Piandimeleto | 61026 | 64 |
| Piazza Armerina | 94015 | 101 |
| Pienza | 53026 | 76 |
| Pietraporzio | 12010 | 49 |
| Piobbico | 61046 | 64 |
| Piombino | 57020 | 76 |
| Pioraco | 62025 | 64 |
| Pisa | 56100 | 77 |
| Pistoia | 51100 | 77 |
| Poggibonsi | 53036 | 77 |
| Pollenza | 62010 | 64 |
| Pollone | 13814 | 49 |
| Pompei | 80045 | 87 |
| Pont Canavese | 10085 | 49 |
| Portico e San Benedetto | 47010 | 57 |
| Porto Corsini | 48010 | 57 |
| Porto Empedocle | 92014 | 101 |
| Porto Ercole | 58019 | 78 |
| Porto Recanati | 62017 | 65 |
| Portomaggiore | 44022 | 57 |
| Potenza Picena | 62018 | 65 |
| Pozzallo | 97016 | 101 |
| Pratovecchio | 52011 | 78 |
| Predappio | 47010 | 57 |
| Radicondoli | 53030 | 78 |
| Ravenna | 48100 | 57 |
| Recanati | 62019 | 65 |
| Rimini | 47900 | 57 |
| Ripatransone | 63038 | 65 |
| Riva del Garda | 38066 | 42 |
| Riva Valdobbia | 13020 | 49 |
| Rom/Roma | 00177 | 83 |
| Rosignano Marittimo | 57016 | 78 |
| Rovereto | 38068 | 42 |
| Salo | 25087 | 42 |
| Saludecio | 47835 | 57 |
| San Casciano | 50026 | 78 |
| San Daniele del Friuli | 33038 | 31 |
| San Gimignano | 53037 | 78 |
| San Giovanni Rotondo | 71013 | 95 |
| San Leo | 47865 | 57 |
| San Quirico d'Orcia | 53027 | 78 |
| San Severino Marche | 62027 | 65 |
| San Vincenzo | 57027 | 78 |
| Sansepolcro | 52037 | 78 |
| Santa Croce Camerina | 97010 | 101 |

| Ort | PLZ | Seite |
|---|---|---|
| Santa Fiora | 58037 | 78 |
| Santa Sofia | 47018 | 57 |
| Sant'Agata Feltria | 47866 | 57 |
| Sarnano | 62028 | 65 |
| Senigallia | 60019 | 65 |
| Sesto Fiorentino | 50019 | 79 |
| Siena | 53100 | 79 |
| Siracusa | 96100 | 101 |
| Sirmione | 25019 | 42 |
| Solferino | 46040 | 42 |
| Stia | 52017 | 79 |
| Suvereto | 57028 | 79 |
| Tarcento | 33017 | 31 |
| Tolentino | 62029 | 65 |
| Torbole sul Garda | 38069 | 42 |
| Torella dei Lombardi | 83057 | 87 |
| Trieste | 34100 | 31 |
| Turin/Torino | 10123 | 49 |
| Urbania | 61049 | 65 |
| Urbino | 61029 | 65 |
| Urbisaglia | 62010 | 65 |
| Usseaux | 10060 | 49 |
| Varallo | 13019 | 49 |
| Vicenza | 36100 | 31 |
| Villar Focchiardo | 10050 | 49 |
| Vinadio | 12010 | 49 |
| Vinci | 50059 | 79 |
| Volterra | 56048 | 79 |

## KROATIEN

| | PLZ | Seite |
|---|---|---|
| Baderna | 52445 | 23 |
| Baška/Krk | 51523 | 20 |
| Krk | 51500 | 20 |
| Malinska/Krk | 51511 | 20 |
| Motovun | 52424 | 23 |
| Novalja/Pag | 53291 | 20 |
| Vižinada | 22221 | 23 |

## SPANIEN

| | PLZ | Seite |
|---|---|---|
| A Coruña | 15011 | 182 |
| Alfàs del Pi | 03580 | 201 |
| Ames | 15895 | 182 |
| Archidona | 29300 | 207 |
| Boiro | 15930 | 182 |
| Burela | 27880 | 182 |
| Cabra | 14940 | 207 |
| Camprodon | 17867 | 189 |
| Carcaixent | 46740 | 202 |
| Cartelle | 32820 | 182 |
| Chantada | 27500 | 182 |
| Chiva | 46370 | 202 |
| Dénia | 03700 | 202 |
| El Bosque | 11670 | 207 |
| Elx/Elche | 03207 | 202 |
| Finestrat | 03509 | 202 |
| Fortià | 17469 | 197 |
| Lugo | 27001 | 182 |
| Monforte de Lemos | 27400 | 182 |
| Olvera | 11690 | 207 |
| Priego de Córdoba | 14800 | 207 |
| Redondela | 36800 | 182 |
| Ribas de Sil | 27310 | 182 |
| San Fulgencio | 03177 | 202 |
| Sarria | 27600 | 182 |
| Torrevieja | 03182 | 202 |
| Totana | 30850 | 202 |
| Tui | 36700 | 182 |
| Valverde del Camino | 21600 | 207 |
| Vic | 08500 | 197 |
| Vilajoan | 17773 | 197 |
| Villanueva de Algaidas | 29310 | 207 |